Zu diesem Buch

Nach ihrem Welterfolg «Die sexuellen Phantasien der Frauen» (rororo sachbuch 7376) untersucht die Psychologin Nancy Friday hier die sexuelle Phantasiewelt der Männer, und zwar direkt, rückhaltlos und ohne falsche Scham.

Mehr als 500 Männer wurden von ihr befragt, und sie lieferten Berichte und Bekenntnisse, die eindeutig zeigen: Kein Tabu setzt ihnen Schranken, wenn es darum geht, geheime Wünsche, intime Lüste oder sinnliche Genüsse in ihren Phantasien auszuleben.

Diese Phantasien stehen oft dem realen Verhalten der Männer diametral entgegen. Die Ursachen für diese Diskrepanz versucht Nancy Friday in knappen, fundierten Kommentaren und kurzen Interpretationen zu erläutern.

Nancy Friday

Die sexuellen Phantasien der Männer

Deutsch von Jan van Groot

Rowohlt

140. – 144. Tausend Juni 1995

Veröffentlicht im Rowohlt Taschenbuch Verlag GmbH,
Reinbek bei Hamburg, Januar 1983
Titel der amerikanischen Originalausgabe
«Men in Love – Men's Sexual Fantasies:
The Triumph of Love Over Rage»
«Men in Love» Copyright © 1980 by Nancy Friday
Die deutsche Erstausgabe erschien 1980 beim Scherz Verlag,
Bern und München, unter dem Titel «Traumland der Lust»
Umschlaggestaltung Barbara Hanke
(Foto: Bildagentur Mauritius / Gallery)
Satz Bembo (Linotron 404)
Gesamtherstellung Clausen & Bosse, Leck
Printed in Germany
1290-ISBN 3 499 17679 3

Inhalt

1. Der männliche Konflikt

Dieses Buch handelt von Männern, die Frauen lieben.

Frauen dürften allerdings auf den folgenden Seiten solche Gefühlsregungen kaum entdecken. Doch geht es hier nicht um den Liebhaber im herkömmlichen Sinne. Sein Garten der Lüste ist nicht so wie ihrer.

Heutzutage glaubt man fälschlicherweise, Gleichheit der Geschlechter bedeute, sie seien miteinander identisch. Viele Männer haben mir immer wieder gesagt, ich würde sofort sehen, daß ihre Phantasien gleich seien wie die der Frauen. Aber wir mögen zwar in Phantasien das gleiche Ziel sehen – nämlich sexuelle Erregung –, doch gehen Männer und Frauen dabei verschiedene Wege.

Phantasien sind wie Landkarten, auf denen Verlangen, Beherrschen, Flucht und Verdunkelung verzeichnet sind. Den Kurs, auf dem wir die Riffe und Untiefen der Ängste, Schuldgefühle und Hemmungen umschiffen wollen, müssen wir selbst bestimmen. Das geschieht zwar bewußt, ist aber eine Reaktion auf unbewußte Zwänge. Faszinierend ist nicht nur wie bizarr, sondern auch wie verständlich Phantasien sein können. Jede vermittelt uns ein zusammenhängendes und in sich geschlossenes Bild der – unbewußten – Persönlichkeit, die sie ersann, auch wenn der Betreffende sie nur für eine flüchtige Laune des Augenblicks hält.

Ein Mann erträumt sich das Zusammensein mit einer blonden Frau, die ein purpurrotes Nachtgewand trägt. Er weiß nicht, warum ihn diese Farben so erregen. Sein Unterbewußtsein weiß es, macht sich jedoch nicht die Mühe, es ihm zu erklären. Der Mann weiß nur, je blonder, je tiefer purpurrot, desto hitziger wird er.

Während die sexuellen Phantasien vieler Männer mir ein Vergnügen und meinen eigenen Emotionen sofort zugänglich waren, haben mich andere entsetzt und angewidert. Viele erschienen mir wie Auswüchse supermännlicher Überheblichkeit und nur darauf angelegt, mich zu schockieren oder in den Dreck zu ziehen. Ich kam mir vor wie ein Ehemann in der viktorianischen Zeit, der seine Frau dazu ermutigt, ihm alles anzuvertrauen. Tut sie es dann, verläßt er sie.

Natürlich hatte ich in meinen früheren Büchern mit Frauen hin und wieder Schwierigkeiten. Im allgemeinen aber konnte ich jede weibliche Regung akzeptieren, und sei es auch nur deshalb, weil sie von einer Frau geäußert wurde. Wenn eine Frau einen Schwanz einen Schwanz nennt, wenn sie davon spricht, gestoßen oder gerammt zu werden, wenn sie ihre Scheidenflüssigkeit beschreibt, dann kann jede Peinlichkeit, die mich berührt, durch Bewunderung aufgewogen werden. Endlich durchbricht unsere Seite die Jahrhunderte des weiblichen Schweigens.

Wenn aber Männer Ausdrücke gebrauchen wie Fotzeschlecken oder Pussy, dann werden frühe, primitive Ängste freigesetzt. Zwar sollen solche Worte Ausdruck für eine ungeschminkte sinnliche Liebe sein, aber ich kann darin nur die Ordinärheit und Verächtlichkeit der Gossensprache hören.

Frauen sprechen von sich selbst als dem liebenden Geschlecht. Wir warten immer nur auf den Mann, träumen von ihm. Wir brauchen den Mann, um die nagenden Ängste zu überwinden, die daher stammen, daß man uns niemals Selbstwertgefühl oder den Sinn für Unabhängigkeit beigebracht hat. Ist das nun Liebe oder Abhängigkeit? Wenn Männer ihre Liebe anbieten, warum fehlt dabei so oft das bewußte «Halt mich fest und laß mich nie mehr allein», das Frauen stets erwarten. Denn sie finden in keines Mannes Armen jene eiserne Sicherheit, die abhängige, passive Menschen immer brauchen. Wobei ich die Frage unterstreichen möchte: Geht es ihnen wirklich um den Mann oder symbolisiert er für sie die Freiheit von allen Sorgen und Ängsten?

Männer sind zur Selbstsicherheit erzogen. Frauen sind für sie der einzige Ausgleich auf der Gefühlsebene, ihre einzige Quelle der Liebe. Wenn, wie die Frauen glauben, die Männerwelt so glücklich, selbstgenügsam, so frei und beherrschend, so bar jeder Verantwortung ist, wenn die Männer wirklich alle Vorrechte genießen, warum geben sie das alles wegen einer Ehe auf? Männer mögen zwar Widerstand leisten. Schließlich aber heiraten doch fast alle, weil sie Frauen mehr als alles andere brauchen. Sie heiraten, obwohl sie wissen, daß sie Verantwortung, Hypotheken, Magengeschwüre, Sorge um die Kinder und einen frühen Tod auf sich nehmen, nur um an Frauen heranzukommen. Dieses Buch vertritt die These, daß die Liebe der Männer zu den Frauen von Zorn getragen wird. Beobachtungen zeigen, daß am Ende die Liebe den Zorn besiegt.

Ich möchte sogar noch einen Schritt weiter gehen: Meiner Ansicht nach – und das zu meiner Überraschung – haben meine Untersuchungen erwiesen, daß die Liebe der Männer zu den Frauen größer ist als ihre Eigenliebe.

Am Ende gelangte ich zu der Einsicht, daß selbst jene Männer, die mir schrieben und in ihren Briefen einen aggressiven sexuellen Kontakt mit mir suchten, dennoch von einer Art Liebe und dem Wunsch nach einer Verbindung getrieben wurden. Verbindung nicht eigentlich zu mir, sondern zu der erträumten Frau ganz allgemein. Eine verzerrte, vielschichtige Liebe, in die sich Zorn mischt. Aber eben dennoch Liebe.

In uns scheint einerseits der Zwang lebendig, während des Liebesspiels unsere frühesten Erinnerungen an körperlichen Kontakt, Wärme und Gemeinsamkeit nachzuvollziehen. Andererseits nehmen wir dabei zugleich Rache für allen Schmerz und alle Enttäuschungen, die wir während der Kindheit erleiden mußten. Es mag enttäuschend klingen, aber ich halte es für wahr: Nur wenn sich Feindseligkeit an Liebe entzündet, erreichen die Menschen jene Weißglut zwanghaften sexuellen Verlangens zueinander, die wahrscheinlich den Gipfel allen Erlebens darstellt, das vom Leben geboten wird.

Ich habe in diese Einleitung meine eigenen Wertungen einfließen lassen und von den Schwierigkeiten gesprochen, die ich zeitweilig bei der Behandlung des Materials hatte. Damit sei dem Leser geholfen zu verstehen, warum er mit mir übereinstimmen mag oder nicht. Wenn er weiß, wo ich stehe, kann er sich selbst der konservativen Rechten oder der liberaleren Linken zuordnen, ohne überstürzt für sich selbst nach einer Bezeichnung suchen zu müssen, die ihn in einer allen Lebens baren Ecke der Sexualität stranden läßt. Sexualität ist flüssig und fließend. Es gibt darin mehr Überschneidungen als feste Grenzen. Eine der großen Freuden am erotischen Erleben sollte die gefühlsmäßige Freiheit sein, auf die Erkenntnis der eigenen Individualität und auf die eigene Unabhängigkeit hinzuarbeiten.

Keinesfalls soll behauptet werden, die in diesem Buch erwähnten Männer seien typisch. Würde sich ein Durchschnittsmann dazu bewegen lassen, seine ganz privaten sexuellen Träume aufzuschreiben und sie einer ihm völlig unbekannten Frau zu schicken? Wahrscheinlich nicht. Aber es gibt genügend daran interessierte Männer, so daß selbst jetzt, vier Jahre nach meinem ersten Aufruf, immer noch Briefe kommen. In den meisten Fällen ist das biographische Material genauso breitgewalzt wie die eigentlichen Phantasien – ein Beweis dafür, daß meine unbekannten Mitarbeiter Wert darauf legen, daß ich sie und ihre Phantasien ernst nehme. Über achtzig Prozent gaben ihren wirklichen Namen und die Adresse an. «Ich vertraue auf die versprochene Anonymität», hieß es in vielen Briefen.

Natürlich könnte es sein, daß die Direktheit der Darlegungen teilweise schlichtweg auf Exhibitionismus beruht. Andere wiederum wollten einfach Kenntnis geben von ihrer Existenz. Sie wollten, daß jemand sie «sieht» – nicht im Sinne der «Blitzer», die nackt durch eine Straße rennen, sondern mehr als Ausfluß des Verlangens, sich endlich einmal selbst zu enthüllen, als gut oder schlecht, einschließlich aller Schönheitsfehler, getrieben von dem Wunsch, anerkannt zu werden, wie sie nun mal sind.

Wie so viele meiner weiblichen Mitarbeiterinnen beendeten auch die Männer in ihrer Mehrzahl ihre Briefe mit den Worten: «Vielen Dank dafür, daß ich Ihnen schreiben durfte.»

Viele Männer haben begonnen, den Wert ihrer traditionellen Machtstellung in Frage zu stellen. Sicherlich ist es nicht leicht, Rollen und Positionen aufzugeben, die aus gesellschaftlicher Sicht den Mann als den stets Überlegenen hinstellen. Ich glaube fest daran, daß den Männern die größte Hilfe bei ihrem Bemühen, sich von dem Überlegenheitswahn ihrer Väter, dem sorgfältig gepflegten, zu befreien, von den Frauen zuteil wird, die über ihren Zorn hinauszusehen vermögen. Ich hoffe, daß Frauen, die Männer mögen, das männliche Geschlecht, wie es sich auf den folgenden Seiten dartut, als mehr betrachten denn eine Reflexion ihrer eigenen Nöte und Ängste.

2. Masturbation

«Ich phantasiere niemals, wenn ich Liebe mache. Ich benutze Phantasien beim Masturbieren, um meine Partnerin anzuregen oder um einen sonst langweiligen, trübsinnigen Moment interessant zu machen.»

«Ich phantasiere stets vor und während der Masturbation. Wenn ich meine Partnerin ficke, richte ich mein volles Augenmerk auf ihre Befriedigung.»

«Zusätzliche Stimulation ist das letzte, was ich während des Geschlechtsverkehrs brauche. Deshalb phantasiere ich beim Vögeln niemals über Sex. Ich muß mich zusammennehmen, um mich auf ihre Wünsche zu konzentrieren. Wenn ich dabei überhaupt an etwas denke, dann an langweilige Dinge, die meine Reaktion verlangsamen.»

«Meinem Gefühl nach stellt jede Phantasie beim Sex eine Ablenkung dar.»

Masturbation ohne Phantasie wäre allzu langweilig. Die obigen Aussagen sind typisch für das, was meine «Mitarbeiter» auszusagen haben.

Klinische Untersuchungen haben bewiesen, daß das männliche Sexualverlangen scharf ansteigt, einen starken Höhepunkt erreicht und – immer nach dem gleichen Muster – scharf abfällt. Die Sexualvorstellungen der Männer folgen in etwa der gleichen Linie, wobei sie oft von einem unmittelbaren Stimulus ausgehen.

Die wenigsten Männer brauchen, wenn sie mit einer Frau im Bett liegen, zusätzliche Phantasievorstellungen, um sich zu größerem Höhenflug anzuspornen. Im Gegenteil, anstatt erotischen Einbildungen nachzuhängen, neigen die Männer dazu, sich darauf zu konzentrieren, die Partnerin auf ihre eigene Empfindungsebene emporzubringen. Um den eigenen Höhepunkt nicht allzu früh zu erreichen, lösen sie sogar manchmal im Kopf Rechenaufgaben.

Die Natur ist niederträchtig zu den Frauen. Sobald der Mann ejakuliert hat, ist der Arterhaltung Genüge getan. Die Natur – oft Mutter Natur genannt – kümmert es nicht, ob die Frau gekommen ist oder nicht. Für Nachkommenschaft ist auf jeden Fall gesorgt. Die weiblichen Sexualphantasien neigen dazu, der gleichen Kurve zu folgen wie die körperlichen Empfindungen der Frau – langsames Ansteigen zu einer hohen Ebene und ebenso langsamer Abstieg. Die Erziehung der Frauen verstärkt ihre biologischen Gegebenheiten. Sie wächst mit einem ganzen Katalog von Hemmungen auf und braucht sexuelle Phantasie, die es ihr ermöglicht, sich über ihre lebenslange Gewohnheit, zum Sex nein zu sagen, hinwegsetzen zu können.

Das war nicht immer so. Am Lebensanfang reagieren beide Geschlechter in gleicher Weise auf erotische Stimulation: Es fühlt sich gut an, die eigenen Geschlechtsteile zu berühren. Im Alter von zwei oder drei Jahren nähert sich der kleine Junge dem kleinen Mädchen (oder umgekehrt). He, an seinem/ihrem Körper ist etwas anders als an meinem! Die Hand streckt sich aus. Dabei gibt es kein Schuldgefühl, nur Neugierde und ein Gefühl des Hingezogenseins.

Man beachte, wie viele Männer in diesem Buch ihre ersten sexuellen Phantasien/Empfindungen/Experimente/Erlebnisse auf das magische Alter von vier oder fünf Jahren zurückdatieren. In diesen mutterbestimmten Jahren erwachen und drängen die sexuellen Empfindungen. Fürs ganze Leben wird unsere Einstellung zum Sex in erster Linie dadurch bestimmt, wie die Mutter auf unsere Doktorspiele reagiert und wie sie unsere Fragen beantwortet. Uns mißbehagt die Vorstellung, daß vier Jahre alte Kinder bereits Sexualität kennen. Alle aufmerksamen, ehrlichen Eltern wissen dies jedoch besser.

Viele Männer in diesem Buch geben an, daß sie im Alter von acht oder neun Jahren zum erstenmal masturbierten, sexuelle Vorstellungen oder Gefühle hatten. Weitere Altersangaben, die in diesem Buch wie altvertraute Freunde immer wieder auftauchen, betreffen elf und zwölf Jahre, den Beginn des Heranwachsens (das heute früher einsetzt als in vergangenen Zeiten).

Harry

Ich vermute, daß ich jetzt im Alter von sechsundvierzigeinhalb Jahren mehr sexuellen Vorstellungen nachhänge als die meisten anderen Männer. Aber schließlich habe ich das mein ganzes Leben lang getan, noch ehe ich überhaupt wußte, was Sex ist. Schon damals, als ich nicht begreifen konnte, wieso mein kleiner Dingsda steif wurde (im Alter von ungefähr fünf Jahren), hatte ich Sexualphantasien.

Ich erinnere mich, daß ich versuchte, Frauen und Mädchen unter die Röcke zu gucken, wenn ich als etwa Fünfjähriger scheinbar ganz «unschuldig» unter dem Tisch herumkroch. Ich hatte keine Ahnung, was eine Pussy war. Doch wußte ich, daß Frauen und Mädchen «da unten» anders aussahen als Männer. Ich wollte den Unterschied herausfinden.

Als ich neun oder zehn Jahre alt war, trieb ich öfter in unserer Garage ein kleines Spielchen mit der Nachbarstochter. Ich spielte mit den Hinterbäckchen der kleinen Süßen. Zu jener Zeit wußten wir beide mit ihrer Pussy nichts anzufangen.

Meine um vier Jahre ältere Schwester hörte von unserem Spiel und verlangte eines Tages, daß ich es ihr erklärte und vorführte. Ich gehorchte, und es gefiel ihr. Zugleich verlangte sie, ich solle ihr ein paar Rosenblätter in ihre Pussy hineinstecken. Ich tat es, erinnere mich aber, daß ich davon angewidert war, weil ich dachte, mit ihrem Dings wäre etwas nicht in Ordnung. Da wuchsen nämlich Haare darum herum, während um den niedlichen Schlitz meiner kleinen Spielgefährtin kein Härchen zu sehen war.

Wir hatten ungewöhnlich strenge Eltern. Nach jenem ersten Versuch hatte meine Schwester Angst davor, sich weiterhin auf mein kleines Spiel einzulassen. Doch nutzte Penny (so heißt meine Schwester natürlich in Wirklichkeit nicht) oft die Gelegenheit, wenn die Eltern tagsüber aus dem Hause waren. Sie tat so, als hielte sie in ihrem Zimmer ein kleines Nachmittagsnickerchen. Ich schlich zu ihr hinein und spielte mit ihrem Arsch.

Auf die Idee, mit ihrer Fotze zu spielen, kam ich nie wieder, weil mir immer noch die Behaarung widerlich vorkam. Ich weiß jetzt und wußte es wohl auch damals, daß Penny gar nicht schlief. Da sie viel älter und dementsprechend schwerer war als ich, fiel es mir nicht leicht, sie in eine Stellung zu bringen, die es mir ermöglichte, ihr den Schlüpfer herunterzuziehen. In solchen Fällen äußerte ich laut meine Wünsche, indem ich etwa sagte: «Wenn sich doch Penny mal im Schlaf umdrehen würde, damit ich diesen Schlüpfer herunterkriegen kann.» Und siehe da, ein paar Sekunden später tat sie wie durch ein Wunder in ihrem «Schlaf» genau das, was ich mir wünschte. Sobald sie nackt war, beschnüffelte, leckte und küßte ich ihre Hinterbacken, kitzelte sie sanft am After und am unteren Rand ihrer Fotze (weil dort bisher keine Haare wuchsen), aber bis zu ihrem Schlitz drang ich niemals vor. Erst Jahre später bekam ich zu wissen, was das war.

Während jener Zeit stellte ich mir vor, daß ich mehrere Frauen und Mädchen, die ich kannte, ohne Schlüpfer in meine Hände bekäme. Daraus entwickelte sich ein Tagtraum, in dem ich ein unterirdisches Laboratorium mit einem magisch durchsichtigen Gehweg darüber besaß. Ich konnte den Frauen und Mädchen, die oben vorübergingen, unter die Röcke schauen. Wenn eine besonders Hübsche mit wohlgeformten Beinen und einem schönen runden Arsch vorbeikam, brauchte ich an meinem Armaturenbrett nur auf einen Knopf zu drücken, und schon rutschte die Schöne durch eine Art Kohlenschütte in meine Fänge. Ich versicherte meinem Opfer, daß ich ihm nichts Böses, sondern etwas Gutes antun wolle. Ich pflegte sie in meinen Vorstellungen auf einen Operations- oder Untersuchungstisch zu legen, wie ihn Ärzte haben. Die Beine wurden an den Schlaufen befestigt. Dann zog ich ihr den Schlüpfer aus und schob den Rock bis über die Hüften hoch. So konnte ich beliebig lange ihren Arsch und die Fotze beschnüffeln, küssen und lecken. In diesen Tagträumen war keine der Fotzen behaart, nicht einmal die erwachsener Frauen. Bis dahin hatte ich keine ausgewachsene Pussy gesehen und hielt die meiner Schwester wegen des Haarkranzes immer noch für krank oder sonstwas.

Mit dreizehn Jahren entdeckte ich durch einen Zufall die Masturbation. Eines Tages lag ich im Bett und spielte mit meinem Pimmel, weil sich das so angenehm anfühlte. Zugleich hatte ich meine Lieblingsvorstellung von dem unterirdischen Laboratorium. Dabei wurde meiner sehr, sehr steif. Ich spielte weiter damit und rieb an seinem Kopf herum. Plötzlich lief mir ein seltsam wild zuckendes Gefühl von oben bis unten durchs Rückgrat. Meine Beine zuckten. Etwas, das wie Eiweiß aussah, schoß aus meiner Pimmelspitze über meine Hand und den ganzen Bauch. Wau! Das war schöner als alles, was ich bisher empfunden hatte. Ich versuchte es wieder und wieder und schaffte es viermal, bis ich genug hatte. Diese vier Mal ereigneten sich innerhalb einer Zeitspanne von höchstens zehn bis fünfzehn Minuten. Mir fiel dabei auf, daß die späteren Vorkommnisse (ich wußte nicht einmal, daß man so etwas Ergüsse nennt) wuchtiger und intensiver waren als die vorherigen, obwohl mein Pimmel immer weniger von dem eiweißartigen Zeug absonderte. Beim letzten Male quoll mir nur noch wenig aus der Spitze, aber das Gefühl dabei war unverändert großartig.

Eine andere meiner liebsten Phantasievorstellungen führte mich von Tür zu Tür. Ich war ein Zeitungsjunge und zog von Haus zu Haus, um das Zeitungsgeld einzukassieren (leider nur in meiner Phantasie). Während ich meine eingebildete Tour abkassierte, gab es hin und wieder

Damen in der Nachbarschaft (die damals wirklich dort wohnten), die mich auf eine Limonade hereinbaten. Während ich ihnen gegenübersaß, pflegten sie dauernd die Beine übereinanderzuschlagen und wieder gerade hinzustellen. Das erregte mich, und mein kleiner Prietzel wurde hart. Um dies zu verbergen, saß ich vornübergebeugt, aber die Damen (in den einzelnen Phantasien immer nur eine, aber alle mit der gleichen Reaktion) merkten es und fragten, ob ich Schmerzen hätte. Ich gab zu, daß es so sei und wurde dabei im Gesicht rot. Die Dame versicherte sogleich, daß ich mich darüber nicht aufzuregen brauche. Sie würde das sofort in Ordnung bringen. Sogleich knöpfte sie mir die Knickerbocker auf, langte hinein und spielte mit meinem Schwanz, wie ich es im Bett auch selbst zu tun pflegte. Nicht lange, und der seltsame weiße Saft schoß wieder hervor. Ich kam in meiner Phantasie und zugleich in Wirklichkeit, denn während dieser Phantasievorstellungen masturbierte ich auch richtig.

Seither habe ich viele, viele Sexphantasien. Tatsächlich gibt es eine für jede attraktive Frau und für jedes nette Mädchen, die mir begegnen. Während der letzten fünfunddreißigeinhalb Jahre habe ich mich im Durchschnitt wenigstens einmal am Tag selbst befriedigt. Natürlich habe ich zeitweise im Krankenhaus gelegen und es dort nicht gemacht. An vielen Tagen kam es jedoch zweimal und mehrmals vor (außer dem regulären Geschlechtsverkehr mit meinen Frauen und einigen Freundinnen), so daß die Ausfälle durch Krankheit mehr als wettgemacht sein dürften.

Bill

Im allgemeinen sind meine Phantasien nicht besonders ausgeklügelt (jetzt eher noch weniger, als wie ich jünger war und mich mehr unterdrückt fühlte). Ich bin zweiundvierzig. Ich komme sexuell nicht zu kurz. Meine Frau und ich sind in unseren sexuellen Bereichen sehr aktiv. Wir lieben einander sehr. Dennoch stelle ich mir immer noch vor, daß viele Frauen gleichzeitig mit mir Liebe machen. Das ist so ziemlich meine einzige sich wiederholende Sexualvorstellung. Für jeden Finger und jeden Zeh eine Pussy und obendrein eine für meinen Schwanz. Ich lehne mich bequem zurück und sehe ihnen allen zu.

Als Junge pflegte ich mir beim Masturbieren einzubilden, ich hätte einen Pimmel aus Plastik (etwa wie eine Spielzeugfigur). Sah ich eine Frau auf der anderen Straßenseite, dann stellte ich mir vor, mein

Schwanz führe aus meiner Hose und hinüber, um sie zu ficken. Ferner kenne ich die Phantasievorstellung, auf einem Fahrrad mit Spezialsattel zu ficken, wobei der Rock der Partnerin alles verdeckt.

Als Heranwachsender habe ich mich wohl mehr mit solchen Phantasien beschäftigt, was ich jetzt nicht mehr so nötig brauche.

Ich glaube, Frauen phantasieren mehr, weil sie keine so enge Bindung an die Wirklichkeit haben und mehr Befriedigung in der Einbildung finden. Sie neigen dazu, daheim zu bleiben, während die Männer mit dem aktiven Leben zu tun haben. Außerdem glaube ich, daß Frauen mehr Zeit für Phantasien übrig haben.

Mütterliche Abneigung gegen des Sohnes Sexualität kann sein sexuelles Empfinden in den Untergrund drängen. Aber ein geheimer und mächtiger Widerstand ist dem Jungen schon von seiner Anatomie her mitgegeben. Wenn er das Nachbarsmädchen mit hochgehobenen Röcken erblickt, weiß er, daß er dabei schöne Empfindungen hat, ganz gleich, was Mutter dazu sagt. Und er weiß auch, wo.

Wie der junge Harry, begreift er vielleicht nicht, warum sich sein Penis aufrichtet. Aber wenn er sich nächstes Mal dort berührt, taucht das Geschehene lebhaft wieder vor ihm auf. Und berühren muß er sich mehrere Male am Tag, jedesmal, wenn er pinkelt. Kein Junge kommt um die Erkenntnis herum, was ihn denn so erregt. Bald wird er herausfinden, daß die Berührung dieses sexuellen Barometers seine Erregung steigert. Eines Morgens spielt er dann müßig im Bett mit sich selbst und setzt die Stimulierung fort, bis etwas ganz Tolles passiert: Ihm kommt es! Jetzt weiß er, wie man es macht und welche geistige Vorstellung – die des Nachbarmädchens – ihn in diese Stimmung versetzt hat. Masturbation und Phantasievorstellung vermengen sich unlösbar mit Sexualität.

Mädchen gehen nicht so vertraut mit ihren Sexualorganen um wie Jungen. Das kleine Mädchen mag zunächst nicht so genau darüber nachdenken, was wohl «da unten» ist. Da ist etwas Unbestimmtes, etwas, vor dem man sich fürchtet, das man bei Gebrauch verlieren oder beschädigen kann. «Mein größter Schatz.»

Mag ein vierjähriges Mädchen auch erregt werden, wenn es einen Jungen am Baum pinkeln sieht, so fehlt ihm doch jede körperlich sichtbare Anzeige dafür. Es hat, kurzum, keine Erektion, die jede Erregung unmißverständlich anzeigt. Die Hand rutscht nicht automatisch zwischen die Beine. Ein Mädchen ist nicht daran gewöhnt, sich zu berühren, außer, wenn es sich wäscht. In der Tat hat sie ihr Ding noch nie gesehen! Wie könnte sie also den Anblick des am Baum pinkelnden Jungen mit einem bestimmten Teil ihres Körpers in Verbindung bringen?

In der Zeit des Heranwachsens zeigen sich bei Jungen und Mädchen ganz verschiedene Entwicklungsläufe, was Masturbation und Sexualphantasien anbelangt. Ein Junge findet es vielleicht ganz hübsch, mit seinem Mädchen im Mondschein spazierenzugehen. Aber wenn ihre Brust seinen Arm berührt und er davon eine Erektion bekommt, liegt ihm nichts am weiteren Spaziergang. Er will das Verlangen befriedigen, das ihm die Erektion verschafft. Das Mädchen hingegen wünscht, der schöne Augenblick möge für immer andauern. Es möchte in seinen Armen unter einem romantischen Kuß dahinschmelzen, um sich das Gefühl zu erhalten, das sie auch beim letztenmal empfand, als ihre Vagina feucht wurde. Und das war, als sie im Kino eine leidenschaftliche Liebesszene sah. Was hat dieses wunderbare Gefühl mit diesem Knaben hier zu tun, der ihr so grob mit der Hand unter den Rock fährt? Damit verdirbt er doch das ganze schöne Gefühl!

In den Sexualphantasien der Frauen scheinen Männer nicht der Wirklichkeit zu entsprechen, sondern eher Filmschauspielern. Meistens sind es keine Freunde oder Liebhaber aus Gegenwart oder Vergangenheit, sondern liebebedürftige Fremde. So wird die Begegnung vergleichbar dem intimen Gespräch mit irgendwem in einem Flugzeug: Man darf alles enthüllen, weil man sich doch niemals wiedersieht. Der Phantasiepartner bekommt kein vertrautes Gesicht. Man läßt ihn eine Maske tragen. Oder alles spielt sich im Dunkeln ab. Das sind einige der am häufigsten angewendeten Methoden der Frauen, um mit dem Schuldgefühl fertig zu werden, das ihnen Sexualphantasien eingeben. Außerdem besteht die Definition eines dämonischen Liebhabers für die Frau darin, daß sie ihn mit fotografischer Genauigkeit sieht.

Männer reagieren genau entgegengesetzt, woraus sich die weite Verbreitung der Aktmagazine erklärt. Je mehr der Mann zu sehen bekommt, desto näher reicht sein Traum an die Wirklichkeit heran. Je genauer im Detail, je wirklichkeitsnäher die Frau, desto aufregender ist sie. Die meisten Sexualphantasien in diesem Buch bauen auf der Erinnerung an wirkliche Frauen auf. Da ist die Nachbarin aus der Kinderzeit, die des Mannes Einbildungskraft befeuert; die erste Frau, mit der er oralen Sex erlebte; er ruft sich Vaters Freundin immer wieder ins Gedächtnis zurück oder den großartigen Fick der vergangenen Nacht, er erlebt tatsächlich Geschehenes immer aufs neue, schmückt es immer weiter aus, bis daraus Phantasien werden. Der gesichtslose Fremde mag das hauptsächliche sexuelle Phantasieprodukt bei Frauen sein. Männer wissen gern genau, mit wem sie ins Bett gehen.

Albert

Als ich fünf oder sechs Jahre alt war, arbeiteten meine Eltern gemeinsam in ihrem kleinen Laden. Deshalb hatten wir eine Haushälterin. Sie muß damals so um die vierzig bis fünfzig Jahre alt gewesen sein. Meine früheste Erinnerung zeigt mir, daß diese Frau meinen Penis in den Mund nahm und zart daran saugte, nachdem sie mich gebadet hatte. Das gab mir ein unvergleichlich überwältigendes Wohlgefühl. Sie wußte genau, wenn ich fertig war, und fragte dann, ob es mir gutgetan habe. Im Alter von dreizehn Jahren hatte ich außer dem oralen Sex auch richtigen Geschlechtsverkehr mit ihr. Dann stellte Vater Leute für den Laden ein. Mutter blieb daheim und kümmerte sich um mich.

Wenn ich masturbiere, stelle ich mir eine Frau von etwa sechzig Jahren vor (je älter, desto besser). Ich sehe mich als kleines Kind. Sie streichelt und leckt mich, und ich lecke sie, bis ihr Körper erschauert und sie stöhnt, wie es unsere alte Haushälterin machte.

Bis auf den heutigen Tag mache ich nur mit älteren Frauen Liebe (ich bin fünfundvierzig Jahre alt und verheiratet). Bei ihnen macht mir Sex viel, viel mehr Spaß als mit jüngeren Frauen.

Anscheinend habe ich mehr davon, je älter die Frau ist und je mehr Erfahrung sie hat.

Leonhard

Ich bin dreißig, Student der Psychologie mit dem ersten Staatsexamen, unverheiratet und habe dreieinhalb Jahre mit einer Freundin zusammen gehaust. Als ich etwa zehn oder elf Jahre alt war, fing ich mit dem Masturbieren an. Das mache ich (sofern ich keine Freundin habe) auch heute noch fast jeden Tag. Natürlich masturbiere ich weniger häufig, wenn ich ausreichend Sex bei meiner ständigen Freundin finde. Beim Masturbieren kenne ich keine Schuldgefühle oder ähnliches. Es macht Spaß, ist vergnüglich und dient der Entspannung. Meiner Phantasie lasse ich selten freien Lauf, außer beim Masturbieren. Dabei phantasiere ich jedoch immer, ich muß es sogar tun, um zu kommen. Wenn ich die Straße entlanggehe, versuche ich, nicht in Sexualphantasien zu verfallen, weil ich sonst so geil werde, daß es unbequem wird, und ich nicht die Möglichkeit habe, mich zu befriedigen. Wenn ich Sex habe, konzentriere ich mich auf mich und meine Partnerin. Beim Liebesspiel zu zweien würde ich Phantasiebilder als Ablenkung empfinden.

Meistens stelle ich mir vor, daß ich mit meiner Freundin oder einer Frau, die mir kürzlich begegnet ist, in verschiedenen Stellungen und an verschiedenen Orten Liebe mache. Manchmal bilde ich mir ein, im Bett zu liegen, während sie hereinkommt und sich wortlos zu entkleiden beginnt. Wir beginnen damit, daß wir unsere Körper überall betasten. Dann machen wir Sex. Manchmal bin ich hinter ihr (sie weiß und will es, reagiert aber erst, wenn ich sie berühre) und dringe von rückwärts in sie ein. Manchmal sind wir unter der Dusche, im Freien etc. Manchmal ist sie passiv, manchmal bin ich es, je nach Lust und Laune. Wir erleben genitalen oder oralen Sex. Manchmal bin ich oben, dann wieder sie, ganz egal.

Manchmal verändert die Phantasiefrau abrupt ihre Identität. Dadurch fühle ich mich ein wenig abgelenkt. Ich weiß nicht genau, warum. Vielleicht, weil es einen Bruch in der Konzentration gibt. Die besten Erlebnisse beim Masturbieren habe ich dann, wenn ich mir die Frau so lebhaft vorstelle, daß sie wirklich dazusein scheint. Ich sehe, fühle, rieche sie sogar.

Ich habe herausgefunden, daß ich mit keiner Frau sexuelle Freude erleben kann, die mir nicht mindestens sympathisch ist. Meine Phantasiebegegnungen sind durchweg unkompliziert, heterosexuell und ohne Publikum. Ich bilde mir alles ein, während ich (meistens) bäuchlings auf dem Fußboden liege und mich hin- und herbewege (keine Handarbeit, die habe ich zwar versucht, aber ich kann die Frau nicht deutlich genug sehen, um mich an ihr zu erfreuen, wenn ich auf meine Hände und auf meinen Schwanz achten muß).

Die erwachende Sexualität eines Sohnes mag eine Mutter erschrecken, aber weniger als die einer Tochter. Das heranwachsende Mädchen erinnert die Mutter an die eigenen Jugendängste. Die größer werdende Tochter erinnert daran, daß die Mutter älter geworden ist, daß Männer (Papa eingeschlossen) jüngere Frauen mit einem Interesse anschauen, das Mama nie wieder zuteil werden dürfte. Außerdem können Mädchen schwanger werden. Also versucht sie, die aufblühende Sexualität der Tochter zu zügeln, während sie sich von der des Sohnes eher behutsam distanziert. Männer sind für sie immer ein Geheimnis gewesen. Sie befürchtet, die noch schwach entwickelte Männlichkeit des Sohnes zu schädigen. Wenn der Sohn sich wirklich mit seinen Sorgen an sie wendet, kommt der kalte Guß: «Sei ein Mann und stell dich auf die eigenen Füße. Komm nicht mit jedem kleinen Problem zu mir gerannt.» Damit räumt sie dem Sohn mehr freien Lebensraum ein, als sie der Tochter je zu geben wagt.

Ein Junge darf Dinge tun, die der Mutter nicht passen, denn gerade damit will er beweisen, wie verschieden er von ihr ist. Masturbation mag unter Frauen ein großes Geheimnis sein, unter Männern wird ein Ritus daraus gemacht. Gegen die von der Mutter aufgestellten Regeln zu verstoßen und herauszufinden, daß entgegen all ihren Voraussagen dieses Erlebnis keineswegs schrecklich ist, sondern höchst angenehm, stärkt die Erkenntnis, daß es sich lohnt, seine eigene Meinung darüber zu bilden, was einem gut oder schlecht tut. Privatsphäre mag daheim schwer zu finden sein, wo Mutter die Bettwäsche wechselt, die Kleidungsstücke reinigt und in den Schreibtischschubladen wühlt. Aber es lohnt sich, darum zu kämpfen. Unabhängigkeit zahlt sich unmittelbar in sexuellem Vergnügen aus. «Gestern habe ich es mir zweimal selber gemacht.» – «So? Na, und ich dreimal!» – «Komm, wir gehen hinter die Garage und machen es gleich noch einmal!» Kein Wunder, wenn in diesem Buch so viele Männer voll tiefer Befriedigung die Erinnerungen an die Gruppenmasturbation ihrer Jugendzeit hervorkramen.

Hans

Meine Frau hat mich dazu aufgefordert, eine Beschreibung der Sexualphantasien einzusenden, die ich vor unserer Bekanntschaft und noch bevor ich überhaupt mit einer Frau im Bett war, gehabt habe. Wenn ich in meinem Elternhaus masturbierte, lag ich dabei auf dem Bauch im Bett und rieb mich am Laken. Dabei verhielt ich mich ganz leise, damit mich niemand hörte. Jedesmal beschlichen mich Schuldgefühle.

Ich bin zwanzig Jahre alt, meine Frau neunzehn. Seit einem Jahr sind wir verheiratet. Wir haben aber bereits seit drei Jahren sexuelle Beziehungen miteinander.

Hier meine Phantasievorstellung: Mein Zimmer hat eine Hintertür. Mitten in der Nacht kommt ein fremdes Mädchen leise herein. Langsam schleicht die Gestalt über den Fußboden bis an mein Bett, in dem ich tief und fest schlafe. Ich wache davon auf, daß die Besucherin meine Bettdecke anhebt. Ich spüre ihre Gegenwart. Da ich nicht genau weiß, was sie will, stelle ich mich weiter schlafend. Unterdessen kriecht sie unter der Decke zu meinem sich rasch versteifenden Schwanz. Heißes Verlangen überkommt mich, während ihr Mund immer näher kommt und sich schließlich über meinen Pimmel stülpt. Mit flammender Leidenschaft saugt sie daran, bis ich ihr meinen Samen in den aufnahmebereiten Mund spritze. Mit zufriedenem Gesichtsausdruck gleitet sie dann aus meinem Bett und verschwindet genauso leise durch die imaginäre Hintertür, wie sie hereingekommen ist.

Jörg

Ich bin einundfünfzig Jahre alt und seit drei Monaten verwitwet. Ich bin oft für längere Zeit auf Reisen und nehme unterwegs natürlich meine Zuflucht zur Masturbation, um meine sexuelle Spannung zu lösen. Das geschieht trotz meines Alters fast an jedem Tag einmal. Mit meiner Frau führte ich ein ziemlich zufriedenstellendes Sexualleben. Wir haben alles mögliche ausprobiert und mit der Zeit immer noch etwas dazugelernt.

Genug davon. Kommen wir zu meinen sexuellen Phantasiespielen.

Sehr oft beschäftige ich mich in Gedanken mit der Frage, warum es nicht für Frauen Sexshows gibt, wie wir sie für Männer haben. Dabei frage ich mich, wie Frauen wohl darauf reagieren würden, wenn ich vor ihnen eine Schau abziehe. Im Geiste sehe ich sechs bis acht voll angekleidete Frauen vor mir (vorzugsweise in Kleidern, nicht in Hosen). Ich stehe splitternackt vor ihnen. Sie betrachten mich von oben bis unten und reden darüber, was ihnen an einem Mann am besten gefällt. Nach einiger Zeit breite ich zwei Zeitungsblätter in der Längsrichtung vor mir auf dem Fußboden aus. Die Frauen machen mit einem Schreibgerät Zeichen auf dem Papier und wetten untereinander, wie weit ich meinen Samen spritzen kann. Die Frau, deren Markierung dem auftreffenden Samenstrahl am nächsten liegt, hat die Wette gewonnen. Also beginne ich zu masturbieren. Die Frauen sehen mir zu und feuern mich an.

Ich habe diese Phantasievorstellung einmal mit meiner Frau zusammen verwirklicht. Der faszinierte Gesichtsausdruck, mit dem sie mir beim Masturbieren zuschaute, regte mich mächtig an. Als ich kam, schoß der Samen mit solcher Gewalt hervor, daß wir beide überrascht waren. Der vorderste Tropfen war achtzig Zentimeter von mir entfernt gelandet. Ich habe den Versuch oft allein wiederholt, diese Entfernung dabei aber nicht annähernd erreicht.

Um mit den Phantasien fortzufahren: Nach der Wette geben sich die Frauen entspannter und sind scharf darauf, mich ganz genau anzusehen, mich zu berühren und eingehend zu untersuchen. Das ist natürlich nötig, um mich für den nächsten Teil hochzubringen. Sobald ich wieder bereit bin, lege ich mich auf einen Tisch, an den die Frauen von allen Seiten herantreten können. Nacheinander werde ich von jeder eine Minute lang masturbiert. Diejenige, unter deren Hand es mir kommt, gewinnt den Einsatz.

Manchmal ändere ich die Vorstellung dahin ab, daß ich den Frauen ihre Mösen umschichtig in jeder von ihnen gewünschten Stellung lekke, während die anderen zuschauen. Das ist der Grund, weshalb ich Kleider bevorzuge. Und wenn sich darunter Strümpfe und Hüftgürtel befinden, um so besser.

Wenn ich keine weibliche Begleitung habe, macht mir Masturbation Spaß. Wenn ich eine Gelegenheit zur Entspannung finde, liege ich völlig nackt auf dem Bett und lese ein gutes erotisches Buch. Mit einer Hand streichle und manipuliere ich dabei meinen Penis mal schneller, mal langsamer. So kann ich die Erektion stundenlang halten. Wenn ich schließlich soweit bin, lege ich das Buch weg, mache mir Phantasievorstellungen und konzentriere mich auf das, was ich tue. Dabei erziele ich eine wirklich starke Ejakulation.

Wenn es in einer Ehe nicht so recht klappt, vergräbt sich der Mann meistens in seine Arbeit – und masturbiert. Nicht so seine Frau. Vielleicht wird ihr vom Arzt zur Masturbation geraten, oder sie liest eines der neuen Bücher über die weibliche Sexualität, in denen steht, daß alles erlaubt ist. Doch bereitet ihr die Vorstellung davon Schwierigkeiten. Für sie waren Sex und Liebe bisher untrennbar verbunden. Wenn ihr jetzt zur Masturbation geraten wird, kommt ihr das so vor, als solle sie die Liebe zu einem anderen Menschen durch Selbststimulation ersetzen. Außerdem fühlt sie sich betrogen, nachdem sie so viele Jahre lang ihren Teil des Vertrages getreulich erfüllt hat. Sie ist immer eine gute Frau und brave Gattin gewesen. Ihr Mann hat alles verdorben. Also ist sie auch gegen Sex eingestellt.

Ihr Mann wird zwar finden, daß seine Hand ein schlechter Ersatz für eine Frau ist. Aber er sieht Masturbation durchaus nicht als ein Anzeichen für sein Versagen als Mann. Er ist wütend auf die Frau, nicht auf Sex schlechthin.

Frauen gehen gern davon aus, daß dem Mann zu jeder Zeit jede Art von Sex zugänglich ist, selbst wenn er dafür bezahlen muß. Dabei wird die Tatsache außer acht gelassen, daß manche Leute, wie Julius (s. u.), einfach zu schüchtern sind, sich überhaupt einer Frau zu nähern. Er muß sich mit seiner Phantasie und der Masturbation begnügen. Selbst hochsexuelle Männer dürften zeitweilig der Masturbation den Vorzug geben. So kann zum Beispiel die Vorstellung, mit einer anderen als der eigenen Ehefrau die Hotelhalle zu durchqueren, manchen Mann das Zittern lehren. Die Angst vor der Entdeckung, Scham, Schuldgefühl wären ein allzu hoher Preis für ihn. Phantasie und Masturbation dienen als Ersatz und sind ein sicherer Weg zur gewünschten Entspannung. In Wirklichkeit aber bildet die Masturbation oft eine Variation, eine andere Form von Sex und nicht nur eine Ersatzhandlung dafür.

Selbst Männer, denen ein halbes Dutzend Frauen zur Verfügung steht, wollen manchmal masturbieren. Bert z. B. (s. S. 25) erklärt, daß er einmal oder zweimal pro Woche masturbiert, dies aber vor seiner Frau verheimlicht. Obwohl ihr Sexualleben in Ordnung ist, «würde es sie aufregen, weil sie meint, sie gäbe mir nicht alles, was ich brauche». Was aber, wenn in Berts Vorstellungswelt immer noch das Verlangen nach einer anderen Frau wach ist? Was könnte seine Frau tun, um solche Phantasien auszuräumen? Phantasie und Masturbation geben unseren Partnern oft etwas, das wir ihnen nicht bieten können. Für einen anderen Menschen einfach ein und alles sein zu wollen, ist unsinnig.

Julius

Mit Überraschung habe ich festgestellt, daß Frauen genau wie mir Gedanken oder Phantasievorstellungen durch die Köpfe gehen. Bisher hielt ich meine gedanklichen Vorstellungen für abnormal und pervers. Dadurch kam ich mir immer wie eine Art Monstrum vor. Ich bin dreiundvierzig Jahre alt, lebe allein und hatte niemals Sex mit einer Frau, dank eines seit zweiundzwanzig Jahren vorhandenen Schuldgefühls und weil ich mich stets vor mir selbst geschämt habe. Wann immer ich eine Bekanntschaft mit einer Frau anfange, wird daraus nicht mehr als eine gute Freundschaft. So kam ich zu dem Schluß, ich sei wohl sexuell nicht anziehend genug. Auch dachte ich mir, die Frauen wissen irgendwie um meine Phantasievorstellungen, auch wenn ich nicht weiß, wieso. Mich erleichtert es sehr, nunmehr zu erfahren, daß einige Frauen genau solchen Vorstellungen nachhängen wie ich.

Im Alter von etwa zwölf Jahren kam ich durch reinen Zufall dahinter, wie man masturbiert. Im Bad hielt ich aus irgendeinem Grund, wahrscheinlich um ihn zu waschen, meinen Penis unter die Brause und ließ das warme Wasser darüber hinplätschern. Da wurde er größer. Ich spielte daran herum und hatte plötzlich ein wunderbares Gefühl, ohne zu wissen, was das eigentlich war. Damals las ich viele Comic-Hefte. Zufällig kaufte ich eins, dessen Handlung mit einer weiblichen Tarzan-Figur als Heroine im Dschungel spielte. Immer wenn sie von den bösen Wilden gefangen wurde, schlug man die Frau in Fesseln. Der Anblick verschaffte mir einen Ständer, und ich masturbierte. Ich begriff nur, daß irgend etwas schmutzig an dieser so wohltuenden Sache sein müßte, vor allem, wenn man sich dabei eine gefesselte Frau ansehen oder sie sich vorstellen muß. Niemand hat jemals mit mir über Sex gesprochen. Ich mußte mir selbst Stückchen um Stückchen zusammenklauben. Manchmal zog ich aus Bruchstückwissen falsche Schlüsse. Im Alter von sechzehn Jahren war ich der Meinung, endlich alles zu wissen. Um eine Frau zu schwängern, muß man sie in den Hintern ficken. Ich frage mich heute noch, wie ich darauf gekommen bin! In späteren Jahren kaufte ich mir Magazine, darunter auch Detektivgeschichten mit den Abbildungen gefesselter Frauen auf dem Umschlag. Pornographie war um 1960 herum noch eine ziemlich zahme Sache. Schließlich fand ich zufällig in einem Buch eine Anzeige. Eine Firma bot den Postversand von Bildern gefesselter Frauen an. Ich brauche nicht zu erwähnen, daß ich sofort bestellte. Seither habe ich ständig einschlägige Bilder, Magazine und Filme gekauft. Dabei war ich stets von tiefen Schuldgefühlen bedrückt. Während der letzten vier oder fünf Jahre gelten Fesselungen nicht mehr als abartiges Geheimnis. Das darüber veröffentlichte Material regt mich an. Meine Phantasievorstellungen klingen ziemlich wild. Dabei kann jeder, der mich kennt, bestätigen, daß ich ein sehr sanftmütiger Mensch bin.

Jemand klopft an meine Tür. Ich öffne. Vor mir steht eine schöne Frau, die ich nie zuvor gesehen habe. Sie sagt, sie möchte von mir gefickt werden, aber nur in gefesseltem Zustand. Sie kommt herein, und wir ziehen uns gegenseitig aus. Dabei denken wir an unser Vorhaben und sind dadurch bereits erregt. Ich habe ein paar Stricke zur Hand. Wir gehen ins Schlafzimmer, wo sich die Frau aufs Bett legt. Bei jedem Phantasiespiel wende ich eine andere Fesselungsart an. Die Frau läßt sich jedesmal bereitwillig fesseln. Während ich sie anbinde, bekomme ich einen mächtigen Ständer. Sie ist schon kurz vor dem ersten Orgasmus. Wenn wir es schließlich beide nicht mehr erwarten können, ficke ich sie in unterschiedlicher Weise, je nach der angewendeten Fesselungsart. Ich verpasse ihr den besten Fick, den Mann und Frau nur haben können. Wenn ich sie so gefesselt habe, daß ich nicht in sie eindringen kann, schiebe ich ihr einen Vibrator in den Schlitz oder vielleicht auch in den Hintern, um sie zum Orgasmus zu bringen. So verschaffe ich ihr einen Höhepunkt nach dem andern. Ich masturbiere, während ich zusehe, wie sich ihr gefesselter Körper in sexueller Ekstase windet.

In ähnlicher Richtung bewegt sich meine Vorstellung von einem Ringkampf mit einer Frau. Wir sind beide nackt. Entweder werde ich von ihr überwältigt und gefesselt. Oder sie unterliegt, und ich fessele sie. Wer die Oberhand gewonnen hat, stimuliert, masturbiert oder fickt den anderen bzw. die andere.

In diesem Brief habe ich das tiefe Schuldgefühl darzulegen versucht, das sich im Geiste eines Mannes ansammeln und – wie bei mir – über jedes Maß hinauswachsen kann.

Bert

Meine Frau hat von jeher weniger Interesse am Sex gehabt als ich. Vielleicht lag es an ihren überaus strengen Eltern. Von Anfang an hatten wir nicht so oft Geschlechtsverkehr, wie ich es mir wünschte. Ich habe keine Mühe, beim Sex mit ihr zu kommen. Ich brauche nur ihre harten Brustwarzen unter dem Sweater zu sehen, und schon werde ich scharf.

Manchmal erwache ich mit einem Steifen, sie aber ist zu verschlafen und will nicht mitmachen. Um mir Entspannung zu verschaffen, versetze ich mich in meine Lieblingssituation.

Ich gehe einen besonnten Strand entlang. Dabei trage ich ein winziges Bikinihöschen, das nichts verbirgt. Vom Wasser her weht eine kühle Brise. Mir gefällt es so. Plötzlich sehe ich eine schöne Frau mit dem Gesicht nach unten auf ihrem Badelaken im Windschutz einer Düne liegen. Sie trägt einen sehr kleinen zweiteiligen Badeanzug, der hinten herum praktisch nur aus einer Kordel besteht.

Ich gehe hin und spreche sie an. Sie richtet sich halb auf, und ich sehe, daß sie zur gleichmäßigen Bräunung die Bänder ihres Büstenhalters gelöst hat. Ich habe ihre wunderbaren Brüste vor Augen. Sie sind groß mit rosig braunen Nippeln, die von rosa gesprenkelten runden Höfen umgeben sind. Sie lächelt mich an und rückt zur Seite, damit ich auf ihrem Badetuch Platz nehmen kann.

Ich setze mich rittlings auf ihren Rücken und halte ihre Brüste in meinen Händen. Dabei zwicke und massiere ich ihre Nippel, bis sie sich hart aufrichten. Natürlich drückt inzwischen mein Steifer gegen mein Bein. Ich gleite unter die Frau und nehme ihre Titten in den Mund. Ich lecke und nibbele daran, bis sie anfängt, mit den Hüften zu wackeln. Sie streift mir die Badehose ab.

Dann rolle ich mich so herum, daß wir Neunundsechzig machen können, doch zuvor schiebe ich sanft meinen langen Schwanz in ihren Mund. Er ist riesig groß und zuckt vor Erregung. Sie leckt an seinem pulsierenden, purpurroten Ende, und ich bin fast soweit, meine Ladung zu verspritzen. Aber ich halte an mich, lasse meine Lippen über ihren Bauch abwärts gleiten und löse die Kordel ihres Höschens. Dann versenke ich mein Gesicht in ihren weichlockigen Haarbusch. Ich rieche ihre Fotze und kann es kaum erwarten, einzudringen. Aber zunächst muß sie meinen Steifen mit ihren Händen tief in ihren Mund ziehen, worin sie ihn auf und ab bewegt. Zugleich bewegt sie die Haut vor und zurück, während sie mit den Fingernägeln an meinen Hoden kratzt und sie drückt. Inzwischen bin ich halb verrückt vor Verlangen nach ihr.

Endlich dränge ich mich in ihren Schlitz und wau! dort finde ich alles so vor, wie erhofft – feucht und schlüpfrig. Ich spreize ihr die Beine so weit wie möglich und betrachte die wunderschöne rosige Pussy, bis ich mich mit dem Mund darüber hermache. Mit herausgestreckter Zunge umlecke ich die weichen Lippen, ehe ich sie in der Öffnung ein- und ausgleiten lasse. Ich küsse ihre kleine Klitoris und nage daran, während die Frau unter mir mit ihrem Arsch hin- und herwackelt. Endlich fange ich wirklich zu saugen an. Dann ist die Hölle los. Meine Ladung schießt ihr in den Mund. Sie hebt den Arsch hoch und ersäuft mich fast mit ihrem süßen Saft.

Nachdem ich sie ausgesaugt und abgeleckt habe, drehe ich mich um, halte sie in den Armen, und wir schlafen ein, während die Sonne den Schweiß auf unseren Körpern trocknet.

Oft komme ich nur bis zu dem Teil, wo sie meinen Schwanz zu lecken beginnt. Dann explodiere ich schon. Am liebsten aber gehe ich den Weg bis zum erträumten Ende. Das ist, als ob eine Rakete hochgeht!

Meine Frau und ich machen die Sache ganz gut miteinander. Aber sie hat beim Sex wirklich einige Hemmungen. Sie ist in dem Sinne erzogen worden, daß sie «alles für den Ehegatten aufsparen sollte». Als wir uns kennenlernten und ich ihr durch Streicheln der Klitoris den ersten Orgasmus verschafft hatte, löschte sie das Ereignis fast völlig aus ihrem Gedächtnis. Nach und nach haben wir recht gute Beziehungen zueinander aufgebaut, obwohl sie immer noch unfähig ist, zu masturbieren. Ich masturbiere ein- oder zweimal wöchentlich unter der Dusche. Ich glaube, sie weiß nichts davon. Ich nehme an, sie würde sich deshalb aufregen, weil sie meint, sie gäbe mir nicht alles, was ich brauche.

Mir verhelfen Phantasievorstellungen zu mehr Freude am Sex und beim Masturbieren. Meine Frau meint, sie brauche keine gedanklichen Vorstellungen. Ich sei alles, was sie für guten Sex braucht (man erkennt darin einen Teil ihrer Auffassung, alles «für den Ehegatten aufzusparen»). Dabei ist sie Phantasien durchaus zugänglich, denn nachdem sie in einem Pornobuch etwas über Sex gelesen hat, ist sie heiß wie die Hölle.

3. Geteilte und verwirklichte Phantasievorstellungen

Die wahrscheinlich größte Mißdeutung von sexuellen Phantasievorstellungen läuft darauf hinaus, sie hätten unterdrückte Wünsche zum Inhalt. Die Vermengung von Wort und Tat wird schon in Leos ersten Worten (s. S. 29) erkennbar. Er gibt seinen Befürchtungen Ausdruck, daß er womöglich wirklich «pervers» sei, nur weil er sich ein homosexuelles Erlebnis und den Geschlechtsverkehr seiner Frau mit einem anderen Mann vorstellt. «Ich denke, also bin ich», mag nur bei Descartes zutreffen.

Aus dieser Verwirrung der Begriffe heraus erwächst der Drang, unsere Phantasievorstellungen mit unseren Liebespartnern zu teilen. «Du solltest wissen, wie ich wirklich bin. Ich fühle mich wohler, wenn du es weißt.» Der folgerichtige Schritt besteht natürlich darin, diese «unterdrückten Wünsche» in die Tat umzusetzen. Wenn man schließlich den Absprung gewagt und seine Vorstellungen in Worten mitgeteilt hat, wäre es dann nicht puritanisch und feige, nicht einmal in Wirklichkeit zu erleben, was man sich «wirklich» immer gewünscht hat? Nein.

Ein intensives Innenleben stellt eine gewisse Macht dar. Es ist ein Weg, zur eigenen Identität zu finden und seinen Standort im Dasein zu bestimmen. Einige Phantasievorstellungen behält man am besten für sich. Andere? Angenommen, man kennt seinen Liebespartner gut und weiß, wieviel er oder sie von den Vorgängen in unserem geheimen Innersten zu hören wünscht. Bei der Entscheidung, welche Phantasien man ausleben möchte, sollte man daher noch mehr Vorsicht walten lassen.

Zunächst muß man sich darüber im klaren sein, warum man mit Partner oder Partnerin überhaupt darüber reden möchte. Vielleicht einfach, um sich ein tieferes sexuelles Erlebnis zu verschaffen. Manchmal verbirgt sich dahinter auch die Hoffnung, alte Wunden abheilen zu lassen. Der Konflikt mit den Eltern lief darauf hinaus, sich ihre Liebe zu erhalten und dennoch ein eigenes Sexualleben zu haben. Die Lösung lag darin, das erotische Selbst verborgen zu halten. Als Reaktion darauf möchten wir jetzt zum Partner oder zur Partnerin sagen: «Wenn du mich liebst, wirst du dich mit meinen erotischen Ideen abfinden, dich nicht verletzt fühlen und mich darum nicht weniger lieben.»

Die Volksweisheit sagt, daß es zwischen Liebenden keine Geheimnisse geben dürfe. Etwas Primitiveres in uns – meiner Ansicht nach ein uraltes Weisheitserbe unserer Rasse – rät hingegen den meisten, Diskretion zu wahren. Es besteht ein großer Unterschied zwischen der anonymen Veröffentlichung sexueller Gedankenvorstellungen und deren Mitteilung an einen Liebespartner. Phantasien drücken das Verbotene aus und sind deshalb so erregend. Sie stellen ein Tabu dar und sind auch mit Furcht beladen. Wenn man mit jemandem darüber spricht, so bedeutet das «die Stärke des sexuellen Erlebens zu verdoppeln, aber die Schuld zu teilen». Ich finde das zwar sehr geschickt formuliert, aber weit von der Wirklichkeit entfernt.

Immerhin sehen viele Männer darin eine verführerische Möglichkeit. Der Ehemann sucht nicht das enge Zusammengehören wie die Frau. Er sucht ihre Liebe – aber er will auch seine Freiheiten haben. Sex bringt ihn seiner Frau näher, gibt ihm aber auch einen Adrenalinstoß. Nach einem wunderbar verliebten Sonntagmorgen hüpft er neu belebt aus dem Bett und entschwindet, um den Nachmittag mit seinen Kumpels zu verbringen. Sie hingegen fühlt sich durch alle Beziehungen, die sie ausschließen, hintergangen. Kein Wunder, daß in den bevorzugten männlichen Wunschvorstellungen eine Heldin auftaucht, die sich nicht verzweifelt an ihn klammert, sondern die Hang zum Abenteuer und zur Freiheit zeigt. Sie ist sexuell so unersättlich, daß sie masturbiert und einen Fremden von der Straße verführt. Soll er das seiner Frau erzählen? Leos Brief zeigt, daß auch bei weitestgehendem Vertrauen zum Partner gewisse Tabus doch bestehenbleiben.

Leo

Bis jetzt habe ich mir Sorgen gemacht, vielleicht pervers zu werden. Ich bin seit siebzehn Jahren verheiratet und habe mich eines zufriedenstellenden Sexuallebens erfreut.

Während einer Liebesstunde in der vergangenen Woche vertraute mir meine Frau einige ihrer sexuellen Phantasievorstellungen an. Zunächst hielt ich das für einen Scherz, fühlte mich aber dadurch bald sehr erregt. Sie gab zu, manchmal an ein Spiel 69 mit einer anderen Frau zu denken, obwohl sie gar nicht lesbisch sei. Obwohl sie seit Jahren oralen Sex mit mir kennt, erklärt sie, daß sie manchmal nachmittags masturbierte und dabei an Fremde dachte. Das machte mich richtig heiß. Sie beschrieb mir, was sie mit sich geschehen lassen und was sie mit mir gern tun wollte und wobei ich ihr zusehen sollte. Das führte dazu, daß ich schon kam, als sie mich nur berührte.

Später lag sie in meinen Armen und war so müde, daß sie nur noch reden konnte. Sie fragte mich, wie ich darüber dächte. Ich vertraute ihr an, wodurch ich in meinen Vorstellungen erregt werde und was ich ihr bisher nicht zu sagen gewagt hatte. Dazu gehörte auch, daß ich es in Ordnung fand, wenn sie gern an einer anderen Pussy lecken möchte. Ich aber, so sagte ich ihr, verspürte manchmal den Wunsch, an einem Männerschwanz zu lutschen. Mir war es peinlich, ihr so etwas einzugestehen, weil ich fürchtete, sie würde mich deshalb für einen Schwulen halten. Sie meinte, auch sie habe schon solche Vorstellungen gehabt, aber nicht gewagt, mit mir darüber zu reden. Ich fügte hinzu, daß ich diese Idee für scheußlich hielt, wenn ich nicht von heißer Erregung erfüllt wäre. Sie begriff nicht, warum. Wieso könnte ich wünschen, daß sie etwas täte, was ich meinerseits abscheulich fände?

Es gibt so vieles, was ich ihr nicht habe anvertrauen können. Wenn ich masturbiere, stelle ich mir manchmal einen Schwanz in meinem Arsch vor. Ich habe das schon mit ihr gemacht. Wie aber stand sie zu meinen Vorstellungen? Würde sie mir den Arsch lecken wollen? Würde ich sie anpinkeln dürfen, und würde sie davon trinken? Würde sie es mit meinen Freunden treiben, während ich zuschaute? Wie wäre ihr zumute, wenn sie eine andere Frau mit mir teilte? Vielleicht kann ich später einmal mit ihr darüber sprechen. Bis dahin müssen diese Dinge Wunschvorstellungen bleiben.

Ich begreife nicht, wie mir solche Phantasievorstellungen kommen können, wo ich sie doch über alles in der Welt liebe.

Helen berichtet

Andreas und ich sind naturverbunden. Wir mögen Parks, Camping, die Natur und Tiere. Wir hängen gemeinsam einer Phantasievorstellung nach, die ursprünglich von Andy entwickelt wurde. Wenn wir nur darüber reden, ficken wir uns anschließend dumm und dösig. Er hat mich gebeten, das alles für Sie aufzuschreiben, denn er ist nicht sehr wortgewandt.

Wir befinden uns in einem wunderschönen, moosigen, nach Harz duftenden Wald voller Frieden und Schönheit, ohne Zivilisationsabfall und Unnatur. Sonnenstrahlen fallen durch die Kiefernäste. In der Nähe plätschert ein schöner Fluß. Wir tragen unsere Kleider gebündelt, weil es einfach richtig erscheint, in dieser Umgebung nackt zu sein. Wir sind umgeben von allem, was wir lieben – Eichhörnchen, Vögel und vor allem völlige Einsamkeit. Alles ist so perfekt, daß uns der Erdboden förmlich anzieht. Wir bereiten ein «Bett» und legen uns auf unsere Sachen. Andy leckt mich, bis meine Klitoris steif wird. Wir haben keine Eile. Ich rolle mich so auf die Seite, daß wir 69 machen können. Wir geben uns gegenseitig das gleiche Vergnügen, das uns diese Umgebung bereitet. Auf diese Weise bringt er mich immer sehr schnell zum Höhepunkt. Nachdem es mir gekommen ist, läßt er mich aufstehen. Er führt mich zu einem Baum mit glatter Rinde. Er lehnt mich gegen den Stamm, der sich kühl und sinnlich an meinen Rücken schmiegt. Er spreizt meine Beine und leckt den Saft auf, der nach meinem ersten Orgasmus reichlich fließt. Nach ein paar Minuten schiebt er mir seine Finger in die feuchte Scheide und in den Hintern. Er spielt darin, bis ich wieder und wieder komme. Meine Scheide umklammert seine Finger. Dann muß ich ihm die Hände auf die Schultern legen. Er schiebt mich an dem Baumstamm hoch, bis er in mich eindringen kann. Dabei umklammere ich ihn mit den Beinen. So eng umschlungen trägt er mich zu dem nahen Fluß. Ich bin fast von Sinnen, wenn er mich in das klare Wasser hineinträgt, wobei ich mir wünsche, daß er in mir explodiert. Hüfttief im Wasser stehend, beginnen wir zu «tanzen», wenn es ihm kommt. Und zu gleicher Zeit habe ich auch einen sehr befriedigenden Höhepunkt. Wir fallen im Wasser auseinander und beenden unseren Traum, indem wir lange träge dahinschwimmen.

Lex

Ich bin einundvierzig, meine Frau ist sechsunddreißig Jahre alt. Wir sind seit zwölf Jahren verheiratet, ich zum ersten-, meine Frau zum zweitenmal. Wir haben studiert und stehen beide im Berufsleben – meine Frau als Lehrerin, ich im Kunstgewerbe. Wir sind beide ziemlich aktiv im kirchlichen und im öffentlichen Leben.

Es scheint so, als ob die Vorliebe meiner Frau für Masturbation und

Cunnilingus ihre Sexualität eher fördert als vermindert. Sie hat an jeder Form von abwechslungsreichem Sex ihre Freude. Am meisten ergötzt sie es, wenn sie mit weit gespreizten Beinen daliegt und ich ihre Klitoris und ihre Fotze lecke (die sie immer sorgfältig glattrasiert). Das dauert manchmal eine Stunde und länger. Unsere Liebesspiele sind immer sehr lang ausgedehnt, oft bis zu zwei Stunden (weil sie nicht so ganz leicht zu ihrem ersten Orgasmus kommt), aber dann – wau! Während ich ihre Fotze lecke, kann ich ihr Gesicht nicht sehen, und ich stelle mir nach einer Weile vor, ich lecke die Pflaume einer ganz anderen, mir bekannten Frau. Ich denke dabei an die Frauen meiner Freunde oder die Freundinnen meiner Frau. Oft ist es die Frau unseres Pfarrers, die recht sexy wirkt. Oder ich bilde mir ein, Jackie O., Elizabeth T., Sophia L. oder einen anderen Filmstar vor mir zu haben, und, o ja, manchmal bist du es, Nancy, deren Fotze ich lecke. Diese Vorstellungen geben mir Geduld und Ausdauer, meine Frau so lange zu lecken, wie sie für ihren ersten Orgasmus braucht.

Sobald sie so oft gekommen ist, wie sie möchte, kniet sie gewöhnlich vor mir, und ich ficke sie von hinten. Diese Stellung bevorzugt sie. Nun sehe ich abermals nicht ihr Gesicht, sondern nur ihren Arsch und ihre Fotze. Deshalb bilde ich mir oft ein, daß ich eine ganz andere Frau vögle. Unterdessen ist die Fotze meiner Frau tropfnaß geworden, was mich immer sehr erregt. Mit Hilfe meiner Phantasie brauche ich nur ein paar Minuten, um sie ihr randvoll zu spritzen.

Manchmal habe ich neuerdings an den lesbischen Phantasievorstellungen meiner Frau Anteil. Während ich ihr die Fotze lecke und sauge, beschreibt sie mir mit genauen Einzelheiten, daß sie gerade einer Frau aus unserer Bekanntschaft die Pflaume ausleckt, sie masturbiert oder an ihren Brustwarzen nippelt. Manchmal schildert sie auch, wie eine andere Frau das mit ihr macht.

Ich bin ziemlich sicher, daß meine Frau sexuelle Phantasien über andere Männer hat, vor allem, wenn sie Magazine mit Abbildungen nackter Männer betrachtet und dabei masturbiert. Das macht sie recht oft. Sie hat mir solche Phantasiebilder jedoch niemals beschrieben, genauso, wie ich meine oben beschriebenen Phantasieerlebnisse für mich behalte. Ich fürchte ihre ablehnende Reaktion. Es würde ihr wahrscheinlich wenig Spaß machen, zu wissen, daß ich in Gedanken eine andere Frau ficke oder lecke oder von ihr abgelutscht werde, während ich mit meiner eigenen zusammen bin. Aus dem gleichen Grunde vertraut sie mir wohl zwar ihre lesbischen Gedankenvorstellungen an, verschweigt aber alles, was mit Männern zu tun hat.

Es hat mich nicht überrascht, von mehreren Frauen Zuschriften mit den Phantasievorstellungen ihrer Männer zu erhalten. Anfangs gehörten diese Vorstellungen ihm allein. Nun sind sie gemeinsamer Besitz. Die Frau erblickt darin einen Vertrauensbeweis und den Ausdruck seines Willens, ihr ganz nahe zu sein. Voller Stolz läßt die Frau alle Welt wissen, daß seine Geheimnisse auch die ihren sind. Helen macht deutlich, daß sie und Andy scharf unterscheiden zwischen Phantasien, über die sie reden, und solchen, die sie in die Tat umsetzen. Ihre Vorstellungen erscheinen harmlos und von Naturschönheit erfüllt. Die Linie wird niemals überschritten. «Wir reden nur darüber.»

Die Frau von Lex braucht manchmal eine Stunde bis zum Höhepunkt. Er benutzt Phantasievorstellungen, um sie und sich selbst im Zustand der Erregung zu erhalten. Jedoch verschweigt er ihr wohlweislich alle, in denen andere Frauen vorkommen. So etwas würde sie abrupt aus der Stimmung reißen und zwischen ihnen mehr verderben als nur diese eine Liebesstunde. Seinerseits hat er Spaß an ihren lesbischen Vorstellungen. Er nimmt an, daß sie ihrerseits in Gedanken mit anderen Männern spielt. Freilich ist er zu klug, danach zu fragen.

Für die beiden empfinde ich Bewunderung. Sie vermögen einander die Freiheit ihrer Körper zu schenken, ohne dabei die Freiheit des Geistes aufzugeben. Sie begreifen intuitiv den Nutzen und die Grenzen sexueller Phantasien. Sex mit einem wirklichen Partner zu erleben und dabei an einen anderen zu denken, ist kein Betrug. Es ist ein privater Ausflug in Gedanken, durch den für beide das körperliche Erleben überhöht wird.

Roderick

Ich bin fünfunddreißig Jahre alt und habe eine abgeschlossene Hochschulbildung. Meine Frau ist ein Jahr jünger und vom gleichen Bildungsstand. Sie war körperlich und geistig noch jungfräulich, als wir das erste Mal miteinander fickten. Ich hingegen habe (vor und während unserer nun vierzehnjährigen Ehe) zahllose Frauen gebumst. Obwohl wir ein «zufriedenstellendes» und «sauberes» Sexualleben unterhalten, habe ich dauernd zusätzliche sexuelle Erlebnisse erträumt.

Ohne allzu deutlich bei Freud Anleihen zu machen, möchte ich unterstreichen, daß meine Frau trotz ausgeprägter Orgasmusfreudigkeit immer noch glaubt (wie man es ihr beigebracht hat), daß Sex irgendwie «schmutzig» ist. Analverkehr kommt für sie überhaupt nicht in

Betracht. Obwohl sie es schätzt, wenn ich sie zwischen den Beinen küsse, fände sie es widerlich, meinen Penis zu lecken oder zu lutschen. In der Vergangenheit ist es mir einmal gelungen, sie zu einer außerehelichen Affäre zu bringen. Dennoch ist und bleibt die Vögelei für sie eine zweimal in der Woche zu erfüllende Pflichtübung. Man möge mich nicht falsch verstehen. Obwohl ich unser eheliches Sexualleben als ungenügend empfinde, haben wir vielerlei schöne Gemeinsamkeiten (zwei brave Kinder eingeschlossen), so daß ich eine ähnlich tiefe Bindung an einen anderen Menschen niemals eingehen würde.

Ich bin dienstlich im ganzen Land unterwegs. Das gibt mir die Möglichkeit, meine sexuellen Phantasievorstellungen in die Tat umzusetzen. Ich habe mir niemals Situationen vorgestellt, die ich nicht auch wirklich erleben möchte. Sobald die Umstände es erlauben, bin ich bereit, jede meiner Träumereien auch wirklich auszuführen.

Sprechen wir zuerst von denen, die ich bereits verwirklicht habe:

Zunächst wollte ich eine außereheliche Affäre erleben. Mit Überraschung stellte ich fest, daß dadurch keineswegs «meine Ehe ruiniert» wurde. Der Vorfall hatte überhaupt keinen Einfluß darauf.

Dann wollte ich Frauen verschiedener Rassen ficken. Obwohl sich jede Partnerin ein wenig von der anderen unterscheidet, weiß ich jetzt, daß es beim Sex keine erkennbaren rassischen Charakteristika gibt.

Da meine Frau ziemlich flachbrüstig ist, träumte ich davon, die Besitzerin von einem Paar enormer Titten zu vögeln. Ich kam dahinter, daß – genau wie bei meinem nur wenig über dem Durchschnitt liegenden Pimmel – Größe in keinerlei Relation zur Leistungsfähigkeit steht.

Ich habe immer davon geträumt, mir mal wirklich gekonnt einen blasen zu lassen und irgendeine Frau in den Arsch zu ficken. Nunmehr erfreue ich mich bei jeder passenden Gelegenheit solcher Erlebnisse.

Oft habe ich mir vorgestellt, wie es wäre, ein FKK-Lager zu besuchen. Die Erfüllung dieser Phantasievorstellung war langweilig. Ich lernte nur, daß Sonnenbrand auf den Eiern besonders schmerzhaft ist.

Ein weiterer Traum war, eine Hure zu ficken, und zwar umsonst, weil sie mich gern mag. Das ist inzwischen mit zwei verschiedenen Damen Wirklichkeit geworden und hat mein männliches Ego sehr bestärkt.

Lesbiertum wird von der Gesellschaft ignoriert, Homosexualität dagegen angeklagt. Die meisten Männer fühlen sich aus gesellschaftlichen Rücksichten veranlaßt, angewidert auf Homosexualität zu reagieren. Doch vermute ich, daß viele unter ihnen von dieser Möglichkeit insgeheim angezogen werden. Einige meiner «Mitarbeiter» haben von Phantasievorstellungen in dieser Richtung offen gesprochen.

Adam

Ich bin siebenunddreißig Jahre alt, seit zweieinhalb Jahren verheiratet, keine Kinder. Ich habe Hochschulbildung und arbeite als Beamter im öffentlichen Dienst. Seit meinem zwölften Lebensjahr habe ich fast das ganze Leben hindurch masturbiert. In jungen Jahren an der Oberschule habe ich beim Masturbieren davon geträumt, an einen Stuhl gefesselt zu sein und von einem Mädchen aus meiner Klasse sexuell gequält oder verspottet zu werden. Später habe ich mir vorgestellt, eines der mir bekannten Mädchen zu ficken, mit denen ich ausging oder gern ausgegangen wäre. Neuerdings nehmen meine Phantasievorstellungen eine mehr homosexuelle Richtung. Ein Briefwechsel mit einem anderen Mann, mit dem Ziel, mit ihm neunundsechzig zu machen oder von ihm gefickt zu werden, hat mich sexuell sehr erregt.

Anfangs habe ich mir davon nur gedankliche Vorstellungen gemacht. Während der letzten Monate habe ich bewußt nach einer geeigneten Möglichkeit gesucht, bin dabei aber nicht sehr erfolgreich gewesen. Zwei Männer, an die ich geschrieben hatte, meldeten sich. Meinen Briefen habe ich Polaroidfotos von meinem erigierten Penis in verschiedenen Stellungen beigefügt. Einmal habe ich nach dem Kommen meinen Saft aufs Briefpapier geschmiert. Mit keinem von beiden bin ich zusammengetroffen. Mein jüngstes Erlebnis fand in einem Ort statt, wohin ich wegen eines geplanten Zusammentreffens gefahren war. In einem Park mußte ich die öffentliche Toilette aufsuchen. Die Wandkritzeleien regten mich sogleich mächtig an. Da suchten Leute Partner zum Blasen und Ficken, andere wollten selbst lutschen. Ich schrieb meine eigenen Wünsche hin und die Nummer des Motels, in dem man mit mir Kontakt aufnehmen könnte. Dann schrieb ich mir einige der Telefonnummern ab. Im Motel wartete ich voller Erregung auf einen Anruf und stellte mir vor, wie ich den Besucher mit einem riesigen Steifen und völlig nackt an der Tür willkommen heißen würde.

Auch als ich die von der Toilettenwand abgeschriebenen Telefonnummern wählte, war ich vollkommen nackt und spielte mit mir selbst. Endlich kam ich mit einem Mann ins Gespräch, der sich als sehr erfahren und wirklich nett erwies, wogegen ich ihm sagte, daß ich keinerlei Erfahrung hätte. Wir haben uns niemals getroffen. Spät in der Nacht, so gegen vier Uhr morgens, klingelte mein Telefon. Ein Mann fragte, ob er mich aufsuchen dürfe, um mit mir über die Nachricht an der Toilettenwand zu reden. Ich stimmte zu. Voller Erregung erwartete ich ihn. Wir redeten eine Weile miteinander. Dabei ließ meine Erregung schnell nach, und ich forderte ihn zum Gehen auf. Danach masturbierte ich noch einmal und hatte große Schwierigkeiten, wieder einschlafen zu können.

Ich stelle mir vor, daß der Mann, mit dem ich Sex mache, jung und schlank sein sollte, kleiner als ich. Die meisten Männer, mit denen ich in der Vergangenheit Kontakt aufgenommen habe, waren groß und oft größer als ich selbst (ich bin übrigens einsfünfundachtzig groß und wiege etwa neunzig Kilo). Ich meine immer noch, daß ich gern mal einen Steifen lutschen möchte. In meiner Phantasie stelle ich mir vor, wie der heiße Samen in meinen Mund spritzt. Bei einer endgültigen Analyse komme ich jedoch zu dem Schluß, daß mein Zögern, Phantasien zur Wirklichkeit werden zu lassen, auf meine streng katholische Erziehung zurückgeht. Von daher rührt auch das massive Schuldgefühl, unter dem ich mein ganzes Leben lang zu leiden habe. Am Masturbieren habe ich jedoch so viel Spaß, daß ich damit auch in der Ehe weitergemacht habe. Meine Frau weiß nichts davon, doch vermute ich, daß sie es mindestens argwöhnt.

Willy

Ich bin dreiunddreißig Jahre alt, geschieden und wieder verheiratet. Während der Zeit zwischen meinem zehnten und dem sechzehnten Lebensjahr lief ich, sooft ich allein war, ständig nackt im Haus herum. Meine Eltern waren geschieden. Die Großeltern hatten mich adoptiert. Das erste sexuelle Erlebnis hatte ich mit meiner leiblichen Mutter. Wir waren zum Baden an der Küste, und sie zog ihre riesigen Brüste aus dem Badeanzug heraus. Sie ließ mich damit spielen und an den großen Warzen saugen. Sie fing auch an, mit meinem Pimmel zu spielen. Später zeigte sie mir daheim ihre Pussy und führte mich dann in den Geschlechtsverkehr ein. Ich glaube nicht, daß mir das geschadet hat. Im

Gegenteil, ich meine, daß es mir zu Erfahrung und Selbstvertrauen verholfen hat.

Meine erste Ehe dauerte elf wunderbare Jahre lang. Wir bekamen zwei schöne Töchter.

In meinen Jugendjahren wurde mir immer wieder gesagt, ich hätte einen ungeheuer großen Penis. Tatsächlich wuchs an mir immer zuerst der Penis, dann erst alles andere. Jetzt gehöre ich nur zum Durchschnitt. Nachdem ich gehört hatte, daß Frauen von einem großen Schwanz erregt werden, betätigte ich mich für eine kurze Zeitspanne als Exhibitionist. Dann entdeckte ich eines Tages, daß es mich mehr erregte, wenn andere Männer meine Frau anstarrten, als wenn mir Frauen begehrliche Blicke zuwarfen. Meine Phantasie wuchs und wuchs. Ich erdachte mir einen Verkäufer, der an unsere Tür kam. Meine Frau trug eine durchsichtige Bluse und einen Minirock mit nichts darunter. Er sitzt ihr gegenüber, und sie gibt ihm Gelegenheit zu einem langen Blick auf ihre dunkellockige Pussy. Schließlich liegen sie auf der Couch oder auf dem Teppich und bumsen wie verrückt. Ich halte mich versteckt und sehe zu, wie sein Schwanz in ihre Pussy eindringt und wieder herausgezogen wird, während sie ein ganz verzücktes Gesicht macht.

Schließlich vertraute ich meiner Frau diese Phantasievorstellungen an. Sie hielt mich für krank und wollte mich zu einem Nervenarzt schicken. Nach und nach überredete ich sie dazu, sich einem Tankwart, dann einem Verkäufer und einigen Handwerkern in sehr offenherziger Weise zu zeigen. Sie hatte niemals Spaß daran, aber es führte immer zu aufregenden sexuellen Begegnungen zwischen uns beiden. Allmählich gefiel es ihr, das Spiel mit jüngeren Männern zu treiben, bis sie schließlich einen Sechzehnjährigen verführte, der einen Stößel wie ein Hengst hatte. Ich habe allem zugesehen. Sobald der Junge von ihr herunter war, schob ich ihr meinen rein. Ihre Fotze war dampfheiß und naß wie ein Wasserfall. Es war phantastisch. Doch geschah das alles immer nur mir zuliebe. Sie tat es nicht, weil es ihr Genuß bereitete. Das führte allmählich zum Zusammenbruch unserer Ehe. Leider heiratete ich zu rasch ein zweites Mal. Meine jetzige Frau und ich passen sexuell überhaupt nicht zusammen. Jetzt träume ich von einer schönen, schwarzhaarigen Frau, die sexuell und in anderer Weise meine Interessen teilt. Zusammen verführen wir Männer, Frauen und Knaben, wobei sie sich als Exhibitionistin betätigt. Das ist und bleibt eine Phantasievorstellung. Denn inzwischen habe ich erkannt, daß ich niemals eine Frau finden werde, die so sexgierig ist wie ich, und schon gar nicht eine, die obendrein zum Exhibitionismus neigt. So etwas gibt es einfach nicht.

Christoph

Nachstehend eine sexuelle Wunschvorstellung, die in Erfüllung gegangen ist. Bis jetzt habe ich mit niemandem über dieses Erlebnis gesprochen. Ich bin zweiundzwanzig Jahre alt.

Seit einigen Jahren habe ich immer die gleiche Phantasievorstellung. Sie läuft im wesentlichen darauf hinaus, daß mich eine Frau sexuell befriedigt und dabei von Zeit zu Zeit Schläge auf den Hintern bekommt.

Nun, im vergangenen April ging ich mit Carol spazieren. Eine gute Freundin, mit der ich sexuell nie etwas angefangen habe. Wir vertrauten einander intime Geheimnisse an – einschließlich meiner Meinung, daß ich sie gern mal ficken würde, und ihrer Weigerung. Carol erwähnte im Gespräch ein Kino (mit Pornofilmen), an dem wir vorüberkamen. Ich weiß nicht mehr, wie der Film hieß. Die Handlung ging um ein junges Mädchen, das entführt, gefesselt und vergewaltigt wurde, wie sich der Beschreibung im Schaukasten entnehmen ließ. Carol meinte, das klänge so aufregend. Später waren wir in ihrer Wohnung. Wir aßen und tranken. Nach dem Essen lenkte ich – wir waren ziemlich angetrunken – das Gespräch auf das Filmthema zurück.

Carol (sie war damals neunzehn) schien von der Inhaltsangabe ziemlich erregt. Sie vertraute mir an, daß sie schon seit langem davon träumte, einmal entführt und von ihrem Angreifer grob behandelt zu werden. Das Folgende hätte sich wahrscheinlich nicht zugetragen, wenn wir nicht so blau gewesen wären.

Ich packte Carol an der Bluse und riß sie ihr buchstäblich vom Körper. Sie fing an, sich zu wehren. Aber es war leicht zu merken, daß sie sich dabei nicht wirklich anstrengte. Ich küßte sie hart auf die Lippen und zwang sie, vor mir niederzuknien. Ich sagte ihr, sie solle meinen Schwanz herausnehmen und «ihn küssen» (genau mit diesen Worten), bis ich in ihrem Mund käme. Der Anblick der Verwirklichung eines oft geträumten Traums war überwältigend. Ich sah zu, wie mein Steifer in Carols hübschem Gesicht ein- und ausfuhr. Das alles führte schnell zu meinem Orgasmus. Carol konnte den Samen nicht im Mund behalten und zog ihre Lippen weg. Die weißen Tropfen spritzten ihr gegen die Wange.

Ich befahl ihr, mich auszuziehen. Dann entkleidete ich sie vollends, wobei sie abermals gespielten Widerstand leistete. Da holte ich Schnur aus der Küche und band Carol mit den Handgelenken an den Bettpfosten fest. Ich wollte fair sein und eine Phantasievorstellung verwirklichen, von der sie früher am Abend gesprochen hatte. Sie bestand darin, daß jemand ihre Pussy leckte, während Carol völlig hilflos gefesselt dalag. Es dauerte nicht lange, bis er ihr kam. Inzwischen hatte ich schon wieder einen Steifen.

Ich drehte Carol so herum, daß sie auf dem Bauch lag. Diesmal band ich ihr die Arme über dem Kopf zusammen. Ich hatte mir schon immer gewünscht, eine Frau masturbieren zu sehen. Deshalb befahl ich ihr, mit sich selbst zu spielen und sich dazu hinzuknien.

Carol kniete gehorsam auf dem Bett und streckte mir ihren Arsch entgegen. Ich gab ihr einen klatschenden Schlag darauf. Sie sagte nichts, hörte aber für einen Augenblick auf, an ihrer Pussy zu spielen. Ich schob ihre immer noch an den Gelenken zusammengebundenen Hände wieder an Ort und Stelle. Dann gab ich ihr sechs kräftige Schläge auf den Hintern. Carols Arsch rötete sich unter dieser Behandlung. Ich löste die Fesseln und band ihr die Hände jetzt auf den Rücken. Sie ließ sich bäuchlings auf das Bett fallen, aber ich war mit ihr noch nicht fertig.

Zum guten Schluß wollte ich sie richtig stramm ficken, wobei Arme und Beine weit gespreizt an die Bettpfosten gebunden sein sollten. Aber Carol lag mit dem Gesicht nach unten auf dem Bett, die Hände immer noch auf den Rücken gebunden, und schrie: «Fick mich von hinten!» Nur zu gern erfüllte ich ihr den Wunsch. Nachdem ich meinen Steifen zwecks Befeuchtung in ihre Fotze getaucht hatte, rammte ich ihn ihr (viel zu heftig, was ich bedaure) ins Arschloch. Es war Carols Pech, daß ich sie falsch verstanden hatte. Sie wollte, daß ich sie von hinten in die Fotze vögeln sollte. Das mißverstand ich und bediente mich ihres Arschlochs. Carol rückte ihre Arschbacken hin und her, um den Stößen meines Prügels auszuweichen. Je mehr sie mit dem Arsch wackelte, desto schöner wurde es für mich. Zwischen ihren Hinterbacken habe ich den Orgasmus meines Lebens gehabt.

Einige Phantasien sollte man wirklich in die Tat umsetzen. Da gibt es den schüchternen Mann, der davon träumt, sich mit einer schönen Frau zu verabreden. Er sollte die Furcht vor einer Zurückweisung unterdrücken und seinen Wunsch ausleben. Selbst wenn sie nein sagt –

selbst wenn das Schlimmste geschieht und sie ihn auslacht –, gewinnt er doch etwas dabei: nämlich die Erkenntnis, daß man nicht davon stirbt, wenn eine Frau einmal nein sagt. Mut ist oft nicht mehr als die Erkenntnis, daß man Dinge überlebt, die zu vollbringen man sich gefürchtet hat.

Es kostet weiter nichts, sich von einer schönen Unbekannten einen Korb einzuhandeln. Dabei ist nichts investiert worden. Hingegen seine Phantasievorstellungen zusammen mit einem geliebten Menschen ausleben zu wollen, kann das Risiko mit sich bringen, eine wertvolle Verbindung für immer zu zerbrechen.

Eine Phantasievorstellung bleibt erregend, solange man sie im Kopf hat und gleichsam bei der ganzen Show Regie führt. Der «Regisseur» einer Strandszene beispielsweise sorgt nicht nur für den blauen Himmel und die süße Musik in der Luft, er verhindert auch, daß der Sand an peinlichen Stellen scheuert. Von ihm werden auch die Gefühle der Menschen vorausgeplant, die womöglich über das Liebespaar stolpern. In seinem Drehbuch steht, daß diese Leute nur Erstaunen, Bewunderung und den Wunsch äußern können, bei diesem Spiel mitzumachen. Trägt sich diese Szene im wirklichen Leben zu, könnte das Gefühl beim Auftauchen Fremder sehr wohl in brennende Scham umschlagen, die weder er noch sie jemals vergessen. Adam (s. S. 35) begann seine homosexuellen Wunschvorstellungen in die Tat umzusetzen, ließ es dann aber wieder sein. «Ich nehme an, daß mein Zögern ... auf meine streng katholische Erziehung zurückgeht.» Was auch immer der Grund für ein Zögern sein mag, sobald es vorhanden ist, sollte man sich die Sache noch einmal überlegen.

Keiner von uns ist lediglich das Produkt seines erwachsenen Verstandes. Die Wertvorstellungen, zu denen man erzogen worden ist, sind wahrscheinlich tiefer in unserem Gewissen – dem Gespür für Recht und Unrecht – verankert, als wir annehmen. Es genügt nicht, ein Buch zu lesen und sich danach frei zu glauben von allem, das man bisher für verboten gehalten hat. Willys Frau (s. S. 36) hat offenbar nur äußerlich Vergnügen an dem Gruppensex gezeigt, zu dem sie von ihrem Mann überredet worden war. In Wirklichkeit hat sie sich den Sexphantasien ihres Mannes unterworfen. Warum gab es so viel Ärger, wo sie doch angeblich gern mitmachte? Willy mußte feststellen, daß er zwar seine Frau zur Verwirklichung seiner Wunschvorstellungen überreden konnte. Jedoch war das der Anfang vom Ende einer Ehe, die ihm «elf wunderbare» Jahre gebracht hatte.

In dem Brief von Christoph (s. S. 38) taucht ein wesentlicher Punkt auf: Selbst wenn ein Paar über die beiderseitigen Phantasievorstellungen offen spricht, muß sich nicht unbedingt eine echte geistige Übereinstimmung einstellen. Wenn durch verwirklichte Phantasien die Leidenschaft erweckt wird, werden vielleicht unerwartete, womöglich gefährliche Energien freigesetzt. Und wenn es nur dadurch geschieht, daß jemand während der wildesten Sexualszene aus innerer Hemmung heraus nicht freimütig und genau sagen kann, was er oder sie will. Fick mich von hinten, sagt Carol zu Christoph. Sie meint vaginales Eindringen. In der Hitze des Augenblicks nimmt sich Christoph nicht die Zeit, über den Sinn ihrer Worte nachzudenken. Er tut das, was ihn seine entflammten Sinne den Worten entnehmen lassen. Er fickt sie in den Arsch und verursacht ihr große Schmerzen. Von allen Sexualphantasien, die verwirklicht werden, sollte man sadomasochistische Beschreibungen mit größter Vorsicht hinnehmen, wobei man sich gegen Mißverständnisse absichern muß.

Patrick

Zunächst mal, ich bin vierunddreißig Jahre alt, verheiratet und von Beruf Lehrer. Mein eheliches Sexualleben ist ziemlich eintönig. Darin dürfte der Grund für die lebhaften Phantasiebilder liegen, die ich meiner mit den Jahren zunehmenden Einbildungskraft verdanke. Zumal mich meine Arbeit mit vielen bildhübschen jungen Frauen zusammenführt.

Meine Wunschträume drehen sich immer um einige meiner Schülerinnen im Alter von sechzehn bis achtzehn Jahren. Da ich zugegebenermaßen ein «Arschfan» bin, werde ich in der Schule dauernd durch die tollen Kurven abgelenkt, von denen ich mich umgeben sehe.

Während ich masturbiere, bilde ich mir ein, die Mädchen wären alle bereit und warteten nur darauf, daß ich den ersten Schritt unternehme. In meinen Träumen werde ich niemals abgewiesen (wer wird das schon?).

Ich suche mir ein bestimmtes Mädchen aus und nähere mich ihm während des Unterrichts. Die übrigen sind in ihre Arbeit vertieft. Wie unabsichtlich rede ich mit ihr über die Aufgabe. Dabei streichle ich ihr ganz geistesabwesend das Haar. Sie reagiert, indem sie ihren Kopf in meine Hand schmiegt. Das macht sie sehr vorsichtig, damit es niemand sieht. Bald sind wir beide sehr erregt. Sie weiß, was ich will, und will es auch.

Unterdessen bekomme ich einen Steifen. Sie merkt es und schiebt den Stuhl ein wenig zurück, so daß sie sich mit der Schulter gegen meine Erektion drücken kann. Dabei vollführt sie leicht reibende Bewegungen. Ich wiederum deute auf die vor ihr liegende Arbeit und bekomme es fertig, dabei «zufällig» über ihren Busen zu streifen. Das Risiko, dabei von jemandem beobachtet zu werden, macht das Ganze nur noch reizvoller. Inzwischen sind wir beide so scharf geworden, daß man unseren Zustand kaum noch übersehen kann. Deshalb weiche ich zurück und bitte die Schülerin, mit mir einiges Lehrmaterial aus dem Lehrmittelzimmer zu holen. Die Klasse arbeitet weiter.

Dort verschließe ich die Tür und wende mich der Schülerin zu. Sie ist erregt und voller Erwartung, weiß aber nicht, was sie tun soll. Denn ich bin der erste Mann, mit dem sie so etwas erlebt. Wir küssen uns zärtlich. Dann drehe ich sie mit dem Rücken zu mir und ziehe sie an mich. Anfangs begreift sie nicht, warum ich das mache. Ich beginne, ihre Brüste zu berühren und zu streicheln. Da erkennt sie den Vorteil dieser Stellung und drückt sich mit dem Hintern an mich. Langsam arbeite ich mich zu ihrer Klitoris hinunter. Die Spannung in ihr wächst. Endlich greife ich ihr in die Jeans und den Slip, um meine Finger in ihrem Schlitz reiben zu lassen. Dort ist es jetzt vor lauter Erwartung feucht und saftig. Nun reibt sie mit wilden Bewegungen ihren Hintern an meinem Schwanz. Ich bin kurz vor dem Explodieren. Ich öffne den Knopf ihrer Jeans und ziehe den Reißverschluß herunter (aus irgendeinem Grund tragen die Mädchen in meinen Phantasievorstellungen immer nur Jeans), während sie inzwischen hinter sich gelangt und meine Hose geöffnet hat. Sie streichelt meinen Steifen.

Seine Größe jagt ihr zunächst etwas Angst ein. Ich muß sie vorsichtig davon überzeugen, daß sie ihn beruhigt aufnehmen kann. Jetzt ist sie wirklich «heiß». Also schiebt sie ihn sich zwischen ihre Beine und führt ihn so, daß ich ihn ihr schnell hineinschieben kann. (Ich habe augenblicklich einen Steifen, wo ich nur daran denke.)

Wir ficken schnell und aufgeregt im Stehen, sie mit dem Rücken zu mir und leicht gebeugt. Sie greift nach unten und spielt mit meinen Eiern, während ich abwechselnd ihre Nippel und die Klitoris streichle. Wir kommen gleichzeitig und fühlen uns wie im Himmel. Später verlassen wir erhitzt und hochgerötet das Lehrmittelzimmer. Dabei versuchen wir, uns völlig normal zu geben.

Das mag für eine Sexualphantasie ziemlich schlicht klingen. Vor sechs Monaten ist sie für mich Wirklichkeit geworden. Die Schülerin und ich wurden ein Liebespaar (und sind es noch immer). Wir ficken so oft wie möglich. Es gibt in einer Schule und ihrer Umgebung eine erstaunlich große Anzahl von Orten, wo man sich zum Ficken treffen kann.

Ich war ihr erster Mann. Doch wurde sie mir eine willige Schülerin. Sie lernte rasch alles übers Ficken, einschließlich oralem und analem Sex. Wir haben praktisch alles ausprobiert, und es hat ihr genauso gut gefallen wie mir.

Wir bevorzugen besonders oralen Sex. Ich finde es wirklich entspannend, einfach dazuliegen und sich dem Vergnügen hinzugeben, das einem von einem liebenden Menschen bereitet wird (wie es denn in gleicher Weise ebenfalls entspannend wirkt, die gleichen Gefühle einem geliebten Menschen zu verschaffen, ohne dabei durch heftige Bewegungen abgelenkt zu werden).

Ich halte mich für sehr, sehr glücklich, weil ich meine Sexualphantasie ins wirkliche Leben übertragen konnte. Wer kann das schon von sich sagen?

Michael

Ich bin Rechtsanwalt, vierunddreißig Jahre alt, über einsachtzig groß und als Halbmexikaner von dunkler Hautfarbe. Frauen bereiten mir Vergnügen – wie sie sich anfühlen, wie sie riechen und schmecken und am allermeisten natürlich ihre Sexualität.

Wie die meisten Männer, die von sich selbst überzeugt sind, sorge ich immer dafür, daß die Partnerin, mit der ich Liebe mache, einen zufriedenstellenden Orgasmus oder auch eine Reihe von Höhepunkten erlebt. So richtig lege ich erst los, wenn meine Partnerin jede Kontrolle über sich selbst verliert, während ich meine (jedenfalls vorerst) noch behalte. Es regt mich unglaublich an, wenn meine Partnerin die Hüften anhebt, um mehr von meiner Zunge in ihrer Fotze zu spüren oder um ihren Kitzler fester gegen meinen Mund zu pressen. Selbst wenn wir die Nacht hindurch gevögelt haben, bringt mich eine solche Reaktion fast immer wieder hoch.

Es regt mich auch an, wenn eine anständige Frau unter sexueller Spannung eindeutige Schlafzimmerausdrücke gebraucht. «Bitte fick mich – jetzt.» – «Ich will deinen Schwanz.» – «Gib ihn mir, laß dich nicht darum bitten.» Das Tollste ist natürlich der unartikulierte Schrei im Orgasmus, wenn ihre Beine steif werden und ihr gerötetes Gesicht sich verzerrt. Nachher lecke ich ihr gern den Schweiß von Rücken, Hals und Brust, während sie wieder zu sich kommt.

Mit Vorstehendem wollte ich, wenn auch unzulänglich, dartun, wie es mit meinem eigenen Gefühl für Sexualität steht. Man wird dann vielleicht besser verstehen, warum und wie meine Sexualphantasien auf mich einwirken.

Erste Phantasie: Tamara war Empfangsdame bei einer anderen Rechtsanwaltsfirma im gleichen Gebäude. Sie entsprach meinem Typ – schmalhüftig mit wohlgeformten Beinen und ebensolchem Hintern, mit kleinen Brüsten und supersensitiven Nippeln. Ich streichelte gern ganz langsam ihre Klitoris mit der Zunge und berührte dabei ihre harten Nippel so sanft wie möglich. Das brachte ihr aufregende Höhepunkte. Nachdem wir uns eines Abends wie immer lange Zeit so vergnügt hatten, drehte Tamara den Spieß um und rollte mich auf den Rücken. Zuerst leckte sie mir nur Eier und Schwanz. Nach ein paar Minuten setzte sie sich, das Gesicht mir zugekehrt, rittlings auf mich. Sie hatte eine perfekt durchtrainierte Scheidenmuskulatur und konnte meinen Steifen damit wie mit Fingern drücken. Ich sehe sie immer noch vor mir – zufrieden lächelnd über den Effekt, den sie bei mir erzielte. Sie wirkte auch äußerlich ungeheuer sexy. Hin und wieder beugte sie sich nach vorn, damit ich an ihren Brustwarzen lecken konnte. Meine Hände wanderten zwischen ihren Brüsten und ihren unglaublich seidigen Schenkeln hin und her. Plötzlich kam es ihr – und fast genauso plötzlich hatte sie sich wieder erholt, um meinen Steifen weiter in ihrer Fotze zu melken. Das machte mich total verrückt. Ich begann zu stöhnen. Da war sie im Augenblick des Höhepunkts wie der Blitz von mir herunter. Sie nahm meinen Schwanz tief in ihren Mund und schluckte saugend meinen Saft. Ich bekam fast einen Herzschlag! Meine Schwanzspitze vibrierte noch unter den schockartigen Nachwirkungen, wie es viele Frauen am Kitzler erleben. Daß ich so ungeheuer hingerissen war von diesem Erleben, lag wohl an der unglaublichen Intimität. Tamara wollte mir ganz nahe sein, wollte meinen Höhepunkt fühlen und schmecken. Weil sich das alles wirklich zugetragen hat, dient mir die Erinnerung daran als Wunschvorstellung, wenn ich mal masturbieren muß.

Zweite Phantasie: Ein Klient interessiert sich für den Verlauf eines Prozesses in einer anderen Stadt, in dem er als Zeuge auftreten sollte. Obwohl ich an sich mit dem Fall nichts zu tun hatte, bat mich mein Klient, den Prozeß zu beobachten und den Verlauf auszuwerten, soweit die Sache ihn betraf.

Mir fiel die Gerichtsreporterin sofort auf – sie war nicht hübsch, aber attraktiv und anziehend. Lange, schlanke Beine und eine sehr drahtige Figur. Sie trug eine fast durchsichtige Bluse, die ihren Büstenhalter erkennen ließ. Wie das Glück so spielt – wir aßen am gleichen Tisch zu Mittag und kamen ins Gespräch. Im Anschluß an die Nachmittagssitzung wollte ich die Reporterin ausführen, mußte jedoch um acht Uhr meinem Klienten Bericht erstatten. Ich suchte nach einem Ausweg und lud sie nach der Verhandlung zu einem Drink in die Bar meines Hotels ein, das an ihrem Heimweg lag.

Wir verstanden uns großartig. Die Zeit verging im Fluge, und schon war es sieben Uhr dreißig. Ich mußte mich auf den Weg zu meinem Klienten machen. Die einzige Möglichkeit bestand darin, eine Verabredung «auf später» zu treffen, da ich nicht vorher wissen konnte, wie lange mich mein Klient beanspruchen würde. Die Frau kam mit in mein Zimmer, wo ich meine Aktenmappe holen wollte. Während ich die Papiere ordnete, suchte sie die Toilette auf. Als sie wieder herauskam, hatte sie glänzende Augen. Sie trug keinen Büstenhalter mehr unter der durchsichtigen Bluse. Ich nahm ihre Brüste in meine Hände und rieb mit dem glatten Stoff ihre Nippel. Sie drängte ihren Venushügel gegen meinen Steifen und sagte mir zugleich, sie wisse zwar, daß ich gehen müsse. Aber ihre Fotze sei schon seit einer Stunde tropfnaß. Wie (oder warum) ich die Selbstbeherrschung aufbrachte, sie trotzdem zu verlassen, weiß ich nicht. Von dieser Frau wollte ich eben mehr als einen Schnellfick. Wir kamen dahin überein, daß ich nach Beendigung meiner Arbeit sofort zurückkommen würde. Sie begleitete mich in den Korridor hinaus. Während wir auf den Fahrstuhl warteten, flüsterte sie mir ins Ohr: «Ich will dir nur mal zeigen, wo ich anfangen werde, wenn wir uns später wiedersehen!» Damit öffnete sie den Reißverschluß meiner Hose und nahm meinen Schwanz in ihren Mund. Der Fahrstuhl kam (zum Glück leer) und fuhr weiter, bevor sie aufhörte. Sie blickte auf (weil sie vor mir kniete) und sagte: «Ich werde erst zufrieden sein, wenn ich diesen Schwanz gekriegt habe. Ich will, daß du in meinem Mund kommst, und dann sollst du mich ficken, ficken und ficken.» Sie schloß meinen Hosenschlitz, stand auf, staubte ihre Knie ab. Der nächste Lift kam.

Lange Rede kurzer Sinn – es ist niemals etwas daraus geworden. Der Klient erwies sich als ungewöhnlich ängstlich. Als ich endlich mit ihm fertig war, schlief die Gerichtsreporterin bestimmt schon seit Stunden – und fühlte sich genasführt. Am nächsten Tag mußte ich abreisen. Bei meinem nächsten Versuch kam ich dahinter, daß da ein anderer Mann mit im Spiel war, also gab ich die Sache auf. Aber ich stelle mir im Geiste immer wieder diese Frau vor, die so unglaublich sexy war. In meiner Phantasie erlebe ich, was hätte gewesen sein können.

Wer sich dazu entschließt, seinen Partner in die geheimen Gemächer seiner erotischen Wunschvorstellungen einzulassen, sollte nicht übersehen, daß in den meisten Fallberichten dieses Kapitels mit glücklichem Ende keinerlei Zwang vorkommt. Man spricht sich aus, und die daraus resultierende Zustimmung muß freiwillig erfolgen, ohne Drohungen wie: «Wenn du nicht willst, dann verlasse ich dich und suche mir jemand anders, der mitmacht.»

Am sichersten ist es immer, Schritt für Schritt vorzugehen. Wird die Eheliebste sauer, wenn von der neuen Blondine im Büro gesprochen wird? Das wäre ein Warnsignal. Man kann natürlich versuchen, eine seiner Phantasien zu beschreiben, bei der sie selbst im Mittelpunkt steht. Auch wenn die Sache für sie abwegig klingt, so ist sie immerhin darin der Star. Untreue oder gar Verlassen sind damit ausgeschlossen.

Vielleicht findet man auch eine Stelle in einem Buch oder Film, die mit der eigenen Phantasievorstellung übereinstimmt. Man läßt seine Frau die Stelle lesen oder führt sie ins Kino. Falls die betreffende Passage ihr Interesse findet, kann man beruhigt einen Schritt weitergehen und ihr sagen, daß diese Film- oder Buchstelle nicht gar so weit von den eigenen Wunschvorstellungen entfernt sei. Wenn aber schon Beschreibungen gewöhnlicher Sexakte beängstigend auf die Partnerin wirken, sollte man seine Phantasien lieber für sich behalten.

4. Oraler Sex

Daniel

Ich bin ein Enddreißiger mit mehreren akademischen Titeln und glücklich mit einer Frau verheiratet, die mir alle Träume verwirklicht – bis auf die sexuellen.

Ungefähr ab meinem sechzehnten, siebzehnten Lebensjahr hatte ich gemäßigte Sexualphantasien. Ich hatte bis dahin noch kein Mädchen gehabt und war sehr verliebt in eine um ein Jahr ältere Mitschülerin, die mich kaum zur Kenntnis nahm – bis auf die Tanzstunde. Dort brauchte sie mich, weil ich als einziger lang genug für sie war. Manchmal unternahm sie mit einer Schülergruppe Ausritte mit Picknick. Meine frühesten Wunschvorstellungen waren, daß ich allein mit ihr ausritt (was niemals geschah). Wir hielten auf einer abgelegenen Lichtung an, wo sie sich ins Gras legte (oder aus einem mir unerfindlichen Grund auch auf einen hölzernen Picknicktisch, der zufällig in dem engen Tal stand). Nach einigem Streicheln und Küssen pflegte ich ihr in meinen Vorstellungen Reitstiefel und -hose auszuziehen. Nachdem ich ihr den Bauch und den Haarbusch gestreichelt habe, klettere ich auf den Tisch und mache mit ihr Liebe. (Angesichts meiner strengen und prüden Erziehung wäre ich gewiß viel zu schüchtern gewesen, hierbei den ersten Schritt zu machen, selbst wenn es mir je gelungen wäre, mit ihr einen Ausritt zu unternehmen. Im Kopf hatte ich die ganze Szene fertig und oft genug geübt!)

Wie die meisten Männer bin ich von brennendem Interesse an den weiblichen Genitalien beherrscht. Ich gucke allen Frauen so intensiv auf die Leistengegend, daß ich schon manchmal unabsichtlich das Opfer so genauer Betrachtungen in peinliche Verlegenheit gebracht habe. Außerdem bin ich ein gewohnheitsmäßiger und unablässiger Arschbeobachter. Die modernen Jeans, die jede kallipygische (ärschige)

Schönheit so fest umklammern und dabei so richtig griffig hervortreten lassen, entzücken die schweifenden Blicke des vom Sehen berauschten Mannes. Das gilt auch für die Jeans, die tief unter dem Venushügel einschneiden und die vollen Lippen der Vulva deutlich sichtbar machen. Auf diese Weise kann jedermann alles klar sehen und weiß genau, wo sich «das Tor zum Himmel» öffnet.

Mir ist absolut klargeworden, daß ich als Kind primitiverer Zeiten ein Anbeter der Glorreichen Großen Mutterfotze gewesen wäre – und zwar buchstäblich (wie ich es jetzt und in dieser Zeit nur figurativ bin). Als Maler oder Bildhauer würde ich meine ganze Zeit damit verbringen, riesengroße Darstellungen jener schönsten und anbetungswürdigsten Schöpfung einer wohlwollenden Gottheit zu malen oder zu formen. Ich bin außerdem auch auf Orchideen fixiert. Vor einigen Jahren brachte eines der großformatigen Frauenmagazine eine Serie von einem halben Dutzend oder mehr ganzseitiger Farbfotos von ganz nahe aufgenommenen Orchideen. Das waren die sinnlichsten Blumenbilder, die ich jemals gesehen habe. Sie erinnerten mich (und die Illusion hat bis auf den heutigen Tag angehalten) an phantastisch schöne und bunte Fotzen von exotischem Entwurf, angefüllt mit dem Versprechen reiner Freuden jenseits des normalen sexuellen Erlebens. Seither sind für mich die weiblichen Organe wie die Orchideen – ebenso schön und verführerisch und voller Verlockungen.

Meine Phantasievorstellungen drehen sich um die schönste aller Schöpfungen, die Glorreiche Mutterfotze. Ich betrachte gern den Körper meiner Partnerin und sage ihr, was für ein wunderschönes Loch sie hat und wie gern ich es küssen und mit meiner Zunge streicheln und schmecken möchte. Ich sage ihr auch, wie gern ich ihre Klitoris reizen und streicheln möchte, um sie zu einem Höhepunkt zu bringen, bei dem sie die Sterne kreisen sieht. Meine Phantasien sind oft geistige Wiederholungen eines kürzlichen Sexualerlebnisses. Dabei lasse ich mir Zeit und habe mein Vergnügen daran, auch das ganze Vorspiel mit Fellatio und Cunnilingus an meinem geistigen Auge vorüberziehen zu lassen. Den Höhepunkt meiner masturbatorischen Phantasien erreiche ich beim Eindringen in meine Partnerin. Doch der erfreulichste und exquisiteste Teil ist meine Anbetung der Glorreichen Mutterfotze.

Donald

Ich bin achtundvierzig Jahre alt, sehe jünger aus, bin geschieden und besitze einen höheren akademischen Grad. Auf Frauen scheine ich anziehend zu wirken, was ich mir gelegentlich zum Vorteil gemacht habe. Doch bin ich mehr für eine enge und bedeutungsvolle Bindung an eine einzige. Meine jüngste Partnerin war um sechsundzwanzig Jahre jünger als ich.

Meine erotische Spezialität, an der ich viel Freude habe, ist das Fotzenschlecken. Es bereitet mir Vergnügen, wenn meine Partnerin mit pumpenden Bewegungen ihre Vulva gegen mein Gesicht drückt, sobald sich ihr Höhepunkt nähert. Mit Vergnügen höre ich auch ihre Freudenschreie, wenn es ihr kommt. Ich finde es ferner vergnüglich, in der Neunundsechzig-Stellung sich gegenseitig zu bezärteln. Das heißt, wir versuchen nicht, einander zu stimulieren, sondern wir streicheln uns nur sanft mit den Zungen, halten einander fest und saugen mit den Lippen aneinander. Es ist wunderschön, dabei einzuschlafen. Ganz natürlich gelangte ich zu der Ansicht, daß mein Verlangen danach, der Partnerin mit Lippen und Zunge Freude zu bereiten, ihren Wunsch entstehen ließ, gleiches auch mit mir zu machen.

Seit ich vor rund dreißig Jahren mit dem Fotzenschlecken begonnen habe, sind etwa zehn Frauen auf diese Weise von mir befriedigt worden. Die einzige, die kein Vergnügen daran hatte, war meine eigene Frau. Sie hielt diese Art für abwegig, obgleich es ihr bei den wenigen Malen, als ich mit ihr Cunnilingus machen durfte, immer kam.

Seit meiner Scheidung habe ich mich erst der Gunst von fünf Frauen erfreut. Ich weiß, daß es mehr hätten sein können, wenn ich stärker interessiert gewesen wäre. An zwei von diesen fünf fühlte ich mich tief gebunden. Die erste starke Bindung hatte ich mit Peg. Sie hielt drei Jahre lang. Natürlich spielt sie in meinen Phantasien eine Rolle. Mit meiner zweiten Phantasiepartnerin bin ich gegenwärtig zusammen. Keine von diesen beiden hat bisher das Vergnügen ausgekostet, mit einer anderen Frau Liebe zu machen. Sie sind ausgezeichnete Liebhaberinnen. Ich bin sicher, daß sie es genießen würden, mit ihren Zungen die weichen inneren Lippen einer Frau zu liebkosen. Diese beiden Partnerinnen und ich haben uns Wunschvorstellungen davon gemacht – und beide zeigten sich zu einem Versuch bereit. Vielleicht geschieht es eines Tages tatsächlich. Ich stelle mir vor, wie schön es wäre, wenn Ann und ich gemeinsam mit unseren Zungen die Innenseiten von Pegs Schenkeln streicheln.

Allmählich nähern wir uns ihrem Spalt. Ich gelange zuerst dorthin. Ich umstreiche mit der Zunge die äußeren Lippen, dann stecke ich die Zungenspitze hinein. Ann sieht zu, wobei ihr Gesicht nur wenige Zentimeter von meinem entfernt ist. Dann ziehe ich mich langsam zurück, während sie zum erstenmal mit ihrer Zunge das Streicheln und Bohren fortsetzt, wie ich es soeben getan habe. Ich sehe zu, wie ihr das Lecken, Saugen und Schlecken immer größeres Vergnügen bereitet. Beim Lekken spürt sie genau, wie nahe mein Gesicht dem ihren ist. Manchmal hält sie inne, um mich anzulächeln. Ich beuge mich kurz hinüber und küsse sie auf den Mund, bevor sie sich weiter ihrer neu entdeckten Leidenschaft für das Fotzenschlecken hingibt. Sie legt es immer mehr darauf an, Peg zum Höhepunkt zu bringen. Mit sichtlichem Vergnügen pumpt Peg mit ihrer Vagina gegen Anns Gesicht, bis sie einen fabelhaften Orgasmus erlebt.

Dann, und nur dann schaut mich Ann mit einem fragenden Lächeln auf dem Gesicht an. Das ist eine stumme Frage danach, ob mir das Zusehen genausoviel Spaß bereitet hat wie ihr das Lecken. Ich lächle zurück und küsse sie zart, womit ich ihr sage, wie schön ich sie finde.

Später wiederholen Peg und ich das gleiche Spiel mit Ann. Natürlich lutschen beide später an mir, bis ich komme. Daraufhin bilden wir eine «Blumenkette», das heißt, jeder lutscht und leckt am nächsten, bis wir allmählich einschlafen.

In meinen Wunschträumen bezeigen Peg und Ann große Freude daran, meinen Schwanz zu lutschen. Mir wiederum macht es großes Vergnügen, ihn abwechselnd zwischen ihren Lippen verschwinden zu sehen. Manchmal frage ich mich, wie sich wohl ein Penis in meinem Mund anfühlen würde – und wie erregend es sein müßte, wenn er plötzlich explodiert und mir den Mund mit Samen füllt. Manchmal küßt mich Ann, nachdem sie mit mir Fellatio gemacht hat. Dabei teilt sie meine Samenladung mit mir. Also wäre mir der Geschmack und die sämige Konsistenz nicht neu. Meine Vorstellungen, einen Schwanz zu saugen, kann ich niemandem anvertrauen, den ich kenne. Als Junge von zwölf oder vierzehn Jahren habe ich Pimmel geleckt und Vergnügen dabei empfunden, soweit ich mich erinnern kann. Allerdings habe ich nie gelutscht, bis es meinem Partner kam. Vielleicht versuche ich es noch einmal, wenn Ann und ich mal Gruppensex mit einem anderen Paar machen.

Mein sexuelles Vergnügen kommt mehr vom Geben als vom Nehmen. Bestimmt hätte ich vom Schwanzlutschen genausoviel wie vom Fotzenschlecken. Vielleicht liegt es daran, daß ich mir in meiner Phantasie keinen Besitzer des Schwanzes vorstellen kann, den ich gern lutschen würde. Er sollte mir geistig ebenbürtig sein.

Offensichtlich bin ich im Liebesspiel sehr oral eingestellt – vom Fikken habe ich überhaupt nicht gesprochen. Dabei komme ich beim Fikken schneller. Vielleicht habe ich eine Vorliebe für oralen Sex schon vor dreißig Jahren entwickelt, als es die Pille noch nicht gab. Beim Mundverkehr konnten meine Partnerinnen nicht schwanger werden.

Oder vielleicht liegt es bei mir daran, daß sich das Leben im Kopf abspielt. Ich muß mir eine Vagina immer ganz nahe ansehen. Dabei rieche ich ihre warme, schwach nach Moschus duftende Ausdünstung, die sie bei einer nicht geplanten Liebesstunde verströmt. Ich muß die weichen Innenwände einer Fotze mit der Zunge abtasten – vor allem, wenn ihre Feuchtigkeit meine Zunge benetzt. Beim Schlecken genieße ich den schwach süßlichen Geschmack. Sogar Geräusche regen mich an – mein schmatzendes Saugen und ihr Seufzen und Stöhnen der Lust. Ich liebe das weiche, warme Schamhaar an meinem Gesicht und das Gefühl, ihre ganze Vulva im Mund zu haben, wenn ich kräftig sauge. All dies nehme ich in meinem Kopf wahr, wo ich lebe – es ist nicht wie beim Ficken, das «da unten» vor sich geht.

Diese Phantasievorstellungen gefallen mir. Sie erfüllen mich mit Hoffnung. Ich bin seit langem davon überzeugt, daß oraler Sex eine Schlüsselstellung einnimmt. Wenn man den Frauen endlich beibringen könnte, mit Herz und Seele zu fühlen, daß liebenswert ist, was sie da zwischen den Beinen haben, wäre ein Riesenschritt auf dem Wege zur weiblichen Selbstachtung getan.

Mir wird ganz warm ums Herz, wenn Daniel euphemistisch vom weiblichen «Tor zum Himmel» spricht, wogegen Donald die gleiche Betätigung als «Fotzeschlecken» bezeichnet. Ich fühle mich zutiefst verletzt und wende mich ab.

Männer benutzen Verben wie lecken, schmatzen, schlecken. Ihre Hauptworte sind Fotze und Pussy und Muschi. Meine eigene Reaktion beim Wort «Fotzeschlecken» zeigt die Unsicherheit, die wir Frauen bei diesen Phantasievorstellungen empfinden.

Wie kann eine Frau stolz auf das sein, von dem man ihr beigebracht, als von «dem da unten» zu reden? Wie kann sie männliche Ausdrücke wie «Ambrosia der weiblichen Säfte» als von Herzen kommend auffassen, wenn im nächsten Atemzug die ganze Angelegenheit als «Fotzeschlecken» abgetan wird? Sogar noch während der Liebhaber seinen

Kopf zwischen ihre Beine steckt, hält sie nach einem Stirnrunzeln Ausschau, sieht nach, ob sich seine Schultern verkrampfen, weil sie sicher ist, daß ihm nicht gefällt, was er tut. «Nein», flüstert sie und gibt ihm eine Chance, es sein zu lassen. Tut er es, so ist das für sie die Bestätigung ihrer Ansicht. «Ich habe immer gewußt, daß er es nicht gern macht.»

Während meiner jahrelangen Forschungen über die Sexualität der Frauen stieß ich auf eine Klage, die viel häufiger als andere auftauchte: «Er sucht immer nur sein Vergnügen. Wenn er gekommen ist, fragt er nicht, was aus mir wird.» Das «mir» im weiblichen Orgasmus bedeutet die Klitoris. Die Stimulierung des Kitzlers mit der Zunge führt beinahe bei jeder Frau immer zum Ziel.

Dieses Kapitel beweist, daß beide Geschlechter im Grunde das gleiche wollen. Die Männer, die sich hier zu Wort melden, beten die Vagina an und entfernen sich damit weit von dem hergebrachten männlich-überheblichen Standpunkt, eine Scheide sei unwichtig, unbedeutend, lächerlich, zotenreif – etwas, das man wie ein Papiertaschentuch benutzt und dann vergißt. Der Inhalt dieser Seiten läßt darauf schließen, daß Männer nichts sehnlicher wünschen, als Frauen mit ihren Zungen anzubeten. Nichts hat mich mehr überrascht (nicht einmal die Erkenntnis, daß Männer das Schwert des Sadomasochismus öfter gegen sich selbst als gegen Frauen richten) als die Vorliebe, mit der so viele Männer darüber phantasieren, ihren Kopf zwischen die Beine der Frauen zu stecken.

Die Frage bleibt: Wo stecken diese Männer in der Wirklichkeit? Wie viele sexuell freizügige Frauen haben mir berichtet, daß nach einer Nacht voller Hingabe – wenn sie sich zu ihrem Vergnügen am Sex unverhohlen bekannten – der Mann nichts mehr von sich hören ließ! Die Antwort liegt natürlich im Thema dieses Buches, das männlichen Phantasievorstellungen gewidmet ist. Es wäre naiv, anzunehmen, diese Männer wären jederzeit bereit, ihre Wunschträume in die Tat umzusetzen.

Man überdenke, wie viele von ihnen «zufällig» Frauen geheiratet haben, die vom oralen Sex nichts wissen wollen. Würden sich diese Männer vor Freude überschlagen, wenn ihnen im wirklichen Leben eine Frau begegnete, die ihnen ihre Pussy ins Gesicht drückt? Würden sie eine solche Frau mit nach Hause nehmen, um sie der Mama zu präsentieren?

Und dennoch, dennoch, dennoch ... man sollte dort Glauben schenken, wo er verdient erscheint. Gewiß wären einige Männer nicht willens, in Wirklichkeit ihren Kopf dorthin zu senken, wo sie ihn in ihrer Phantasie sehen. Andererseits ist wahr, daß unter den Tausenden, die sich bei mir meldeten, nur eine Handvoll die Vagina als Brennpunkt der Erniedrigung und Herabsetzung benutzten. Wenn Männer abfällig über Genitalien reden, meinen sie fast immer die eigenen.

Liegt nicht sogar darin eine Chance, daß so viele Männer ihre Frauen auf ein Piedestal erheben und sich dann darüber beklagen, sie seien zu rein, als daß man sie in Verbindung mit oralen Vergnügen sehen könnte? Vor zwanzig Jahren hätten sie sich nicht darüber beklagt, sondern wären stolz darauf gewesen.

Fred

Ich bin ein «Fotzenmann». Ich habe darüber mit einigen meiner Freunde gesprochen, sogar sehr offen, mußte aber feststellen, daß die Intensität meines Interesses daran – und meiner Phantasien darüber – weit über das hinausgeht, was andere darüber meinen. Nicht alle Fotzen faszinieren mich. Sobald sich aber eine geistige Verbindung zu einer Frau einstellt und vielleicht noch eine gefühlsmäßige Regung hinzukommt, denke ich zuerst daran, ihre Muschi mit Küssen und langen, liebevollen Zungenstrichen anzubeten. Ich möchte sie voll kindlicher Bewunderung untersuchen, um genauestens die anatomischen Unterschiede der süßen Muschis festzustellen (vielleicht mit mehr klinischer Aufmerksamkeit als ein Arzt). Daran scheine ich die größte Freude zu haben. Das Vergnügen wurde bisher immer von der erregten Partnerin geteilt, weil so eine Untersuchung mit langen, liebevollen Zungenstrichen und einigem Knabbern an der Klitoris unterbrochen wird. Auch in meinen Phantasievorstellungen sehe ich diese lieblichen, blumengleichen Fotzen. Dabei streichle ich meinen beschnittenen Penis, bis ich einen tollen Orgasmus tief aus dem Rückgrat heraus erlange. Aber es ist nicht nur ihr Anblick. Wichtiger ist der individuelle Geruch, der mich erregt und fortreißt. Ich wünsche mir, daß Kosmetikfirmen Fotzenaroma auf Flaschen ziehen, damit ich im Bett daran schnüffeln könnte. Hier möchte ich einfügen, daß ich vierundzwanzig Jahre alt bin.

Am liebsten rieche ich eine Pussy, die zwar sauber, aber ein wenig abgestanden ist – das heißt, die Partnerin sollte sich nicht unmittelbar bevor ich sie lecke gewaschen haben. Mir ist es lieber, sie hat vorher etwas getan wie Einkaufen, Tennisspielen oder sonst etwas, das sie zum Schwitzen gebracht hat. Am liebsten schnüffle ich von hinten wie ein Hund. Wenn das nicht geht, knie ich gern zwischen ihren Oberschenkeln, um zugleich lecken und schnüffeln zu können. In meiner Phantasie stelle ich mir manchmal vor, wie wohl Liz Taylor, die Loren oder die Lollobrigida duften mögen.

Richard

Ich bin prominent, erfolgreich, respektiert – kurzum in einer konservativen Kleinstadt eine Säule der Gesellschaft von mittlerem Alter. Ich bin mit meiner Frau seit fünfunddreißig Jahren verheiratet. Wir haben erwachsene Kinder und Enkel. Wir stammen beide aus Familien, in denen etwas anderes als Geschlechtsverkehr von vorn, im sogenannten Missionarsstil, als pervers, schmutzig und sündig galt. Meiner Frau ist es sogar peinlich, wenn man ihre Brüste berührt. Pflichtgetreu haben wir zwei- bis dreimal in der Woche Geschlechtsverkehr, wobei sich meine Frau regelmäßig eines guten Orgasmus erfreut.

Meine Phantasievorstellungen kreisen um Cunnilingus. Ich liebe weibliche Körper. Ich mag sie gern streicheln, riechen, schmecken, lecken und saugen. Im Laufe der Jahre hatte ich eine Reihe von diskret gehandhabten außerehelichen Beziehungen. Diese Möglichkeiten habe ich immer ausgenutzt, um mit der jeweiligen Partnerin Cunnilingus zu machen. Ich liebe den Duft weiblicher Genitalien, die Weichheit einer Vulva, den ein wenig süß-sauren Geschmack der vaginalen Sekretion. Es erregt mich ungeheuer, wenn ich sie kommen fühle, während ich sie lecke. Ich mag auch gern eine Frau am Anus lecken. Genaugenommen gibt es keinen Teil des weiblichen Körpers, den ich nicht liebend gern küsse oder lecke. Meine Lieblingsvorstellung ist es, eine Affäre mit einer Frau zu haben, die Cunnilingus mag und die sich von mir auf diese Weise bedienen läßt, wobei es ihr mehrfach kommt, bis sie befriedigt ist. Oder noch besser, ich träume davon, zwei oder drei Frauen um mich zu haben, die mir erlauben, sie abwechselnd zu lecken, bis sie alle so oft gekommen sind, wie sie es sich wünschen. Hinterher möchte ich ihnen die Spalten, Schenkel, den Ritz zwischen ihren Hinterbacken und den Anus sauberlecken. Ich bete weibliche Körper an und halte alle Frauen für schön – dick oder dünn, jung oder von mittlerem Alter, groß oder klein, blond oder dunkelhaarig, und von jeder Rasse. Ich möchte bei jeder Frau Cunnilingus machen, die daran Freude hat. Dabei verlange ich nur, daß sie frisch und sauber, aber nicht parfümiert ist. Ich mag lieber den natürlichen Duft einer Frau.

Louis

Ich werde bald fünfzig Jahre alt. Vor zwanzig oder dreißig Jahren gab es noch keine Magazine von der Art der heutigen. Als Ringkämpfer hatte ich damals einen wohlgebauten Körper. Die Frauen bewunderten mich. Dabei kam aber nur «normaler» Sex in Betracht. Zu jener Zeit war alles andere in den Augen der Leute (mich ausgenommen) eine Herabwürdigung. Wenn ich am Ring stand und auf den Aufruf wartete, war oft noch ein Frauenringkampf im Gange. Mann, wie gern wäre ich dabei gewesen, wenn die Gegnerinnen nackt gewesen wären. Gar zu gern hätte ich ihnen die Mösen ausgeleckt. Danach habe ich mich immer gesehnt, aber der Wunsch wurde mir nie erfüllt. Wären damals schon Pornofilme gedreht worden, hätte ich ohne Gage mitgewirkt, nur um mal eine Pussy lecken zu können. Ich liebe es und habe, während ich das niederschreibe, einen Steifen.

Ich war mit einer schönen Frau verheiratet. Aber sie war nicht der Typ für ein abwechslungsreiches Sexualleben. Immerhin ließ sie mich hin und wieder mit der Zunge ran. Mann, hatte die eine süß und köstlich schmeckende Pussy. Nach zwölfjähriger Ehe haben wir uns getrennt. Ich hatte sie geheiratet, als sie achtzehn Jahre alt war. Ich war damals fünfunddreißig. Seit unserer Trennung vor zwei Jahren habe ich nur noch Sexualphantasien. Immer wieder stelle ich mir vor, ich hätte eine ganze Anzahl von Frauen, die ich lecke, bis ich genug habe. Ich würde auch gern mal eine lecken, während ich eine andere ficke. Mit einer dazu bereiten Frau würde ich überdies gern mal Analverkehr haben. Da ich aus einer Kleinstadt stamme und zudem schüchtern bin, werden sich wohl meine Wunschträume niemals erfüllen lassen. Wenn die Frauen da draußen nur wüßten, wie gut ich mich aufs Pussylecken verstehe, sie würden vor meiner Tür Schlange stehen, bis die drankämen.

Ich stelle mir auch vor, daß ich meinen eigenen Schwanz lecke. Oftmals versuche ich es auch. Aber ich komme nicht ran. Hoffentlich verliere ich eines Tages so viel an Gewicht, daß ich es schaffe.

Um aufs Ringen zurückzukommen – sooft ich einer gemischten Mannschaft zugeteilt wurde (was nicht oft geschah), versuchte ich, mit einer Frau aus der Gegenmannschaft in den Ring zu steigen. Dabei ging es mir hauptsächlich darum, daß sie mich in die Beinschere nahm (wobei einem die Schenkel um den Kopf geschlungen werden). Indem ich mich aus dieser Lage freizuarbeiten suchte, steckte ich ihr immer das Gesicht an den Hosenzwickel. Ich weiß, daß einige Ringerinnen das gern mochten, aber keine verlor ein Wort darüber. Aber mir war so, als gefiele es ihnen, wenn sie meinen Kopf in der Beinschere hatten. Andere wieder mochten es nicht und lehnten mich als Gegner im Ring ab. Einmal nahm ich die Gelegenheit wahr und streckte der Frau die Zunge unter dem Rand ihrer Hose hindurch. Ich berührte ihr Schamhaar damit. (Mann, hätte ich nur eine längere Zunge gehabt!) Sie rollte mich über die Matte und hielt für einen Augenblick inne. Ich befürchtete, das Publikum würde etwas merken, und zog mich zurück. Dabei hoffte ich natürlich, daß niemand sehen würde, was für einen Steifen ich hatte.

Albert

Heute stelle ich mir am liebsten vor, daß ich eine Fotze lecke. Das mache ich so oft wie möglich und tue es gern. Im Sommer 1947 habe ich im College zum erstenmal eine Pussy geleckt. Bis dahin hatte ich es nie gemocht, weil ich meinte, Fotzen röchen schlecht. Ich wußte nicht, ob das stimmte. Ich nahm es jedenfalls an. Eines Abends versuchte ich, meine neue Freundin auf der Brücke über einen Bach am Rande unseres Sportfelds zu vögeln. Aber ich war zu groß für sie (nicht daß ich besonders gut bestückt wäre – nur siebzehneinhalb Zentimeter lang und in der Erektion etwas über fünf Zentimeter im Durchmesser). Jedenfalls kriegte ich ihn nicht hinein. Also drehte ich mich herum und begann ihre Fotze zu lecken. Sie reagierte sofort und nahm meinen Steifen in den Mund, was ihr gar keine Schwierigkeiten bereitete. Wir machten Position 69, bis es uns beiden kam. Das haben wir später regelmäßig so gehalten. Zu meiner Überraschung und Freude konnte ich feststellen, daß sie da unten gut roch. Seither habe ich alle Frauen geleckt, die mit mir fickten. Darunter gab es nicht wenige, die aus Angst vor einer Schwangerschaft nicht ficken wollten, sich aber gern die Fotze lecken ließen. So etwas ist für mich anbetungswürdig. In meinen Wunschträumen lecke ich die Klitoris sehr zart und leicht (es sei denn, die Partnerin verlangt nach mehr Druck). Viele Frauen sind dort sehr empfindlich und halten druckvolles Lecken nicht aus. Beim Lecken arbeite ich mich über ihre Lippen abwärts bis zum Damm und zum

Arschloch, dann wieder zurück. Natürlich gibt es viele Variationen. Hier habe ich nur das Grundmuster beschrieben. Ich kann einfach nicht glücklich sein, wenn ich nicht auch der Partnerin volle Befriedigung verschaffe. Ich kann solche Kerle nicht verstehen, die sich eine Frau greifen, draufklettern, bumsen, schnell kommen und wieder heruntersteigen, ohne einen Gedanken daran zu verschwenden, ob sie etwas davon hat oder nicht. Sie wissen nicht, was sie versäumen.

Jerry

Ich bin sechsundzwanzig Jahre alt und unverheiratet. Ich träume davon, eine ganze Damenriege zu lecken. Zu Anfang möchte ich die Frauen mit der Zunge bearbeiten, die während eines Wettkampfes auf der Wartebank sitzen. Die Zuschauer werden wild, weil mein Verhalten die erste Riege zu immer größeren Leistungen anspornt. Die Frauen wissen, daß sie gleich an die Reihe kommen, sobald für sie Pause ist. Natürlich gewinnen sie haushoch und schlagen alle Rekorde.

Noch lieber würde ich eine ganze weibliche Rudermannschaft lecken. Ruderinnen scheinen alle so stramme Oberschenkel zu haben. Sie sind meistens auch sonst gut beisammen. Die Siegergruppe darf zuerst bei mir antreten. Ich hoffe nur, daß sie einen «Achter» fährt. Ich mag keine Frauen, die Intimsprays benutzen. Eine verschwitzte, gut durchgearbeitete Frauenriege verspricht mir die Essenz echter Weiblichkeit.

Meine gemäßigteren Sexualphantasien drehen sich darum, ein Damen-Bridgekränzchen zu lecken oder einen ganzen Zug von Brautjungfern. Ich möchte gar zu gerne ihre schockierten Mienen sehen, die bald Neid und Interesse verraten, wenn ich mich der ersten, der abenteuerlustigsten und geilsten unter den Freundinnen zuwende.

Bruno

Ich bin vierundzwanzig Jahre alt, unverheiratet und habe Psychologie studiert. Frauen haben mir eine Ähnlichkeit mit Robert Redford nachgesagt. Doch bin ich kräftiger gebaut und neige zu Übergewicht, wenn ich nicht regelmäßig Sport treibe. In der Hochschule war ich Stipendiat. Meine Freunde finden mich athletisch, wenn auch nicht sonderlich begabt.

Viele weibliche Sexualvorstellungen scheinen einen großen Penis und lesbische Erlebnisse zum Mittelpunkt zu haben. Das gilt auch für meine. Man sagt von mir, ich sei stark wie ein Bulle. Leider bin ich nicht so ausgestattet wie einer. Wie jeder Durchschnittsmann habe ich dauernd Möglichkeiten zur sexuellen Betätigung gehabt. Geschlechtsverkehr hatte ich aber bisher nur mit einer Frau, die ich liebe. Ich bin sehr romantisch, aber auch in mich gekehrt. Ich mag die Frauen nicht enttäuschen, die mich für gutaussehend halten und meinen, ich wäre dementsprechend gebaut, indem ich sie entdecken lasse, daß ich im Geschlechtsbereich keineswegs ungewöhnlich stark bin. Im voll erigierten Zustand bin ich nur fünfzehn Zentimeter lang und messe nur knappe viereinhalb Zentimeter im Durchmesser. Folglich stelle ich mir in meiner Phantasie ständig vor, ich sei dreiundzwanzig Zentimeter lang und über sechs Zentimeter dick. Das halte ich für die richtige Penisgröße, um mit einer Frau zutiefst intim zu sein, ohne ihr weh zu tun.

Ich habe in meinen Wunschvorstellungen schon mit Hunderten von Frauen Verkehr gehabt, mit solchen, die ich vom Fernsehen, von der Universität und vom Sehen auf der Straße kenne oder deren Bilder ich Magazinen entnehme. Hübsche Gesichter und wohlgerundete Busen erregen mich, noch mehr aber geilen mich Fotzen auf. Ich bediene mich sonst nicht gern der Vulgärsprache. Aber ich halte «Fotze» für einen guten Ausdruck, um Schamhaar, Vagina und Vulva in einem zu umschreiben. Ich finde es hübsch, daß Frauen ein so sauberes Organ haben. Analverkehr würde mich abstoßen. Ich vermute, daß ich einigen Frauen nicht sinnlich genug bin. Ich bin mehr ein Liebhaber als ein Bumser. In meinen Phantasievorstellungen bin ich natürlich großartig ausgestattet. Mein Ego hofft, daß ich den Frauen genauso schöne Gefühle verschaffe wie sie mir.

Cunnilingus regt mich stark an, obwohl meine Freundin meint, das sei schmutzig und unpersönlich. Nach einem Bild im *Playboy* stelle ich mir eine Frau mit gespreizten Beinen vor. Eine scharlachrote Rose stellt die Myriade von Blütenblättern ihrer Schamlippen dar. Ich lecke sie alle, ebenso ihre Klitoris, die nicht wie eine Rose duftet, sondern bitter schmeckt wie die sexuellen Sekretionen einer sauberen Frau. Ihre Vaginadüfte sind für mich mit das Aufregendste an den Frauen.

Die Vorstellung, wie zwei Frauen einander zärtlich küssen, bringt mich sofort in Glut. Ich habe mir auch schon vorgestellt, daß zwei Frauen in einer solchen Haltung sitzen, daß sich ihre Fotzen gegenseitig berühren. Dabei tauchte aus der Höhle der einen ein schlanker und ausreichend langer Penis auf. Er war so gefärbt wie der eines Hengstes.

Er fuhr in der anderen Frau ein und aus, ohne daß die fickende Frau mit dem Unterleib Bewegungen machte. Ich lese so oft von Frauen, die durch Männer ungenügend befriedigt werden. Deshalb bringe ich die Bilder von lesbischen Frauen schon eher in meinen Vorstellungen mit dem Ausdruck echter Ekstase in Verbindung.

Die stille Befürchtung, ihre Ausdünstung könnte den Liebhaber vergraulen, steht auf der Liste weiblicher Ängste ganz oben. Entweder benutzt sie Intimspray oder sie schiebt seinen Kopf weg, wenn sich sein Mund von den Brüsten abwärts bewegt. Sie fürchtet, daß er entdecken könnte, was sie schon immer gewußt hat: Sie ist nicht sauber. Der Mann spürt ihre Besorgnis und zieht seinen Schluß, wenn auch meistens einen falschen. Für ihn sind damit die weiblichen Hemmungen bestätigt. Für die Frau war «Es» niemals sauber genug, trotz allen Waschens. Wie könnte ihre Scham dann reinlich genug für ihn sein?

So züchten wir unser eigenes Unglücklichsein.

Frauen, ich eingeschlossen, hören mit kaum verhohlenem Argwohn zu, wenn Männer wie Fred (s. S. 53) ihre «kindliche Bewunderung» der Vagina beschreiben. Seiten um Seiten voll bewundernder Lobpreisung oralen Sexvergnügens werden durch ein paar Worte abgewertet und zunichte gemacht: «Dabei verlange ich nur», sagt Richard (s. S. 54), «daß sie sauber ist.» Als ich das las, fuhr ich kerzengerade hoch. Aha, das also denken die Männer wirklich.

Aber Richard hat nirgendwo geschrieben, daß Frauen schmutzig seien. Er verlangt nur, daß sie sauber seien. Wird etwa von Frauen nicht die gleiche Forderung an Männer gestellt?

Geruch aus der Achselhöhle wird als unangenehm empfunden, weil er auf Bakterien und nicht auf natürliche Vorgänge zurückzuführen ist. Vaginaler Duft hingegen gehört zum Körper. Eine positive Reaktion darauf ist in der sich über Millionen Jahre erstreckenden Entwicklung dem Mann genetisch und biologisch eingeimpft worden. Männer sagen nicht selten, daß sie Intimsprays nicht mögen. Jede Frau, die den Geruch nach künstlichen Erdbeeren für «angenehmer» hält als ihren eigenen, dreht in gefährlicher Weise am Ausschalter jedweder Männlichkeit. Von der Wissenschaft wird der Geschmackssinn dem Geruchsvermögen nähergerückt als allen anderen Sinnen. Die Geschmacksnerven können nur zwischen salzig, süß, sauer und bitter unterscheiden. Der Anblick einer gut zubereiteten Mahlzeit gehört mit in die Psychologie des Geschmacks. Der Duft ist mehr der Physiologie zuzurechnen. Der Geruchssinn nimmt die feinen Ober- und Untertöne wahr, die uns über diesen oder jenen Wein in Lobeshymnen ausbrechen lassen.

Hier ist nicht der Ort, um die ihnen anerzogene Haßliebe der Frauen zu Vagina / Pussy / Fotze zu untersuchen. Fest steht, die meisten Frauen räumen sich selbst keine Möglichkeit ein, herauszufinden, daß der Duft eines hitzigen Weibchens im Königreich der Tiere das allerstärkste Aphrodisiakum darstellt.

Ben

Ich bin achtundzwanzig Jahre alt und zur Zeit Strafgefangener. Immer schon habe ich mir in Gedanken vorgestellt, ich wäre mit zwei Frauen zusammen, die sich von mir die Pussy lecken lassen, bis sie vor Wollust ohnmächtig werden. Bisher habe ich noch nie eine Pussy geleckt. Aber ich habe es mir immer gewünscht und glaube, daß ich es sehr gut machen würde. Meine Phantasievorstellung läuft so ab: Ich schlafe fest und werde plötzlich durch einen starken, sehr sexy wirkenden Duft geweckt. Wenn ich die Augen öffne, sehe ich einen dichten Busch schwarzer Haare, aus dem rosige, aufgestülpte Lippen hervortreten. Ganz langsam blicke ich an dem Körper hoch und habe eine wunderschöne Frau von etwa achtunddreißig Jahren vor mir. Ich versteife mich auf dieses Alter, weil Frauen in diesen Jahren viel Sex haben.

Dann redet sie mich leicht keuchend an: «Lutsche und leck mich gut. Ich will in deinen Mund kommen. Du mußt mich fest und langsam lecken.» Während ich sie lecke, sauge und beiße, reibt sie ihre Pussy auf meinem Gesicht hin und her. Sie schreit jetzt: «Oh, bitte, leck mich stärker und schneller. Das macht so verdammt schöne Gefühle.» Sie läßt mich stundenlang lecken und schreit: «Leck mich trocken!» Sie hält meinen Kopf fest und zerrt mich am Haar tiefer und tiefer in ihre Pussy hinein. Ich sauge, küsse, lecke und beiße, wobei ich mich besonders auf ihre Klitoris konzentriere. Wenn ich glaube, mit ihr fertig zu sein, ruft sie ihre achtzehnjährige Tochter herein und verlangt, daß ich das gleiche mit ihr mache. Sie liegt auf dem Rücken und reibt ihre Pussy wild an meinem Gesicht. Es bringt mich so richtig hoch, wenn ich mir vorstelle, daß sie ihre Pussy mit geiler Lust an meinem Gesicht reibt. Ich liebe den Duft und den Geschmack der Pussy. Für mich ist nicht wichtig, daß ich komme, wenn ich nur meine Partnerin vollkommen befriedige. Mein Steifer ist nur siebzehn Zentimeter lang, aber sehr dick. Dann gehen die beiden Frauen daran, mich zu lutschen und zu lecken, als wäre er ein Eis am Stiel kurz vor dem Zerschmelzen.

Eine Pussy zu lecken, ist eine ganz natürliche Sache wie das Atmen. Das weiß jeder, der es so gerne macht wie ich. Nur wirklich getan habe ich es noch nie.

Wolf

Sie sind der einzige Mensch auf der Welt, dem ich meine geheimsten Gedanken anvertraue. Bisher dachte ich immer, ich sei der einzige Mann, der sexuelle Wunschvorstellungen hat. Ich bin einundsechzig Jahre alt, meine Frau einundfünfzig. Wir wurden beide altmodisch erzogen. Sex war tabu. Ich habe einmal mit meiner Frau oralen Sex versucht. Sie mochte es gern. Aber seit sie getrennte Betten gekauft hat, erregt mich meine Frau nicht mehr. Da ist einfach keine Beziehung mehr. Wir gehen auf die Promenade, sitzen auf einer Bank und betrachten all die schönen Leute, die vorübergehen. Sie verfolgt mit Blicken die Männer, ich die Frauen. Dabei geben wir uns lustvollen Gedanken hin. Ah, mein Herzchen, Sie können sich nicht vorstellen, wie mich besonders die schwarzen Frauen erregen. Mit den neuen Frisuren und hübschen Kleidern sind sie einfach schön. Ich betrachte die schwarzen Ärsche in engen Hosen und den nackten Bauchstreifen zwischen Bund und Bluse. Dabei werde ich fast verrückt.

Manchmal hänge ich einem Tagtraum nach, worin ich mich in einem Motel befinde. Ich liege im Bett, und eine große, stramme Negerin kommt aus dem Badezimmer. Sie legt sich auf mich, und wir vögeln die ganze Nacht hindurch. Ich darf sie nach Herzenslust lecken. Eine zweite Phantasievorstellung besteht darin, daß eine Frau am Eßtisch sitzt. Das Tischtuch reicht fast bis auf den Boden. Unter dem Tuch verbirgt sich ein Mann, nämlich ich, der die Frau zwischen den Beinen leckt. Ich habe noch niemals so etwas aufgeschrieben. Hoffentlich geben Sie mir Bescheid, falls Sie meinen, daß ich auf meine alten Tage den Verstand verloren habe. Gib den alten Affen Zucker, mein Herz.

Anmerkungen über erotische Beziehungen zwischen Schwarz und Weiß kommen in diesem Buch mehrfach vor, wie eine Art erotischer Würze. Der Häftling und der verheiratete Mann, dessen Frau sich nicht mehr für Sex interessiert, flüchten sich notwendigerweise ins Reich der sexuellen Phantasie. Warum sollen sie sich dann nicht etwas ganz Besonderes einfallen lassen? Ein Mann, der auf einer öden Insel verhungert, träumt nicht von gekochten Eiern, sondern von Hummermayonaise, ganzen Rinderlenden, ausgefallenen Schlemmereien. Im Vergleich zum einfachen Ficken ist Cunnilingus und Fellatio schon wie die Kirsche oben auf der Schlagsahne. Am auffälligsten finde ich, wie in den Phantasievorstellungen der Männer immer wieder Cunnilingus als ein Symbol für den Wunsch auftaucht, intensivstes Vergnügen zu erleben.

Oliver

Meine Phantasievorstellung bezieht sich immer darauf, ein sehr dickes Mädchen zu lecken. Nicht selten bin ich von meiner Partnerin beim Liebesspiel zum Cunnilingus aufgefordert worden. Bisher war es immer nur nahe daran, denn ich habe mich feige gedrückt. Jetzt würde ich es gern tun. In meiner Phantasie erlebe ich folgendes:

Eine wirklich fette Frau und ich stehen unter der Dusche. Sie läßt sich übrigens gern die Fotze lecken. Zunächst duscht sie sich. Dann mache ich einen richtig seifigen Fick mit ihr. Davon werden ihre Genitalien süß und sauber. Danach liegen wir im Bett. (Hier sei eingefügt, daß mich der Gedanke, daß eine Frau in meinen Mund kommt, halb wahnsinnig macht!) Ich reibe mein Gesicht, vor allem das Kinn, an ihrer riesigen feuchten, heißen Vulva. Das gefällt ihr. Mit den Händen zieht sie meinen Kopf fest ins saftige, feuchte Fleisch und pumpt gegen mein Gesicht. Ihre fette Vulva fängt an, mich zu verschlingen. Die Frau bestimmt das Tempo. Das fühlt sich großartig an. Ich rutsche tiefer und tiefer hinein. Ihre Fotze ist tropfnaß und schmeckt köstlich. Ich schiebe ihr einen Finger ins Arschloch, woraufhin sich die Vagina in wilden Zuckungen zusammenzieht. Da ich sie sauge und lecke, wird damit zugleich meine Zunge massiert. (Hoffentlich fällt die Schilderung nicht allzu grotesk aus.) Die angeschwollenen Schamlippen und meine weit geöffneten Kiefer passen zusammen wie Hand und Handschuh. Meine Zunge streckt sich tief in ihre Vagina und in ihren unheimlich dicken Bauch hinein. Bald windet sie sich im Höhepunkt. Ich habe einen Mundvoll nach dem anderen ihres reichlich fließenden Saftes zu schlucken. Ihre Fotze zittert leicht, während ich sie mehrfach auslecke. Die Frau ist völlig erschöpft. Welcher Segen. Ich lege mein

Gesicht auf ihren Venushügel und küsse zärtlich ihre Klitoris. Daraus wird einer jener langen, feuchten Küsse, die ich sonst auf ihren Mund placiere. Sie ist müde. Wir ruhen aus. Ich bette meinen Kopf auf ihre feiste Vulva, und ihre dicken Beine umschlingen mich. Wir schlafen ein.

(Diese Phantasievorstellung setzt zufällig immer kurz vor dem Schlafengehen ein.)

Falls Sie mein Alter interessiert, ich bin zweiundzwanzig.

Stephan

Ich bin seit zwanzig Jahren mit einer netten Frau glücklich verheiratet, die drei Jahre älter ist als ich. Bestimmt gibt es außer Gruppensex und Sadismus nichts, was wir nicht ausprobiert hätten. Wie es ganz natürlich ist, haben wir jetzt nur noch drei- bis viermal in der Woche Geschlechtsverkehr. Jedoch ist daraus keine langweilige Routineangelegenheit geworden, denn wir mögen einander immer noch. Meine Frau hatte stets ihre tollsten, hinreißendsten Orgasmen, wenn ich sie leckte. Dabei pflegte ihre ganze Vulva zu zucken. Sie stieß Schreie aus und machte das Laken mit ihrer Scheidenflüssigkeit und ihrem Schweiß naß. Einmal schrie sie, jetzt müsse sie wohl an der Stärke des Erlebnisses sterben. Danach ging sie nur noch zögernd auf Cunnilingus ein, weil sie ernsthaft glaubte, sie könne einen Schlaganfall oder eine Herzattacke davon bekommen. Im Laufe der Jahre kam es immer seltener vor, daß sie sich lecken ließ. Statt dessen ging sie mehr und mehr dazu über, mir einen zu blasen. Ich beschreibe diesen Teil unseres sexuellen Lebens deshalb so genau, weil ich glaube, daß hierin (wenigstens für mich) eine Erklärung für meine extremen erotischen Phantasievorstellungen liegt. Sie drehen sich ausschließlich um oralen Sex. Meine tollste ist die folgende:

Ich befinde mich in einem großen, halbdunklen Zimmer. Um mich herum liegen Dutzende vollfleischiger und sexhungriger Frauen mit gespreizten Beinen. Sie bieten mir ihre runden Hintern dar und zeigen verlockende Haarpracht an der Scham in vielerlei Formen und Farben. Just so verlockend sind die kleinen Lippen, die unter den Haarlocken hervorlugen und warten. Sie warten auf etwas, von dem sie wissen, daß es bald da sein wird – meine Lippen, meine Zunge, meine sanft knabbernden Zähne. In dieser endlosen Runde begierig zitternder Leiber sehe ich noch etwas, das mich vor Verlangen die Wände hochgehen läßt: glattrasierte Venushügel mit kräftig ausgeprägten, wunderschönen Umrissen – nicht unähnlich denen junger Mädchen vor dem ersten Schamhaarbewuchs. Das sind Muschis, die ich immer ganz in den Mund zu nehmen versuche.

Zart und vorsichtig, um keiner weh zu tun, streichle ich alle der Reihe nach gerade lange genug, um sie zu erregen und vor Verlangen unruhig zu machen. Indem ich von einer zur anderen gehe, lassen sie mich wissen, was ich mit ihnen machen soll. Es wird eine endlose Liste. Sie jammern und betteln. Keine will mich weglassen. Ich aber muß versuchen, ihnen allen Vergnügen zu verschaffen. Ich spüre, daß sie vor Leidenschaft schon wie im Delirium sind. Ihre Finger wandern zu den feuchten kleinen Fotzen, wo sie reiben, streicheln, zerren und die ganze Vulva auseinanderziehen. Ich muß ihnen dabei helfen. Also bearbeite ich mit Händen und Fingern feuchte Muschis – hinein und heraus, rauf und runter, nach rechts und links. Dabei rutscht mir absichtlich ein Finger in ihre kleinen, fest zusammengezogenen Hinterlöcher. Eine der Damen gerät so aus dem Häuschen, daß sie meinen Kopf packt und mein Gesicht gegen ihre Vulva drückt. Dabei schreit sie: «Leck mich, leck mich – mir kommt es gleich …» Die Stimme versagt ihr. Ein Schütteln geht durch ihren Körper. Ich fühle die Kontraktionen ihrer Muskeln viele Male an meinem Finger, der in ihrem Arsch steckt.

Jetzt schreien alle meine heißen kleinen Hexen nach meiner Zunge, nach meinen Lippen und Fingern. Das gefällt mir! Ich umspiele mit dem Finger die Klitoris der wunderschönen Rothaarigen links neben mir, während ich meine Favoritin, die mit dem rasierten Schlitz, kräftig lecke. Die blonde Puppe zu meiner Rechten krümmt sich unter meinen ihre Liebesgrotte massierenden Fingern. Plötzlich kommen sie alle drei auf einmal und singen das gleiche Lied. Wie wundervoll!

Das ganze Zimmer riecht nach Sex und ist erfüllt von dem wunderbaren Duft heißer Weiblichkeit. Alle meine kleinen Puppen haben so ziemlich das gleiche charakteristische Aroma. Doch mag ich gern die kleinen Unterschiede herausriechen und -schmecken. Unterdessen sind die anderen, die noch nicht gekommen sind, durch ihre Fingerspiele fast soweit. Ich lecke ihnen die Fötzchen mit langen Zungenstrichen, fahre ein und aus, rund um die Klitoris, rauf und runter, rundherum und hinein, bis mir plötzlich ein tiefes Luftschnappen und Stöhnen verrät, welches Vergnügen ich ihnen bereitet habe. Ich scheine die Sonderwünsche aller zu kennen. Da sind manche so empfindlich, daß ich mich rasch zurückziehen muß. Andere wollen, daß ich weiter ganz zart an ihrer Vulva lutsche. Wieder andere möchten, daß ich zart aufwärts und abwärts lecke. Ein paar wollen sogar, daß ich ihnen die Zunge in die kleinen Arschlöcher stecke. Ich habe sogar einige dabei, die beim Höhepunkt einen kleinen Strahl pissen müssen. Das ist mir egal, denn mir gefällt alles, was sie machen.

Endlich sind sie alle vollkommen befriedigt. Ich gehe von einer zur anderen und sehe in ihren Augen den Ausdruck tiefster Dankbarkeit und Bewunderung für das, was ich mit ihnen gemacht habe. Arme strecken sich mir entgegen. Ich muß sie für einen Augenblick an mich drücken, bis ihre Körper aufhören zu zittern und das Stöhnen auf ihren Lippen verstummt. Ende meiner Phantasie.

In dieser Wunschvorstellung kommt nicht vor, daß ich meine Frauen ficke. Ich schließe daraus, daß ich in diesem Tagtraum mein unerfülltes Verlangen danach kompensiere, die Vulva meiner Frau zu küssen, während es mir an ausgiebigem Ficken bei ihr nicht mangelt. Ich habe oft gelesen, daß sich Frauen darüber beklagen, von ihren Männern zu wenig oral befriedigt zu werden. Sie unterlassen es aus Unkenntnis oder weil die Männer den Sexualgeruch der Frau widerlich finden. Ich liebe diesen Geruch, bete ihn an bis zu einem solchen Grade, daß meine Frau, wenn sie scharf ist und mich gern ins Schlafzimmer locken möchte, einen ganz bestimmten Trick anwendet. Sie fährt mit dem Finger durch die Lippen ihrer Pussy und hält ihn mir unter die Nase.

Übrigens könnte die Anmerkung von Interesse sein, daß ich sechzig Jahre alt bin.

Eddie

Ich bin ein Mann zwischen fünfzig und sechzig Jahren alt und habe masturbiert, so lange ich zurückdenken kann. Dabei habe ich immer an eine erotisch interessante Frau oder einen entsprechenden Vorgang gedacht. Als ich ein Kind war, haben meine Schwestern mit mir Doktor gespielt. Dabei untersuchten sie stets meinen Pimmel und meine Eier. Manchmal stellte ich mir beim Masturbieren Mutters Vulva und ihre Titten vor. Sie war liebenswert und anbetungswürdig wie alle Mütter. Das half meinen Phantasien nach. Ich bin verheiratet und habe eine Reihe von Kindern gezeugt.

Ich wünschte nur, ich würde mit genügend Sex versorgt, damit ich nicht so oft masturbieren muß. Jeden Morgen habe ich eine enorme Erektion und wäre bereit zum Lutschen, Ficken und Fotzelecken. Ich mag Fotzen, und am allerliebsten mag ich sie lecken. Es gibt kein schöneres Aroma und keinen süßeren Geschmack als den einer sauberen Fotze. Ich liebe es, meiner Frau den Steifen in die heiße Fotze zu stecken. Dann lasse ich ihn mir lutschen, wobei ich meine Zunge in das Loch stecke, wo sich soeben noch mein Schwanz befunden hat. Drei- bis viermal in der Woche hole ich mir einen herunter und stelle mir dabei vor, daß mich meine Frau am Arsch leckt und lutscht. Sie hat es bisher nicht gemacht, aber ich hoffe, daß es dazu kommen wird. Ich wäre auch gern mal dabei, wenn sie sich im Bett mit einer anderen Frau vergnügt. Ich ermuntere sie dazu, hin und wieder zu masturbieren. Dann richte ich es immer so ein, daß ich ihr dabei heimlich zusehen kann. Das macht mir Schwanz und Zunge steif. Die Stellung 69 macht mir Spaß. Aber noch besser ist es, wenn wir uns gegenseitig eine Weile lecken und dann damit aufhören, um uns gegenseitig mit Zungenküssen auf den Mund zu beschäftigen. Sehr gern möchte ich erleben, daß sie meinen Schwanz lutscht und die volle Samenladung in den Mund nimmt. Dann müßte sie sich herumdrehen und mich auf den Mund küssen, der mit Pussysaft angefüllt ist. So etwas nenne ich hemmungslose Liebe. Ich wünschte nur, ich könnte sie überreden und in meine sexuelle Phantasiewelt einführen. Bei der Erfüllung meiner Traumwünsche sollte es nur Liebe und Zärtlichkeit geben. Ich liebe sie und alles an ihr – ihre Fotze, ihren Arsch, ihren Mund, ihre Titten und ihre Achselhöhlen. Wenn sie mich in gleicher Weise lieben könnte, hätte ich ein erfülltes Sexualleben und würde nie wieder eine andere Frau anschauen.

Jeden Tag meines Lebens sehne ich mich danach, daß meine Frau so zu mir ist, wie ich zu ihr bin. Ich stelle sie mir als willige Partnerin vor. Gibt es noch mehr Männer, die so sind wie ich? Frauen, wenn euer Ehemann euch Liebe erweist, wie ich es beschrieben habe, erwidert sie um des Himmels willen genauso zärtlich und tut mit ihm, was er mit euch macht. Wenn ihr darauf eingeht, wird kein Ehemann mehr fremdgehen. Ihr werdet gemeinsam ein erfülltes Leben genießen.

Meine früheren Bücher über die Sexualität der Frauen waren angefüllt mit hinreißenden Phantasieschilderungen von Frauen (Lesbierinnen und anderen), die einander lecken. Dieses Buch läßt klar erkennen, daß auch Männer Cunnilingus mögen. Fellatio scheint mehr ein aufgepfropfter Geschmack zu sein.

Vielleicht existiert eine unsterbliche, unbewußte Erinnerung an die Freuden, die männliche und weibliche Babies einst in einem Frauenleib gefunden haben. Das wäre eine Erklärung für das universelle und von Schuldgefühlen freie Verlangen nach Cunnilingus. Sicherlich ist etwas an der fraulichen Gestalt, am Muskeltonus, an der Haut, am Duft, das die primitiven Erinnerungen beider Geschlechter anspricht. Auch sollte man nicht vergessen, daß die ersten Freuden, die wir durch den mütterlichen Leib erfuhren, den Weg über den Mund nahmen.

Der Reiz des oralen Sex liegt für Männer darin, daß sich dabei der maskuline Konflikt löst. Die brave und die schlimme Frau verschmelzen zu einer Gestalt. Und sie liegt bei ihm im Bett!

Frauen haben von jeher Sex als Belohnung oder Strafe eingesetzt. Das geht so weit, daß sie einen Mann in Unruhe versetzen können, wenn sie ihm ihren Höhepunkt verweigern. Das ist eine Idee aus der viktorianischen Zeit, die nicht in unsere Tage paßt. Sie sei hier nur als Erläuterung dafür erwähnt, wie weit Frauen in ihrer bewußten Einstellung gehen können. Viele Frauen glauben nicht an ihre neuerworbenen Rechte und unterliegen immer noch den alten Unsicherheiten. Wenn sie den Mann glauben machen, er habe im Schlafzimmer versagt, wird er sich schuldbewußt ihren Forderungen im übrigen Haus fügen. Ein bitterer Sieg.

5. Samen

Theo

Ich bin jetzt neunundvierzig Jahre alt, aber ich mußte vierzig werden, ehe ich herausfand, wie man Frauen erregt. Ich lernte eine zweiundzwanzigjährige Blondine kennen. Sie war scharf, weil sie mit ihrem Mann in Trennung lebte. Wir saßen zusammen im Warteraum eines Flugplatzes und verabredeten uns während eines kurzen Fluges zu einem Stelldichein in einer abgelegenen Stadt. Dort konnten wir gemeinsam ein paar Stunden verbringen, bevor wir in verschiedene Richtungen weiterflogen. Es wurde für uns beide der erste große Fick unseres Lebens! Sie hatte noch nie einen Mann gelutscht und geleckt. Ich brachte es ihr bei. Daß sie mich auf diese Weise zum Kommen bringen konnte, vermittelte ihr ein so großes Machtgefühl, daß sie stärker erregt war, als sie je für möglich gehalten hätte. Meine Frau ist niemals von sich aus aktiv. Diese Blonde machte sich über meinen Schwanz her, sobald es mir kam. Sie wollte jeden Tropfen trinken. Einmal hielten wir am Straßenrand an, um im hellen Tageslicht Cunnilingus und Fellatio zu machen. Sie schrie jedesmal laut auf, wenn es ihr kam. Das machte mich wirklich scharf!

Auch mit Professionellen habe ich einige Erfahrung gesammelt. Dabei stellte sich heraus, daß teure Callgirls von hoher Qualität für Sex ungeheuer begabt sind. In meiner Phantasie stelle ich mir vor, mehrere Frauen zur Verfügung zu haben. Es gehört zu meinen Aufgaben, ihnen die Kunst des Fellatio beizubringen. Ich habe entdeckt, daß die meisten Callgirls Fellatio wie Amateure ausüben. Mit ein paar unerquicklichen Tricks versuchen sie, ihre Empfindungen beim Samenstoß des Klienten zu verbergen. Wenn man es ihnen aber richtig beibringt, machen sie es bald wirklich gern. Ich möchte sie lehren, es so gut zu machen wie meine französische Freundin. Ich stelle mir eine Übungsstunde mit

Rothaarigen, Blonden, Brünetten, Schwarzen, mit orientalischen und lateinamerikanischen Frauen vor. Alle sind schön und lüstern, obendrein so gebaut, wie ich es mir wünsche. Zunächst müßte die Frau eine Hochfrisur tragen oder dazu in der Lage sein, ihr langes Haar mit bezaubernden Bewegungen hinüber und herüber zu werfen, während sie meinen pochenden Schwanz bearbeitet! Ich würde ihr auftragen, mir den Rücken zuzukehren, damit ich mit ihrem Arsch und ihrer Fotze spielen kann, während sie mich leckt. Ich würde mir ein Kissen unter den Hintern stopfen, wodurch ich etwa fünfzehn Zentimeter höher zu liegen käme. Damit hätte sie besseren Zugang zu allen sexuell empfindlichen Zonen, um sie zu untersuchen! Anfangen müßte sie mit einem leichten Kuß auf meinen Bauch, um meine Reflexe zu testen und zu sehen, ob mein Penis sich erhebt. Mit leichten Küssen müßte sie sich über das Schamhaar abwärts zur Innenseite meiner Oberschenkel abwärts bewegen (daher das Kissen). Mit schnellen Zungenbewegungen gereizt zu werden, wäre danach die Gegend des Perineums an der Reihe. Ich würde den Frauen beibringen, ihre Zungen so zu trainieren, daß sie sie mit der Geschwindigkeit einer schwingenden Stimmgabel vibrieren lassen können! Am meisten jedoch sollten sie darauf eingestellt werden, den Samen des Mannes zu trinken.

Abschlußziel dieser Ausbildung wäre, daß eine Frau den Mann voll zu erregen vermag. Dann sollte sie in der Lage sein, die Eichel (nachdem sie meinen Penis als Trainingsgerät benutzt hat) mit Zungenschnellen zu reizen. Nächste Aufgabe wäre, ihn so weit in den Mund zu nehmen, wie es ihr erträglich erscheint. Die Abwärtsbewegung müßte schnell, die Aufwärtsbewegung langsam vor sich gehen. Zur vollkommenen Ausübung des Fellatio gehört auch Zungenkreisen um die Eichel und schnelles Zungenvibrieren auf dem Bändchen (eine der empfindlichsten Stellen), wobei aber keinesfalls der Penis mit den Zähnen berührt werden darf. Das verhindert die gut ausgebildete Frau dadurch, daß sie ihre Lippen über die Zähne wölbt, wobei ihr Mund ein Oval formt. Im Verlauf des Vorgangs wird ihr Mund von Speichel naß (eine Notwendigkeit für die perfekte Fellatrice). Ihre Wangen muß sie einziehen, um so nahe wie möglich an das natürliche Ficken heranzukommen. Wenn der Mann Klimaxschwierigkeiten hat, sollte sie ihm den Zeigefinger so tief wie möglich in den Hintern stecken und seine Vorsteherdrüse sanft massieren! Das führt immer zum Höhepunkt (und ist ein weiterer Grund für die Benutzung des Kissens). Sie müßte zusammen mit ihm kommen (weil er ja die ganze Zeit mit ihrem herrlichen Arsch gespielt hat, der ihm zugekehrt ist). Entweder wartet sie, bis die Samenstöße aufhören (drei oder vier), um dann die heilige Flüssigkeit zu schlucken, oder sie läßt sich alles als Schönheitsmittel ins Gesicht spritzen! Niemals, niemals darf sie die höchste Gabe entweihen, indem sie den Samen ausspuckt oder den Mann in ein Taschentuch kommen läßt. Endlich schmiegt sie sich schweigend an ihn, bis die Leidenschaft abgebaut ist! Erst dann sollte sie seine Genitalien mit einem feuchten Lappen und einem weichen Tuch reinigen.

Ich würde die Frauen auch in der Kunst unterweisen, die Muskulatur ihrer Pussy so zu stärken, daß sie damit zuschnappen können. Das ist köstlich für den Mann und ein großer Schatz für die Frau! Zunächst kommt die Unterweisung zur Entwicklung der inneren Scheidenmuskulatur durch bestimmte Übungen! Nachdem eine gewisse Kraft erreicht ist, müßten sie in verschiedenen Stellungen an meinem Schwanz weiterüben, bis sie fähig wären, ihn pro Minute mindestens sechzigmal zu drücken. Schließlich erlangen sie eine solche Kraft, daß sie mit Hilfe ihrer Muskeln einen Schwanz aus ihrer Scheide hinausdrücken können. Jedoch liegt der eigentliche Zweck dieser Übungen genau beim Gegenteil, nämlich den Schwanz in der Scheide festzuklammern und ihn dort während der letzten Stöße vor dem Höhepunkt kräftig zu melken. Damit wird nichts von der köstlichen Flüssigkeit verschwendet. Wenn sie dem Mann zu verstehen gibt, daß sie seinen Samen mag, darf er daraus schließen, daß sie ihm alles gegeben hat!

Warum eines Mannes ungeteilte Liebe zur Vagina einer Frau das Herz öffnet, war das Thema des vorigen Kapitels. In diesem wird eine ähnliche Emotion untersucht. Warum fühlen sich auf der anderen Seite Männer so stark an Frauen gefesselt, die ihren Samen annehmen und mögen? Die den Mann seinen eigenen Samen auf ihren Lippen kosten lassen und die etwas von dem geheimen Stolz nachempfinden, den Männer auf ihre «geheiligte Flüssigkeit» hegen?

So weit ich zurückdenken kann, habe ich immer den Gedanken von mir gewiesen, daß unsere Sexualität weitgehend von unseren ersten Lebensjahren bestimmt wird. Wie kann etwas so Infantiles wie die Umgewöhnung aufs Töpfchen mit dem zu tun haben, was sich im Schlafzimmer unter Erwachsenen abspielt? Jahrelange Forschungen haben mir aber gezeigt, daß Freud oft im Recht ist, auch wenn ich mich dauernd mit ihm anlege.

Wie könnten wir Männer wie Theo verstehen, ohne bei der psychoanalytischen Theorie Zuflucht zu suchen? Oberflächlich betrachtet, klingen seine Darlegungen absurd oder gar schmutzig. Das sind Adjektiva, die unsere Ablehnung seiner Ideen beschreiben. Von den Mysterien der menschlichen Natur ist dadurch keines geklärt.

Theo mit ein paar Alltagsphrasen abzutun, zeigt dem Freudianer, wie stark in uns immer noch die Repressionen aus der Zeit des Töpfchentrainings nachwirken. Theo läßt deutlich die Frustrationen erkennen, unter denen wir alle leiden, mögen noch so viele Jahre seit der Zeit vergangen sein, da wir lernen mußten, uns zu beherrschen. Für den Verstand eines zweijährigen Kindes ist alles, was aus seinem Körper kommt, «es selbst». Unbewußte Überbleibsel von dieser Einstellung lassen sich in Theos Phantasiespielen erkennen. Er will sich als Erwachsener an den Frauen der Gegenwart für das rächen, was ihm eine andere Frau in weit entfernter Vergangenheit angetan hat. Was für einen besseren Weg könnte er ersinnen, als Dutzenden von Frauen beizubringen, seinen Samen zu trinken?

John

Ich bin fünfunddreißig Jahre alt und Rechtsanwalt von Beruf. Seit fünfzehn Jahren bin ich verheiratet und führe ein ziemlich aktives Sexualleben. Phantasievorstellungen haben in meinem erotischen Erleben von jeher eine wesentliche Rolle gespielt.

Ich erinnere mich noch vieler sexueller Vorgänge aus meinen Jugendjahren. Eine hat sich besonders in meine Phantasien eingedrängt. Es geschah, als ich etwa elf Jahre zählte. Eines Tages ging ich ins städtische Schwimmbad. Dort gab es eine große Umkleidekabine. Für Einzelkabinen mußte man extra bezahlen. In der Gemeinschaftskabine fing ein Mann von etwa dreißig Jahren ein Gespräch mit mir an. Ich könne seine Privatkabine mitbenutzen, bot er mir an. Als ich hineinging, folgte er mir und schloß sogleich die Tür ab. Das beunruhigte mich ein wenig. Doch zog ich mich vor ihm aus. Sobald ich nackt war, begann er meinen Pimmel und die Eier zu streicheln. Ich hatte Angst und ließ alles ohne Protest über mich ergehen. Dann mußte ich mich auf eine kleine Bank legen. Er lutschte an mir, bis ein für meine Jahre verfrühter Höhepunkt kam. Als er damit fertig war, zog er die Badehose aus. Mit leicht gespreizten Beinen stand er vor mir (ich saß unterdessen auf der Bank). Er ergriff meine Hand und führte sie an seinen Schwanz. Ich mußte ihn «befühlen», bis er steif wurde. Dann zwang er mich dazu, ihn zu saugen, bis mir seine Ladung in den Mund schoß.

Als es ihm kam, hielt er meinen Kopf fest, so daß ich meinen Mund nicht zurückziehen konnte. Ich war gezwungen, das meiste herunterzuschlucken.

Ich behielt diesen Vorfall für mich, aber auch gut in meinem Gedächtnis. Jahrelang habe ich ihn im Geiste erlebt, wenn ich masturbierte, und hatte im nachhinein meine Freude daran. Mir scheint, damals wurde etwas eingepflanzt, das zu meinen späteren Sexualvorstellungen herangereift ist. Sie drehen sich im allgemeinen um eine Beziehung zwischen Herrschendem und Beherrschtem, wobei ich meistens die unterwürfige Rolle einnehme. Das steht in völligem Gegensatz zu meinem äußerlichen Auftreten, das aggressiv und streitlustig ist.

Von einigen einzelnen Erlebnissen mit gegenseitiger Masturbation in meinen Knabenjahren abgesehen, habe ich mich außer dem oben erwähnten Vorgang nur ein einziges Mal auf homosexuellen Verkehr eingelassen. Es geschah, nachdem ich schon einige Jahre verheiratet war, mit einem Mann, der in der Jugend zu meinen Masturbationspartnern gehört hatte. (Wenn ich zurückrechne, muß ich damals etwa siebenundzwanzig Jahre alt gewesen sein.) Mein Freund war lange Zeit ortsabwesend gewesen und kam uns nach seiner Rückkehr eines Abends besuchen. Ich wußte, daß er homosexuell war. Während wir auf dem Weg zu mir waren, beschrieb er einige seiner Erlebnisse. Nach einer Weile schlug er vor, wir sollten irgendwo am Weg anhalten. Wir waren beide ziemlich erregt. Ich bog in eine dunkle Seitenstraße ein. Ein paar Sekunden lang setzten wir unser Gespräch fort. Dann ergriff ich die Initiative, langte hinüber und packte seinen Schwanz. Ohne mich lange bei Präliminarien aufzuhalten, öffnete ich seine Hose und zog sie herunter. Eine oder zwei Minuten lang ließ ich meine Finger über seine Eier und seinen Penis gleiten, bevor ich ihn in den Mund nahm. Ich glaube ich habe ihm recht gut einen geblasen. Mir gefiel es, den weichen, glatten Schwanz in meinem Mund zu fühlen. Als er nach etwa fünf Minuten kam, überlegte ich es mir nicht zweimal, sondern schluckte seinen Samen. Hinterher lutschte er mich ebenfalls. Seither habe ich ihn nur zweimal getroffen. Beide Male hatten wir keine Gelegenheit dazu, unser Erlebnis zu wiederholen.

Meine Phantasien lassen sich grob in vier Kategorien einteilen. Im ersten Fall werde ich abermals zu homosexuellem Sex gezwungen. So stelle ich mir zum Beispiel vor, ich sitze allein in einem Kino. Zwei junge Männer kommen herein und nehmen die Plätze rechts und links von mir ein. Das beunruhigt mich, und ich versuche aufzustehen, um zu gehen. Aber sie lassen mich nicht durch. Sie bedrohen mich, falls ich nicht mache, was sie wollen. Zuerst muß ich meine Hose bis zu den Knöcheln herunterlassen. Abwechselnd betasten sie mir Schwanz und Eier. Ich fühle mich verletzt und erniedrigt, wie ich da so halb nackt zwischen ihnen sitzen muß. Aber mein Glied richtet sich dennoch steif auf. Gerade als es mir kommen will, zwingen mich die beiden, vor ihnen niederzuknien, um ihnen die Schwänze zu lutschen. Beide schießen mir wahre Samenströme in den Mund. Einiges davon fließt an den Mundwinkeln heraus und über mein Gesicht. Als abschließende Erniedrigung wichsen sie mir einen ab und lenken meinen Samen in meine Hose. Ich muß das Theater mit feuchten weißen Samenflecken an der Hose und mit eingetrockneten Samenspuren im Gesicht verlassen.

In meiner zweiten Gruppe von Sexvorstellungen werde ich von einer attraktiven Frau beherrscht. Manchmal ist sie allein. Hin und wieder ist mehr als eine Frau da, oder ich treffe einen männlichen oder weiblichen Sklaven an. Gelegentlich befindet sich die Frau in der Gesellschaft eines sehr bestimmt auftretenden Herrn.

In einer meiner typischen Phantasien betrete ich das Haus einer schönen, doch grausamen Frau. Sobald ich darin bin, versetzt sie mir ein paar Ohrfeigen und befiehlt mir, mich auszuziehen. Ich sehe, daß mehrere Frauen anwesend sind, und zögere, gehorche aber sofort, als sie mich abermals schlägt. Es ist sehr demütigend, in Gegenwart so vieler Frauen alle Hüllen fallen zu lassen. Sie betrachten mich dabei aufmerksam und amüsiert. Sobald ich nackt bin, legt mir die Herrin ein Hundehalsband mit Leine um den Hals. Daran führt sie mich im Zimmer herum und läßt mich von den anderen Frauen «untersuchen». Mir ist es verboten, eine Erektion zu bekommen. Aber eine der Frauen steckt sich mein Glied in den Mund, das daraufhin sofort hart wird. Darüber wird meine Herrin wütend. Ich muß mich über ihren Schoß legen, und sie versohlt mir den Hintern mit einer Haarbürste, bis ich heule und sie bitte aufzuhören. Ich verspreche, alles zu tun, was sie will. Da bindet sie meine Hände los und läßt mich mit mir selber «spielen». Sobald sie davon genug hat, holt sie einen großen Dildo herbei. Ich werde gezwungen, daran zu lutschen, damit die anderen Frauen sehen können, was für ein guter Schwanzlutscher ich bin. Gleich darauf muß ich mich nach vorn beugen. Sie schiebt mir den Kunstschwanz grob in den Arsch. Ich protestiere. Daraufhin schnauzt sie mich an. Wenn ich nicht still bin, werde ich mir den Mund mit «etwas Schlechtem» ausspülen müssen. Während ich zusehe, pinkelt sie in ein Glas, das ich austrinken muß. Sie zieht sich aus, beugt sich nach vorn und verlangt, daß ich mit meiner Zunge in ihrem

Arsch ein- und ausfahre. Endlich muß ich ihnen allen die Fotze lecken. Bevor ich gehen darf, muß ich vor aller Augen masturbieren und meinen eigenen Samen aufschlecken.

In einer weiteren Gruppe von Phantasien macht meine Frau Sex mit anderen Männern und Frauen. In einem Fall bringe ich einen gutaussehenden Neger mit nach Hause zum Essen. Irgendwie bin ich vorher mit ihr übereingekommen, daß sie mit ihm Sex machen soll. Nach dem Essen gehen wir ins Wohnzimmer, wo meine Frau sich neben den Neger auf die Couch setzt. Sie küssen sich leidenschaftlich. Ihre Hand betastet seine Leistengegend. Sie fummelt an seiner Hose, die sie endlich öffnet. Sie küssen sich weiter, während sie seinen Penis in der Unterhose betastet. Dann befreit sie endlich seinen großen schwarzen Prügel. Bei diesem Anblick stöhnt sie leidenschaftlich und verbirgt ihr Gesicht an seinen Leisten, um ihm Schwanz und Eier zu küssen und zu lecken. Dabei wird sie ungeheuer erregt. Gierig saugt und lutscht sie, wobei sie sich das Glied tief in den Mund zwängt. Bevor es ihm kommt, läßt er sie innehalten. Sie soll sich ausziehen. Sobald sie nackt ist, betastet er ihre Brüste und ihre Fotze. Das erregt sie noch mehr. Sie fleht ihn an, sie endlich zu ficken. Er läßt sie auf allen vieren auf dem Fußboden knien und dringt von hinten in sie ein, bis sie zum Höhepunkt gelangt. Danach steht er vor ihr, und sie befriedigt ihn mit den Lippen. Er schießt ihr seinen Samen in den Mund. Sie schluckt gierig. Aber er verspritzt so viel, daß ein Teil dieser Flut aus ihrem Mund dringt und über ihr Gesicht strömt. Sie reibt sich die Tropfen in die Haut und leckt hinterher ihre Finger ab.

Schließlich gibt es noch eine Gruppe von Phantasievorstellungen, in denen ich die dominierende Persönlichkeit bin. In einem meiner Lieblingswunschträume führe ich eine unterwürfige Frau ins Kino. Doch zuvor bestimme ich, was sie anzuziehen hat. Ihre Garderobe für diesen Abend besteht schlicht aus Hüfthalter nebst Strümpfen und einem vorn durchgeknöpften Seidenkleid, das sich eng an ihren Körper schmiegt. Sie darf den obersten und einige der unteren Knöpfe nicht schließen. Man kann für Augenblicke sehen, daß sie darunter nackt ist. Als Zeichen der Unterwerfung trägt sie am Hals einen steifen Bündchenkragen. Im Kino sitzen wir etwas abseits von der Hauptmasse der Besucher. Sobald der Film läuft, lasse ich sie das Kleid aufknöpfen und die Beine spreizen. Das Kleid fällt vorn auseinander und läßt ihre Nacktheit sehen. Ihr wird befohlen, sich selbst zu streicheln, was sie tut. Schließlich ziehe ich einen großen Dildo aus der Tasche, den sie sich in ihr Loch stecken muß. Kurz bevor der Film zu Ende ist, befehle ich ihr, den Dildo sauberzulecken. Bevor wir gehen, darf sie ihr Kleid wieder zuknöpfen.

In meiner Wohnung muß sie sich entkleiden, während ich mich auch ausziehe. Dann muß sie sich nackt über meine Knie legen. Ich bearbeite ihren Hintern mit Schlägen, bis sie weint und mich bittet, aufzuhören. Dann binde ich sie mit gespreizten Armen und Beinen auf dem Bett fest und bringe sie mit einem Vibrator mehrfach bis an den Rand des Höhepunkts. Wenn ich fühle, daß sie davon genug hat, binde ich sie los und drehe sie grob auf den Bauch. Zugleich ziehe ich ihr die Hände auf den Rücken und halte sie so fest, daß es schmerzt. In dieser Haltung zwänge ich ihr meinen Schwanz ins Arschloch und ficke sie. Kurz vor dem Kommen ziehe ich ihn heraus, um ihr mein Sperma ins Gesicht und in den offenen Mund zu spritzen.

Ich habe bisher keine meiner Phantasievorstellungen in die Tat umgesetzt, würde es aber gern eines Tages tun. Meiner Meinung nach spielt die Phantasie beim Sex eine wichtige Rolle. Sexspiele sind gesund, sofern beide Partner damit einverstanden sind. Leider müssen die meisten unserer Phantasien in «unserem geheimen Garten» verschlossen bleiben.

Johns Phantasie ist erfüllt von den Gedanken an Herrschsucht und Erniedrigung. Ich habe seine Beschreibungen absichtlich hierher gesetzt und nicht in das Kapitel über Sadomasochismus, weil John eine Haßliebe zum Samen deutlich erkennen läßt.

In seinem einzigen homosexuellen Erlebnis als Erwachsener empfand John keinen Widerwillen gegen den Samen. Er hat es sich «nicht zweimal überlegt», sondern ihn geschluckt. Seine Phantasiebilder zeigen jedoch, daß er unterbewußt von der Empfindung nicht frei ist, Samen sei ekelhaft und erniedrigend. Keine Frau würde ihn jemals in sich aufnehmen mögen. Und wie könnte er es tun, wenn die Frauen es nicht wollen? Er ist innerlich wütend, weil er einen Teil seiner selbst für abscheulich halten muß.

Dieser Zorn braucht ein Ventil. Seine Wut drückt sich in einer symbolhaften Verbindung von Scham und Samen aus. Viele Männer schleppen in der Kindheit angestauten Zorn mit in ihre Erwachsenenjahre, ohne diese Gefühle recht ausleben zu können. Jede Konfrontation dieser Art kann den endgültigen Zusammenbruch einer Liebe bedeuten. Also kehrt man die Feindseligkeit um und damit gegen sich selbst. Das ist zwar schmerzhaft, aber sicherer.

Bodo

Ich bin Mitte Zwanzig, habe höhere Schulbildung und viel Freude am Sex.

Mit meiner Freundin habe ich regelmäßigen Geschlechtsverkehr. Wenn wir ficken, lasse ich für gewöhnlich meine Phantasie nicht schweifen, meistens nur, wenn ich masturbiere (was ich ziemlich regelmäßig, manchmal zweimal an einem Tag, mache).

Ich lasse mir sehr gern einen blasen und stelle mir oft vor, wie ein Lippenpaar sanft an meinem pochenden Steifen auf- und niederfährt oder ihn ganz hineinschiebt. Dann wird mein Empfinden ins Extreme gesteigert, und ich spritze in den heißen, wundervollen Mund.

Das geht manchmal bis zu dem Punkt, an dem ich mir vorstelle, es wäre mein eigener Mund. Ich kann mich mit völlig ruhigem Glied niederlegen und davon träumen, wie ich meine Lippen darum schließe und den Penis ganz in meinen Mund hineinsauge. Dann wird er in meiner Phantasie (und in Wirklichkeit) sehr steif. Da beginne ich zu masturbieren (das muß ich auch jetzt tun, während ich schreibe). Ich lecke den ersten Tropfen des Samens von der Fingerspitze und bilde mir dabei ein, daß ich mit der Zunge zart die Kuppe meines heißen, harten Schwanzes belecke. Meine Hand bearbeitet meinen Steifen schneller und schneller. Ich habe das Gefühl, mich selbst leidenschaftlich zu lutschen. Der schlüpfrige, erigierte Penis steckt in meinem Mund. Ich pumpe und sauge bis zu dem Augenblick, da ich mir den heißen Samen in den Mund spritze. In diesem Augenblick kommt es mir wirklich.

Herbert

Ich bin verheiratet, achtundvierzig Jahre alt und habe zwei Söhne, die noch in meinem Haus leben. Meine Frau arbeitet. Ich bin Komponist und Lehrer der Musiktheorie. Unser Familienleben ist gut und bietet kaum mehr Probleme, als sie überall auftauchen, wo Kinder heranwachsen. Unser Sexualleben ist großartig, womit ich sagen will, daß Sex die einzige Sache in unserem Leben ist, bei der es niemals Probleme gegeben hat. Unser gemeinsames Sexualleben begann vor mehr als dreißig Jahren, noch bevor wir heirateten. Es blieb gut und wird immer noch besser.

Mein Beruf bringt es mit sich, daß ich viel in Hotels und Motels wohnen muß. Dort bin ich oft wirklich einsam. Im Gegensatz zu dem, was die meisten Frauen befürchten, lebt man dabei nicht im Himmel sexueller Freuden mit ständig neuen Weibern. Zunächst einmal muß ich als Unterhaltungskünstler in den Zeiten arbeiten, da sich anderer Leute gesellschaftliches Leben abspielt. Als ernsthafter Musiker verwende ich darauf meine ganze Konzentration. Zweitens hat es sich kaum jemals gelohnt, die ganze Mühe auf sich zu nehmen und Anschluß bei einer fremden Frau zu suchen. Für Prostitution habe ich nie einen Sinn gehabt. Wenn ich eine Frau für Sex bezahlen sollte, würde sie mir bestimmt nicht das geben, wofür ich zahle. Für mich ist beim Sex einer der Hauptgesichtspunkte, daß man einem anderen Menschen so viel Vergnügen bereitet, wie man selbst durch ihn findet. Dazu gehört auch das Wissen, daß Menschen sich nach Sex sehnen, und zwar nicht nach Sex an sich, sondern Sex mit mir, weil ich als Persönlichkeit stark genug gemocht werde. So sehr, daß man mit mir intim werden und das wundervolle Gefühl teilen möchte. Damit will ich keinesfalls sagen, daß ich unterwegs wie ein Mönch lebe. Aber meine sexuellen Erlebnisse gehörten in die oben dargestellte Kategorie. So etwas geschieht nicht eben oft. Die Folge davon ist häufige und gekonnte Masturbation. Dazu gehört ein unendlich großer Vorrat an niemals endenden Phantasievorstellungen.

Seit einigen Jahren bleibe ich möglichst in der Nähe von daheim. Meine Erwerbstätigkeit spielt sich meistens abends oder nachts ab. Da meine Frau tagsüber arbeitet, finde ich mich naturnotwendigerweise in der Rolle des «Hausmannes» wieder. Wochentags muß ich rechtzeitig aufstehen, um unseren Jüngsten zur Schule zu bringen. Meistens habe ich davor nicht mehr als drei bis fünf Stunden Schlaf gefunden. Früher fand ich dann lange Zeit nicht mehr in den Schlaf zurück, bis mir dämmerte, was für ein gutes Beruhigungsmittel ein schöner Höhepunkt ist. Nachdem alle anderen aus dem Haus sind, suche ich mir etwas Pornographie zusammen und gehe wieder ins Bett. Um sich schnell in die richtige Stimmung zu versetzen, braucht man Bilder oder Texte, die richtig sexy sind. Dann beginne ich mit meinen Phantasievorstellungen.

Diese zerfallen bei mir in zwei Kategorien. Eine Gruppe beruht auf wirklichen Geschehnissen, die ich entweder hinter mir habe oder die doch passieren könnten. Was ich mir in der zweiten Gruppe ausdenke, möchte ich nicht wirklich erleben, obwohl diese Dinge in der Phantasie erregend wirken.

Als ich fünf Jahre alt war, pflegte ich mit dem gleichaltrigen Nachbarsmädchen zu spielen. Wenn wir allein waren, trieben wir häufig

Sexualspiele. Wir betrachteten und berührten uns gegenseitig. Sie mochte am liebsten, wenn wir uns beim Pinkeln zusahen. Auf ihren Vorschlag hin gingen wir noch weiter und pinkelten uns an. Wir kannten verschiedene Verstecke, wo wir uns ganz ausziehen und miteinander spielen konnten, ohne daß die Gefahr einer Entdeckung bestand. Wir saßen nackt so voreinander, daß ihre Beine über meinen lagen und unsere Geschlechtsregionen sich berührten. Mit Vergnügen sahen wir zu, wie die Pisse aus ihrem kleinen Pipiloch und aus meinem kleinen Pillermann kam und uns beide überflutete. Dann rieb sie meinen kleinen Schwanz an ihrer Pussy, oft so lange, bis unsere Pisse aufgetrocknet war, bevor wir uns anzogen. Im Alter von fünf Jahren hatte ich noch keine Ahnung von einem Höhepunkt. Mir ist aber so, als hatte sie durchaus Gefühle in ihrem kleinen Dingsda gehabt. In meinen nachträglichen Phantasien weiß ich jedenfalls, was ein Höhepunkt ist. In meinen Vorstellungen gehen wir noch weiter. Sie steht auf und bepinkelt mich überall. Dann hockt sie sich über meinen Mund und ich schlucke ihr hervorsprudelndes Pipi. Dann dreht sie sich um, nimmt meinen kleinen Steifen in ihren Mund und schluckt begierig meine Pisse, die ich wegen der Erektion nur mit Schwierigkeiten fließen lassen kann. Während sie weiter an meinem Pimmel lutscht, drückt sie mir ihre Pussy auf den Mund. Wir lecken und lutschen, bis es uns beiden kommt und sie meinen Saft trinkt. In der Erregung hat damals ihre kleine Pflaume eine Menge Saft fließen lassen. Ich erinnere mich noch an den Geschmack und Geruch (die sich sehr von dem einer erwachsenen Frau unterscheiden).

In der Schule wurde ich von einem Jungen in das alte Doktorspiel eingeführt. Ich war sofort Feuer und Flamme. Wir haben so manche glückliche Stunde damit zugebracht, uns zu untersuchen und unsere «entzündeten» kleinen Pillermänner mit Spucke zu «heilen». Wir blieben während der ganzen Schulzeit gute Freunde. Oft schlief er bei uns oder ich in seinem Elternhaus. Als wir älter wurden, vermehrten Klimax und Ejakulation den Spaß an unseren Spielereien. Die erregendsten meiner Phantasien, die auf Erinnerungen an ihn basieren, drehen sich um unser erstes Erlebnis im Alter von sechs Jahren. Auch dabei spielen Geruch und Geschmack eine wichtige Rolle. Ich erinnere mich daran, daß ich beim ersten Doktorspiel wahnsinnig aufgeregt war, als ich bei der Untersuchung zum erstenmal seine Vorhaut zurückschob. Der Geruch seines Smegmas (er nannte es Käse) war für mich so sexy, daß ich kaum den Moment abwarten konnte, da ich ihn durch Lutschen an seinem Pillermann «heilen» mußte. Obwohl wir beide recht reinlich erzogen waren, bitte ich ihn heute in meiner Phantasie darum, seinen Pimmel mehrere Tage nicht zu waschen und die Vorhaut nicht zurückzuziehen. Dadurch kann ich mir den erregenden Geruch und Geschmack jenes ersten Males ins Gedächtnis rufen. Ah, ich habe einen hübschen Steifen und fühle den klebrigen Saft aus meinem Pimmel dringen, während ich dies niederschreibe. Ich werde wohl aufhören müssen (Unsinn, ich will es), um diese Gelegenheit zum Wichsen auszunutzen. (Nebenbei bemerkt, für mich hat Smegma unter der Hauthaube einer Klitoris den gleichen Geschmack und Geruch wie männliches Smegma.) In meiner Jugend brachte ich es nicht über mich, seinen Samen zu schlucken. Aber in meiner Phantasie (und wahrscheinlich auch in Wirklichkeit, sollte sich die Gelegenheit dazu ergeben) schlukke ich literweise Samen, der mir in den Mund quillt.

Walter

Ich bin einundzwanzig Jahre alt, nicht verheiratet, Student, sexuell ziemlich freizügig eingestellt. Seit zwei Jahren gehe ich mit der fünfundzwanzigjährigen Judith. Sie ist Sozialarbeiterin. Seit kurzem wohnen wir zusammen. Sie ist sexuell okay, wenn auch nicht leidenschaftlich. Wir haben erkannt, daß unsere Verbindung nicht für immer halten wird, weil wir beide vom Leben unterschiedliche Dinge erwarten.

Meine Sexualphantasien konnte ich bisher mit niemandem teilen, weil ich glaube, daß niemand sie verstehen würde. Zumal ich selbst nicht alle verstehe.

Phantasie: In meinem Wohnzimmer sitzt mir bei Dämmerlicht und schöner Musik eine Frau gegenüber. Sie ist bildhübsch und sexy. Wir sind soeben aus dem Theater gekommen und halten Drinks in den Händen. Sie stellt ihr Glas ab und ergreift die Initiative, das heißt, sie knöpft langsam mein Hemd auf und fährt mir mit den Fingern durch die Haare auf meiner Brust. Allmählich geht sie weiter nach unten, öffnet meinen Reißverschluß und lutscht an meinem Schwanz. Nachdem sie mir die Hose heruntergezogen hat, steckt sie mir zwei Finger in den Arsch und macht damit Fickbewegungen. Inzwischen habe ich ihr ein paar meiner Finger hineingesteckt. Vor mir stehend, hilft sie mir ganz aus der Hose. Sie ist splitternackt. Sie küßt und leckt mich überall. Damit beginnt sie an den Füßen und geht dann an meinem Körper aufwärts, wobei sie den Schwanz ausläßt. Sie saugt an meinen Brustwarzen und leckt in meinen Achselhöhlen. Wenn sie soweit ist, schiebe ich ihren Kopf hinunter zu meinem Schwanz. Sie saugt an ihm und an den Eiern, bis es mir kommt. Sie nimmt meinen Samen in den Mund. Wir küssen uns, und ich schmecke meinen eigenen Samen. Danach liegen wir beieinander und halten uns in den Armen.

Samuel

Ich stelle mir vor, daß ich unten von einer dicken Frau gelutscht und geleckt werde. Sie mag gern am Schwanz lutschen und meinen Samen schlucken. Das liegt vor allem an ihrem ständigen Heißhunger. Sie schluckt alles, was sie kriegen kann und lutscht abwechselnd am Schwanz und an den Eiern. (Das wäre auch in der Wirklichkeit durchaus möglich, weil ich mit Erektion nur fünfzehn Zentimeter messe.) Ich bilde mir ein, daß sie den Geschmack meines Samens in der Kehle und im Magen mag. Auch stelle ich mir vor, daß ich sie überall mit meinem Sperma bespritze. Anscheinend kann sie nicht genug davon kriegen. Nach der Ejakulation leckt sie zärtlich weiter, bis mein Penis trocken ist und erschlafft. Mein schlüpfriger Hannes rutscht aus ihrem mit Speichel verschmierten Mund. Wir umarmen und küssen uns.

Bei meiner Vorliebe für Dicke ist es kein Wunder, daß ich auch Titten liebe, vor allem recht große. Je größer, desto besser. Ich habe mal eine ziemlich untersetzte Frau namens Diddy kennengelernt, die für etwa eine Woche bei mir wohnte. Sie war gut ausgestattet und mochte gern ficken. Sie masturbierte mich auch gern oder sah mir zu, wenn ich es selbst tat, und hatte Vergnügen, es bei mir kommen zu sehen. Einmal sollte ich bei ihr ausprobieren, wie viel von einer Titte ich in den Mund hineinbekam. Diesem Wunsch kam ich dankbar nach. Dieses Erlebnis gibt mir beim Masturbieren Stoff für meine Phantasievorstellungen. Ich denke an Diddy und ihre Vorliebe, mich mit ihrer Brust zu «füttern».

Diese Phantasie geht ohne Zweifel auf meine frühe Kindheit oder das Säuglingsalter zurück.

Alwin

In Gedanken stelle ich mir vor, wie meine Frau meinen Schwanz lutscht. Unmittelbar ehe es bei mir kommt, ziehe ich ihn aus ihrem Mund und spritze ihr alles ins Gesicht und über ihre Titten. Dann küsse ich sie und lecke meinen Samen auf. Wir haben kürzlich etwas ganz Ähnliches ausprobiert. Ich kam in ihrem Mund. Anstatt alles hinunterzuschlucken, behielt sie meinen Saft im Mund und küßte mich, so daß ich meinen eigenen Samen schmecken konnte.

Ich stelle mir auch vor, wie wir einander zusehen, wenn wir uns bis zum Orgasmus masturbieren. (Sie ist in dieser Beziehung sehr zurückhaltend. Bisher konnte ich sie nicht dazu überreden, das einmal zu tun.)

Eine andere Phantasievorstellung beruht darauf, daß ich ständig über eine Ladung von Sperma und anderen Flüssigkeiten von vielen hundert Litern verfüge. Wenn ich mich über jemanden ärgere, dann stelle ich mir vor, wie ich meinen Schwanz aus der Hose reiße und den, der mich geärgert hat, nach ein paar Wichsstrichen mit hundert Litern meines Saftes überschütte. (Das stelle ich mir mit besonderem Vergnügen dann vor, wenn ich mal von einer Dame einen Korb bekommen habe oder im Straßenverkehr mitten in einen Haufen von idiotischen Fahrern gerate.)

Serge

Nachstehend die Schilderung einer meiner liebsten Phantasievorstellungen:

Eine sehr scharfe Frau ist mit mir und weiteren drei oder vier Männern zusammen. Sie sitzt auf dem Fußboden oder einem niedrigen Schemel, und wir stehen um sie herum. Wir halten alle unsere steifen Glieder in den Händen. Die Vision von vier anderen Schwänzen interessiert und erregt mich. Die Frau lutscht für etwa dreißig Sekunden an einem der Glieder und wendet sich dann dem nächsten zu. So werden wir alle der Reihe nach fünf- oder sechsmal reihum geleckt, bis wir nahe am Orgasmus sind. Ich sehe nach unten, und mein Penis explodiert schon fast vor Erwartung. Die Eichel läuft purpurrot an wie immer, wenn ich über einen längeren Zeitraum erregt worden bin. Mit zwei Fingern bearbeitet die Frau ihre Fotze, und mit einem Finger der anderen Hand macht sie Fickbewegungen in ihrem Arschloch. Sie stöhnt vor Verlangen nach unserem Samen. Sie wirft den Kopf zurück, bis sich ihr Gesicht auf einer Ebene mit unseren Schwänzen befindet. Wir beugen uns über sie. Jeder wichst sehr langsam weiter, um im richtigen Augenblick zum Höhepunkt zu gelangen. Die Frau öffnet den Mund und leckt wie wild die Unterseiten aller unserer Schwänze. Wir kommen alle gleichzeitig und füllen ihren Mund und bespritzen ihr Gesicht mit fünf ausgiebigen Samenladungen. Sie leckt heftig, um mit der Zunge so viel wie möglich einzusammeln.

Sofern kein «heißer, wunderbarer Mund» für Fellatio verfügbar ist, nimmt Bodo (s. S. 76) seine Zuflucht zur Phantasie, um die Wirklichkeit nachzuempfinden. Er träumt davon, den eigenen Penis zu lecken und zu lutschen. Dieser Wunsch wird von mehreren Männern in diesem Buch erwähnt, wobei sie das Fehlen der letzten, entscheidenden Zentimeter beklagen.

Es ist wie bei den Qualen des Tantalus: So nah und doch so fern. Dieser Versuchung erliegen Frauen nicht. Obwohl ich mich manchmal gefragt habe, warum kleine Mädchen versuchen, ihren Ellbogen zu küssen – gleichfalls ein Stück Anatomie knapp außerhalb der Reichweite. Mögen dahinter auch unbewußte Parallelen stecken – es ist typisch für den Unterschied zwischen den Geschlechtern, daß der Ellbogen für ein kleines Mädchen ein viel «hübscheres» Ziel ist als für den kleinen Jungen der Penis.

Männer lieben Frauen, weil sie so ganz anders sind. Eine gewisse antisexuelle Reinheit im Denken, Reden und Handeln scheint das weibliche Prinzip darzustellen. Also besteht der Preis dafür, das reine Herz eines Mädchens zu gewinnen, darin, daß man selbst sauber bleibt.

Vergessen wir unser erstes sexuelles Sehnen? Ist es möglich, das erste, stärkste und befriedigendste Gefühl der Identität und Sexualität aus unseren Köpfen zu verbannen? Jahre später, als er bereits verheiratet ist und Kinder hat, träumt Herbert (s. S. 76) immer noch von dem kleinen Mädchen aus längst vergangenen Zeiten, das ihn anpinkelte und das er angepinkelt hat. Als wolle er das Gefühl neu erwecken, das dem jungen Mann Urin und Samen als sehr nahe verwandt erscheinen läßt, fügt sich in Herberts Phantasie ein neues Element ein: Das kleine Mädchen von damals nimmt seinen Schwanz in den Mund und trinkt seinen Samen. Darin drückt sich aus, was er sich seit langem von einer Frau gewünscht hat.

Ganz ähnlich geartet ist Walters Phantasievorstellung. Die Frau signalisiert, wie sehr sie ihn ohne Vorbehalte mag, indem sie ihn überall ableckt – Achselhöhlen, Brustwarzen, Füße. Bis sie auf dem Höhepunkt seinen Samen in ihren Mund nimmt und ihn auf den Mann überträgt. Das ist orale Ekstase von sehr hohem Rang. Walter hat das aufrüttelnde Erlebnis, mit sich selbst eins zu sein, gerade durch das

Sexualverhalten, das ursprünglich zu seiner Art von Haßliebe geführt hatte. Die Frau liebt nicht nur die Entgegennahme seines Samens, sie überträgt einen Teil davon in seinen Mund.

Ich zucke zusammen, wenn Männer wie Serge (s. S. 81) davon träumen, ihren Samen einer Frau ins Gesicht und über die Brüste zu spritzen. Liegt darin wirklich eine Aggressionshandlung? Er überschüttet sie nicht mit Salzsäure. Es handelt sich um seine eigene Essenz, um den Stoff, den er am meisten liebt. Gewiß, ein innerlicher Stoß erfüllt ihn bei dem Gedanken, gerade jenes Geschlecht zu beflecken, das ihm stets als Inbegriff der Reinlichkeit hingestellt worden war. Aber was tut Alwin (s. S. 80), wenn er seinen Samen über seine Frau ausschüttet? Er küßt sie und leckt alles wieder auf.

Beide Geschlechter waren ursprünglich in ihrem Verlangen gleichermaßen «schmutzig». Aber unsere Kultur benutzt das Gefühl für Reinlichkeit als ein körperliches Mittel, die weibliche Sexualität einzuschränken. Die Frauen zahlen einen nur zu gut bekannten Preis für dieses fragliche Unterscheidungsmerkmal. Dieses Kapitel zeigt uns, daß auch Männer dafür ihren Preis zu zahlen haben.

Hugo

Ich bin einsachtzig groß, siebenundzwanzig Jahre alt, wiege achtzig Kilo und habe blondes Haar und blaue Augen. Ich bin mit einer wunderbaren Frau verheiratet. Nur ist leider ihr Sexualtrieb nicht so stark entwickelt wie meiner. Wir sind seit acht Jahren verheiratet und haben einen Jungen von vier Jahren. Meine Frau hat blaue Augen. Sie ist einszweiundsechzig groß, brünett und zierlich.

Meine unterschiedlichen Phantasievorstellungen hängen davon ab, wie ich mich fühle. Manchmal ist mir richtig grob zumute, und ich bevorzuge dann vulgäre Ausdrücke.

Zunächst stelle ich mir vor, ich treffe mit einer blonden Frau zusammen, die mir gern einen blasen möchte. In ihrer Wohnung fangen wir an, uns zu küssen. Dann zieht sie mich aus, während sie mit mir spielt. Ich streife ihr Höschen und Büstenhalter ab. Im Schlafzimmer kriechen wir dann ins Bett, um uns zu streicheln und zu küssen. Ihre Hände gleiten über meinen ganzen Körper, bis sie meinen Penis anfaßt. Sie läßt ihre Zunge an seinem Schaft auf- und niedergleiten, bis ich es nicht mehr aushalten kann. Da nimmt sie meinen Penis ganz in den Mund und fängt an zu saugen, bis ich ihr die ganze Ladung in den Mund spritze. Sie schluckt alles und leckt meinen Penis sauber. Wau! Ich habe beim Schreiben einen Ständer bekommen.

Meine zweite Phantasie besteht darin, daß ich eine hübsche Anhalterin mitnehme. Wir fahren eine Weile und unterhalten uns. Dann frage ich sie, ob sie mir wohl einen Gefallen tun würde. Denn ich erwiese ihr ja auch eine Gefälligkeit, indem ich sie mitnähme. Ich bitte sie, mich mit der Hand zu befriedigen. Sie sagt okay und öffnet den Reißverschluß meiner Hose. Die Schöne spielt mit meinem Penis, bis ich in ihrer Hand komme. Ich gebe ihr ein Taschentuch, um ihre Hand zu säubern. Inzwischen ist es Zeit für sie auszusteigen.

Für mich ist es Zeit zu masturbieren.

Abermals ist es interessant, zu unterscheiden, was Männer in ihrer Phantasie erregt und was sie sich für das wirkliche Leben ausgesucht haben. Hugo hängt Tagträumen von einer Frau nach, die ihn oral befriedigt. Seine wunderbare Frau kommt aber in der Szene nicht vor, noch erwähnt er, daß er sie jemals im Eheleben zum Mundverkehr aufgefordert hat. Mag sein, daß er sie mit so wilden erotischen Gefühlen nicht in Zusammenhang bringen möchte. «Ihr Sexualtrieb ist nicht so stark entwickelt wie meiner.» Es kann sein, daß Hugo es vorzieht, solche stark sexuellen Ideen ins Reich seiner Phantasie zu verbannen. Manche Männer begeistern sich an der Vorstellung, von einer Frau geleckt und gelutscht zu werden. Andere werden ein unheimliches Gefühl dabei nicht los.

Die weibliche Phantasie wird weniger von dem Gedanken an Fellatio beherrscht. Hat eine Frau daran in der Wirklichkeit aber Geschmack gefunden, bringt ihr das die unerwartete Belohnung, dem Mann intensivstes sexuelles Vergnügen zu bereiten, wann *sie* es will, und das Machtgefühl, ihm das Empfinden totaler und vollständiger Akzeptanz zu vermitteln.

Wenn eine Frau gelernt hat, den Penis in den Mund zu nehmen, ihn liebevoll mit Lippen, Zunge und Speichel zur vollen Erektion zu bringen, um ihm schließlich den Höhepunkt zu verschaffen, dann lernt sie eine ganz neue Art der Erregung kennen. Sie fühlt den Pulsschlag des Mannes in ihrem Mund, dann das Hervorspringen des Samens, den sie hinunterschluckt. Sie erlebt damit die Macht der Freudenspenderin.

6. Analsex

Männer schließen ganz beiläufig anale Spielereien in ihre erotischen Tagträume ein. Ihre Traumfrauen wissen intuitiv, daß sie dem Anus Beachtung zukommen lassen müssen.

Die Frauen von heute tragen Männerkleidung. Die Männer tauschen dagegen etwas von ihren Aggressionen gegen mehr Sinn für das «Gefühlvolle» ein. Tief drinnen indessen hält man an bestimmten Grenzen der Geschlechtertrennung immer noch eisern fest. Die bizarrsten Phantasievorstellungen von oralem oder Gruppensex, von Homosexualität und sogar Sadomasochismus sind für Frauen eingängig und (wenn ich dieses belastete Wort gebrauchen darf) natürlich. Doch in keinem meiner Bücher über die sexuellen Wunschvorstellungen der Frau erwies es sich als notwendig, ein Kapitel dem Analverkehr zu widmen.

Immer wieder höre ich von Männern, die davon träumen, jemanden zu finden, der ihren Arsch zusammen mit ihrem Penis liebt. Liebe mich, liebe meinen Arsch – scheinen Männer in diesen Wunschträumen zu sagen. Und in aller Fairness sind sie freudig bereit, dieses Kompliment zu erwidern. «Ich liebe die Überraschung und die daraus erwachsende Geilheit», erklärt ein Mann, «wenn eine Frau plötzlich erkennt, daß man ihr gern die Zunge so tief wie möglich in ihr rosiges Arschlöchlein stecken möchte.» Bei einem Mann, der oralen Sex mag, sind Anus, Penis, Brust, Vagina alles Dinge, die er gern leckt, lutscht, schlürft, begehrt und sich daran erfreut. Warum soll man bei einem Menü etwas auslassen?

Vito

Ich bin einundfünfzig Jahre alt, verheiratet und habe zwei Kinder, die längst aus dem Haus sind. Ich bin Geschäftsmann in einer Kleinstadt. Das nur sporadische Sexleben mit meiner Frau hat zu einer Affäre mit einer geschiedenen jüngeren Frau geführt. Wir treffen uns einige Male im Jahr. Die dauernde Gefahr, in einer kleinen Stadt ins Gerede zu kommen, ließ uns auseinandergehen. Sie ist jetzt mit einem anderen verheiratet.

Während meines ganzen Lebens habe ich mir Phantasievorstellungen über eine Reihe sexueller Themen gemacht. Meine gegenwärtige Lieblingsvorstellung verwundert mich, weil sie voller Widersprüche steckt. Ich bin eine ziemlich eigenwillige Persönlichkeit, was man von meiner früheren Geliebten nicht sagen kann.

Doch in meiner Phantasie spielen wir mit vertauschten Rollen. In meiner Phantasie regt mich die sexuelle Beherrschung durch meine Partnerin besonders stark an. Während ich masturbiere, gebe ich mich dieser Wunschvorstellung besonders oft hin.

Das fängt immer damit an, daß ich mich mit meiner Geliebten in einem Motel befinde. Sie ist wütend auf mich und will sich von mir nicht küssen lassen. Dagegen verlangt sie, daß ich mich entkleide. Sobald ich nackt bin, hebt sie ihren Rock und zieht ihren Slip aus, in den ich hineinsteigen muß. Während sie das Kleidungsstück über meine Hüften hochzieht, sagt sie mir, daß ich keinen Steifen bekommen darf. Andernfalls würde sie sehr wütend werden. Dabei streichelt sie dauernd meine Eier und meinen Penis. Natürlich bekomme ich eine Erektion. Sie schaut meinen Penis böse an und sagt: «Du bist ungehorsam ... jetzt werde ich dir den Hintern anwärmen.» Sie setzt sich auf die Bettkante, und mir wird ihr Slip heruntergezogen, damit sie meine Hinterbacken streicheln kann, wobei sie einen Finger in der Spalte hinuntergleiten läßt. Dann massiert sie mich mit beiden Händen. Das dauert lange. Meine Hinterbacken werden tatsächlich heiß. Die Hitze nimmt zu, bis ich sie schließlich bitte aufzuhören. Dabei verspreche ich, alles zu tun, was sie wünscht.

Nach ein paar weiteren Strichen gleite ich von ihren Knien auf den Fußboden, und sie befiehlt: «Nun mußt du meine Pussy lecken, bis es mir kommt.» Dabei macht sie die Beine breit und läßt mich ihre heiße, feuchte Fotze sehen. Daß sie mich massierte, hat sie erregt. Ich krieche zwischen ihre Beine und beginne ihre Pussy zu küssen und zu lecken. Sie fängt an zu stöhnen und reibt ihre Pussy an meinen Lippen. Zugleich umklammert sie mit den Schenkeln meinen Kopf, so daß ich nicht zurückweichen kann. Während sie sich so an mir reibt, streicht sie mir mit ihren Händen über Kopf und Schultern. Endlich hat sie ihren Orgasmus und läßt sich auf das Bett zurücksinken. Mit lahmer Zunge und schmerzenden Kiefern falle ich auf den Fußboden.

Nach wenigen Augenblicken hat sie sich erholt und sagt: «Jetzt wirst du von mir vergewaltigt, aber zuerst mußt du dich mal säubern. Ich mache dir eine Spülung.» Sie bringt mich ins Badezimmer. Dort muß ich mich über den Rand der Badewanne beugen. Sie spreizt mir die Arschbacken auseinander und schiebt mir die Mündung einer großen Duschenspritze in den Anus. Sie hat den Eingang gut eingefettet, damit ich keine Schmerzen habe. Das heiße Wasser strömt in mein Rectum. Ich stöhne und winde mich. Trotzdem schiebt sie die Dusche tiefer hinein, zieht sie etwas zurück und so weiter. Da ich immer noch stöhne, streichelt sie mit dem Slip, den ich getragen habe, meinen Penis.

Das alles macht mich erregter denn jemals zuvor. Mein Penis ist hart und zuckt. Endlich zieht meine Herrin den Schlauch heraus und erlaubt mir, mich auf die Toilette zu setzen, um mich zu erleichtern. Während ich so dasitze, sieht sie, daß mein Penis hochgereckt und groß ist. «Ich habe dir verboten, einen Steifen zu kriegen», ruft sie. «Dafür muß ich dich noch einmal massieren.» Diesmal legt sie mich bäuchlings auf das Bett und knetet meine Hinterbacken mit beiden Händen. Ich fühle höchste Lust und kann nur stöhnen. Endlich erlahmen ihre Arme, sie hört auf damit. Ich werde auf den Rücken gerollt und sie besteigt mich. «Jetzt wirst du von mir gefickt», verkündet sie. Mit ihrer Fotze rutscht sie an meinem Penis auf und ab. Dabei achtet sie darauf, daß ich nicht zum Höhepunkt komme. Mir tun die Eier weh, aber sie erlaubt mir immer noch nicht zu kommen. Während sie auf mir reitet, langt sie hinter ihrem Körper nach unten und zwischen meine Beine. Sie faßt meine Eier. Gerade als es mir kommen will, drückt sie kräftig zu. Ich winde mich unter heftigen Schmerzen. Nach ein paar weiteren heftigen Stößen mit ihrem Hintern hat sie ihren nächsten Höhepunkt. Sie rollt von mir herunter und sinkt auf dem Bett zusammen.

Nachdem sie sich endlich erholt hat, steht sie auf und holt einen großen Doppeldildo aus ihrem Koffer. Das eine Ende steckt sie sich in die Pussy. Die Gurte werden um ihre Hüften und Oberschenkel befestigt. Lachend ruft sie: «Wenn du meinst, die Spülung sei schlimm gewesen, dann warte nur, bis ich dich damit in den Arsch ficke.»

Meine stummen Bitten um Nachsicht übersehend, dreht sie mich geschickt auf den Bauch. «Zieh die Knie an», befiehlt sie mir mit einem festen Druck auf die Hinterbacken. Ich ziehe die Knie hoch unter meinen Leib. Die Hände hält sie mir auf dem Rücken fest, und mein Gesicht ist in den Kissen begraben. Mein Arsch ist in die Höhe gereckt und bildet ein einladendes Ziel für ihren dicken Dildo.

Meine Beherrscherin feuchtet einen Finger in ihrer nassen Fotze an und schiebt ihn mir hinten hinein. Dann besteigt sie mich von hinten. Ich fühle, wie der Kopf des großen Dildo gegen meinen Anus gepreßt wird. Er zwängt sich tiefer hinein. Da mein Rektum sehr eng ist, winde ich mich hin und her, als würde ich auseinandergerissen. Aber ich spüre ein großes Lustgefühl. Endlich steckt der Dildo bis zum Heft in meinem Rektum. Stöhnend lasse ich die letzten Stöße über mich ergehen. Ehe ich mich davon auch nur ein wenig erholen kann, fängt sie an, hin- und herzufahren. Sie fickt mich mit harten Stößen in den Arsch. Das tut gut. Ich fühle mich von dem Dildo vollkommen ausgefüllt.

Während die Bewegungen fortgesetzt werden, tut der Dildo mit seinem anderen Ende seine Arbeit in ihrer Fotze. Das Tempo wird schneller, woraus ich schließe, daß es ihr bald noch einmal kommen wird. Sie keucht und stößt immer heftiger zu. Ihre Reaktion setzt tief in mir drinnen eine Gegenreaktion in Bewegung. Ich spüre, daß sich auch in mir ein Höhepunkt aufbaut. Endlich wird das Tempo unerträglich schnell. Ihr Schrei der Verzückung zeigt mir, daß sie noch einen Höhepunkt hat. Der letzte zitternde Stoß, der sie über den Berg bringt, verschafft auch mir einen alles überwältigenden Orgasmus. Mein zuckender Penis verströmt seine Ladung, und ich breche zitternd zusammen.

Meistens habe ich mich an diesem Punkt selbst bis zum Höhepunkt masturbiert, und die Phantasievorstellung ist zu Ende.

Der Marquis de Sade hat vielleicht sexuelle Phantasien am weitesten formal entwickelt und seine erotischen Traumvorstellungen als Basis für immense Gedankengebäude in Philosophie und Literatur gemacht. Dennoch taucht in seinen Schriften kaum jemals die Vagina als Zentralpunkt der Besessenheit auf. Der Anus ist zumeist das Ziel seiner ausschweifendsten Wünsche.

Aus Gründen, die in einem späteren Kapitel über den Masochismus zu behandeln sein werden, hat Sade Sex nicht als sinnliches Vergnügen verstanden, sondern als Kampfstätte der erotischen Oberherrschaft. In Vitos Phantasie erkennen wir diese Verbindung von Sex, Schmerz und Gewalt in einer Form, die beinahe an Sade denken läßt.

Vielleicht mag es dumm klingen, aber angesichts der Tatsache, daß

Vito die bei Sade übliche Rollenverteilung umkehrt – er leidet, nicht seine grausame Beherrscherin –, möchte ich doch meinen, daß kaum eine Frau eine solche Phantasievorstellung zu ihrem eigenen Vergnügen ersinnen könnte. Natürlich können Frauen grausam sein – aber fast nie in dieser besonderen Weise, in der sich Vito (und Sade) ergehen. Sobald man sie an anale Empfindungen gewöhnt hat, können sich Frauen durchaus daran erfreuen. Sie können dann darauf so versessen sein wie so mancher Mann. Aber es bedarf einer Anleitung. Sie muß so etwas erlernen wie den verfeinerten Geschmack an Martinis oder Austern.

Wenn Frauen bei der Berührung ihres Anus das Gesicht verziehen, dann beruhen ihre Hemmungen weniger darauf, daß der Vorgang schmerzhaft sein könnte (obwohl es so ist). Vielmehr befürchten sie, diese Körpergegend könnte schmutzig und übelriechend sein – also genau das Gegenteil von dem, was eine Frau sein sollte.

Männer zeigen weniger Zögern dabei. Sie neigen meistens von Anfang an dazu, das Arschloch ins sexuelle Spiel einzubeziehen. Sie nehmen nur deshalb Abstand davon, weil die meisten Frauen instinktiv davor zurückscheuen.

Hier ist im Augenblick nicht die Rede von homosexuellen Männern, denen Anus und Mund als Hauptvehikel für die Aufnahme des Penis dienen müssen. Ich denke auch nicht an den Sexabenteurer, für den Analverkehr nur eine weitere interessante Position ist. Vielleicht weil dabei der Penis fest und enger umschlossen wird als in der Vagina, womit sich die stimulierende Reibung verstärkt. Hier geht es vielmehr um die Frage: Was macht den Analverkehr für Männer anziehender als für Frauen?

Bevor sich sexuelle Gefühle auf Penis oder Vagina konzentrieren, machen wir das durch, was Freud als die «prägenitale Phase» bezeichnet. Die erste große Quelle schöner Gefühle für das Baby ist der Mund. Durch ihn empfängt es Nahrung, Wärme, Liebe und Milch. Die Gewöhnung ans Töpfchen stellt andere Körperteile in den Vordergrund. Für und Wider der Entleerung rücken ins Bewußtsein. Wenn wir uns brav verhalten, gibt es Küsse und Streicheln als Belohnung – die für das Baby Formen einer erotischen Befriedigung darstellen. Manchmal aber, wenn wir meinen, vollbracht zu haben, was von uns erwartet wurde, gibt es Schimpfe oder gar Schläge auf den Po. Wir sind wie junge Hunde, die zur Stubenreinheit erzogen werden: Die engen Zusammenhänge von Zeit und Ort sind uns noch nicht aufgegangen. Was will man von uns? Langsam begreifen wir, daß gewisse Unterschiede gemacht werden müssen. Hinsichtlich des erzeugten Mißfallens müssen Unterschiede gemacht werden: Mutter mag es nicht, wenn der Kleine Pipi in sein Höschen macht, aber zu kacken gilt als noch «schmutziger».

Der Anus wird zu dem am meisten verabscheuten Teil des Körpers. Damit gewinnt er einen eigentümlich geheimnisvollen Wertbegriff. Die Liebesaffäre beider Geschlechter mit der Brust geht nie zu Ende. Aber die Frauen verlieren jedes Interesse am Anus.

Warum?

Weil die Mutter ihre selbsterlebten Repressionen der Tochter weitaus erfolgreicher aufzwingt als dem Sohn.

Mutter ist in der Vorstellung erzogen worden, Mädchen müßten «Damen» sein, absolut sauber und wie Rosen duftend. Sie bezweifelt nie im Ernst, daß dieses Gebot praktisch göttlichen Ursprungs ist. Bei ihrem Sohn ist sie da nicht so sicher. Er widersetzt sich allen ihren Versuchen, ihn adrett und sauber zu halten. Endlich gibt sie resignierend auf – «Jungen sind halt Jungen», seufzt sie. Auch alle seine Freunde scheinen immer dreckig herumzulaufen. Man gewöhnt sich daran wie an eine weitere Möglichkeit, Jungen von Mädchen zu unterscheiden.

Hier möchte ich noch einmal unterstreichen, daß ich bewußt verallgemeinere und eigentlich nur die Tendenz aufzeigen will. Nicht alle Männer fühlen sich in verschwitzten Hemden wohl, und nicht alle wünschen sich Analverkehr. Ich will nur sagen, daß ein wenig Ungepflegtheit keineswegs die männliche Geschlechtsidentität bedroht.

Michael

Ich bin, dessen bin ich sicher, ein typischer in bezug auf Sex voreingenommener verheirateter Verkäufer von fünfzig Jahren. Meine Frau ist attraktiv und sexy genug, so daß ich die meisten meiner Phantasien mit ihr in dieser oder jeder Form ausleben konnte. Körperlich, meine ich.

Aber man weiß schließlich, daß vieles am Sex sich auf geistiger Ebene vollzieht. Das Vorspiel und die vorbereitenden Handlungen werden für mich immer wichtiger, je älter ich werde. Ich spreche gern über die bevorstehenden Genüsse und mache kleine Zeremonien aus den Vorbereitungen. Meine Frau findet das peinlich und langweilig. Ihr genügen ein paar kurze Worte und ein begrenztes Vorspiel.

Seit kurzem beziehen sich meine Phantasievorstellungen auch auf den weiblichen Hintern. Ich stelle mir vor, ich sei in Gesellschaft einer sehr vornehmen, hochgebildeten Frau, einer gefeierten Schönheit. Wir kennen uns und nehmen gemeinsam an einer Party teil. Ich weiß, daß ich wahrscheinlich mit ihr ins Bett gehen werde. Doch muß ich schokkiert zuhören, wie sie während der Party mit anderen Männern Verabredungen trifft.

«Darling», sagt Claire mit ihrer ungeheuer gebildet klingenden Stimme zu einem anderen, «du hast doch eine Ladung für mich. Nicht wahr? Ich habe so Appetit darauf. Ich weiß, wo hier ein Herrenzimmer leer ist. Komm, Liebling, ich verhungere. Entschuldige uns, mein Bester. Bis gleich.»

Sie läßt mich stehen und geht mit dem anderen Mann davon, um mit ihm Fellatio zu treiben.

«Richard, Liebster! Ich stehe hier so leer herum. Kannst du mich nicht ein wenig auffüllen? Bitte, Lieber, ich weiß doch, welche Tiefen du ausloten kannst. Ich erinnere mich noch gut an deine monströse Ausstattung. Laß uns nach oben eilen. Entschuldige uns, bitte.» (Das gilt mir.)

Die Vorstellung, daß eine so vornehme, gebildete Dame derartig scharf und aufdringlich sein kann, erregt mich gewaltig. Die Party geht weiter. Ich stelle fest, daß Claire oralen und normalen Verkehr in unterschiedlichen Kombinationen hat. Zwischendurch zeigt sie sich voll kühler Würde. Ich fühle mich zurückgestoßen, enttäuscht und sehr erregt.

Das merkt sie. Claire beginnt, mir kleine Versprechungen zu machen.

«Darling, ich weiß, daß ich dich schockiert habe. Aber so bin ich nun mal, wie du weißt. Doch mein kostbarster Schatz wird für dich aufgehoben.»

«Oh, Lieber, du bist böse auf mich.» (Sie ist soeben von einer weiteren schnellen Nummer zurückgekehrt.) «Bitte, Lieber, du weißt doch, daß ich meinen geheimsten Schatz für dich aufbewahre.»

Später tanzen wir. Da macht sie mir das erregende Versprechen. «Oh, Lieber, jetzt bin ich für dich bereit. Mein größtes Geheimnis – es soll nur dir gehören.»

Endlich bin ich allein mit ihr. Sie trägt hochhackige Schuhe. Sie beugt sich nach vorn und fährt sich mit den wundervoll manikürten Fingern über den weichen weißen, wohlgerundeten Hintern. Langsam teilen ihre Finger die Backen, wobei sie ihre Einladung gurrt.

«Sieh her, Darling, keiner hat mich hier berührt. Du kannst niederknien und dir alles genau ansehen, Liebster. Oh, wie dringend wünsche ich mir, jetzt geküßt zu werden. Das ist wirklich mein geheimes Ich, Darling. Da, nur ein wenig weiter. Da, mein Herz, meine geheimen Lippen, ganz allein für dich. Küß mich zart, da und – oooh, ich bin im Himmel.»

Und ich auch. Das geistige Bild ist ganz deutlich. Ich mache Liebe mit dem Arsch einer wohlanständigen, schönen Frau. Zuerst küsse ich ihn vorsichtig und sanft. Dann wagt sich meine Zunge zwischen die verborgenen Lippen – so fein gebadet, so süß und sauber. Schließlich stecke ich ihr die Zunge so tief wie möglich ins Arschloch. Sie seufzt. Ich sauge. Ich bin steif und kurz vor dem Kommen. Mein Herz klopft, während ich sauge und lecke. Vorstellungen von Damen der Gesellschaft schwirren durch meinen Schädel – ihrer aller Hintern küsse und lecke ich. Minuten später: «Oh, Darling, was machst du mit mir. Ich tropfe. Ich bin so glücklich.» Plötzlich ist alle Feinheit und Bildung weg. «Lutsch fester, du Arschlecker! Steck deine Zunge in meinen Arsch, du Bastard. Bediene mich, du Schwanz. Du sollst meinen herrlichen Arsch bedienen. Du leckst jetzt den Arsch von . . .» – die Namen und Bilder schwirren mir durch den Kopf – «oh, Liebster – nun mach es mir. Gib es mir!» Wir verfallen in die Stellung 69. Ich verspritze den Samen literweise. Sie trinkt und schlürft. Ich schmatze und schlucke. Wir versuchen, uns gegenseitig in saftsahniger Flüssigkeit zu ertränken!

Ich habe die Oberschule besucht und mich in Abendkursen in Rhetorik, Psychologie und Verkaufskunde weitergeschult. Ich verkaufe Applikationen und habe darum den ganzen Tag mit Frauen zu tun. Vielleicht arbeitet deshalb meine Phantasie so rege.

Lorenz

Hoffentlich irre ich mich. Doch meine ich, Männer seien psychologisch starrer als Frauen und deshalb sexuellen Phantasievorstellungen gegenüber intoleranter, sofern sie nicht ins männliche Image passen.

Ich muß zehn oder elf Jahre alt gewesen sein, als mich der um fünf Jahre ältere Nachbarsjunge aufsuchte und zu sexuellen Handlungen überredete. Dauernd drang er in meinen Anus ein. Das schmerzte anfangs, vermittelte mir aber bald überraschend schöne Gefühle. Schließlich war es so weit, daß ich seinen Besuchen entgegenfieberte.

Diesen unterwürfigen, anal-erotischen Hang habe ich heute noch, obwohl ich alle homosexuellen Neigungen abgelegt habe. Es ist nicht überraschend, daß diese Neigungen Befriedigung in Phantasievorstellungen suchen.

In einer Bar lerne ich eine Frau kennen. Sie ist Feministin und gegen die starre Rolleneinteilung, in die wir hineingezwungen worden sind. Sie erklärt, alle Männer müßten sich einmal der sexuellen Beherrschung durch eine Frau unterwerfen, um so zu erfahren, wie verletzlich man in einer passiven Rolle ist. Sie nennt das die «Arschlochbefreiung». Ich stelle mich ganz naiv und stimme ihr zu. «Vielleicht», sage ich, «braucht auch mein Arschloch mal Befreiung.» Daraufhin schlägt sie vor, daß ich mit in ihre Wohnung gehen soll.

Ihre Wohnungsgenossin ist zufällig daheim. Man sagt mir, wenn ich es ernst gemeint hätte, würde ich wohl nichts dagegen einzuwenden haben, wenn uns die andere zusieht. Ich erhebe keine Einwendungen. Wir drei gehen ins Wohnzimmer, wo ich mich ausziehen muß. Die Frauen bleiben angekleidet. Meine Erregung steigert sich bei dem Befehl, ich solle auf dem Bett knien und mich mit den Händen aufstützen, wobei ich ihnen den Hintern zukehre. Die eine Frau salbt mich ein, die andere schiebt mir einen Vibrator hinten hinein. Ich habe Mühe, mein Vergnügen daran zu verbergen.

Die Formalität der «Liberation» endet abrupt, als eine der beiden einen Dildo umschnallt und mir aufträgt, mich mit hocherhobenen Beinen auf den Rücken zu legen. Da liege ich nun, ihnen völlig unbekannt, genieße es, von ihnen beherrscht zu werden, und sehe sie auf dem Bett liegend zwischen meinen hocherhobenen und gespreizten Beinen hindurch an. Die Frau mit dem Dildo besteigt mich und dringt in mich ein, wobei sie nicht einmal so tut, als wolle sie sanft mit mir umgehen. Ich verziehe schmerzlich das Gesicht. Bald schwindet der Schmerz unter den heftigen Stößen ihres Unterleibs. Jetzt kann ich meine Leidenschaft nicht mehr zurückhalten. Ich jammere und stöhne in Ekstase. «Fick mich, oh, fick mich!» Ich flehe sie an, nicht innezuhalten. Meine Hingabe spornt sie an, und wir ficken hingebungsvoll, bis ich den schönsten Orgasmus meines Lebens erreiche.

Dabei erreiche ich jedesmal den Orgasmus meines Lebens. Höhepunkte durch Masturbation gehören zu den besten.

Der Kontrast zwischen den Ideen, die hinter diesen beiden Phantasien stecken, ist bezeichnend. Michael ist den üblichen Weg der männlichen Entwicklung gegangen. Er hat sich der ihm aufgezwungenen Ansicht gefügt, daß es widerlich sei, am Anus zu spielen – aber er unterwirft sich nicht wie ein Muttersöhnchen. Er will es nun mal haben! In seiner Phantasie trifft Michael eine berühmte Frau (sie steht genauso im Mittelpunkt der Aufmerksamkeit der Welt wie einst seine Mutter für ihn). Sie ist sehr vornehm – wie es auch Mutter war. Aber anstatt anales Spiel als widerlich abzuweisen, verlangt sie es von ihm! Er gehorcht nur zu gern. Seine höchste Erregung rührt daher, daß er die Autorität korrumpiert – indem er die Dinge nach seinem und nicht nach dem Willen der Frauen lenkt. Was für ein Machtgefühl beherrscht ihn bei der Vorstellung, daß diese reinen und exaltierten Damen (sie verfügen in übersteigertem Maße über alle Eigenschaften seiner Mutter, die ihm seine schmutzigen Wünsche austrieb) selbst anale Spiele lieben!

Mehr noch – diese hochgestellten Mutter-Surrogate bedienen sich plötzlich aller verbotenen, schmutzigen Worte und verlangen von ihm, was bisher strenges Tabu gewesen ist. Damit verwandeln sie sich in das Idealobjekt männlicher Lust: Sie sind sexuell freizügig wie der Traum eines Teenagers. Die wirkliche Mutter sagte: «Nein, niemals!» Die Phantasiefrau sagt «Ja!» zu dem, was ihm am strengsten verboten worden ist. Michaels Sexualität verstärkt sich zu einem intensiven Machtgefühl, indem er in seiner Phantasie die Frauen jede kühle Zurückhaltung aufgeben läßt. Er zieht sie auf die tierische Ebene herab. Damit ist für ihn der männliche Konflikt gelöst.

Lorenz (s. S. 92) ging einen anderen Weg der anal-genitalen Entwicklung. Hier offenbart sich die klassische psychoanalytische Vorstellung davon, daß die erotischen Verhaltensmuster von Unterwerfung, Beherrschung, Passivität und Aggression oft aus dem Willenskampf zwischen Mutter und Kind erwachsen, wie er sich während der Gewöhnung ans Töpfchen abspielt. Lorenz selbst erkennt die Verbindung und spricht von einem unterwürfigen analerotischen Hang. Michael war sich darüber klar, daß seine analen Wünsche verboten seien, doch kämpfte er um ihre Erfüllung. Lorenz ist gehorsamer. Er lernt, den analen Verkehr hinzunehmen (und schließlich Vergnügen daran zu empfinden), der ihm in der Kinderzeit aufgezwungen worden war.

Seine Geschichte verrät, daß er selbst noch im heterosexuellen Leben nach diesen Genüssen Ausschau hält. Er wünscht sich Analspiele, aber sie müssen ihm «aufgezwungen» werden, diesmal durch eine starke Frau. Das ist ähnlich wie mit weiblichen Vorstellungen von Vergewaltigung. Auf diese Weise läßt sich ohne Schuldgefühle die ersehnte sexuelle Erfüllung finden. Die Schuld liegt bei der anderen Person.

Wenn kleine Jungen heranwachsen und sich die psychosexuelle Entwicklung bis in die Pubertät hinzieht, gewinnt der Penis ein dominierendes Eigenleben. Aber die alten, primitiveren Quellen körperlicher Freuden werden nicht ganz aus dem Unterbewußtsein verdrängt.

Wenn ein Mann seinen Anus (und den der Frau) ins Liebesspiel einbeziehen will, reagiert er damit zunächst auf seine eigene Körperlichkeit. Gewisse Nervenenden und sensitive Zonen zeigen, wie fast alle anderen Körperstellen, ganz natürliche erotische Reaktionen. Aber der Mann reagiert auch auf seine psychologische Erregung. Er bricht Mutters altes Tabu – eine in unserer Kultur völlig richtige, sogar lobenswerte männliche Verhaltensweise. Wenn er seine Frau auffordert, ihn am Anus zu küssen, will er sie nicht unbedingt erniedrigen, wie sie wohl meinen könnte. Er würde doch mit ihr das gleiche tun. Nicht wahr?

Max

Ich bin einundzwanzig Jahre alt, unverheiratet und sehe nicht besonders vorteilhaft aus. Ich besuche die Abendschule und mache außerdem eine Lehre in einer Druckerei durch. Ich bin ziemlich scharf veranlagt und masturbiere seit fünfzehn Jahren fast jeden Tag.

In meinen Phantasievorstellungen spielt immer ein sehr scharfes Mädchen eine Rolle. Wir fangen damit an, daß ich sie hübsch warm bade (sie mag gern Klistiere, jedenfalls stelle ich sie mir so vor). Danach gehen wir ins Bett. Sie legt sich bäuchlings mit weit gespreizten Beinen aufs Bett. Ich lecke über ihre prallen Hinterbacken und in dem tiefen Spalt dazwischen. Dann ist es Zeit, ihr die Zunge tief ins Poloch zu stecken (Analingus). Ich massiere ihren prächtigen Hintern. Ich küsse ihn, lekke, sauge und reibe mein Gesicht daran. Daraufhin lege ich mich auf ihren dicken Arsch. Das ist für meinen sehr schlanken Körper ein überwältigendes Gefühl. (Ich bin dünn wie eine Bohnenstange – einssiebenundachtzig groß, aber nur 65 Kilo schwer.) Ihren ganzen Körper unter mir zu spüren, ist einfach himmlisch. Mit Hilfe eines Gleitmittels schiebe ich ihr meinen Steifen in den Anus, der sich gut und eng anfühlt. Wenn ich ihn ganz tief drinnen habe, können wir anfangen. Sie reibt sich selbst, während ich auf- und niederwippe. Meine Stöße werden härter und schneller. Gemeinsam nähern wir uns dem Höhepunkt. Bald schieße ich ihr einen großen Samenschwall in den prachtvollen Hintern. Ich weiß – und das erregt mich um so mehr –, daß sie gern meinen harten Penis hinten drin spürt, der ihr das sämige Sperma in die aufnahmebereiten Därme jagt. Ihr kommt es sofort ebenfalls. Hinterher liegen wir erschöpft beieinander.

Gelegentlich befingere ich während solcher Phantasievorstellungen meinen Anus, während ich mit der anderen Hand sehr viel Hautcreme auf Sack und Schwanz verreibe. Die Creme verursacht so etwas wie ein saugendes Gefühl an meinen Genitalien, womit mir das Gefühl vermittelt wird, einen großartigen Fick zu erleben.

Henry

Ich bin ein Mann in den Sechzigern, nach sechsunddreißig Ehejahren verwitwet, Vater von zwei Söhnen und zwei Töchtern. Alle sind verheiratet und tüchtig in ihren Berufen.

Ich bin als Einzelkind sehr streng und starr nach den alten Regeln erzogen worden. Meine Mutter wurde geschieden. Ich bin fest davon überzeugt, daß sie für mich ihr Bestes getan hat. Dennoch blieb meine Bildung lückenhaft. Sexuelle Aufklärung unterblieb vollkommen. Auf diesem Thema lag ein schweres Tabu. Ich mußte mir alles Wissen selbst zusammensuchen.

Auch meine Frau hat studiert. Während der Studienzeit waren wir sehr gute Kameraden. Unsere Kinder haben wir sehr sorgfältig aufgezogen. In sexueller Beziehung gab es in unserer Ehe ständig Unzulänglichkeiten. Mir hatte man von Jugend an beigebracht, daß den Frauen nichts an sexueller Betätigung liegt und Sex nur von Männern ausgeübt wird. Nun stand ich weiteren Vorurteilen gegenüber. Meine Frau hielt Sex für vollkommen überflüssig und nur zur Zeugung von Kindern für statthaft.

In meiner Phantasie stelle ich mir am liebsten vor, daß mir Frauen aus freien Stücken und eigenem Willen ihre nackten Hinterbacken zeigen. Ich denke dabei nicht an Mädchen oder junge Weiber. Nein, ich stelle mir voll erblühte, reife Frauen von vierzig, fünfzig oder noch mehr Jahren vor, die mit runden, fleischigen, rosigen Backen ausgestattet sind. Ich hasse formlose, plumpe, sackartig hängende Hinterbacken. Ich bin künstlerisch veranlagt und sehr sensitiv. Nackte Schönheit zu betrachten, ist für mich ein Lebenselixier. Ich liebe diese kissenartigen Popos, wie sie von griechischen Bildhauern hinterlassen worden sind, wie zum Beispiel an der «Venus von Syrakus» zu sehen ist. Und dann die Modernen: Maillol und Rodin. Ich sehe, wie sich meine Phantasiefrau eifrig bückt und mir ganz offen ihr Arschloch hinreckt, damit ich es lecken oder tief innen befingern kann. Sie ist ganz wild auf Analingus und drängt sich nach hinten gegen meinen Mund.

Ich mag es gern, wenn mein Gesicht zwischen den ausladenden Hinterbacken fest in die Zange genommen wird. Analingus ist der Gipfelpunkt sexueller Intimität. Nachdem wir uns lange mit dem Analspiel beschäftigt haben, überlasse ich es der Frau zu entscheiden, ob sie später noch richtig gefickt zu werden wünscht.

Wesentlich für mich ist, daß die Frau von sich aus begierig darauf sein muß, ihren Hintern zur Schau zu stellen. Sie muß meine beobachtenden Blicke herausfordern und mir voller Hitze die auseinandergezogenen Hinterbacken entgegenrecken. Meine sensitive Zunge leckt überall oder dringt in sie ein, um ihr im Analingus echte Erleichterung zu verschaffen.

Manchmal stelle ich mir vor, da seien drei oder vier Frauen mit mächtigen Ärschen und gewaltigen Hinterbacken um mich herum versammelt. Sie drängen sich heran und zeigen mir ganz offen ihre Arschlöcher. Sie wetteifern untereinander, welche wohl den gewaltigsten Hintern oder den lüsternsten, laszivsten Arsch vorzuweisen hat. Sie machen herausfordernde Bewegungen, um mir ihre anale Schönheit zu zeigen. Dabei warten sie gespannt, auf welche meine Wahl treffen wird. Ich würde niemals versuchen, eine Frau heimlich zu beobachten oder ihren Hintern zu betrachten, wenn sie sich fürchtet oder schämt. Bei mir kommt es vor allem darauf an, daß die Frau selbst das größte Vergnügen darin findet, mir ihren Hintern darzubieten.

7. Blauäugiger Ödipus

Tim

Ich bin mit einer netten Frau verheiratet. Wir haben zwei hübsche Kinder, einen Jungen und ein Mädchen. Wir sind beide Musiklehrer und haben ein gutes Einkommen.

Meine Phantasievorstellungen drehen sich um meine schöne Mutter und mich. Darin ist meine Mutter sechsunddreißig Jahre alt, sieht aber viel jünger aus. Mich selbst stelle ich mir als sechzehnjährigen Jungen mit einem ewigen Ständer vor. An einem Sonntagmorgen im Sommer machen wir einen Ausflug aufs Land. Es ist friedevoll, sonnig und warm. Meine Mutter trägt ein schlichtes weißes Kleid. Da der Feldweg schmal ist, gehe ich hinter ihr. Ich kann nichts dafür, daß ich immerzu ihre schönen Beine anstarren muß. Ihre Waden sind wohlgeformt wie umgedrehte Kegel. Beim Gehen schwenkt sie ihr Kleid. Ihre prachtvollen milchweißen Oberschenkel werden für Sekunden sichtbar. Sie hat das lange blonde Haar zu einem Ponyschweif gebunden. Das paßt so gut zu ihrem runden Gesicht und macht sie viel jünger. Unabsichtlich schwenkt sie ihre breiten Hüften und läßt den runden, ausladenden Hintern rollen. Hin und wieder bückt sich meine Mutter, um am Wegesrand eine Blume zu pflücken. Dabei rutscht ihr Kleid hoch. Dadurch werden ihre Oberschenkel entblößt. Ich kann den schneeweißen Schlüpfer sehen, der ihren großen, köstlichen Hintern umspannt.

An einer einsamen Stelle will Mutter mal pinkeln. Ich tue so, als müßte ich auch mal, und wende mich ab. Doch drehe ich mich plötzlich um, fummle an meinem Hosenschlitz und zeige meiner Mutter meinen riesigen Ständer, während ich mir ihre Pussy genau ansehe. Das scheint ihr peinlich zu sein. Doch wirft sie einen verstohlenen Blick auf meinen Steifen. Ich weiß nicht, ob Mutter wegen meines

Verhaltens zürnt oder ihr Vergnügen daran hat. Frauen sind für uns Männer undurchschaubar.

Wir gehen weiter und gelangen an einen Bauernhof, wo durch Inzucht Rassepferde herangezogen werden. Wir sehen Leute, die einem Hengst dabei helfen, eine Stute zu bespringen. Auf Mutters Vorschlag hin bleiben wir stehen und sehen zu. Sie erklärt mir, daß unter allen Tieren nur die Pferde in ähnlicher Weise Geschlechtsverkehr ausüben wie die Menschen. Sie erklärt mir auch, daß man bessere Zuchtergebnisse erzielt, wenn man eng miteinander verwandte Tiere dazu heranzieht. Der Hengst, der im Begriff ist, die Stute zu bespringen, ist ihr eigener Sohn. Wir sind beide fasziniert von der Größe des Hengstgliedes. Während wir gebannt zusehen, findet der Hengst endlich mit Hilfe der Männer den richtigen Weg. Sein Schlauch versinkt langsam im Bauch der Stute. Meine Mutter wirkt sehr aufgeregt. Sie reibt die Oberschenkel aneinander. Ich frage sie, warum Inzucht bei Menschen nicht sein soll, während sie bei Pferden absichtlich herbeigeführt wird. Sie weiß die richtige Antwort nicht und sagt nur, daß die Gesellschaft ein solches Verhalten mißbillige.

Meine Mutter fügt hinzu, daß es sich dabei mehr um ein gesellschaftliches als um ein biologisches Problem handelt. Im Vordergrund stünde die Rivalität der Kinder untereinander. Ich habe aber weder Brüder noch Schwestern. Mein Vater kümmert sich nicht mehr um meine Mutter und hat uns verlassen. «Wo ein Wille ist, da ist auch ein Weg.» Wenn an dieser Volksweisheit etwas Wahres ist, dann müßte sie auch auf meine Mutter und mich zutreffen. Müßte nicht die sexuelle Vereinigung zwischen zwei nahen Verwandten, die einander zutiefst lieben, ihre Verbindung noch schöner machen? Natürlich. Meine Mutter stimmt mir zu und meint, daß es viele sinnlose Beschränkungen gäbe. Als praktisch veranlagte Frau kommt meine Mutter zu dem Schluß, daß es ganz in Ordnung sei, wenn wir miteinander ficken, sofern niemand etwas davon erfährt. Während wir weiter dem Hengst zusehen, der die Stute bespringt, dringe ich von hinten in meine Mutter ein. Mein Schwanz zuckt und dehnt sich in ihrer aufnahmebereiten Möse noch weiter aus. Ich wage nicht, mich zu bewegen, aus Angst, ich würde zu schnell kommen. Es war so schlicht und einfach. Ich frage mich, warum man so viel Wesens davon macht. Meine Mutter zu ficken war das schönste und lohnendste Erlebnis in meinem ganzen Dasein.

Hier nun Phantasie Nummer zwei.

Meine Mutter und ich sind seit vier Jahren ein Liebespaar. Wir feiern den Jahrestag unseres vierjährigen Glücks. Zum Dinner gibt es Filet Mignon nebst Kaviar und den besten Champagner. Meine Mutter hat ein schwarzes Abendkleid ohne Schulterträger an. Ihre weiße, weiche Haut schimmert makellos. Sie trägt weder Büstenhalter noch Schlüpfer. Nur den Hüftgürtel und schwarze Nylonstrümpfe. Wir sitzen einander an dem mit Kerzen beleuchteten Tisch gegenüber und essen zu Musik von Mantovani. Nach dem Essen tanze ich mit meiner Mutter. Sie schlingt mir die Arme um den Nacken. Ich nehme ihre großen Hinterbacken in die Hände und streichle sie verliebt. Meine Mutter reibt ihren Bauch an meinem steifen Ständer. Etwas später sitzen wir auf dem Sofa und sehen fern. Meine Mutter setzt sich auf meinen Schoß, schiebt ihr Kleid bis über die Hüften hoch und pfählt sich selbst auf meinem riesigen Steifen. So sitzen wir lange. Ich streichle ihre herrlichen Brüste. Dann dreht sich meine Mutter herum und sitzt jetzt rittlings von Angesicht zu Angesicht auf mir. Sie legt mir die Arme um den Hals. Ich hebe sie hoch, und so miteinander gepaart, trage ich sie zum Bett. Meine Mutter ist eine große Frau. Doch ich bin noch größer. Es fällt mir nicht schwer, sie so zu tragen. Ich lege mir ihre schönen Beine über die Schultern. Sie zieht die Knie an, bis sie ihre Brüste berühren. In dieser Stellung gelingt das tiefste und befriedigendste Eindringen. Liebevoll ficke ich sie lange Zeit.

Warum mag ich meine eigene Mutter so gern ficken? Warum klettern die Leute auf Bergen herum? Warum überqueren sie Ozeane in kleinen Fahrzeugen? Warum reisen Männer zum Mond? Wegen der Herausforderung. Ich will anders sein. Ich will mir selbst beweisen, daß man nicht schwachsinnig sein muß, um am Inzest Freude zu haben. Ich will mir beweisen, daß ich es tun und trotzdem weiterleben kann. Welcher junge, gesunde Mann hätte niemals von seiner Mutter «feucht» geträumt?

Da ich ohne Vater aufwuchs, mußte mir meine Mutter alles über die Vögel und Bienen erzählen, mußte sie mich über Sex aufklären. Es war ein Segen zu erkennen, daß die Lösung für unsere sexuellen Nöte in uns selber lag. Es war so bequem. Wir waren beide sehr beschäftigt. Meine Mutter malte Bilder. Ich übte neben dem Broterwerb sechs Stunden täglich an meiner Musik.

Für die Außenwelt blieb uns keine Zeit übrig. Natürlich wollte ich irgendwann ein nettes Mädchen kennenlernen und heiraten. Aber was war im Augenblick zu tun?

Meine Mutter sah voll Zufriedenheit ihren kleinen Jungen zum Mann heranreifen. Ich war ihr Idealmann. Ich konnte alles mit ihr tun, was mein Vater nicht machte. Sie brachte mir bei, wie schön Sex sein kann. Von ihr lernte ich, mich ganz den Freuden des körperlichen Zusammenseins ohne eine Spur von Schuldgefühl hinzugeben. Sie vermittelte mir das Gefühl, daß Sex so natürlich und normal ist wie das Atmen.

Ich war etwa dreizehn Jahre alt, als ich damit begann, meine Mutter regelmäßig zu ficken. Das gab mir Selbstvertrauen. Ich stellte voller Hochgefühl fest, daß ich ein Mann geworden war.

Die Frauen von heute pflegen sich mehr und sehen deshalb um Jahre jünger aus. Auf ihre jungen, stets scharfen Söhne üben sie starke Anziehung aus. Wenn man die jungen Mädchen am Strand beobachtet, deren Bikinis knapp die Brustspitzen und das Dreieck zwischen den Beinen bedecken, dann fragt man sich, wie ihre Väter es fertigbekommen, ihnen zu widerstehen?

Es gibt mehr Väter, die ihre Töchter ficken, als Jungen, die es mit ihren Schwestern treiben. Die Mutter zu ficken gilt als selten. Um so glücklicher bin ich darüber. Ich bin anders. Ich bin einmalig. Ich bin kühn. Ich habe etwas getan, das die meisten jungen Männer gern tun würden, hätten sie nur den Mut dazu. Wie viele junge Männer wissen, wie die Vulva ihrer Mutter aussieht? Sind ihre Mütter frigide oder mögen sie gern ficken? Wie fühlt man sich dabei, wenn man mit dem Penis in den Bauch eindringt, aus dem man hervorgegangen ist? Um den Ort noch einmal aufzusuchen, der einen neun Monate lang ernährt hat?

Die meisten Menschen widert die Vorstellung von Sex zwischen Erwachsenen und Kindern an. Die moralischen und / oder religiösen Einwände dagegen sind wohlbekannt. Meine eigene Abneigung dagegen beruht auf der möglichen Gefahr oder dem möglichen Schaden für den jüngeren Partner. Es gibt viele Erwachsene, die mit den körperlichen und emotionalen Gegebenheiten des Sex nicht fertig werden. Wenn man diesen Überdruck auf das unreife Nervensystem eines Kindes losläßt, kann daraus mehr werden, als ein Junge oder Mädchen verkraftet. Ob Lolita den Humbert Humbert in ihr Bett gelockt hat oder nicht, ist vor dem Gesetz belanglos. Das Gesetz legt fest, daß auch die Zustimmung des betroffenen Kindes nicht gilt, sofern es nicht alt genug ist, die damit verbundenen Konsequenzen und Gefahren richtig einzuschätzen.

Die Beklemmung steigt noch, wenn es sich bei der älteren Person um Vater oder Mutter, bei der jüngeren um Sohn oder Tochter handelt. Erwachsene haben Schwierigkeiten, sich mit dieser Idee überhaupt vertraut zu machen. Und doch gibt es fast jede zweite Woche im Fernsehen eine Dokumentation, ein Schauspiel oder einen Film über dieses Thema. Da werden die erotischen Bande zwischen Familienmitgliedern seziert. Ich glaube nicht, daß die ganze Erklärung dafür in unserer sensationslüsternen Welt und darin zu suchen ist, daß Inzest das letzte Tabu darstellt, das kommerziell noch nicht ausgewertet wurde. Nach außen hin distanziert man sich in solchen Darbietungen natürlich und äußert sich besorgt über alles, was mit Inzest zusammenhängt. Aber gerissene Produzenten wissen, daß sie dabei das Unbewußte in ihrem Publikum ansprechen. Für jeden hat es eine Zeit in seinem Leben gegeben, da solche Ideen keineswegs schockierend wirkten. Inzest ist nicht deshalb ein Thema der Zeit, weil es weit hergeholt und fremdartig erscheint. Dieses Thema ist Brennpunkt einer Reihe von Emotionen, die gleichsam in der Luft schweben, die wir atmen: Wir leben im Zeitalter der Familien mit nur einem Elternteil.

Die sogenannte Ödipus-Phase des heranwachsenden Mannes ist so wohlbekannt, ihre Auswirkung so weithin akzeptiert, daß selbst wenig gebildete Leute sich darin auskennen. Demnach machen also alle kleinen Jungen in der Kindheit eine Zeit durch, in der sie ihre Mutter lieben und den Vater ablehnen. Was ist daran neu?

Neu ist die Meinung der Fachleute, daß es weniger um die von Freud postulierte Angst vor dem kastrierenden Vater geht, der damit den kleinen Jungen bestraft, sollte er sich zum Rivalen mausern. Wichtiger erscheint die Lösung der Frage, warum – wie so oft im Leben zu beobachten – Jungen ihre Mutter aufgeben und Liebe bei den Mädchen ihres eigenen Alters suchen. Vater ist immer da und ständig im Wege. Er ist einfach zu groß und sitzt zu fest im Familiengefüge, als daß der Sohn hoffen könnte, seinen Platz einzunehmen, ihn zu ersetzen. Wenn dem kleinen Jungen endlich dämmert, daß Mutter den erwachsenen Mann nicht um des kleinen Sohnes willen aufgeben wird, wendet er sich seufzend ab und richtet seine Aufmerksamkeit anderswohin.

Hier wirkt sich das Wirklichkeitsprinzip deutlich aus, das uns beibringt, Träume zu begraben, die sich sowieso nicht in die Tat umsetzen lassen.

Oder doch?

Dieter

Ich bin zwanzig Jahre alt und habe mich schon viele Male weiblicher Gesellschaft erfreut. Aber ich habe während der Schulzeit auch meinen Spaß mit anderen Jungen gehabt.

Gehen wir in die Zeit zurück, da ich etwa acht Jahre alt war. Damals wichste ich in der Rumpelkammer hinten in unserer Wohnung. Ich glaube, ursprünglich war der Raum zum Gastzimmer bestimmt worden. Aber meine Eltern wurden mit dem Ausbau nicht fertig. Also wurde daraus eine Rumpelkammer, wo neben dem Campingzeug der Christbaumschmuck und alte Klamotten aufbewahrt wurden. Dort gab es auch ein Bett, auf dem ich gern spielte. Wenn ich wichsen wollte, ging ich in die Rumpelkammer. Dort zog ich mich nackt aus und legte mich auf das Bett, um mit meinem Schwänzchen zu spielen. Ich versuchte, mich so weit wie möglich zusammenzurollen, um an meinem Pimmel zu saugen, bekam aber nur die Spitze in den Mund. Also begnügte ich mich mit dem Spaß, an meinem Pint zu spielen und mir einzubilden, ich hätte ein Mädchen oder einen Jungen bei mir. Dabei müssen mich wohl meine beiden älteren Schwestern beobachtet haben. Eines Tages kamen sie herein und erwischten mich splitternackt. Wie fürchtete ich mich bei der Drohung, sie würden Mama sagen, was ich hier trieb! Aber meine ältere Schwester, damals sechzehn, legte sich zu mir, gab mir einen Kuß und erklärte, niemand würde mich bei Mutter verpetzen. Meine andere Schwester legte sich gleichfalls zu mir. Sie küßten mich ab wie den verlorenen Sohn. Bald hielten mich beide mit ihren Beinen umschlungen. Sie streichelten mir den Bauch, den Hals und meine Seiten. Die große Überraschung kam, als meine ältere Schwester meinen Pimmel in die Hand nahm und fragte, ob ich immer so mit ihm spielte. Dabei rieb sie schnell daran herum. Die andere Schwester küßte mich und hinterließ einen Kußfleck an meinem Hals. Dann legte sie mir den Mund auf die Lippen und zwängte ihre Zunge zwischen meinen Zähnen hindurch. Mehr brauchte ich nicht. In meinem Schwanz hatte ich ein ganz merkwürdiges Gefühl. Meine ältere Schwester zog sich aus und entkleidete auch die jüngere. Wir waren alle nackt. Beide machten sich über meinen Schwanz her und lutschten daran, bis ich mich wand. Je mehr ich mich wand, desto schlimmer trieben sie es. Erst als ich sagte, daß mir der Pimmel weh täte, hörten sie auf. Wir lagen eine Weile beieinander. Beide sagten mir, wenn ich Mama nichts von dem Vorfall sagte, könnten wir dieses Spiel oft wiederholen. Seit diesem Tag ließ ich mir von der Schwester, mit der ich gerade allein war, den Schwanz lutschen.

Inzwischen sind beide verheiratet. Manchmal versuchen wir, die alten Erlebnisse aufzufrischen. Doch hat sich das Sexualleben mit meinen Schwestern jüngsthin zumeist darauf reduziert, mir vorzustellen, wie schön es wäre, wenn ... In meinen Tagträumen erwächst mir zusätzliche Erregung aus dem Gedanken, daß es wohl bösen Krach geben würde, wenn meine Schwäger etwas davon wüßten. Da sie keine Ahnung haben, wird der Spaß um so größer. Zu meinen Lieblingsphantasien gehört die Vorstellung, daß eine meiner Schwestern nackt und mit weit gespreizten Beinen auf dem Bett liegt. Die andere Schwester, gleichfalls nackt, hält ihr mit den Fingern der einen Hand die Schamlippen weit offen, während sie mit der anderen meinen Schwanz einführt. Während ich die eine vögle, steigt die andere ins Bett und kehrt mir den Hintern zu. Während ich die eine ficke, habe ich die saftige Möse der anderen vor mir, um sie auszulecken.

Bernd

Ich bin fünfundzwanzig, unverheiratet, Verkäufer.

Meine um zwei Jahre jüngere Schwester wohnt in einer Stadt, in der ich zu tun habe. Sie ist freie Künstlerin. Morgen will ich sie besuchen. Ich habe meine Schwester seit langem nicht gesehen. Ich mag sie sehr gern. Für heute abend will ich mich mit einer Frau vergnügen. Von einem Taxifahrer erhalte ich eine Telefonnummer. Die Dame am Telefon meint, sie hätte gerade die Richtige für mich. Sie will mir das Mädchen um sieben Uhr ins Hotel schicken. Um sieben Uhr wird an meine Tür geklopft. Ich bin gespannt, wie die Gefährtin dieses Abends aussehen mag. Wer steht vor mir, als ich öffne? Meine eigene Schwester.

Sie scheint verwirrt und nicht zu wissen, ob sie davonlaufen oder hereinkommen soll. Meine Schwester weiß genau, daß sie sich nicht auf einen Irrtum hinausreden kann. Denn ich würde natürlich die Madame anrufen und fragen, wo meine Abendverabredung bliebe. Ich sage meiner Schwester, wie sehr ich mich über das Wiedersehen freue und daß ich sie morgen sowieso besuchen wollte. Ich schlage ihr vor, mit mir in der Stadt auszugehen, und führe sie in ein wunderschönes Restaurant. Zu einem herrlichen Abendessen gibt es ein paar kräftige Drinks. Sie fragt, wie es Mama und Papa geht. Ich will von ihr wissen, warum sie die Schreiberei aufgegeben hat. Tja, aus Büroarbeit mache sie sich nicht viel. Andererseits wollte sie die Eltern nicht enttäuschen. Eine ihrer Freundinnen meinte, da sie sich sowieso mit Männern verabredete, könnte sie es genausogut für Geld machen. Die Arbeit war leicht und vergnüglich. Eine gewisse Dame verschaffte ihr Kunden und hielt mit Hilfe guter Beziehungen zu höheren Stellen alle Schwierigkeiten fern.

Als es Zeit zum Aufbruch war, wollte meine Schwester mit mir ins Hotel kommen, um noch ein wenig zu plaudern. In meinem Zimmer tranken wir noch einiges. Schwesterchen bat mich, Mama und Papa nicht zu berichten, was aus ihr geworden war. Ich sage meiner Schwester, daß ich sie liebe und daß ich nichts verraten werde. Meine Schwester meint, ich müsse doch wohl ziemlich einsam sein, wenn ich gewillt sei, so viel Geld für eine Frau auszugeben. Sie möchte über Nacht bei mir bleiben. Ich sage ihr, daß sie nicht muß, wenn sie nicht will. Und Schwesterchen antwortet, wenn ich es will, dann will sie es auch. Wir kommen zu dem Schluß, daß wir es beide wollen. Also werde ich mit meiner kleinen Schwester schlafen.

Ich nenne sie gewohnheitsmäßig meine kleine Schwester, dabei ist sie groß und stabil wie ich. Seit sie von daheim wegging, hat sie an den richtigen Stellen zugenommen. Sie gibt bestimmt unter einem Mann ein prächtiges Kissen ab. Während ich meine schöne Schwester so betrachte, frage ich mich: Gibt es denn einen wesentlichen Grund, sie nicht zu ficken? Als Callgirl hat meine Schwester mindestens schon mit hundert Männern gevögelt. War meine schöne Schwester vielleicht nicht gut genug für einen scharfen Hund wie mich, der es sogar mit einer Klapperschlange getrieben hätte? Mein ganzes Leben lang bin ich für die Durchsetzung der Frauenrechte gewesen. Ich werde ganz krank, wenn ich mit ansehen muß, wie Frauen von den Männern herabgewürdigt und unterdrückt werden. Zum Teufel, ja, ich würde gern meine Schwester ficken. Aber ich will es mit Bedacht tun und jede Minute genießen. Im Augenblick überfällt mich die Befürchtung, daß ich nie wieder die Chance dazu haben werde, wenn ich meine Schwester nicht sofort ficke. Ich ziehe sie aus und bedecke sie vom Gesicht bis zu den Füßen mit Küssen. Dabei lasse ich ihre süße Vulva nicht aus, die genauso aussieht wie die von Linda Lovelace.

Während ich meine Schwester vögle, versuche ich herauszufinden, ob zwischen ihr und anderen Frauen ein Unterschied besteht. Ist es anders, wenn man die eigene Schwester bumst? Ja, aber nicht in körperlicher Beziehung. Wegen unserer engen Verbindung ist es auf geistige Weise schöner. Das Erlebnis mit meiner Schwester war vom Gefühl her viel befriedigender. Es war mehr Liebe als Sex. Ich könnte leicht irgendeine andere Frau ohne das geringste Gefühl von Liebe fikken. Ich glaube nicht, daß ich mit Schwesterchen hätte bumsen können, wenn ich sie nicht liebte.

Seemann

Ich mache Dienst auf einem Kriegsschiff, das gegenwärtig im östlichen Mittelmeer stationiert ist. Ich bin neunzehn Jahre alt. Im September dieses Jahres werde ich zwanzig. Ich bin blond, blauäugig, einszweiundsiebzig groß. Das nur als Einleitung.

Wenn ich mit einer Geliebten im Bett liege, kommt es mir nur darauf an, ihr so viel Vergnügen wie möglich zu verschaffen. Dazu gehört bei mir ein extrem lange ausgedehntes Vorspiel. Ich mag gern ihre Pussy lecken. Natürlich habe ich bald das Gefühl, daß es mir kommt, wenn ich mit meiner Liebsten ficke. Aber das Gefühl ist so köstlich und fein, daß ich es so lange wie möglich behalten möchte. Also gebe ich mir Mühe, nicht daran zu denken, wie schön es sich anfühlt, wie weich ihre Haut ist und was da noch mehr an wunderbaren Empfindungen und Gefühlen sein mag. Anstatt es mir kommen zu lassen, was ja mindestens für eine Weile das Ende aller Lust bedeutet, habe ich meinen Geist darauf trainiert, sich ziemlich komplizierten Rechenaufgaben zuzuwenden. Dabei erreiche ich den Zustand einer steinharten Erektion, ohne jedoch dem Höhepunkt so nahe zu sein wie vorher. Dann lasse ich ihn wieder anwachsen. Wenn es mir bald kommen will, beschäftige ich mich wieder mit Rechenaufgaben und so weiter und so weiter, bis ich kommen will. Ich kann das eine halbe Stunde oder auch zwei Stunden lang aushalten. Das hängt ganz von meinem Willen ab, aber auch davon, wie meine Liebste reagiert und mitgeht. Das hört sich wahrscheinlich unheimlich an, hat aber bei mir bisher immer geklappt.

Ich halte mein Sexualleben für sehr aktiv. Ich kann mehrere Male hintereinander. Jedoch brauche ich dazu Sexualphantasien. Sie drehen sich hauptsächlich um meine Schwestern. Eine ist neunundzwanzig, die andere vierundzwanzig Jahre alt. Mir ist so, als könnte ich nicht immer zwischen Erinnerung und Phantasie unterscheiden. Ich stand meiner älteren Schwester sehr nahe. Stundenlang konnte ich ihr beim Make-up zusehen. Gern habe ich auch ihr Haar gebürstet. Sie ließ sich immer den Rücken von mir massieren. Das geschah, als ich schon etwas älter, jedenfalls mehr als zehn Jahre alt war. Sie mag es immer noch, sooft ich mir die Zeit nehme und mir die Mühe mache, sie aufzusuchen. Wann immer ich ihren Rücken massiere, werde ich sehr scharf. Ich erinnere mich daran, daß ich als ganz kleiner Junge neben ihr im Bett lag und mit ihrer Pussy spielte. Jedoch weiß ich nicht genau, ob das eine wirkliche Erinnerung ist oder ob ich mir das nur in meinem Kopf ausgedacht habe. Ich muß etwa sieben oder acht Jahre alt gewesen sein, als sich das ereignete. Ich erinnere mich auch, daß ich in jenem Alter davon geträumt habe, meine Schwester zu heiraten. Erst kürzlich, im vergangenen Jahr, ist mir aufgegangen, wie gern ich sie mal ficken würde. Ich habe die Absicht, es zu tun. Meine Schwester und ich haben gemeinsam eine lange Reise geplant, sobald ich Urlaub habe. Wir werden für etwa fünf Tage miteinander unterwegs sein. Dabei will ich sie wissen lassen, daß ich mehr als nur brüderliche Liebe zu ihr empfinde.

Dan

Ich bin achtunddreißig Jahre alt, verheiratet. Wir haben fünf Kinder. Ich habe eine ältere und eine jüngere Schwester. Wir haben keine besonders glückliche Jugend gehabt, denn mein Vater war ein herrschsüchtiger Teufel, vor dem wir alle, Mutter mit eingeschlossen, ständig kuschen mußten.

So früh wie möglich habe ich mich zu den Soldaten gemeldet. Geheiratet habe ich dann schon bald nach meiner Entlassung aus dem Militärdienst. Meine jüngere Schwester zeigte sich sehr bekümmert darüber, daß ich heiraten mußte, weil meine Frau schwanger war. Bestimmt habe ich sie sehr enttäuscht. Sie besuchte eine Schwesternschule, heiratete und bekam zwei Kinder. Wir sehen uns nur noch selten.

Ich erwähne das alles, weil ich während der letzten drei Jahre meine Phantasie dauernd um meine Schwester Sissy kreisen lasse. Das Sexualleben mit meiner Frau klappt nicht mehr so richtig. Sie hält für mich still. Das ist aber auch alles. Wenn ich mit meiner Frau Verkehr habe, kann ich nur kommen, wenn ich meine Phantasie spielen lasse. Fast alle Vorstellungen in meinem Kopf drehen sich dann um Sissy. Meiner Frau habe ich nichts davon gesagt, denn sie ist auf Sissy sehr eifersüchtig. Das war schon immer so.

So stelle ich mir das Erlebnis mit meiner Schwester vor: In meinem Haus findet eine Party statt. Unter den vielen Gästen befindet sich auch Sissy. Im Verlauf des Festes tanze ich mit ihr. (Wir tanzen beide sehr gern.) Es ist ein leises, langsames Stück aus den fünfziger Jahren. Sie schmiegt sich an mich und streichelt meinen Rücken. Ihr Venushügel drängt sich sanft, aber fest an den Zusammenschluß meiner Oberschenkel. Ich versuche, jedes Gefühl zu ignorieren. Aber ich kann nicht leugnen, daß ich einen Ständer bekommen habe. Sissy schaut lächelnd zu mir auf. Es ist ein zauberhafter Augenblick. Ich denke bei mir, Himmel, sie weiß, was sie will. Meine Hand gleitet von ihrer Hüfte abwärts und umschließt ihren festen, wohlgerundeten Hintern. Mit den Fingern der anderen Hand streichle ich sanft ihre Brust. Ich bin glücklich und erregt zu gleicher Zeit. Aber ich habe auch Angst davor, daß die Platte zu Ende gehen und der Zauberbann gebrochen werden könnte.

Sissy flüstert mir «Dan, Dan, Dan» ins Ohr. Ich küsse sie auf die Wange. Sie hebt den Kopf und küßt mich auf den Mund. Es ist ein voller, feuchter Kuß, der sehr sexy wirkt. Ich sage zu ihr: «O Sissy, ich sehne mich so nach dir. Ich will dich schon seit so langer Zeit haben.» Sie sagt: «Ich gehöre dir.»

Ich führe sie an der Hand in eines der Kinderzimmer. Zuerst küssen wir uns nur zärtlich, so als entdeckten wir unsere Gesichter und Lippen erst jetzt richtig. Dann werden unsere Küsse leidenschaftlicher. Der Vollmond leuchtet zum Fenster herein. «Du bist die wundervollste, bezauberndste Frau», sage ich. «Ich habe keine gekannt, die so ist wie du. Jedes Wort davon ist wahr.» Langsam, fast zaghaft knöpfe ich ihre Bluse auf. Welch Entzücken, zu entdecken, daß sie keinen Büstenhalter trägt. Nacheinander küsse ich ihre Brüste. Ich öffne den Reißverschluß, und ihr Rock gleitet zu Boden. Langsam gleiten meine Hände nach unten, nehmen ihren Slip mit. Ich betaste ihren festen Bauch, entblöße den Haarbusch und streichle weiter über ihre Schenkel nach unten. Rasch steigt sie aus dem Höschen und fegt es mit dem Fuß zur Seite. Ich ziehe sie an mich. Meine Hände fahren über ihre Schultern, ihren Rücken und ihren Hintern.

Sissy schiebt mich etwas von sich, öffnet meine Hose und zieht sie mit der Unterwäsche zusammen nach unten. Sie kniet nieder, nimmt meinen Penis in die Hand, hält ihn, streichelt ihn, sieht zu mir auf und lächelt. «Gehört dieser köstliche Gegenstand Sissy?» fragt sie. Himmel, ich zittere, bekomme es aber fertig, zu nicken und zu flüstern: «Nur dir.» Sie nimmt meinen Schwanz, der ruckt und zuckt, in ihren schönen, feuchten Mund. So wie Sissy es kann, bin ich noch nie gelutscht worden. Ich halte es nicht mehr aus. Ich ziehe sie hoch und nehme sie ganz fest in die Arme. Dann hebe ich sie auf und lege sie auf das Bett. Ich blicke auf sie hinunter und sage: «Du bist wunderschön.»

Sie streckt mir die Arme entgegen und sagt: «Komm zu mir, komm jetzt zu mir.» Ich lege mich auf sie. Sanft führt sie meinen ausgehungerten Schwanz in ihre nasse Möse. Wir bewegen uns langsam, genießen das Wunder und die Schönheit eines beglückenden Aktes. Gemeinsam steigern wir das Tempo. Ihre Hände umspannen meinen Hintern, pakken ihn und ziehen mich tiefer in sie hinein. Voller freudiger Ekstase fühle ich, wie wir beide gemeinsam kommen. Sie umklammert mich, ich halte sie in den Armen. Zärtlich küssen wir einander.

Wir helfen uns gegenseitig beim Anziehen. Dann mischen wir uns wieder unter die Partygäste. Meine Frau kommt heran und will wissen: «Wo habt ihr beiden denn gesteckt?» Sissy lächelt. «Wir haben uns nur den Mond angesehen.»

Sex zwischen Vater und Tochter oder gar Mutter und Sohn nahm in meiner Erziehung einen Platz ein wie etwa der Mann mit drei Köpfen. Völlig unmöglich. Ich kann mir zur Not vorstellen, daß Männer wie Tim, mit dessen Erzählung dieses Kapitel begann, gewisse Phantasievorstellungen in bezug auf die eigene Mutter haben. Aber solchen Empfindungen tatsächliche Geschehnisse zu unterstellen?

Vielleicht wurde ich in meinem Unglauben durch die bekannte Geschichte beeinflußt, die man sich von Freud erzählt. Zu Beginn seiner Karriere vernahm er mit Erstaunen von einer großen Anzahl seiner Patientinnen, daß sie sich sexuellen Annäherungsversuchen ihrer Väter hätten erwehren müssen. War Wien etwa die heimliche Hochburg des verbrecherischen Inzests? Weitere Nachforschungen ergaben, daß diese Patientinnen ihm Wunschbilder vorgetragen hatten – schreckliche Vorstellungen und dennoch so heiß ersehnt, daß sich die Linie zwischen Wahrheit und Wunschtraum verwischt hatte.

Als ich das Material zu diesem Kapitel immer wieder durchsah, mußte ich unwillkürlich an diese Geschichte denken. Diese Phantasiegeschichten sind dunkel und zwielichtig. Auffällig ist, wie sich in den Schilderungen dieser Männer Gegenwart und Vergangenheit vermengen. Da wird in die Zukunft und zurück gesprungen. Bernd ergeht sich in Phantasien und Erinnerungen, als wolle er es mir überlassen, sie für Tatsachen oder nicht zu halten. Der Seemann sagt sogar: «Jedoch weiß ich nicht genau, ob das eine wirkliche Erinnerung ist oder ob ich mir das nur in meinem Kopf ausgedacht habe.» Schließlich kam ich zu der Überzeugung, daß alles nur Wunschdenken gewesen ist. Der Mann versucht sich einzubilden, daß es Wirklichkeit gewesen ist. Wenn es ihm gelänge, mich davon zu überzeugen, könnte er vielleicht selbst daran glauben.

Zur Probe zeigte ich dieses Kapitel mehreren Kollegen aus der Psychiatrie. Zu meiner Überraschung bekundeten sie keinen Zweifel daran, daß diese Männer die Wahrheit geschildert hätten. Gewiß, es handelte sich um Phantasievorstellungen, geistige Rekonstruktionen vergangener Ereignisse – was aber nicht bedeuten müsse, daß das autobiographische Material nicht wahr sei. Die meisten dieser Männer, so meine Berater, haben wirkliche Inzesterlebnisse gehabt. Die Ärzte erklärten, daß ihnen in der Praxis ähnliche Situationen begegnet seien.

Ich muß mich bei meinen «Mitarbeitern» – in diesem Kapitel mehr als in anderen – dafür entschuldigen, daß ich ihre Wahrheitsliebe angezweifelt habe. Den Lesern, die sich etwa von diesem Material schockiert fühlen oder die gar meinen, ich wolle inzestuösen Verbindungen Vorschub leisten, muß ich sagen, daß ich dieses Thema nicht einfach auslassen und beiseite schieben konnte. Das hätte bedeutet, diese Leute zu verdammen, die ehrlich genug waren, mir über Dinge zu schreiben, die einfach zu schrecklich sind, als daß man darüber reden könnte.

Die meisten Leute halten es für unmöglich, Inzest überhaupt in den Kreis der Betrachtungen einzubeziehen. Dabei bräuchte man nur eine ganz simple Frage zu stellen, um diesem Thema wirklich auf den Grund zu gehen: «Wer hat die Kinder von Adam und Eva geheiratet?»

Jakob

Ich bin sechzehn Jahre alt, meine Mutter achtundvierzig.

Es begann an einem Abend, als ich von einer Verabredung heimkehrte. Ich ging gleich nach oben und in mein Bett. Ich masturbierte und war fast am Kommen, als meine Mutter eintrat und das Licht anknipste. Wir verhielten uns für Augenblicke unbeweglich. Sie sagte, sie wäre nur heraufgekommen, um ein Laken auf mein Bett zu legen. Sie setzte sich auf meine Bettkante. Ich stand auf, zog die Unterwäsche an und hockte mich neben sie. Sie fragte mich, ob ich sehr oft wichste. Ich gab zu, es etwa zweimal in der Woche zu machen. Mir fiel auf, daß sie anfing, meinen Steifen mit Blicken zu streifen. Zugleich erkannte ich, daß sich ihre Brustwarzen unter dem Nachthemd aufgerichtet hatten. Dann fragte sie mich, ob ich gern mal mit einer Frau Liebe machen möchte. Im nächsten Augenblick küßten wir uns ab. Ihre Zunge steckte tief in meinem Mund. Das muß wohl an die zehn Minuten so gegangen sein. Dann fing ich an, ihre Titten zu kneten. Wir rollten uns auf dem Bett und gaben uns dabei feurige Zungenküsse. Dann flüsterte sie mir ins Ohr: «Fick mich, fick mich – ich muß jetzt einen Schwanz haben.» Also streifte ich meine Unterwäsche ab und war bereit. Sie zog ihr Nachthemd aus. Sofort war ich auf ihr und vögelte los. Mir kam es in dieser Nacht dreimal. Sie muß wohl ein dutzendmal gekommen sein.

Mein Vater muß viel reisen. Manchmal ist er drei oder vier Tage unterwegs. In meiner Phantasie stelle ich mir jetzt vor, daß ich mit in Mamas Schlafzimmer bin. Wenn ich morgens aufstehe und unter die Dusche gehe, folgt sie mir. Sie bläst mir einen, wie ich es noch nie erlebt habe. Ich schieße ihr den Samen literweise in den Mund, und sie schluckt alles. Anschließend ficken wir im Stehen. Wenn ich später am Tage aus der Schule heimkomme, ficken wir noch einmal in der Küche. Wenn mein Vater daheim ist, gehen Mama und ich im Wald spazieren und machen dort Liebe. Oder wir fahren in ein Autokino und vögeln auf dem Hintersitz des Wagens.

Bastian

Mein Sexualleben begann zu der üblichen Zeit mit meiner Kusine, die um ein Jahr jünger war. Als ich noch klein war, hatte mein Vater die Mutter verlassen. Ich weiß also nicht, wie es ist, wenn man einen Vater im Haus hat. Seit Mutter allein war, hat sie gearbeitet. Ihr früherer Chef, ein Patentanwalt, hatte sie wegen ihrer großen Spezialkenntnisse auf diesem Gebiet wieder eingestellt. Während jener Zeit ging ich nach der Schule zu meiner Tante, um dort zu warten, bis Mutter von der Arbeit kam. Meine Kusine war besessen von turnerischer Gymnastik. Sie forderte mich immer dazu auf, ihr beim Training auf dem Hof oder in einem großen Zimmer im Erdgeschoß zuzusehen. Sie stand auf dem Kopf und auf den Händen, schlug Rad und so weiter. Dabei trug sie ganz kurzes Turnzeug. Die Höschen waren weit geschnitten. Wenn sie ein Rad schlug, konnte ich ihren kleinen Schlitz sehen. Es erregte mich, daß ich ihre Möse so deutlich zu sehen bekam. Bei warmem Wetter war sie eher noch dünner bekleidet. Dauernd rutschten ihr die Träger des Turnhemdchens herunter, worüber sie sich ärgerte. Sie hatte noch keinen Busen. Aber schon der Anblick ihrer Brustwarzen jagte mir Schauer durch den Leib. Sooft ihre Träger herunterglitten, küßte ich ihre Nippel. Sie wollte, daß ich das recht oft machte. Sie forderte mich auf, daran wie ein Baby zu saugen, was ich prompt tat. Nun, bald erforschte ich auch ihren Hintern. Meine Kusine hinderte mich nicht daran. Bald wurden uns diese Spielereien zur Gewohnheit, wobei wir immer neue Möglichkeiten für sexuellen Spaß fanden.

Nachts dachte ich im Bett darüber nach, was ich weiterhin mit meiner Kusine machen wollte. Dabei gewöhnte ich mir das Masturbieren an.

Sooft ich mit meiner Kusine in einem Versteck verschwinden konnte, zogen wir uns dort aus, um miteinander zu spielen. Als ich mal mit dem Kopf in der Nähe ihrer Möse war, verlangte meine Gespielin, daß ich sie dort küssen sollte. Bald leckte ich ihren Schlitz. Sie revanchierte sich durch Lutschen an meinem Steifen. Mit der Zeit wurden meine Phantasievorstellungen ausgeklügelter. Ich träumte von Mädchen, die ich im Schwimmbad, auf der Straße oder in einer Show sah.

Als ich zwölf Jahre alt war, stand ich eines Tages in meinem Zimmer und wichste wie wild. Ich hatte einen Spiegel zwischen den Beinen festgeklemmt und sah zu, wie meine Hand meinen Schwanz bearbeitete. Da passierte, was ich immer befürchtet hatte: Meine Mutter kam herein, um mich für die Schule zu wecken. Sie erkannte natürlich, was ich trieb. Als ich fertig war, sagte sie nur, ich solle mich anziehen. Nun, ein Junge tritt nicht gern seiner Mutter unter die Augen, nachdem sie ihn gerade dabei erwischt hat. Also ging ich nicht zum Frühstück hinunter. Bald war meine Mutter wieder in meinem Zimmer. Sie wollte wissen, warum ich nicht am Frühstückstisch erschienen war. Sie umarmte und küßte mich. Sie drängte zur Eile und tat so, als hätte sie nicht gesehen, was ich trieb. Nachdem wir gegessen hatten, stand sie auf. Sie kam zu mir herüber, faßte mich am Arm und ließ mich aufstehen. Sie gab mir einen Kuß, wie ich ihn noch nie von ihr bekommen hatte. Mutter flüsterte mir zu, sie hätte mich sehr lieb, und wünschte mir einen fröhlichen Tag.

Am Abend half mir meine Mutter nach dem Abwaschen ein wenig bei den Schularbeiten. Dabei küßte sie mich oft ab, wie sie es noch nie getan hatte. Als es Schlafenszeit wurde, ermahnte sie mich, ja nicht zu vergessen, ihr noch einen Gutenachtkuß zu geben, ehe ich zu Bett ging. Das kam für mich völlig überraschend. Also ging ich in ihr Zimmer. Sie lag schon im Bett. Auf einmal schlug sie die Decke zurück und forderte mich auf, mich zu ihr zu legen. Sie hätte noch etwas mit mir zu besprechen. Da wußte ich, was ihr im Kopf herumging. Zunächst sagte sie nur: «Was du heute früh getan hast, ist für einen Jungen ganz natürlich. Denke nur nicht, daß es dir allein so geht.» Sie fügte hinzu, daß überall in der Welt Jungen und Mädchen so etwas trieben. Da war ich richtig erleichtert wegen meiner Spielereien mit dem Schwanz.

Als sie mich am nächsten Abend wieder in ihr Bett holte, sah ich mit Überraschung, daß sie keinen Faden am Leib hatte. Sie hieß mich den Schlafanzug ausziehen. Sie wollte gern, daß ich mich mit dem Rücken an sie schmiegte. Sie griff nach unten und hielt meinen Schwanz, während wir miteinander redeten. Das führte bald dazu, daß sie mich wichste. Mama wollte wissen, ob mir das gut täte. Natürlich tat es das. Dann fragte sie, ob ich gern mal an ihren Brustwarzen saugen möchte. Sie drehte sich so herum, daß mein Kopf unter ihren Brüsten zu liegen kam. So saugte ich wie ein Baby an ihren Titten. Daraus ergaben sich andere Sexspiele. Bald fragte sie, ob ich gern mal an ihrer Möse lecken wollte. Sie würde mir zeigen, wie man es macht. Aber das war mir nicht neu. Während der ganzen Zeit, da ich Sex mit meiner Mutter erlebte, stellte ich mir vor, es mit meiner Kusine Donna zu treiben.

Heute bin ich sehr glücklich verheiratet. Überrascht es zu hören, daß ich oft an meine schöne Mutter denke, daß ich von ihr träume, während ich masturbiere? Wer könnte eine solche Mutter jemals vergessen?

Phil

Ich bin Pharmaziestudent und verabrede mich gern mit Frauen. Also leide ich nicht an zuwenig Sex. Dennoch habe ich sexuelle Phantasievorstellungen.

Ich stelle mir vor, in der viktorianischen Zeit zu leben. Ich befinde mich in einem privaten Clublokal zum Speisen. Silber und Kristall auf den Tischen. Von der Decke herab hängen Lüsterleuchten. Die einzigen Gäste außer mir sind meine Mutter, meine Schwester und eine Bekannte meiner Mutter. Sie sitzen mir gegenüber.

Ich starre ihre fülligen Busen an. Die verführerischen Klüfte dazwischen sind von feiner, gleißender Seide kaum bedeckt.

Im Hintergrund ertönt leise Musik. Ich fordere meine Mutter zum Tanzen auf. Während des Tanzes bewege ich meinen Brustkorb sanft, aber spürbar an ihrem Busen. Dann führe ich sie im Tanz durch eine Tür in ein stilles Zimmer, wo wir sicher sind. Dort öffne ich den Verschluß am Rücken ihres Kleides und fange an, die weiche Haut ihres Rückens kreuz und quer und abwärts zu küssen. Dann gelange ich bis zu ihren Hüften. Sie steht immer noch mit dem Rücken zu mir. Ich hebe den Kopf, schiebe ihn um ihren Arm herum und küsse sie seitlich auf die Brust.

Bei diesem Punkt angelangt, erkenne ich, daß sie meinem Tun nicht abgeneigt ist. Also drehe ich sie mit dem Gesicht zu mir herum. Meine Hände liegen auf ihren Schultern. Ich sehe ihr tief in die Augen und küsse sie auf den Mund. Sie zieht meine Zunge zwischen ihre Zähne und saugt daran.

Wie ein Löwe, der seine Beute in den Nacken beißt, lasse ich sie meine Zähne dicht unter dem Ohr spüren und beiße sanft in ihre Haut. Ich habe soeben eine frische Beute geschlagen.

Nachdem ich sie auf eine niedrige Polsterliege gebettet habe, ziehe ich sie vollkommen aus. Die weiche Stelle zwischen ihren Brüsten überschütte ich mit feuchten Küssen. Meine Handflächen, mit denen ich ihre Hinterbacken betaste, sind weich und ein wenig schwitzig. Dann wende ich mich ihren Beinen zu. Ich öffne die Lippen und sauge an der weichen Haut an der Innenseite ihrer Oberschenkel, die ich mit meiner Zunge betaste. Ich lecke die weiche Haut dort und beschnuppere sie mit meiner Nase. Abermals sauge ich die Haut zwischen meine offenen Lippen, wobei ich sie mit der Zunge befühle und befeuchte.

Als nächstes gelange ich an ihre Vagina. Ich küsse sie so, wie ich ihren Mund küssen würde. Ich schiebe meine Nase zwischen ihre Oberschenkel und schließlich in die Spalte, wo ich leicht Luft hole. Dann bewege ich mich aufwärts, bis mein Mund ihr Ohr erreicht, und flüstere: «Ich mag den Moschusgeruch deiner Möse.»

Ihre Füße sind schmal, die Haut weich, mit einem hohen Spann. Meine Hände umklammern ihre Knöchel wie mit Fesseln. Ich hebe sie etwas an und küsse den hohen Spann ihrer Füße.

Mich wieder nach oben schiebend, gebe ich ihr einen leichten Kuß auf die Lippen. Daraufhin sage ich ihr, daß sich der Moschusgeruch ihrer Möse auf ihr eng anliegendes Höschen übertragen habe. Dies möchte ich behalten, um mich an dieses Erlebnis zu erinnern.

Später verführe ich meine Schwester und die Bekannte meiner Mutter, deren Höschen ich gleichfalls an mich bringe. In der Abgeschlossenheit meines Zimmers beschnüffle ich die Höschen der Reihe nach und stelle fest, daß jedes einen ganz eigenartigen, deutlich unterscheidbaren, ergötzlichen Moschusduft verströmt. Am schönsten aber riecht das meiner Mutter.

Chris

Ich bin dreißig Jahre alt, Rockmusiker von Beruf und vor einigen Jahren Witwer geworden. Vermutlich sehe ich ganz gut aus. Man hält mich sogar für eine Art von Sexsymbol. Dennoch glaube ich nicht, auf Frauen besonders attraktiv zu wirken. Meine Frau ist vor sieben Jahren verstorben, und ich habe nicht wieder geheiratet. Ich weiß nicht, ob ich eine weitere Ehe eingehen werde. Vielmehr glaube ich, daß meine Frau die wahre, große Liebe meines Lebens gewesen ist.

Ich bin ein Bastard – wörtlich genommen –, denn meine unverheirateten Eltern waren bei meiner Geburt erst fünfzehn und sechzehn Jahre alt. Meine Mutter starb im Kindbett oder kurz danach. Ich glaube, mein Vater machte mir deshalb innerlich Vorwürfe. In meiner Erinnerung war meine Kinderzeit meistens dadurch gekennzeichnet, daß er mich schlug, quälte und auf mir herumhackte. Einige Zeit lebten wir auf dem Land. Als ich etwa neun Jahre alt war, zogen wir in eine Großstadt. Dort wurde ich ziemlich rüde über Sex aufgeklärt. Wenn es um Weiber ging, wurde mein Vater regelrecht wild. Dauernd trieben sich Huren in unserer Wohnung herum. Ständig gingen neue ein und aus. Ich hörte sie im Bett und konnte mir auch unklar vorstellen, was dort getrieben wurde. Doch habe ich niemals direkt beim Ficken zugesehen. Eines Tages aber machte sich eine der Frauen an mich heran – vermutlich sollte es in Wirklichkeit eine Spielerei sein. Ich kam in die Wohnung und sah die Frau auf der Couch sitzen. Sie sagte, mein Vater sei unter der Dusche. Ich war damals zehn und noch keineswegs erwachsen. Doch sah ich mehr wie ein junger Mann als wie ein Knabe aus. Sie fing irgendwie an, mit mir zu flirten, und griff nach meiner Hand. Sie rieb eine Weile meine Finger. Dann griff sie mir an die Hose und begann dort zu reiben. Ich erinnere mich, daß sie den Reißverschluß öffnete, meinen Penis herausnahm und daran rieb. Dann beugte sie sich nach vorn und ließ ihre Zunge darüber hinspielen. Ich dachte, mir sollte der Kopf wegfliegen! Sie wedelte mit der Zunge am Schwanz hinauf und hinunter. Gerade als ich verrückt werden wollte, kam mein Vater ins Zimmer. Die Frau behauptete, ich hätte mich an sie herangemacht und verlangt, meinen Schwanz zu lutschen. Vater trieb mich in eine Ecke und drohte, er werde mir den Schwanz abschneiden, sollte ich in Zukunft eine von seinen Frauen auch nur anblicken. Klar? Er jagte mir fürchterliche Angst ein. Noch Wochen später sah ich beim Pinkeln ständig über meine Schulter. Ich hatte Angst, er würde mir den Pimmel abschneiden. Bei einer anderen Gelegenheit lutschte die gleiche Frau wieder – wahrscheinlich nur aus Spielerei – an meinem Pint herum. Aber sie weckte in mir Gefühle, von denen ich nicht wußte, was damit anzufangen sei. Sie meinte, wir würden abwarten, bis mein Vater für längere Zeit fortginge. Dann wollte sie sich mir eingehender widmen. Diesmal hatte sie wieder meine Hose geöffnet. Um mich zu lutschen, hatte sie mich in den Wandschrank gezogen. Mittendrin hörten wir ihn im Korridor. Sie schlüpfte hinaus und machte die Tür zu. Ich mußte im Schrank bleiben, bis sie zusammen mit meinem Vater fortgegangen war. Sie hatte mich ganz heiß gemacht und in dem Moment aufgehört, als ich gerade meinte, mein Ziel zu erreichen. Ich weiß heute natürlich, daß sie mich wie ein Spielzeug zu ihrem Vergnügen gebraucht hat. Damals aber ahnte ich noch nicht, was sie mit mir machte und warum. Natürlich war ich frustriert und bekam sogar ein wenig Angst vor den Frauen. Tatsächlich bin ich nie mit einer Frau richtig zum Schluß gekommen, bis ich heiratete. In der Schule gab es das übliche Petting mit den Mädchen. Von einigen ließ ich mich lutschen. Aber dabei war ich fast immer etwas ängstlich und unsicher. Falls ich damals Phantasievorstellungen hatte, dann sicherlich darüber, ob es mir wohl gelingen werde, jemals ein Mädchen für mich zu gewinnen, mit dem ich den ganzen Weg bis zu Ende gehen könnte. Bisher hatte ich immer gefürchtet, man werde mich auslachen oder nur zum eigenen Vergnügen mißbrauchen.

Merkwürdig ist nur, daß ich jetzt als Erwachsener oft wie ein Spielzeug behandelt werde. Ich kenne Frauen, die mich als Persönlichkeit mögen. Dafür bin ich dankbar. Aber ein Musiker hat eine Menge Weiber um sich herum, die nur mit ihm bumsen wollen. Für die bin ich nichts anderes als ein riesengroßer Penis. Manche Frauen laden mich brieflich in ihr Bett ein. Eine hat es mir direkt ins Gesicht gesagt. «Fick mich doch mal!» Wenn das die Frauenbefreiung ist, habe ich damit nichts im Sinn. Ich weiß nicht, ob das vielleicht eine Reaktion auf meine Kindheitserlebnisse ist. Wahrscheinlich ist es wahr, daß ich meine Frau gern ein wenig auf einem Piedestal placieren würde. Meine Frau war sehr sexy, aber zugleich eine wirkliche Dame. Während unserer Ehe bin ich ihr immer treu geblieben, weil ich sie so herzlich liebte. Nach ihrem Tod habe ich mit anderen Frauen geschlafen. Aber ich gehe zu ihnen nicht nur zum Ficken, wenn ich es irgend vermeiden kann.

Manchmal, wenn ich mich von einer Frau mit dem Mund befriedigen lasse und dabei die Augen schließe, überblicke ich den ganzen Weg zurück, bis zu den Weibern meines Vaters. Da zieht sich etwas in mir zusammen, wenn ich daran denke, daß diese Frau mit ihrer Zunge über etwas an mir hingefahren ist, das bisher noch niemand außer mir berührt hatte. Tatsache ist wohl, daß ein Junge, der von einer älteren Frau gelutscht wird, besonders verletzlich ist, und zwar körperlich und in seinem Gefühlsleben. Den Idealmann stellt man sich stark und zäh vor, von großer Selbstsicherheit erfüllt, halt ein Bullenkerl. Natürlich versuchen die Männer, diesem Bild gerecht zu werden. Keiner will zugeben, er sei schwach, unsicher und verletzlich. Wenn man aber von Anfang an nicht Bescheid weiß und erlebt, wie einem eine vielerfahrene Frau jenen Teil des Körpers lutscht, der einen definitiv als Mann ausweist, dann gewinnt sie wirklich die Kontrolle über unsere Männlichkeit. Wenn sie beißt, erleidet man körperlichen Schmerz. Wenn sie mit dem Penis ihren Spaß treibt, wenn sie einen damit aufzieht und quält, so wie ich gequält worden bin, dann wird die Gefühlswelt in Mitleidenschaft gezogen. Dadurch können für das ganze Leben sexuelle Hemmungen hervorgerufen werden. Ich weiß, daß Frauen sehr empfindlich sind. Ich versuche immer, Rücksicht auf ihre Gefühle zu nehmen. Aber viele Frauen begreifen nicht, daß ich in bezug auf meine Männlichkeit genauso empfindlich bin. Die Tatsache, daß ich (und mit mir die meisten Männer) das nicht zuzugeben wage, bedeutet nicht, daß es diese Unsicherheit nicht gibt. Männlichkeitsgehabe ist eine Sache, aber ehrlich seine tiefen Ängste und Vorstellungen zu enthüllen, ist ein ander Ding.

Freud besaß die seltene wissenschaftliche Gabe, das Undenkbare zu denken. Seine Ödipus-Theorie basiert auf der Feststellung, wonach der Drang nach inzestuösen Verbindungen mit den Eltern biologisch bedingt, angeboren und daher unausweichlich sei. Allerdings würden sich danach unvermeidliche Schuldgefühle einstellen. Die Männer in diesem Kapitel lassen jedoch genausowenig Schuldgefühle erkennen wie die Vollblutstute, die zur Rasseverbesserung mit ihrem Sohn gepaart wird (Tim). Bemerkenswert an den Berichten von Bastian und Jakob ist die Tatsache, daß sie nicht die Verführung Unschuldiger bejammern. Niemand klagt auch darüber, daß am Sex mit Mutter, älterer Schwester oder Tante ein Leben zerbrochen sei. Diese Männer erleben nichts als ekstatische Freuden. Jede Ehefrau könnte neidisch sein über die Ausdrücke, mit denen hier die Liebe zur Mutter oder die der Mutter zu ihnen beschrieben wird.

8. Fetischismus

Gerade beim Sex widersetzen wir uns der Vorstellung, daß unsere Ängste und Wünsche durch Ereignisse bedingt sind, die sich lange vor dem ersten Gedanken an unseren gegenwärtigen Liebespartner zugetragen haben. Freuds Theorien über die frühkindliche Sexualität führten in Wien zu einem Skandal. Selbst die Ärzteschaft kehrte ihm den Rücken. Sogar heute noch mögen wir nicht daran denken, daß Kinder in der süß duftend gepuderten Gegend zwischen ihren Beinen etwas empfinden.

Wir schmeicheln uns mit und in der Annahme, unsere Charaktere selbst aus dem Granit des Lebens gemeißelt zu haben. Wer gibt schon gern diese Überzeugung auf? Dieses Klopfen auf die eigene Schulter mag sich oberflächlich ganz gut anfühlen. Doch der Preis dafür ist hoch. Wenn wir alles aus eigenem und freiem Willen tun, warum gehen wir dann aus uns unerklärlichen Gründen so viele unglückliche Verbindungen ein? Wie lassen sich sexuelle Ängste und Schuldgefühle, diese Grundelemente wiederholten Versagens, erklären, die wir doch immer und immer wieder durchmachen? Haben wir einfach Pech gehabt – oder liegt der Fehler in uns selbst? Ich würde gern an die Freiheit des menschlichen Willens, an seine Spontaneität und auch an die heilsamen Wirkungen des Lebens an sich glauben. Aber zur Entwirrung der Mysterien des Fetischismus können wohl nur die Erkenntnisse der psychoanalytischen Theorie beitragen.

Roy

Ich bin ein Fußfetischist. Ich liebe nackte Füße, Schuhe, hochhackige Stiefel, überhaupt alles, was zum weiblichen Fuß gehört. Angefangen hat die Geschichte so: Zu meinen frühesten Erinnerungen gehört, daß meine Mutter, eine schöne Frau im Anfang ihrer vierziger Jahre, mich auf ihrem Fuß wippen und reiten ließ. In jenem Alter hatte ich dabei keine sexuellen Eindrücke, doch gab es mir gute Gefühle. Als ich dreizehn oder vierzehn Jahre alt geworden war, erlaubte sie mir immer noch diese Ritte auf ihrem Fuß. Heute bin ich sicher, sie hat damals gewußt, daß es für mich nicht nur eine Spielerei war. Mir kam es dabei immer in die Pyjamahose. Das ist mir deshalb so klar, weil dem «Reiten» immer ein Nachspiel folgte. Mit beiden Füßen, die meistens in den schönen, spitzen, hochhackigen Schuhen steckten, kitzelte sie mich mit leichten Tritten zwischen den Hinterbacken und am Hodensack. Zum Schluß rieb sie mit beiden Füßen an meinem Pimmel, wobei es mir zum zweitenmal kam. Dann mußte ich zu Bett. Meine Phantasievorstellungen haben die Anwesenheit von vier Frauen in meinem Zimmer zum Inhalt. Ich ziehe mich nackt aus und rolle mich auf dem Teppich umher. Die Frauen treten mir absichtlich in alle meine verletzlichen Stellen, bis sie mir so viele Höhepunkte verschafft haben, wie ich nur verkraften kann. Hört sich das merkwürdig an?

Es ist wahr.

Karl

Ich habe masturbiert und Phantasievorstellungen gehabt, so lange ich zurückdenken kann. Ich erinnere mich daran, daß ich Windeln und ein Gummihöschen trug. Und ich bin sicher, daß ich schon auf dem Bauch gelegen und in meine Windeln masturbiert habe, bevor mein Erinnerungsvermögen einsetzt. Mir bereitete Mutters Aufmerksamkeit Vergnügen, wenn sie mich abhielt, um Pipi zu machen. Dessen erinnere ich mich und auch daran, daß Pipimachen vergnüglich war. Ich weiß auch noch, daß ich immer eine Windel mit ins Bett nahm. Ich lutschte an ihrem Zipfel, bis ich einschlief. Die Sache hatte aber einen anderen, den wahren Grund. Sobald ich nämlich allein war, stopfte ich mir die Windel unter den Bauch und den Penis, um mich durch Beinbewegungen daran zu reiben.

Um auf die Kleinkinderjahre zurückzukommen: Ich muß einfügen, daß meine Mutter den Schrank voller sehr weiblicher Kleider hatte. Sie besaß aber auch eine Reihe von Gummischürzen, die sie bei allen «feuchten» Tätigkeiten anlegte. Auch wenn sie mich versorgte. Bald wußte ich, wie hübsch sie sich anfühlten. Ich hielt Gummischürzen für etwas Besonderes. Ohne Zweifel brachte ich die Schürzen wegen ihres feuchten Zustandes mit dem Pipigefühl in Verbindung. Hinzu kam, daß meine Mutter diese Schürzen auch trug, während sie mit mir Körperpflege machte. Dazu gehörte, daß sie die Vorhaut an meinem Penis zurückzog, mich unter dem Hodensäckchen wusch und dann die Vorhaut reckte, so daß keine Beschneidung nötig wurde. Während dieser Vorgänge wurde ich immer steif. Ich bin sicher, daß Mutter ihr Vergnügen daran hatte, mich buchstäblich zu masturbieren. Doch hatte sie dabei wohl einige Gewissensbisse. Denn mir wurde streng verboten, meine Schenkel aneinander zu reiben, weil das unartig sei. Als ich fragte, warum, bekam ich eine Antwort, die ich nicht verstand. Ich weiß nur noch, daß darin von Mädchen und Damen die Rede gewesen ist.

Im Kindergarten verliebte ich mich im Alter von fünf Jahren in ein hübsches Mädchen, das ich aus der Ferne bewunderte. Als meine Mutter mich wieder einmal badete und pflegte, fragte ich sie, ob man auch bei kleinen Mädchen die Vorhaut hin und her bewegen müsse. Sie erklärte, Mädchen und Frauen hätten keinen Penis, sondern nur ein Loch. Diese Auskunft schockierte mich zutiefst.

Während ich, darüber nachbrütend, im Bett masturbierte, wurde ich von meinem Vater dabei erwischt. Das hatte eine lange Belehrung darüber zur Folge, wie schädlich so etwas für mich sei. Ich könnte mich dabei verletzen, und überhaupt sei das nichts für kleine Jungen. Ich mißverstand ihn dahin, daß es etwas für kleine Mädchen sei. Diese Vorstellung regte mich zu vermehrtem Masturbieren an.

Etwa um diese Zeit erlebte ich den ersten Orgasmus. Ich meinte, daß Frauen und Mädchen ständig dieses schöne Gefühl verspürten und im siebenten Himmel des Entzückens schwebten – dazu müßten sie aber eine Gummischürze tragen. Wenn ich aber weiterhin diese Sache trieb, die so schöne Gefühle brachte und doch für Mädchen reserviert war, dann würde man mich ins Krankenhaus bringen müssen. Dort würde mir eine feenhafte Krankenschwester im Gummianzug und mit einer Gummischürze ebenfalls einen Gummianzug anziehen. Irgendwie würde sie mich dazu zwingen, immer weiter bis zu einem extremen Orgasmus zu masturbieren (natürlich fehlten mir damals noch die Worte dafür). Dann würde mein Penis verschwinden, und ich wäre in ein Mädchen verwandelt. Das war etwas, wovor ich mich fürchtete und das ich mir dennoch wünschte.

Unter diesen Gedankenvorstellungen habe ich Jahre hindurch masturbiert, wobei ich immer die Gummischürze meiner Mutter anlegte. Darüber wurde meine Mutter sehr böse. Sofort setzte eine Reinigungsaktion ein. Ich wurde gewaschen und anschließend übers Knie gelegt, um versohlt zu werden. Mein Penis hatte im Kontakt mit ihrer feuchtkühlen Gummischürze allerschönste Gefühle. Die Schläge auf den Po hatten zur Wirkung, daß mein Penis sich heftiger an der Schürze rieb.

Während des Krieges gab es keine Gummischürzen zu kaufen. Ich masturbierte unter Zuhilfenahme einer Gummiwärmflasche, die ich jedoch mit kaltem Wasser füllte. Ihr Hals wurde nach hinten gebogen, um mich zwischen Hodensack und Anus zu kitzeln.

Mit einundzwanzig Jahren lernte ich meine Frau kennen. Sie war siebzehn. Wir waren beide schüchtern. Ich mußte allen Mut zusammennehmen, um sie mal auszuführen. Doch nach ein paar Monaten masturbierten wir uns bei jeder sich bietenden Gelegenheit gegenseitig. Sie blieb die erste, letzte und einzige Frau. Ich sage gern, daß sie im Alter von siebenundvierzig Jahren immer noch ein Gesicht und eine Figur (ohne Korsett) hat, die halb so alte Frauen vor Neid erblassen lassen.

Meine Frau war niemals von meiner Vorliebe für Gummi angetan. Anfangs ging sie noch willig darauf ein, als ich ihr die erste Gummischürze kaufte. Ich gab mir alle Mühe, ihr besondere Aufmerksamkeit zu widmen, wenn sie mir zuliebe die Schürze anlegte. Langsam entwickelte sich jedoch eine Art Eifersucht. In jüngster Zeit habe ich einigen Erfolg, wenn ich mit ihr zur Belohnung Cunnilingus mache. Ich tue das für sie mit großem Vergnügen unter dem unteren Schürzenrand hindurch. Gummi und ihre Körpersäfte haben eine gewisse Ähnlichkeit miteinander. (Dessen war ich mir übrigens schon als Kind instinktiv bewußt.)

Gummi spielt in meiner Phantasie immer noch eine große Rolle. Wenn meine Frau mich masturbiert, stelle ich mir vor, daß nackte Mädchen mit Gummischürzen es mit mir machen oder daß meine Frau ein fabelhaftes Nachtgewand aus Gummi trägt, oder daß ich Miss World im Gummizeug vor mir habe und wir beide zusehen, wie Mädchen in Gummischürzen sich selbst und einander masturbieren.

In einem anderen Phantasiespiel wird von mir verlangt, daß ich irgendwo ein Haus aufsuche. Zu meiner Überraschung werde ich von einer schönen Frau empfangen, die entweder eine Gummischürze oder ein Nachtgewand aus diesem Material trägt. Sie läßt keinen Zweifel daran, daß sie mich zu verführen gedenkt. Ich bin sehr viril und erreiche mehrere trockene Orgasmen nacheinander, genau wie damals als Kind. Ich bediene mich solcher Phantasien beim Sex mit meiner Frau. Das hat zur Folge, daß ich länger durchhalte und einen erheblichen Teil der Zeit am Rande des Orgasmus zubringen kann. Selbst nachdem es mir gekommen ist, bleibt mein Penis halbsteif, und ich kann ohne harte Bewegungen noch eine kleine Weile weitermachen.

Wie kommt jemand darauf, aus einem Schuh oder einer Windel das sexuelle Ein und Alles seines Lebens zu machen? Woher stammen solche Anwandlungen? Wenn Roy in seiner Phantasie vier Frauen in sexy wirkenden Schuhen und Strümpfen um sich versammelt, vermögen wir darin ein imaginäres Vorspiel zu sehen. Aber warum kommt er zum Orgasmus nicht in ihren Scheiden, sondern unter der Berührung ihrer Füße? Worin liegt die sexuelle Macht eines Fetischs?

Die klassische Theorie des Fetischs bezieht eine Erklärung aus dem Ödipuskomplex. Laut Freud liegt die wichtigste Quelle der Entscheidung für das männliche Verhalten in dem Grad, bis zu welchem der kleine Junge die Probleme bewältigt, die sich aus der Rivalität mit dem Vater um die Liebe der Mutter ergeben. Dahinter steckt die Furcht, daß der größere und stärkere Vater seinen jungen Rivalen mit Kastration bestrafen könnte. Nach dieser Denkungsweise wird das Fetischobjekt im Unbewußten des kindlichen Geistes mit dem eigenen Penis in Verbindung gebracht.

Wir sehen diesen Prozeß in der Schilderung von Karl ablaufen. Seine frühesten Erinnerungen ans Masturbieren gehen auf die Zeit zurück, da er Windeln und Gummihöschen trägt. Diese Vorstellungen sind unmittelbar verbunden mit Mutters Hinwendung, «wenn sie ihn abhält, um Pipi zu machen». Die gleiche Verbindung besteht zu ihren Hantierungen an seinem Penis. Dabei bekam er eine Erektion. Nachts nahm er eine Windel mit ins Bett, um darin zu masturbieren.

Klarer kann sich die Verbindung zwischen Penis, Windeln, Gummihöschen und einer die Mutter mit einschließenden Sexualität nicht ausdrücken.

Bei dieser Art assoziativen Denkens führt der Anblick des Fetischs unmittelbar zu dem Gedanken an den Penis. Hier zeigt sich eine magische Ausflucht vor der Furcht, daß Papa sein schreckliches Strafgericht an dem Jungen vollziehen könnte, der Mama haben will. Der Fetisch ist der Penis. Wenn der Junge ihn sieht, ihn berührt, empfindet das Unterbewußtsein Erleichterung. Er hat seinen Penis nicht verloren. Da ist er ja! Die enorme Erleichterung von der schwelenden Angst drückt sich in einem Sturzbach sexueller Energie aus. Es ist oft zu beobachten, daß es hauptsächlich der Fetisch ist, der den Mann erregt, was beweist, daß diese Art sexueller Aktivität mehr mit der Freude daran verbunden ist, den Penis zu behalten, als die Frau zu gewinnen. Die Vagina ist zwar da, spielt aber nur eine untergeordnete Rolle.

Norbert

Etwa die Hälfte meiner Phantasievorstellungen sind in Wirklichkeit Erinnerungen an kostbare sexuelle Begebenheiten, die tatsächlich stattgefunden haben. Diese werden nur geringfügig überhöht, indem die darin vorkommende Frau in Sachen «gekleidet» wird, die mich sexuell erregen. Seit meiner Kindheit haben mich Frauenschuhe besonders angezogen. Eine meiner frühesten sinnlichen Regungen äußerte sich, als ich im Kleiderschrank meiner ältesten Schwester inmitten ihrer Schuhe saß und den exotischen Frauenduft nach Parfum, Puder und feinem Leder einsog. Ich erinnere mich nicht, etwas anderes getan zu haben, als einfach dazusitzen in diesem finsteren, mir halb und halb verbotenen Ort, um mich stimulieren zu lassen. Während ich heranwuchs, verstärkte sich diese Attraktion, nachdem ich die Masturbation beim Anblick von Bildern aus Aktmagazinen als ein erregendes Ventil für meinen wachsenden Sexualdrang kennengelernt hatte, das ich täglich öffnete. Wie man wahrscheinlich weiß, trugen die Modelle in diesen Aktmagazinen fast immer herausfordernde Unterwäsche mit den unvermeidlichen Hüftgürteln, schwarzen Nylonstrümpfen und hochhackigen Schuhen. Als Teenager bekam ich der Mode entsprechend überwiegend spitze, hochhackige Schuhe mit den sogenannten Pfennigabsätzen zu sehen. Ich habe mich mit dem Thema des Fetischismus befaßt und immer wieder gelesen, daß diese einfach geschnittenen Pumps mit den hohen, spitzen Hacken auf die meisten Fetischisten immer noch erregend wirken. Bei mir ist das ein wenig anders. In der Oberschule wurde ich von Mädchen mächtig angezogen, die Kniestrümpfe und billige braune Segeltuchschuhe oder halbhohe Stiefeletten trugen. Ferner übt der Schuh selbst bei mir im Gegensatz zu dem, was ich über andere Fetischisten las, nicht die wesentliche Wirkung aus. Mein Interesse gilt der Dame. Es wird aber durch modisches Schuhwerk verstärkt.

Ich bin einunddreißig Jahre alt und als Versicherungsvertreter recht erfolgreich. Ich bewohne ein Apartment in einem Junggesellenbau. Mein Sexualleben ist ziemlich aktiv. Ich bevorzuge die «Monogamie in Fortsetzungen», anstatt mich mit mehreren Frauen gleichzeitig zu verabreden. Ich spiele gern eine Rolle in den Phantasievorstellungen meiner Freundin und setze diese gern in die Tat um, wenn meine Partnerin dafür aufgeschlossen ist. Folglich habe ich so ziemlich alles ausprobiert, was Mann und Frau zusammen erleben können – bis auf das, was mir als meine ganz persönliche Phantasie vorschwebt. Ich meine, daß Schuhfetischismus ziemlich weit verbreitet ist. Die vorhin erwähnten Aktmagazine scheinen das zu beweisen. Aber es handelt sich hier um eine der Angelegenheiten, über die Männer nicht gern sprechen, weil sie sich schämen. Hin und wieder habe ich Partnerinnen darum gebeten, im Bett die Schuhe anzubehalten. Die Reaktion war fast immer gleich: Passives Daraufeingehen ohne sonderliche Erregung und dazu ein wenig Unbehagen, wie ich behaupten möchte. Etwa wie: «Darf ich mir jetzt endlich die Schuhe ausziehen?» gleich nach dem Höhepunkt.

Etwa jedes zweite Mal, wenn ich masturbiere oder Liebe mache, fällt mir meine Lieblingsphantasie mit Variationen ein. Um Platz zu sparen, will ich alles auf einmal schildern. In Wirklichkeit spielt sich niemals die ganze Phantasie bei einer einzigen Gelegenheit ab, sondern immer nur Teile davon:

In dem sehr femininen Schlafzimmer einer Frau – überall ist Tüll- und Spitzenzeug zu sehen – ist ein Mann auf einen Stuhl gefesselt. Manchmal bin ich dieser Mann, manchmal ein Zuschauer. Er ist entweder nackt oder er trägt weibliche Unterwäsche mit Strümpfen. Eine schöne Frau, manchmal eine Negerin, sitzt vor ihm auf einem Diwan und probiert Schuhe aller Art an: klassische Straßenschuhe, Pumps, auffällig hurenhafte Schuhe mit Plateausohlen und himmelhohen Hakken, aber auch billige Segeltuchschuhe oder Holzpantinen. Während der Anprobe stichelt die Frau den Mann andauernd, indem sie etwa sagt: «Gefällt dir dieses Paar? Würdest du gern diesen Schuh ablecken? Wie würde es dir gefallen, wenn man dir diesen Absatz in den Hintern schiebt?» Der Mann windet sich in seinen Fesseln. Hin und wieder reibt die Frau einen Schuh an ihrer offenen Vagina. Endlich erlöst sie ihn. Er fällt ihr zu Füßen, stößt den riesigen Stapel aufgehäufter Fußbekleidungen um und bedeckt ihre in Schuhen steckenden Füße mit Küssen.

Einmal habe ich mit einer Frau über solche Phantasievorstellungen gesprochen. Wir hatten uns mehrere Male verabredet und miteinander Liebe gemacht. Sie war Studentin fortgeschrittenen Semesters und arbeitete an ihrem Staatsexamen in Psychologie. Sie wohnte im gleichen Häuserblock. Als sie die Schule und damit den Wohnort wechseln mußte, gingen wir an unserem letzten gemeinsamen Abend aus. Nach

Bier und Pizza kehrten wir in meine Wohnung zurück. Dort rauchten wir eine Marihuanazigarette und machten uns fürs Bett bereit. Ich bat sie, die Schuhe anzubehalten. Das hatte ich auch andere Frauen gebeten – mit recht unterschiedlichen Resultaten. Diese aber ging willig darauf ein. Wir vögelten. Es war großartig. Dann lagen wir beisammen und qualmten noch eine. Vielleicht lag es am Hasch, vielleicht am Bier oder an der Tatsache, daß ich diese Freundin sowieso niemals wiedersehen würde – jedenfalls sagte ich ihr die volle Wahrheit, nachdem sie mich, neugierig lächelnd, gefragt hatte, warum sie die Schuhe anbehalten sollte. Ich legte ihr meine sexuellen Phantasievorstellungen dar. Womöglich lag es an ihrer psychologischen Vorbildung, daß sie sich von meinen Enthüllungen weder angewidert noch abgestoßen fühlte. Vielmehr schien sie echt interessiert zu sein, ja beinahe erregt. Sie fragte, ob ich meine Vorstellungen gern mal mit ihr durchspielen möchte. Das erregte mich so, daß ich mein Zittern nicht verbergen konnte. Die Frau wollte wissen, ob sie aus ihrer Wohnung ein Paar hochhackige Schuhe holen sollte. Aber ich hatte solche Angst, sie könnte es sich unterdessen anders überlegen, daß ich ihr zu verstehen gab, das sei nicht nötig. Die Schuhe, die sie anhatte, seien gut genug. Sie trug Segeltuchschuhe des neuen Stils mit flachen Keilabsätzen, jedenfalls höher als die bisherigen. Ich mußte auf dem Fußboden knien und mich von ihr mit Worten hänseln lassen, genau wie die Frau in meiner Phantasie. Sie legte sich quer über das Bett, rieb sich selbst mit einem ihrer Schuhe, zog ihn wieder an und befahl mir, das «Zeug» abzulecken. Während ich ihren Schuh ableckte und küßte, masturbierte sie sich selbst. Kurz vor dem Kommen forderte sie mich auf, sie mit dem Mund fertigzumachen. Das tat ich eifrigst und masturbierte mich selbst zu einem gleichzeitig mit dem ihren einsetzenden Orgasmus. Hinterher redeten wir noch eine Weile und taten so, als sei weiter nichts geschehen. Schließlich kehrte sie in ihre Wohnung zurück. Ich habe sie nicht mehr gesehen, muß aber oft an sie denken. Beinahe könnte ich den Moment fürchten, da ich ihr noch einmal begegne.

In der gleichen Woche habe ich in einem Spezialgeschäft in unserer Straße ein Paar Schuhe von der gleichen Art gekauft, wie sie sie getragen hatte. Ich war sehr nervös und sexuell erregt, während ich auf den Verkäufer wartete, der die Schuhe vom Lager holen mußte. Nervös deshalb, weil ich sicher war, der Verkäufer habe längst erraten, daß die Schuhe für mich bestimmt waren und nicht, wie ich gesagt hatte, für meine Frau. Und erregt war ich schon bei der bloßen Aussicht darauf, ein Paar Schuhe wie die ihren zu besitzen. Auf dem eiligen Rückweg in meine Wohnung holte ich rasch aus einem Laden eine Strumpfhose. Daheim streifte ich den Anzug ab, zog die Strumpfhose an und schlüpfte in die Schuhe meiner Lady. An diesem Abend habe ich bestimmt drei- bis viermal masturbiert. Eine ganze Woche brachte ich hinter verschlossener Tür allein zu und beschäftigte mich ausschließlich auf diese Weise.

Vermutlich läuft meine Aussage – sofern ich eine machen soll – darauf hinaus, daß ich ein gutes Sexualleben führe, das durch meine Phantasievorstellungen bereichert wird. Ich muß jetzt schließen, denn meine Verabredung für den heutigen Abend ist fällig. Ich grille Steaks für uns auf der Terrasse und frage mich bereits jetzt, was für Schuhe sie wohl anhaben wird.

Da behaupten Männer, ihr Fetisch – Schuhe, Windeln oder sonstwas – bedeute lediglich das Gewürz für die Suppe ihres Sexuallebens. Sie erklären, daß es ihnen im Grunde um die Frau geht. Daß sie tunlichst hochhackige Schuhe tragen soll, erhöht nur das Gefühl der Erregung. Norbert sagt ganz offen: «... übt der Schuh selbst bei mir ... nicht die wesentliche Wirkung aus. Mein Interesse gilt der Dame. Es wird aber durch modisches Schuhwerk verstärkt.» Dennoch beschließt er seinen Brief mit einer Anekdote, wonach er sich beim Kauf eines Paares von Frauenschuhen sexuell «sehr erregt» gefühlt habe, weil er die Schuhe benutzt, um «an diesem Abend drei- bis viermal zu masturbieren», obwohl keine Frau anwesend war.

Freud definiert den Fetischisten als einen Mann, der sich nicht in erster Linie für die Frau interessiert. Wie Norbert geht er oft allein heim und schmiegt sich statt dessen an ein Paar Galoschen. Er hat seinen Penis. Von der Angst befreit, daß er ihn womöglich verloren habe, fühlt er sich wohl, sicher, sexy und befriedigt. Er braucht sonst nichts und niemanden. Eine weitere Erklärung des Fetischismus in neuerer Zeit stellte Dr. D. W. Winnicott, führender Theoretiker der Englischen Schule für Psychiatrie, auf. Er ist der Meinung, daß der Fetisch nicht einfach den Beweis für einen unbeschädigten Penis darstellt, sondern eine Verteidigung gegen frühere, vor-ödipale Ängste. Das Objekt der Angst ist nicht der furchteinflößende Vater, sondern der Verlust der das Leben erhaltenden Mutter. Nach Winnicott entstammt der Fetischismus einer Zeit, da die Trennung von der Mutter den Tod bedeutete. Genauso wie Linus von den Peanuts sich in die Geborgenheit seiner Decke flüchtet, wenn er Kummer hat, wappnet sich der Fetischist gegen kindliche Ängste, die Mama zu verlieren, indem er seinen Fetisch fest und liebevoll umarmt.

Winnicotts Ansichten finden Rückendeckung in jenen Phantasien, in denen als Fetische Windeln auftauchen, oder Gummischürzen, wie sie von der Mutter getragen wurden, als sie das Baby badete. Selbst die erstaunliche Häufigkeit, mit der Frauenfüße oder Schuhe als Fetisch herangezogen werden, kann als Beweis für Winnicotts Theorie gelten. Ist nicht der Schuh der geliebten Person, zu der das Baby schutzsuchend hinkrabbelt, der erste zu ihr gehörende Gegenstand, den das Kind aus seiner Froschperspektive vom Fußboden aus erblickt?

Robert

Solange ich zurückdenken kann war ich stark fasziniert von der zierlichen und eleganten Fußbekleidung der Frauen, vor allem im Zusammenhang mit wohlgeformten Beinen und schönen Füßen. Schuh oder Stiefel müssen für mich so perfekt sitzen, daß sie fast wie eine zweite Haut die Konturen der Füße oder Beine umschließen und so den ganzen Charme einer Persönlichkeit zum Ausdruck bringen. Wann und wo auch immer ich meine Augen an dem Anblick von Damen in schimmernden schwarzen, hochhackigen Lacklederschuhen oder -stiefeln weide, werde ich sexuell stimuliert und sehr erregt.

Das kann mir in dem Warenhaus passieren, in dem ich arbeite, bei Parties in der Firma wie daheim oder auch irgendwo in der Öffentlichkeit. Ja sogar in der Kirche oder bei Trauerfeiern.

Offensichtlich ahnen die meisten Frauen nicht, welche Wirkung ihre schimmernden schwarzen Lederschuhe auf die Sinne mancher Männer ausüben. Doch sind sich andererseits viele Frauen dessen durchaus bewußt, wie sehr Schuhe oder Stiefel die Wirkung ihrer Persönlichkeit unterstreichen. Sorgfältig wählen sie einen bestimmten Stil und das glänzendste Leder aus, das für die Zwecke der Verführung von so großer Bedeutung sein kann.

Wenn ich von den sexy Schuhen oder Stiefeln einer Dame entzückt bin, mache ich ihre Fußbekleidung und die Füße zum Gegenstand eingehender Betrachtung, wobei ich den hohen, gebogenen Spann bewundere, der durch den langen, schlanken Absatz noch unterstrichen wird. Ich verspüre dann den Drang niederzuknien, um das sexy schimmernde Schuhleder fieberhaft zu küssen und zu lecken. In demütiger Unterwerfung möchte ich zum persönlichen Schuhsklaven der Dame werden.

Das sind meine geheimen Vorstellungen, wenn ich masturbiere oder mit meiner Frau Verkehr habe. Sie hat mich oft wegen dieses meines «besonderen» Hanges zu Damenschuhen lächerlich gemacht.

Um mich dafür an ihr zu rächen, stelle ich mir immer vor, ich sei der Sexsklave einer anderen Frau. Ich habe mir sogar vorgestellt, daß ich mich in diese schmerzhaft vergnüglichen Spiele mit einigen ihrer Freundinnen verstricke. In Gedanken sehe ich mich hilflos an Händen und Füßen gefesselt, während die Frauen mich zu ihrem Vergnügen mit einer Reitgerte schlagen. Dann zwingen sie mich dazu, ihre glitzernden Lackstiefel abzulecken. Damit muß ich mich einleitend demütigen, ehe ich mit ihnen Cunnilingus machen darf.

In Wirklichkeit kenne ich Cunnilingus nicht. Denn meine Frau meint, anständige Leute treiben so vulgäre Dinge nicht. Doch ist es immer mein dringlicher Wunsch gewesen, eines Tages mit einer dominierenden Lady Bekanntschaft zu schließen, der es persönliches Vergnügen bereitet, den Ehemann einer anderen zu veranlassen, sie selbst in dieser demütigenden Handlung zu verehren.

Seit meinem zwölften Lebensjahr habe ich ständig masturbiert. Ein vierzehnjähriges Mädchen hat mir diesen Zeitvertreib beigebracht. Meine Mutter ließ dieses Mädchen kommen, um während ihrer Abwesenheit auf mich aufzupassen. Beim Spielen schlug sie mich gern mit einem Lineal auf den Hintern. Meistens trug sie hübsche schwarze Kunstledersandalen mit Knöchelriemen, die ich anbetete. Sie ließ mich, was sie sehr amüsant fand, auf den Knien vor ihr liegend daran lecken und sie küssen.

In der Schule verschaffte mir der Anblick einer Lehrerin in hochhakkigen, glänzenden Schuhen unerträgliche Erektionen, so daß ich einfach masturbieren mußte.

Jack

Ich bin dreiunddreißig Jahre alt und geschieden. Meine frühere Frau war der erste Mensch, mit dem ich eine ernsthafte sexuelle Bindung erlebte, vor der Eheschließung stärker als danach. Unser eheliches Leben entwickelte sich ziemlich konventionell, was wahrscheinlich auf meinen damaligen Mangel an Erfahrung zurückzuführen war. Meistens verkehrten wir von vorn, gelegentlich von hinten, und nur selten gab es oralen Sex. Seit unserer Trennung hatte ich das Glück, eine Anzahl von Damen unterschiedlicher Nationalität kennenzulernen. Seither habe ich mich eines abwechslungsreicheren und interessanteren Sexuallebens erfreut.

Solange ich zurückdenken kann, hat Masturbation zu meinem Leben gehört. Die ersten Höhepunkte, an die ich mich erinnere, stellten sich beim Seilklettern ein. Ich muß damals elf oder zwölf Jahre alt gewesen sein. Soweit ich noch weiß, gab es dabei keine Erektion und keine Ejakulation. Aber das Gefühl war sehr intensiv und hielt länger an, als es heute der Fall zu sein scheint. So ungefähr stelle ich mir einen weiblichen Orgasmus vor.

In meinen Träumereien als junger Mann und auch heute noch kommen immer wieder hochhackige Schuhe vor. Der Anblick von Schuhen in einem Schaufenster, in Filmen oder wenn sie von Frauen getragen werden, wirkt auf mich erregend. Ich fühle mich stark stimuliert, wenn meine Partnerin einverstanden ist, beim Sex ihre Schuhe anzubehalten. Besonders erregt es mich, wenn sie während des Vorspiels meinen Penis mit den Absätzen berührt. Am liebsten mag ich Schuhe, die den großen Zeh frei lassen und am Knöchel mit einem Riemchen gehalten werden. Zwölfeinhalb Zentimeter ist die beste Höhe für die Absätze. Noch höhere Schuhe wirken unnatürlich und affektiert. Ich unterhalte eine sehr glückliche Beziehung zu einer Dame, die mir dabei geholfen hat, eine Phantasievorstellung zu verwirklichen, die ich vor längerer Zeit hatte. Nachdem sie an meinem Penis geleckt hatte, bis er völlig naß war, zog sie einen ihrer Schuhe (von meinem Lieblingstyp) aus und stülpte ihn mir so über die Eichel, daß diese durch die für den großen Zeh bestimmte Öffnung vorn herausragte. Ich erlebte in ihrem Mund einen wundervollen Orgasmus, nachdem sie an meiner Eichel gesaugt und dabei den Schuh an meinem Schaft auf und ab bewegt hatte. Dabei empfand ich geistiges und körperliches Wohlbehagen. In Erweiterung dieses Phantasiespiels saugt sie nicht an meinem Penis, sondern legt sich auf den Rücken und führt ihren Schuh mit meinem Penis darin an die Lippen ihrer Vagina. Ganz langsam und vorsichtig darf ich ihr den Absatz hineinschieben. Wir sind dann nur durch den Schuh miteinander vereint. Ich kann sie durch Ficken mit dem Schuhabsatz zum Orgasmus bringen. Die nach oben gerichteten Stöße meines Penis durch die Zehenöffnung des Schuhs bringen mich dazu, daß ich im Orgasmus über ihre Brüste und ihr Gesicht komme. Ich glaube nicht, daß sich diese Phantasie erfüllen lassen wird, da ich fürchte, diese Art würde zu schmerzhaft für die Frau sein, selbst wenn man ganz dünne Absätze benutzte. Ich kann nun mal den Gedanken, jemandem Schmerzen zuzufügen, nicht ertragen.

Ich sollte vielleicht hinzufügen, daß ich meine Vorliebe für hohe Absätze nicht als Fetischismus betrachte. Ich brauche sie nicht, um eine Erektion und Ejakulation zu erzielen. Doch bereiten sie mir großes, harmloses Vergnügen. Sie sind wie die Sahne auf der Torte, eine Art von sexuellem Bonus.

In jüngster Zeit kehrt häufig die Phantasievorstellung wieder, ich sei eine Frau. Ich würde gern Frauensachen anziehen, vor allem hochhakkige Schuhe. Berichte und Geschichten über Operationen an Transsexuellen erregen und faszinieren mich. Ich versuche mir vorzustellen, wie es wäre, als Frau von dreiunddreißig Jahren wiedergeboren zu werden mit allen daraus erwachsenden gesetzlichen, körperlichen und geistigen Folgen. Indessen bin ich keineswegs an sexuellen Beziehungen zu einem Mann interessiert. Dabei habe ich ernstlich versucht, mir auszumalen, wie es wäre, einen Penis zu lutschen. Die offensichtliche Schlußfolgerung aus meinen Phantasievorstellungen läuft darauf hinaus, daß ich wohl homosexuell veranlagt bin. Aber bewußt will ich damit nichts zu tun haben. Vielleicht denkt mein Unterbewußtsein anders darüber. Doch kann ich keine Schlußfolgerungen ziehen, weil sich mein Unterbewußtsein gegenwärtig nur mit schwacher Stimme vernehmen läßt. Meinem eigenen Gefühl nach bin ich eine Lesbierin mit Penis. In meinen Vorstellungen über Geschlechtsumwandlung werde ich zur Lesbierin – aber ausgestattet mit dem Wissen des Mannes!

Ich habe mich dazu durchgerungen, zu sein, was ich bin. Dadurch wird das Leben einfacher. Damit ist wahrscheinlich das Scheitern meiner Ehe zu erklären und auch meine Unfähigkeit, bis zum heutigen Tage, mit einer meiner Freundinnen eine längere Bindung einzugehen. Ich vermute, sie fühlen instinktiv, wie es um mich steht. Obwohl ich wie ein Mann aussehe und mich wie ein solcher verhalte, spüren sie meiner Ansicht nach, daß irgend etwas mit mir nicht stimmt. Ich vertraue und hoffe darauf, daß ich eine Partnerin finde, die einen zärtlichen, ziemlich feminin empfindenden Mann akzeptieren kann. Am liebsten wäre mir ein Homosexueller mit Vagina!

Conny

Ich arbeite in einem ziemlich großen Lebensmittelladen, und dort – bei der Arbeit – überkommen mich meistens die größten Erregungen. Am heftigsten fühle ich mich von Frauen in ganz kurzen Kleidern angemacht oder von solchen in langen, vorn geschlitzten Röcken, die hin und wieder ein Stück Oberschenkel sehen lassen. Obwohl ich erst siebzehn Jahre zähle, fühle ich mich am meisten zu weitaus älteren Frauen hingezogen, so zwischen zwanzig oder fünfundzwanzig Jahren bis hinauf zu fünfzig oder fünfundfünfzig. Wenn sie in diesem Alter nicht schon gar zu häßlich geworden sind. Ich frage mich oft, was für Beine wohl Doris Day haben mag.

Zu meinen Phantasievorstellungen: Bei der Arbeit stelle ich mir vor, daß eine Dame mit wunderschönen Beinen und einem gutgebauten Körper mich nach der Toilette fragt. Wir verlassen den Laden nach hinten hinaus, befinden uns aber noch nicht in der Damentoilette, als sie mir sagt, ich könnte gern ihre Pussy lecken und ficken. In einer Ecke küssen wir uns ab. Dann hebt sie den Rock und entblößt eine Pussy, deren dichter Haarbusch von einer Strumpfhose bedeckt ist. Ich fange damit an, daß ich ihre Pussy durch das hell- oder dunkelbraune Gewebe hindurch lecke. Nach ihrem ersten Orgasmus ziehe ich die Strumpfhose herunter und schlecke ihren Saft auf. Danach vögeln wir eine Weile, bevor sie weggeht.

Eine weitere erregende Vorstellung ist die, daß ich einer Kundin die Ware an den Wagen bringen muß. Sie hat ein kurzes Kleid an. Beim Niedersetzen rutscht das Kleid noch weiter nach oben und entblößt ein Paar wunderschöne Oberschenkel. Sie will mir durchaus ein Trinkgeld aufnötigen. Das lehne ich mit den Worten ab, daß eine so schöne Frau mit so hübschen Beinen von mir alles umsonst haben kann, was sie möchte. Damit fängt die Wunschvorstellung an. Sie erzählt mir, sie sei geschieden und möchte sich gern mal mit jemandem aussprechen. Also verabreden wir uns für den Abend in ihrer Wohnung. Sie öffnet mir die Tür in einem kurzen schwarzen Kleid, einer braunen Strumpfhose und Schuhen. Ich muß in ihr Schlafzimmer gehen und anziehen, was sie dort für mich bereitgelegt hat. Es handelt sich um eine Strumpfhose und ein Kleid, das mir bis an die Knie reicht. Sonst gar nichts. Die Frau sitzt in einem niedrigen Sessel und läßt sehr viel von ihren schönen Beinen sehen. Sie sagt, ich könne jetzt mit ihr machen, was ich will. Also knie ich vor ihr nieder und küsse ihre Beine von den Füßen bis zum Knie. Da will sie wissen, ob das der einzige Körperteil an ihr sei, den ich mag. Daraufhin gleiten meine Hände unter ihr Kleid, außen an den Oberschenkeln entlang und dann nach innen zu ihrer Pussy, die sich durch den weichen Stoff der Strumpfhose hindurch großartig anfühlt. Zunächst ziehe ich ihr nur das Kleid aus. Die hübschen Brüste mit den steifen Warzen passen zu ihrem niedlichen Körper. Ihre immer noch von der Strumpfhose bedeckte Pussy wird heiß unter meinen reibenden Fingern. Da schreit sie los, ich solle sie endlich ficken. Ich lasse meine Strumpfhose herunter. Sie tut dasselbe, und wir ficken, wie mir scheint, stundenlang. Danach ziehen wir beide die Hosen wieder an und rollen uns in der Neunundsechziger-Stellung auf dem Teppich. Ihre von Nylon bedeckte Pussy und ihre Oberschenkel sind über meinem Gesicht, während meine in Nylon steckenden Eier und der Schwanz ihr Gesicht bedecken. Zu solchen kleinen Vergnügungen treffen wir uns jede Woche in ihrer Wohnung.

Ein weiterer Erregungszustand überkommt mich, wenn ich unter der Dusche eine Strumpfhose trage und an alle die Frauenbeine denke, die ich im Laufe des Tages gesehen habe. Das bringt mich zum Kommen.

Es wird Zeit für eine Dusche.

In einigen dieser Schilderungen stellt sich der Mann vor, er trüge als Fetisch weibliche Bekleidungsstücke. Damit erhebt sich die verzwickte Frage nach dem Unterschied zwischen Transvestitentum und Homosexualität. Man beachte, daß eines nicht unbedingt das andere bedeuten muß. Selbst unter aufgeklärten Leuten herrscht Verwirrung. Die große Mehrheit der Homosexuellen trägt niemals Frauenkleidung. Andererseits gibt es Männer, die sich gern in Frauenkleidung zeigen, aber niemals homosexuelle Erfahrungen gemacht haben.

Ein weiteres Kennzeichen des fetischistischen Denkens ist die besondere Liebe zum Detail. Der Fetisch wird liebevoll beschrieben oder genüßlich untersucht. Da wird die genaue Höhe der Absätze angegeben, die Strumpfhosenmarke und ihre Farbe. Alle Einzelheiten der Figur und des Duftes werden festgehalten.

Wenn ein Mann behauptet, er sei in seine Frau verliebt, verwundert es da, daß er größten Wert auf ihr Äußeres legt? Wenn man jemanden liebt, ist die kleinste Einzelheit an ihm wichtig. Warum sich also überrascht zeigen, wenn der Fetischist seinem Objekt die gleiche Aufmerksamkeit widmet?

Schließlich möchte ich noch auf etwas eingehen, das Robert (s. S. 127) ins Spiel gebracht hat. Er fragt, ob Frauen überhaupt um die verführerische Macht der von ihnen getragenen Schuhe wüßten. Seine eigene Antwort darauf ist zweideutig. Doch hat er den Finger auf etwas gelegt, das mir schon immer zu denken gegeben hat. Beide Geschlechter fühlen sich durch Frauenschuhe weitaus mehr erregt als durch Männerschuhe.

Man denke nur an die unangemessenen Preise, die Frauen für ihre Schuhe bezahlen. Schuhe nehmen in Kleiderschränken und Koffern viel zuviel Platz ein. Frauen erdulden Schmerzen, nur um Schuhe zu tragen, die eine Nummer zu klein und um einen halben Absatz zu hoch sind. Eine Frau kommt mit einem neuen Kleid nach Hause. «Das mußt du dir zusammen mit diesen Schuhen vorstellen», sagt sie und weist die Neuerwerbung vor. «Du bist wohl übergeschnappt», schimpft der Ehemann. «Hundert Dollar für diese Schuhe? Bei diesem bodenlangen Kleid wird niemand sie zu sehen bekommen.»

Die Frau lächelt still vor sich hin. Sie weiß um die Wichtigkeit der Schuhe.

9. Wassersport

«Nichts Menschliches ist mir fremd. Den Menschen kann man nur durch den Menschen kennenlernen.» Bei diesen Binsenweisheiten der Philosophie kann man nur zustimmend nicken. Aber daß Pissen und Kacken erotisieren? Wie kann das angehen? Für die meisten von uns dürfte es schwierig sein, die Männer, die hier ihre Phantasievorstellungen offen darlegen, auch nur annähernd zu verstehen. Wir distanzieren uns von ihren Vorstellungen. Diese Menschen sind uns fremd. Und doch ist beides, auch die Toleranz, mit der wir sie belächeln, nur Beweis dafür, wie gut wir verdrängt – «vergessen» – haben, daß wir selbst alle einmal die demütigenden Erfahrungen gemacht haben, die mit der Erziehung zur «Stubenreinheit» verbunden sind. In diesen Phantasien werden diese Erfahrungen symbolisch reaktiviert.

Bernard

Ich hoffe, Sie nehmen in Ihr Buch auch Phantasievorstellungen von Anhängern der Urinologie auf, insbesondere von Windelfetischisten. Ich vermute, daß das Interesse daran, Windeln zu tragen, weit verbreitet ist. Viele dieser Fetischisten halten sich für ganz seltene Ausnahmen, wie ich auch von mir einst glaubte. Dieser Fetisch erscheint beschämender als andere. Obwohl Anonymität zugesichert wurde, kann ich es nicht über mich bringen, dieses Schreiben zu unterzeichnen.

Das Gefühl einer dicken Masse von Windeln, zusammengehalten von einer wasserdichten Hose, ist wunderbar. Ich benutze Handtücher als Windeln unter undurchlässigen Plastikhosen, die ich vom Versandhaus beziehe (um die Anonymität zu wahren). Ich nehme an, daß ein großer Teil der von einschlägigen Häusern verschickten Windelhosen von Fetischisten bezogen werden.

Ich stelle mir vor, ich sei ein Kind – vorzugsweise ein kleines Mädchen von vier oder fünf Jahren, das sich nachts immer noch naß macht. Nachdem ich viel Flüssigkeit zu mir genommen habe, liege ich im Bett und mache mich naß. Oft trage ich die feuchten Windeln den ganzen Abend lang, wobei ich immer wieder hineinmache. Ich sammle Berichte darüber, wie Kinder ans Töpfchen gewöhnt werden, aus Büchern und Artikeln über Erziehung.

Neuerdings, nämlich seit ich erfahren habe, daß es viele Windelfetischisten gibt, stelle ich mir in meiner Phantasie vor, ich lerne eine Frau kennen, die ebenfalls an Windeln ihr Vergnügen hat. Dabei denke ich an eine hübsche, schlanke Frau mit kleinen Brüsten. Sie ist nackt bis auf die wasserdichte Hose, die sich über einer dicken Lage von Windeln bauscht. Sie kommt – in meiner Vorstellung – zu mir und tut so, als sei sie noch ein Kind, das wegen seiner nassen Windeln weint. Mich würde es interessieren, ob sie seit ihrer Kindheit eine Bettnässerin gewesen und wirklich gezwungen ist, Windeln und Gummihöschen zu tragen. Ich gehe davon aus, daß viele Windelfetischisten in ihrer Kindheit Bettnässer gewesen sind.

Dennis

Ich werde von zwei oder drei Hauptwünschen beherrscht. Ich spreche von Wünschen, obwohl ich sie als Phantasievorstellungen benutze, während ich masturbiere. Ich bemühe mich, sie in die Tat umzusetzen.

Ich träume davon, eine scharfe, bisexuelle, geschiedene Frau kennenzulernen. Sie ist zu allem bereit, solange sie dabei nicht erwischt wird. Außerdem hat sie eine gleichfalls sehr scharfe Tochter. Ich überrede die Mutter dazu, daß sie mich mit ihrer zu allem bereiten Tochter sexuell verkehren läßt. Im Hintergrund lauert die Absicht, die Tochter zu Sexspielen mit ihrer Mama zu überreden. Zunächst läßt sie mich mit der Tochter allein, und wir machen Sex. Dabei frage ich sie, ob sie schon mal an Sex mit einer erwachsenen Frau gedacht habe. Sie meint, das könne nett und einen Versuch wert sein. Da erkläre ich ihr, daß die Mama womöglich mitspielen werde.

Ich bringe den beiden in getrennten Unterredungen bei, wie die Sache ablaufen soll. Wenn wir alle beisammen und so richtig scharf auf das sind, was ich vorgeschlagen habe, werde ich das Zeichen zum Anfang geben, indem ich meinen Pimmel vor ihnen aus der Hose ziehe und zu masturbieren beginne. Natürlich läßt sich leicht erraten, wie es von hier aus in meiner Phantasievorstellung weitergehen soll.

Meine zweite Phantasievorstellung ist ziemlich wüst, denn darin geht es um Defäkation. Ich träume von einer Frau, die ihr Vergnügen beim «goldenen Schauer» und in der Defäkation findet. Ich schreibe diese Traumvorstellungen auf, während ich wichse, denn dann fällt es mir leichter. Wenn Sie wollen, dürfen Sie diese Stelle gern «bereinigen». Aber vielleicht können Sie meinen Worten entnehmen, wie stark mein Drang nach solchem Erleben ist.

Ich sehe im Geist eine Frau, die nackt über meinem Mund hockt und einen sehr heißen, stark riechenden Urinstrom in meinen offenen Mund losläßt. (Ich habe so etwas schon erlebt! Es ist köstlich!) Ich behalte den Mund voll und deute durch Zeichen eine Frage an. «Soll ich dir etwas von deiner Pisse in den Mund spucken?» Da lächelt sie, preßt ihren Mund über meine Lippen, saugt den eigenen Urin aus meinem Mund und schluckt den Schwall hinunter. Dann muß sie sich aufrichten, sich rittlings über meinen Brustkorb hocken und auf mich herunterscheißen. Ich sehe die Brocken aus ihrem Arschloch quellen und höre sie aus der Höhe auf mich herunterklatschen, denn die Frau hat sich inzwischen ganz aufgerichtet. Welch herrlicher Geruch! Dann lekke ich ihr das Arschloch sauber und frage, ob sie noch einen Kuß haben möchte. Mit Wonne höre ich sie rufen: «O ja, deine Küsse schmecken und riechen so gut!» Dann muß sie sich auf mich legen. Ihre Scheiße liegt immer noch auf meiner Brust und wird von unseren Leibern breitgequetscht, während wir – sie immer noch oben – vögeln!

Ich habe ja vorher gesagt, daß es ziemlich wüst werden würde. Bitte um Entschuldigung. Ich glaube nicht, daß es eine Frau gibt, die Scheiße so gern mag wie ich. Wie frustrierend!

Ich bin ein dreiunddreißigjähriger Junggeselle und habe kürzlich fünfzehn Kilo abgenommen, so daß ich jetzt noch siebzig Kilo wiege.

Als ich dreizehn war, ließen sich meine Eltern scheiden. Meine Mutter war Alkoholikerin. Ich erinnere mich, daß sie eines Nachts mit ihrer Freundin und deren Freund in unsere Wohnung kam. Sie gingen zu dritt miteinander ins Bett. Ich fühlte mich verletzt, schuldig und erregt, alles zu gleicher Zeit.

Ich erinnere mich auch daran, daß sie einmal im Bett lag und ich mit ihr redete. Damals war ich etwa siebzehn. Mir kam der Gedanke, es mit ihr zu treiben, ließ es aber sein. Dabei überkam mich stark das Empfinden, daß sie mich gelassen hätte.

Vergessen Sie nicht, alle die von mir beschriebenen Wünsche sind wahr, zu verdammt wahr! Und ich nehme kein Blatt vor den Mund, ich benutze die dreckigsten Ausdrücke, wenn ich einer Frau von mir berichte und dabei immer erregter werde.

Hank

Meine erste und wichtigste Phantasievorstellung ist, ich sei wieder ein Baby. Jetzt zähle ich achtundzwanzig Jahre und habe mein Leben lang Windeln und Gummihöschen getragen. Dabei habe ich sie niemals für den gedachten Zweck benutzt, außer damals – natürlich – als ich wirklich ein Baby war. Ich mag einfach das Gefühl, diese Dinge anzuhaben. Während ich masturbiere, stelle ich mir vor, ich würde von einer schönen Frau gewindelt. Sie zieht mich vollkommen aus und legt mich auf eine zuvor auf dem Bett ausgebreitete Windel. Sie zieht den Stoff zwischen meinen Beinen hoch und steckt ihn an den Seiten fest. Danach zieht sie ein Gummihöschen über die Windeln. Sie bereitet das Fläschchen zu und reicht es mir, während sie dauernd in einer Babysprache auf mich einredet.

Meine zweite Phantasievorstellung besteht darin, daß ich nackt in einer Badewanne liege. Drei Frauen sind da, die sich vor mir ausziehen und dann ihre Schlüpfer um meinen Penis wickeln. Sie hocken sich über mich und bepinkeln mich. Daraufhin wickeln sie die Schlüpfer von meinem Schwanz, wischen damit ihre Pussies trocken und stopfen mir die Höschen in den Mund.

Jede Mutter hat erlebt, daß das Baby den Finger in seine Fäkalien taucht und ihr etwas davon wie eine Liebesgabe darbietet – als etwas, das es selbst produziert hat. Als ein Stück von sich selbst. Warum ist sie nicht so stolz darauf wie es selbst? Sich selbst überlassen, fühlt sich kein Baby davon angewidert, irgend etwas in seinen Mund zu stopfen. Erst wenn wir den tierischen Status verlassen – oder den der Unschuld, wenn man so will –, werden wir wählerischer.

Dazu gehört aber ein Kampf – «der Kampf mit dem Nachttöpfchen», wie es in der psychoanalytischen Redeweise heißt. Wir alle haben diesen Kampf verloren, aber die Männer in diesem Kapitel haben den Kampf nicht aufgegeben. Sie holen sich das alles zurück, wenn Mutter gerade mal nicht hinsieht.

Kleinkinder geraten oft in Schwierigkeiten, wenn sie alles mögliche unternehmen, um sich Mutters Zuwendung zu erhalten. Ein ähnliches Element kann ins Spiel kommen, wenn es darum geht, den Prozeß der körperlichen Ausscheidung mit erotischem Glamour zu erfüllen. Tag für Tag bemüht sich die Mutter darum, ihren Sohn «stubenrein» zu machen. Sie wendet sich ihm voll zu. Die Schwester wird vernachlässigt, das Gespräch mit dem Vater unterbrochen, während sie neben dem Kleinkind darauf wartet, daß es mal muß. Noch deutlicher ausgedrückt: Welche Körperregion findet ihr vollstes Interesse? Sein Penis und sein Anus.

Gegen Mutters Reinlichkeitsgebote zu verstoßen, wirkt sich im Unbewußten mindestens in dreierlei Beziehung aus: 1. Es ist eine Rache an der Mutter, die den Jungen gegen seinen Willen zur Reinlichkeit zwingt. 2. Er etabliert dadurch seine Unabhängigkeit, indem er nicht auf sie «hört», sondern seinen Wünschen freien Lauf läßt. 3. Er stellt jenen Teil des Körpers wieder in den Mittelpunkt, der für sie früher einmal den Mittelpunkt des Universums gebildet hat. Wenn ein kleiner Junge hinter einem Baumstamm pinkelt, dann erleichtert er sich nicht nur. Das ist ein symbolischer Akt. Darin findet er Befriedigung – nämlich Freiheit!

Es liegt eine gewisse Ironie darin, wenn sich jemand den «Wassersport» als letzten Ausweg aussucht, um gegen jede Autorität aufzubegehren. Äußerlich sieht es nach Rebellion aus. Man will als erwachsen, zäh und ungebunden angesehen werden. Doch liegt darunter das Sehnen nach einem erneuten Leben in einer Freiheit, wie sie nur dem Baby zugestanden wird. So gesehen, bedeuten Phantasievorstellungen über «Wassersport» nicht so sehr den Wunsch nach dem Losreißen von Mutters Hand, sondern das Verlangen danach, wieder in den anarchischen Garten Eden zurückzukehren, wie er war, bevor Mutter ihre Vorschriften erließ.

Noch etwas wird am «Wassersport» oft falsch gedeutet. Man verwechselt solche Spiele mit fetischistischen Aktivitäten. So nennt Bernard (s. S. 134) sich selbst einen «Windelfetischisten». Dabei geht aus seinem Brief klar hervor, daß nicht die Windel ihn erregt. Wäre dem so, würde er einfach eine Windel kaufen und damit spielen. Das wäre genug. Bernard dagegen will das Vergnügen bis zur Neige auskosten. Er legt sich ins Bett und macht sich ein. Die Windel mag sich für ihn erotisiert haben, weil er dergleichen zufällig als Kind getragen hat. Seine besondere Erregung aber findet er im Akt des Naßmachens. Ein Fetischist jedoch ist jemand, der im wesentlichen seine Erregung nur durch einen toten Gegenstand findet.

Meinrad

Mich erregt der Gedanke an eine Frau, die sich versehentlich naß macht. Dabei schätze ich, daß ein tatsächliches Ereignis daran schuld ist. Wir waren eines Abends im vergangenen Jahr ausgegangen und hatten einiges getrunken. Meine Frau mußte dringend mal pinkeln. Ich fuhr durch die Straßen und suchte nach einer Stelle, wo ich kurz anhalten konnte. Meine Frau war schon beinahe hysterisch, ehe ich endlich eine Tankstelle erreichte. Ich werde nie vergessen, wie erregt ich war, als sie zur Toilette rannte und diese besetzt vorfand. Sie kam zum Wagen zurückgerannt und bat mich, fast weinend, ich solle doch irgendwie helfen. Ich sah ihr ins Gesicht. Sie biß sich auf die Lippen und jammerte hilflos. Dann blickte ich abwärts, gerade noch rechtzeitig, um den goldenen Strom unter den Rändern ihrer kurzen Jeans hervorschießen zu sehen. Sie blieb einfach so stehen, bis sie fertig war. Dann stieg sie in den Wagen. Ich fuhr nach Hause und vögelte sie gleich in der Garagenauffahrt, ohne Rücksicht darauf, ob uns jemand zusah oder nicht. Jetzt zieht sie sich hin und wieder entsprechend meinem Wunsch an und wartet so lange wie möglich, ehe sie mich zusehen läßt, wie sie sich selbst bepinkelt. Das ist toll erregend.

Fritz

Ich bin fünfundzwanzig Jahre alt, verheiratet und studiere Medizin. Ich bin entschlossen, Ihnen Informationen über meine sexuelle Phantasievorstellung zu senden (ich habe nur diese eine), weil ich sie vermutlich mit nur wenigen anderen Menschen teile. Meine sexuelle Phantasievorstellung dreht sich ausschließlich um Frauen, die dringend mal pinkeln müssen.

Diese Vorstellungen entstammen zwei Ereignissen, die ich als Heranwachsender miterlebt habe. Beim erstenmal war ich fünfzehn Jahre alt. Ich sah aus nächster Nähe, wie eine junge Frau in ihre Jeans pinkelte, während sie auf einem Jahrmarkt vor der ständig besetzten Toilette Schlange stand. Der andere Fall ereignete sich zwei Jahre später. Ich war mit einem Mädchen auf einer Waldlichtung mitten im schönsten Petting, als die Gespielin plötzlich erklärte: «Ich muß mal pinkeln.» Damit riß sie ihren Slip herunter und pißte unmittelbar vor mich hin. Fasziniert sah ich zu, wie der dicke, volle gelbe Strahl auf den Waldboden plätscherte.

In beiden Fällen verspürte ich starke sexuelle Erregung.

Seither drehen sich meine sexuellen Phantasien immer um Frauen, die sich dringend erleichtern müssen, aber aus irgendeinem Grund keine Toilette finden und so gezwungen werden, sich auf ungewöhnliche Weise Erleichterung zu verschaffen. Zu diesen unorthodoxen Möglichkeiten gehört es, sich auf öffentlichen Plätzen hinzuhocken, wo jeden Augenblick jemand auftauchen kann, aber auch einfach die Bekleidung naßzumachen oder Gefäße außerhalb der Toilette zu benutzen (zum Beispiel Mülleimer, Abwaschbecken in der Küche, Schwimmbäder, Telefonzellen, Watteschachteln). Manchmal ist es der Frau in meiner Phantasie möglich, ihr «Geschäft» zu vollenden, ohne daß jemand ihre Missetat bemerkt. Wenn die erdachten Frauen pinkeln, erlange ich den Höhepunkt. Das ist nun schon seit mehreren Jahren meine einzige gedankliche Vorstellung beim Masturbieren. Mit meiner Frau erfreue ich mich am normalen, gewöhnlich jedoch durchaus befriedigenden Koitus. Dabei spielen meine Phantasieprodukte keine Rolle. Tatsächlich weiß meine Frau überhaupt nichts von meinen Sexphantasien.

Johann

Ich sehe ganz ordentlich aus, bin fit und gesund, erwachsen (in den Vierzigern), aktiv und ziemlich intelligent – glaube ich. Eine ruhige, verschlafene, nüchterne Stadt ist mein Wohnsitz. Nun zu meiner Geschichte. Ich bin ein Anhänger des «Wassersports». Angefangen hat alles vor einigen Jahren durch einen Vorfall, über den ich berichten will. Der erste Teil beruht also auf Wahrheit. Mit ihm nahmen meine Phantasievorstellungen ihren Anfang.

Ich machte einer hübschen Krankenschwester namens Pat (in Wirklichkeit heißt sie anders) den Hof. Eines Morgens kehrten wir von einer Party zurück und befuhren eine nagelneue Autobahn. Damals gab es noch keine Geschwindigkeitsbegrenzungen. Aber Anhalten durfte man auf keinen Fall, es sei denn wegen einer Panne, einer Herzattacke oder aus ähnlich schwerwiegenden Gründen.

Plötzlich erklärte Pat, sie müsse dringend eine Toilette aufsuchen. Mich quälten die gleichen Nöte. Wir wußten jedoch, daß die nächste Abzweigung nahe bei Pats Wohnung lag und daß es bis dahin keine Möglichkeit gab, die Autobahn zu verlassen. Nach einer kurzen Strecke sah mich Pat von der Seite her an und meinte, ihre Situation nähme katastrophale Formen an. Erging es mir vielleicht besser? Die Antwort lag klar auf der Hand. Pat erinnerte mich daran, daß nach Meinung der Ärzte eine schmerzhafte Harnverhaltung nicht gut sei. Also schlug sie vor, wir sollten uns in jeweils kleinen Mengen wenigstens vorübergehend Erleichterung verschaffen. Da ich bereits überzufließen begann, steuerte ich mit einer Hand, während ich die andere zwischen meine Beine preßte. Ich hatte nichts gegen Pats Vorschlag einzuwenden und meinte: «Wir sind gleich da.»

«Gut», nickte sie. «Haben wir erst mal die Tür erreicht, sind wir in Sicherheit.»

Draußen vor ihrer Tür klemmten wir die Hände zwischen die Beine und hüpften herum wie Indianer auf dem Kriegspfad (oder war es ein Regentanz?). Endlich waren wir drin und ließen die Tür zukrachen. Ich wendete mich sofort dem Badezimmer zu und wollte hinein. Da drängte sich Pat gegen mich und griff mir zwischen die Beine. Allem Urindrang zum Trotz bekam ich einen Steifen und griff nun meinerseits an ihre Shorts. Zum beiderseitigen Erstaunen masturbierten wir uns gegenseitig zu einem überwältigenden Höhepunkt. Dann standen wir voreinander und pinkelten in unsere Hosen. Ich hätte mich schämen müssen, tat es aber nicht.

Eine Woche später war Pat ziemlich betrunken. In einem Gebüsch half ich ihr aus dem Wagen. Da machte sie einfach die Beine breit, knickte in den Knien ein, bis ich ihren grünen Slip sehen konnte. So ließ sie ihr Wasser laufen. Diesmal sah ich fasziniert zu, wie der Urin aus ihrer Hose direkt ins Gras schoß. Ich war plötzlich erregt, und wir machten auf der Stelle Liebe.

Das war meine Einführung in den «Wassersport». Unsere Sexerlebnisse waren stets überwältigend. Ich habe Pat nicht geheiratet. Daß ich es bedaure, spielt hier keine Rolle. Ich habe inzwischen erfahren, daß ich immer hochgradig erregt werde, ganz egal, wer pinkelt. Die Abbildungen von nackten Frauen lassen mich kalt. In meiner Phantasie muß eine Frau, die sich die Blase entleeren will, immer Höschen tragen.

Meine Phantasievorstellungen nehmen verschiedenartige Formen an. Jedoch kommt darin meistens eine junge Dame im Tennisdress vor, die im dichtesten Verkehr mit ihrem Sportwagen steckenbleibt. Verzweifelt sucht sie, ihrem Harndrang standzuhalten. (Ich muß hier einfügen, daß ich mir für solche Phantasiespiele ganz enge Unterwäsche und knapp sitzende Hosen anziehe.) Zurück zu meiner Freundin im Auto. Ihre Schwierigkeiten nehmen zu. Sie pinkelt ganz wenig, gerade so viel, daß sie im Schritt naß wird. Sie ist gezwungen, von jetzt an in jeder Minute etwas Urin fließen zu lassen. Plötzlich geht der Verkehr weiter, und unsere junge Dame muß nun fahren. (Inzwischen werde ich selbst ganz naß.) Da gibt sie jeden Widerstand auf und läßt den Urin in einem enormen Strom zwischen ihren langen Beinen hervorschießen. Er fließt vom Sitz auf den Wagenboden herunter.

Um bei hellem Tageslicht in ihre Wohnung zu gelangen, zieht die junge Frau einen eng sitzenden roten Monteuranzug über. In ihrer Wohnung angelangt, unternimmt sie nicht einmal den Versuch, sich normal zu verhalten. Vielmehr tritt sie vor den Spiegel und betrachtet den dunkel werdenden Fleck in dem Overall, während sie schon wieder geräuschvoll pißt. Ich bin bereits pitschnaß und muß wie wild masturbieren, um der sexuellen Nöte Herr zu werden.

Bei seltenen Gelegenheiten lasse ich die arme Frau auf meinen Gedankenflügen auch mal gezwungen sein, in ihrer eigenen Scheiße zu sitzen.

Nach solchen Phantasien und dem gleichzeitigen Masturbieren bin ich immer erstaunt, und manchmal fühle ich mich von mir selbst angewidert. Ich gefalle mir mit diesem Tick gar nicht (und ein Tick ist es doch nun einmal). Trotzdem kann ich damit nicht aufhören. Dabei bin ich sicher, daß ich womöglich gar kein Interesse mehr daran hätte, es in «Wirklichkeit» noch einmal zu erleben, sollte mir jemals wieder eine Frau mit Interesse am «Wassersport» über den Weg laufen. Doch bin ich überzeugt, daß ich nur auf diese Weise kuriert werden könnte. Mir ist klar, daß ich über meinen Tick mit niemandem sprechen kann, der nicht selbst auch solche unheimlichen Neigungen wie ich hat.

Mir scheint, daß mich nicht der Urin an sich erregt, sondern der Vorgang selbst. Kurzum «unartig zu sein». Mag sein, daß solche Dinge auf Kindheitserlebnisse zurückgehen. Sie stellen womöglich auch einen Akt der Rebellion dar, und die Teilnahme daran bildet den Auslöser für die Höhenflüge einer unheimlichen Phantasie. Vielleicht drückt sich darin aber auch die tief verwurzelte Abneigung gegen unsere normalen, alltäglichen Verdrängungen aus. Ganz offensichtlich gibt es Leute, die in jedweder Beziehung «normal» sind und die dennoch eine von anderen verschiedene Ausflucht ins Ungewöhnliche brauchen.

Ich wünsche nur, ich wüßte es.

Beide Männer fühlen sich entflammt bei der Vorstellung von Frauen, die vor sich selbst so außer Kontrolle geraten, daß sie zu allem fähig sind. Diese Frauen sind so hitzig darauf aus, ihren natürlichen Körperfunktionen freien Lauf zu lassen, daß Schamhaftigkeit und gesellschaftliche Hemmungen einfach beiseite geschoben werden. Frauen dieser Art begegnen wir in diesem Buch immer wieder. In unterschiedlichen Rollen bildet die total hingegebene Frau die Königin im Spiel der männlichen Phantasie.

Leider wird angesichts unseres Erziehungsweges die Mutter zu der Person, an die man sich als die erste große Reine erinnert. Vieles an der männlichen Wut auf die Frauen entstammt dem zweiten Knabenjahr, als Mama die zwar notwendige, aber wenig dankbare Aufgabe hatte, dem Söhnchen Selbstbeherrschung beizubringen.

Eine meiner Hoffnungen für die Zukunft besteht darin, daß Frauen mehr und mehr in den Arbeitsprozeß eingereiht werden, womit den Vätern eine größere Rolle in den frühen Jahren ihrer Kinder zufällt. Wir empfinden vielleicht niemals Dankbarkeit für den Menschen, der uns ans Töpfchen gewöhnt. Aber ich würde einen großen Vorteil darin erblicken, wenn sich zwei verschiedene Menschen in diese undankbare Aufgabe teilen würden, Mutter und Vater, also eine Frau und ein Mann. Die Mütter haben schon viel zu lange die Schwierigkeiten und undankbaren Seiten der Zivilisation auf sich nehmen müssen.

10. Voyeure und Exhibitionisten

Bevor sie durch die Kultur Hemmungen kennenlernen, neigen Kinder beiderlei Geschlechts dazu, mit dem lauten Ruf «He, seht mich mal an!» nackt im Wohnzimmer zu paradieren. Man muß ihnen erst beibringen, daß sie das nicht in Gegenwart von Gästen tun dürfen. Überlieferungen besagen, daß einem das Verlangen, zu sehen und gesehen zu werden, angeboren ist. Man möchte geliebt oder doch beachtet werden für das, was man herzuzeigen hat.

Wenn die Situation für Frauen schwierig ist, so meiner Ansicht nach um so mehr auch für Männer. Ihr Verlangen danach, gesehen und bewundert zu werden, kann sich nur durch die Frau an ihrem Arm ausdrücken. Kein Wunder, daß diese verdrängten Wünsche in den Untergrund gehen und als Phantasiegebilde wiederauftauchen. Der männliche Konflikt nimmt in diesem Kapitel eine besondere Form an. Da ist einmal die Liebe zur Frau für das, was sie herzeigt; ferner Zorn auf die Frau, weil sie entweder nicht genügend vorzuweisen hat oder weil sie nicht sehen lassen will, was der Mann gern enthüllt sähe.

Voyeurismus und Exhibitionismus scheinen in einer gegensätzlichen Relation zueinander zu stehen. Jedes bildet die zweite Seite einer Münze.

Es gibt Männer, denen der Anblick einer nackten Frau vollkommene Befriedigung verschafft. Das ist der voyeuristische Akt in Reinkultur.

Andere masturbieren beim Anschauen von Fotos nackter Frauen. Diese einseitige Beziehung genügt wieder anderen nicht. Sie wollen von der Frau wahrgenommen werden. Das drückt sich in Bewunderungsrufen, Pfeifen, obszönem Nachrufen, zweideutigen Aufforderungen aus. Der feindseligste Akt am Ende dieser Kette ist die Exhibition. Auch hierbei geht es um komplexe Vorgänge, die oft nicht leicht zu erklären sind. Beginnen wir also mit einem Mann, der sich damit begnügt, eine Frau anzusehen.

James

Obwohl ich ein aktives Sexualleben führe, erfreue ich mich auch daran, eine Frau nur anzusehen. Einfach ausgedrückt meine ich, unverschämtes Starren auf die Körper und besonders die Genitalien schöner Frauen.

In den letzten Jahren sind weibliche Geschlechtsteile wie aus einer Versenkung aufgetaucht. Als ich ein Junge war, sah man «Abbildungen» weiblicher Intimteile an Toilettenwänden dargestellt in Form eines kleinen haarlosen V. Daraus folgerte ich, daß Frauen und Mädchen tatsächlich geschlechtslos seien. Heutzutage kann man sich in jedem Supermarkt Farbfotos von weiblichen Fotzen besorgen. Diese Fotzen sind arrogant, zeigen jedes Detail, sind feucht, haarig, und sie werden genauso wichtig genommen wie der Penis.

Die Feministinnen und Lesbierinnen in meinem Bekanntenkreis bezeichnen diese Bilder als Mittel, die Frauen zum Lustobjekt zu degradieren und auszunutzen. Ich persönlich bilde mir nicht ein, diese Frauen zu ficken oder sie zu bitten, dies und das mit mir zu machen. Wenn ich beim Anblick von Aktfotos masturbiere, reagiere ich im Grunde genommen lediglich auf die nackte Frau. Und ich bin ihr dankbar, daß sie sich für mich auf diese Weise zur Schau stellt.

Eine meiner jüngsten Phantasievorstellungen versetzt mich in ein Versteck, von dem aus ich ungesehen ganze Frauenscharen in deutlicher Absicht an mir vorüberziehen sehe. Sie tragen schlichte Oberteile ohne Büstenhalter darunter, dünne Blusen, Hemdchen etc. Darin fühlen sie sich wohl und sicher. Von Sinnlichkeit erfüllt, bevölkern sie meine Traumstraße. Ich fühle mich mitten unter ihnen und erfreue mich an ihrer Sinnlichkeit. (In einer Gesellschaft mit vor Überfällen sicheren Straßen würde ich gern selbst alles enthüllende Kleidungsstücke tragen, um anderen damit Vergnügen zu bereiten.) Leider behauptet man nun, daß Frauen mit wehendem Haar und hervortretenden Brustwarzen zur Vergewaltigung herausfordern. Unsere Straßen sind unsicher, und der Büstenhalter scheint wieder im Kommen zu sein.

Mir scheint, daß viele Frauen in Ihren Büchern sich selbst gern enthüllen und zur Schau stellen möchten. Vielleicht wird in einer künftigen Gesellschaft, auf die ich hoffe, einer Gesellschaft ohne Vergewaltigung und Beleidigung, die Sinnlichkeit die gleiche Rolle spielen wie heutzutage die «gute Aufmachung». Verlockungen und sexuelle Witze würden zu alltäglichen Zwischenmahlzeiten werden und an die Stelle der jetzt üblichen schweren Mahlzeiten treten, bei denen der Hunger im Mittelpunkt steht. Das erschiene mir gesünder.

Gregor

Ich bin siebenundzwanzig Jahre alt, glücklich verheiratet und Vater eines Kindes. Wenn ich mit meiner Frau Liebe mache, stelle ich mir manchmal vor, eine andere Frau zu vögeln, eine, die ich kenne und mit der ich früher ins Bett gegangen bin. Davon sage ich meiner Frau nichts. Nicht weil sie sich beleidigt fühlen könnte, sondern weil ich mich schäme.

Eine Phantasie sieht vor, daß ich mir einen antiken Spiegel gekauft habe. Zu meiner Überraschung stelle ich fest, daß man beim Hineinschauen sehen kann, wen immer man will, aber in unbekleidetem Zustand. Ich nehme das Glas heraus und fertige daraus eine Sonnenbrille an. Wenn ich sie auf der Straße trage, sehe ich alle Leute, Väter, Mütter, Kinder, völlig nackt vor mir. Mir macht die Vorstellung Vergnügen, so ausgerüstet in einem Bus zu fahren, vor allem, wenn die Linie am Gebäude einer bestimmten Versicherungsgesellschaft vorüberfährt. Dort sind Hunderte von jungen Frauen beschäftigt. Dabei empfinde ich ein starkes Machtgefühl und zugleich ein wenig Schuld. Aber es macht mir Spaß. Das Schuldgefühl verstärkt meine erotischen Sinne. Wenn die wüßten, was ich treibe …

Und noch eine Phantasie: Einer meiner Freunde arbeitet in einem großen wissenschaftlichen Forschungslaboratorium. Er entdeckt eine Pille. Wenn man sie nimmt, wird man unsichtbar. Ich entkleide mich völlig und gehe in vielen Häusern umher, in denen – wie ich weiß – viele schöne Frauen wohnen. Ich beobachte die Frauen. Sie tanzen, singen, gehen – alle ganz nackt. Einige spielen an ihren runden, festen Brüsten. Andere waschen sich mit Seife zwischen den Beinen. Eine weitere hat es sich in einem großen Sessel bequem gemacht und rasiert ihre Schamhaare. Ich stelle mir gern ihre Reaktion darauf vor, wenn sie plötzlich gewahr würden, daß sie von einem Unsichtbaren beobachtet werden. Das erregt mich sehr stark. In einer meiner Wunschvorstellungen bin ich bei einer nackten Frau im Badezimmer, die sich gerade einseift. Ich helfe mit ein wenig Wasser der Schaumbildung nach. Sie erschrickt und ist überrascht. Bestürzt schaut sie sich um und weiß nicht, wie ihr geschieht. Die Frau möchte etwas überziehen, weil sie fürchten muß, nicht allein zu sein. Aber ich habe ihre Kleidungsstücke versteckt. Nachdem ich mich an dieser Szene herzlich erfreut habe, wende ich mich anderen Orten zu.

Ich gehe in ein Hotel und sehe zu meinem Erstaunen nur weibliche Gäste, die in den Badezimmern frivole Spiele treiben. Zwei Frauen machen miteinander Liebe. Das ist für mich sehr aufregend, denn ich kann mir nichts Erregenderes als lesbische Liebe vorstellen. Im nächsten Zimmer sehe ich eine Siebzehnjährige. Sie masturbiert, indem sie mit den Fingern sehr schnell ein- und ausfährt. Stöhnend schließt sie die Augen. Zwischendurch schreit sie: «Fick mich, du Bastard!» Vielleicht stellt sie sich vor, von ihrem Lieblingsfilmstar gevögelt zu werden. Eine weitere Frau benutzt eine Banane, wieder eine andere eine Kerze, und eine dritte befriedigt ihre Lust mit einem Lineal. In diesem Augenblick hört die Wirkung meiner Unsichtbarkeitspille auf. Mein Körper fängt an, für jedermann sichtbar zu werden. Die Frauen sehen mich überrascht und mit angstvollen Blicken an. Nur eine ist so hitzig, daß sie mich voller Freude willkommen heißt. Ein anderes Ende dieser Phantasie besteht darin, daß sich die Frauen zusammenrotten, um mich zu bestrafen. Sie verprügeln mich und werfen mich auf den Müllhaufen. Vielleicht holen sie sogar die Polizei.

Jost

Ich habe in meiner Phantasie oft mit Frauen Liebe gemacht, die nackt oder halbnackt für Aktmagazine Modell stehen. Ich betrachte ein Bild in einem Magazin und träume davon, dieser Frau auf der Straße zu begegnen. Ich sage zu ihr: «Ich besitze ein Magazin, in dem bist du nackt abgebildet. Du bist ein Aktmodell.» Sie antwortet: «Nicht so laut! Man könnte uns belauschen. Zeig mir mal das Magazin.» Ich erwidere: «Es befindet sich in meiner Wohnung.» Wir gehen zu mir nach Hause, und ich zeige es ihr. Dabei erkläre ich: «Kaum zu glauben, daß du Kleidergröße sechsunddreißig hast. Das sieht mehr nach zweiundvierzig aus.» Sie öffnet ihre Bluse, öffnet den Büstenhalter, und zwei große Brüste kommen zum Vorschein. Ich starre sie an, berühre, küsse, lecke sie und sauge daran.

«Hast du eine Kamera?» fragt sie, was ich bejahe. Sie zieht sich nackt aus. «Mach deine eigenen Bilder», fordert sie mich auf. Ich fotografiere sie. Dabei bemerkt die Frau meine Erektion und sagt: «Den möchte ich gern mal in den Mund nehmen.» Ich ziehe mich nackt aus und sage: «Ich möchte dich überall küssen und deine süße, köstliche Fotze lekken.» Später machen wir 69. Wir ficken und ficken. Beim Weggehen sagt sie: «Das war ein schöner Tag für mich.» Als ich mir die Bilder ansehe, finde ich auf der Rückseite ihre Unterschrift mit voller Adresse und eine kurze Mitteilung: Besuche mich, wann immer du willst.

Ich träume auch davon, mit einem Callgirl Liebe zu machen, das ich zufällig auf der Straße kennenlerne. Ich vergewaltige sie mit Blicken. Sie spürt, was in mir vorgeht, und sagt: «Du weißt, daß ich jedesmal einen Hunderter bekomme, wenn ich mit einem Mann Liebe mache.» Ich nicke, und sie fügt hinzu: «Du darfst umsonst.»

Rolf

Ich bin ein Mann von vierundvierzig Jahren (ein dicker Vierundvierziger) mit einem Sprachfehler. Mit meiner Bildung ist es nicht weit her. Doch bin ich nicht geistig zurückgeblieben. Die meiste Zeit meines Lebens habe ich von der Wohlfahrt gelebt.

Die Frauen, mit denen ich bisher Sex erlebt habe, waren alle Professionelle. Das passiert nicht so oft, wie ich gern möchte. Mir paßt es nicht, einer Frau weniger als einen Fünfziger dafür anzubieten. Aber ich habe leider so oft keinen Fünfziger. Man sagt, daß Männer seit langem knapp seien. Das stimmt wohl nur in gewisser Hinsicht. Eine dicke vierundvierzigjährige Frau mit einem Sprachfehler, die bereit ist, alles das mit einem Mann zu treiben, was ich in meiner Phantasie mit Frauen erlebe, würde sicher Sex auch ohne Bezahlung bekommen.

Einmal habe ich in einer Jahrmarktbude eine Schau gesehen, in der eine dicke und eine sehr dünne Frau auftraten. Die Weiber rissen Witze über ihre Figuren. Dazu machte das männliche Publikum ermutigende Bemerkungen wie (zu der Dicken): «Dir kann keine gute Sache zu groß sein, Baby!» Oder zu der Dünnen: «Es kommt nicht darauf an, was man hat, sondern was man damit macht.»

Am stärksten ist die Erinnerung daran, und ich sehe alles vor mir, wenn ich masturbiere, daß die nackte Dicke sich direkt vor mir niederhockte und rief: «Sieh dir mal das große Loch an! Möchtest du ihn da nicht gern mal reinstecken?»

In gewissem Sinn stimmt es, daß eine Gesellschaft sehr unfair an den Frauen handelt, wenn sie solche Darbietungen ermöglicht. Aber ich und mit mir viele andere Männer haben für die Schau bezahlt. Wir gaben den Frauen zu verstehen, daß uns gefiel, was wir zu sehen bekamen. Stellen wir uns vor, ein dicker und ein dünner Mann würden sich vor einer Gruppe von Frauen so zur Schau stellen. Wo gäbe es Frauen, die dafür bezahlen würden?

Konrad

Ich bin zweiunddreißig Jahre alt, zum zweitenmal verheiratet und habe zwei hübsche Töchter. Fünfzehn Jahre lang war ich Soldat.

Nun zu meinen Phantasievorstellungen und meinem Sexualleben im allgemeinen. Als heranwachsender Junge hatte ich meinen Spaß daran, wenn ich allein war, splitternackt im Haus herumzulaufen. Ich war zu der Zeit schon viel weiter entwickelt als meine Schulkameraden. Immer wenn ich zusammen mit anderen auf der Toilette war, zogen sie mich wegen meines übergroßen Penis auf. Das alles stieg mir zu Kopf, und ich entwickelte mich zum Exhibitionisten. Diese Periode dauerte fünf oder sechs Jahre. Während meiner Zeit auf der Oberschule bekam ich Akne, und es erwies sich als fast unmöglich, mich mit einer Gleichaltrigen zu verabreden. Deshalb ging ich mit jüngeren Mädchen. In solchen Fällen wurden wir oft von dem jüngeren Bruder oder der Schwester des Mädchens begleitet. Oft sah der jüngere Bruder zu, wenn ich seine Schwester auf dem Rücksitz des Wagens vögelte. Das gab mir zusätzliche Erregung. Nach der Schule ging ich zum Militär, wo ich jetzt noch diene. Da war ich immer noch ein wenig ein Exhibitionist.

In einer Garnison in Übersee heiratete ich eine schöne Orientalin. Sie hatte eine wunderschöne Haut, hübsche Brüste und eine ganz wundervoll behaarte Pussy. Nach einigen Ehejahren fing ich damit an, mir vorzustellen, wie es wäre, wenn sie sich vor anderen Männern zur Schau stellte, ja, sich sogar von einem vögeln ließe, während ich zuschaute. Damals hörten meine eigenen exhibitionistischen Neigungen auf. Nach und nach überredete ich meine Frau dazu, vor anderen Männern diskret ihre Brüste sehen zu lassen. Schließlich stimmte sie zu, auch ihre schöne Pussy herzuzeigen. Das machte sie meistens bei Tankstellen an der Autostraße oder in Wohnwagensiedlungen am Stadtrand. Sie machte ihre Sache sehr gut und empfand sogar Erregung, wenn sich derjenige, dem sie sich zeigte, erregt fühlte. Und auch, weil sie mich damit erregte. Danach versuchte ich, sie dahinzubringen, daß sie es mit einem richtig trieb. Da sie stark an jüngeren Männern interessiert war, fand sich schließlich ein Junge von fünfzehn oder sechzehn

Jahren für ihre Zwecke. Sie verführte ihn, während ich aus einem Kleiderschrank heraus zusah. Gleich nachdem er gegangen war, erlebten wir den berauschendsten Sex, der uns jemals zuteil wurde. Danach versuchten wir es mit Partnertausch. Aber das ging völlig daneben. Also zurück zum Exhibitionismus.

Da sagte sie eines Tages, sie möchte zusehen, wenn ich es mit einem jungen Mädchen triebe. Ich stimmte zu. Da ich schon eine in Aussicht genommen hatte, war die Sache bald geritzt. Was wir nicht erwartet hatten, war ihre Unfähigkeit, damit fertig zu werden. Aus dieser Unfähigkeit heraus entstand eine gefühlsmäßige Bindung an die andere. Die Lösung – Scheidung.

Nun habe ich nur noch meine Phantasie und alte Erinnerungen. Schlichter Normalsex bedeutet mir nichts. Meine gegenwärtige Frau ist prüde und sagt öfter nein als ja. Also kann ich sie nicht in meine Phantasien einbeziehen.

Mark

Zunächst möchte ich ein wenig über uns berichten. Ich bin sechsundzwanzig Jahre alt, und meine Frau Brigitte ist fünfundzwanzig. Wir sind seit sechs Jahren verheiratet und haben ein dreijähriges Kind. Ich habe die Oberschule besucht und war zwei Semester auf der Universität.

Brigitte ist körperlich vorzüglich gebaut, bis auf ein paar Dehnungsstriche am Bauch von der Schwangerschaft. Sie hat wunderschöne Brüste mit großen braunen Warzen. Eine tolle Frau. Der Grund, weshalb ich sie so genau beschreibe, wird ersichtlich werden, nachdem ich meine Phantasien geschildert habe.

Meine ersten sexuellen Erfahrungen sammelte ich erst mit dreizehn Jahren, obwohl ich etwa mit acht Jahren zu masturbieren anfing. Als ich dreizehn war, zogen neue Nachbarn neben uns ein. Die Frau war eine schöne Brünette von etwa dreißig. Der Ehemann war viel auf Reisen, und sie blieb allein zu Hause. Sie zog in ihrem Schlafzimmer niemals die Gardinen zu. Ich konnte sie von meinem Schlafzimmer aus beobachten. Allerdings konnte ich sie aus dieser Entfernung immer nur von den Hüften aufwärts sehen. Eines Abends faßte ich mir ein Herz, schlich aufs Nachbargrundstück und schaute durchs Fenster. Endlich kam sie ins Schlafzimmer und fing an, sich auszuziehen. Mein Herz schlug wild, als sie den Büstenhalter löste. Sie zog den Schlüpfer aus und legte sich aufs Bett. Zuerst streichelte sie ihre Brüste. Dann glitten die Finger zu ihrem Schlitz hinunter. Als sie zu masturbieren begann, wollte mein Steifer durchaus ins Freie. Rasch zog ich den Reißverschluß herunter und wollte ihn herausziehen. Aber da kam sie zum Höhepunkt, wobei sie die Hüften vom Bett hochhob. Mir kam es in die Hosen.

Die Leute wohnten zwei Jahre dort. Ich habe die Frau oft belauert. Obwohl sie sich alle Mühe gab, sich vor mir nackt oder halb ausgezogen zu zeigen, hat es zwischen uns niemals etwas gegeben. Wahrscheinlich infolge meiner Schüchternheit. (Ich glaube, sie hätte gewollt.)

Bis ich Brigitte begegnete, war diese Frau mein Traumbild. Wir gingen nur fünf Monate miteinander, dann heirateten wir. Brigitte war noch Jungfrau, und ich hatte einige Mühe, ihr alles über Sex beizubringen. Unser Sexualleben ist wirklich in Ordnung. Erst einige Monate nach der Hochzeit begann ich wieder zu masturbieren. Dabei dachte ich an die süße Puppe, die in unserer Nachbarschaft in der Wohnwagensiedlung hauste. Ich gebe zu, daß ich sie drei- bis viermal beim Ausziehen durch das Fenster beobachtet habe.

Nachdem Brigitte schwanger geworden war, fanden wir viel Zeit, um über Sex zu reden, aber weniger, um Liebe zu praktizieren. Wir pflegten abends im Bett zu liegen und über das Vögeln zu reden, während wir uns gegenseitig masturbierten. Nach dem sechsten Monat konnten wir nicht mehr bumsen. Sie war dick und unförmig geworden. Auch war ihr dauernd schlecht. Damals begannen meine bis in die Gegenwart reichenden Phantasievorstellungen. Ich holte die Aktfotos hervor, die wir bald nach der Heirat von Brigitte gemacht hatten. Wir lagen da. Ich sah mir die Bilder an, während sie mich masturbierte oder mit mir Fellatio machte. Dann pflegte ich ihre Klitoris zu streicheln und ihr zu sagen, wie schön sie sei und wie aufregend es für jedermann sein müsse, ihre Fotos zu betrachten. Da wurde sie immer aufgeregter – so stellte ich mir vor –, und ich redete mit ihr darüber, wie es wäre, wenn sie sich vor anderen auszöge oder wenn man sie nackt überraschte oder nur in einem kurzen Kleid, unter dem man ihre sehr sexy wirkenden Spitzenhöschen sehen könnte.

Nach der Geburt des Kindes trainierte sie eifrig, bis sie ihre gute Figur wieder hatte. Dann kaufte sie alle möglichen sexy Höschen und Büstenhalter ein. Sobald sie ihren alten körperlichen Zustand wieder erreicht hatte, begann ich mit ihr darüber zu reden, wie es wäre, wenn sie jemandem wirklich einmal ihren Körper zeigte. Gespräche darüber schienen ihr mehr und mehr zu gefallen. Dennoch war sie sehr scheu, und ich konnte sie nicht ganz dazu überreden. Ich war begierig darauf und drängte sie ein wenig. Doch regte sie sich darüber niemals auf. Sie sagte nur, ich würde warten müssen, bis sie sich dazu durchgerungen hätte. In den nächsten Jahren stellte ich mir immer wieder vor, wie es wäre, wenn sie sich in einem Motel bei halboffenen Fenstervorhängen entkleidete, so daß jemand vorüberkommen und sie sehen könnte. Im vergangenen Sommer waren wir auf Urlaub. Eines Abends wartete ich, bis sie eingeschlafen war. Dann öffnete ich die Vorhänge und zog ihr die Decke fort. Sie trug nur ein Paar gelbe Bikinihöschen, die durchsichtig waren. Sie lag mit gespreizten Beinen auf dem Rücken. Ihre Brüste ragten steil empor. Ich verbarg mich im Badezimmer und sah zu, wie fünf verschiedene Männer und ein etwa fünfzehnjähriger Junge stehenblieben und sie betrachteten. (Ich hatte das Licht brennen lassen.) Am nächsten Abend beichtete ich ihr, was ich getan hatte. Ich mußte ihr alle Einzelheiten schildern, wobei sie masturbierte und drei Höhepunkte erreichte, bevor wir miteinander bumsten. Die Sache gefiel ihr. Aber sie konnte es immer noch nicht bewußt tun. Indessen wiederholte ich den Vorgang noch einmal, bevor wir abreisten. Sie wußte, was ich vorhatte, wollte aber bewußt keinen Anteil daran haben.

Seither hat sie sich allmählich daran gewöhnt, kurze Röcke zu tragen und beim Sitzen alles zu zeigen. Sie steigt auch vor fremden Männern so betont lässig aus dem Wagen, daß ihr das Kleid bis an die Hüften hochrutscht. Das alles machen wir in Nachbarstädten oder an Orten, wo man uns nicht kennt.

Sascha

Ich bin sechsundzwanzig Jahre alt, Student und beende gerade meine Dissertation für den Doktor der Philosophie. Während meine Frau zur Arbeit geht, schreibe und tippe ich daheim, was mir reichlich Zeit für sexuelle Phantasievorstellungen läßt.

Ich habe weit mehr abwegige sexuelle Impulse als meine Frau. Sie hat am «normalen» Sex sehr viel Vergnügen, aber kein Interesse an ausgefallenen Praktiken. Sie feuert mich zu meinen Phantasiespielen an, weil sie mir Befriedigung verschaffen, ohne daß sie selbst sich auf nicht herkömmliche Praktiken einlassen muß.

Oft stelle ich mir vor, daß irgend etwas (Hypnose oder die Nebenwirkung einer Antibabypille) meine Frau genauso scharf und sexuellen Abenteuern zugänglich gemacht hat, wie ich es bin. Nachfolgend eine typische Phantasievorstellung:

Wir feiern Hochzeitstag, und Petra, meine Frau, hat zugestimmt, alles zu tun, was ich von ihr verlange. Ich schlage einen Besuch in einem nahe gelegenen Lokal vor, in dem hauptsächlich unverheiratete Leute verkehren, die einem regen Sexualleben frönen. Ich trage eine sehr eng sitzende Hose, durch deren Stoff mein sehr kleines Bikini-Unterhöschen deutlich zu erkennen ist. (Die Hose ist weiß, das Unterzeug schwarz.) Ich trage außerdem ein ungebügeltes Hemd mit einem tiefen V-Ausschnitt am Hals. (In Wirklichkeit ziehe ich so etwas niemals an.) Nachdem ich mich angekleidet habe, lege ich zurecht, was Petra tragen soll. Sie kommt aus dem Bad und ist entsetzt. Denn ich habe lauter Sachen herausgesucht, die ich ihr nur unter der Bedingung kaufen darf, daß sie dergleichen niemals in der Öffentlichkeit tragen muß. (Anfangs hielt ich das für den Ausdruck einer hochentwickelten Schamhaftigkeit. Petra hat mir dagegen erklärt, wie empörend sie es findet, wenn man ihr hinterherpfeift oder wenn fremde Männer sich an sie heranmachen wollen, wenn sie auf dem Weg zur Arbeit ist, und daß sie niemanden ermutigen möchte. Das erscheint mir sinnvoll. Ich habe begriffen, warum Frauen gute Gründe haben, Phantasievorstellungen nicht in die Tat umzusetzen.) Ihre Kleidung besteht aus einem orangefarbenen Minirock, dem kürzesten, den sie besitzt, und braunen Strümpfen. Sie sehen wie ganz gewöhnliche Strümpfe mit Nähten aus, haben aber die geheimnisvolle Eigenschaft, ohne Strapse und Hüftgürtel oben zu bleiben. (Petra meint, ein Vorteil solcher Phantasien bestehe darin, daß sich Probleme dieser Art von selbst lösen.) Dazu soll sie sehr hochhackige Sandalen mit Knöchelriemen anziehen. Ihr Unterzeug besteht aus einem Höschen mit offenem Schritt – hellorange mit braunem Spitzenbesatz. Sie besitzt tatsächlich ein solches Höschen, dessen Anblick mich sehr stark erregt. Sie zieht es aber nur im Bett an. Petra erhebt beim Anblick dieses Höschens Protest. Doch ich erinnere sie an ihr Versprechen. Da sie selbst sehr scharf ist, gibt sie nach.

Nachdem sie angekleidet ist, stecke ich einen Finger in ihre Vagina, die bereits von einer klebrigen (schon dieses Wort klingt schmutzig!) Flüssigkeit erfüllt ist. Mit dem Finger reibe ich ihr die Scheidenfeuchtigkeit wie ein Parfum hinter die Ohren und zwischen die Brüste. Wenn ich mit ihr Cunnilingus mache, bin ich berauscht von ihrem Körperduft. Ich erhasche eine Ahnung davon, wenn ich mich jetzt über sie beuge.

Wir gehen zu Fuß zu dem Restaurant und sind uns beide dessen bewußt, daß jeder Mann auf der Straße Petra anstarrt. Der Himmel ist bewölkt. Ein Gewitter liegt in der Luft. Der Wind bläst stark. Petras Rock fliegt dauernd hoch, wodurch ihre Oberschenkel entblößt werden und man einen Blick auf ihr offenes Höschen erhaschen kann.

Das Restaurant ist überfüllt. Es gibt keine reservierten Plätze, also müssen wir uns in die Warteschlange einreihen. Rings um uns drängen sich Leute, die auf einen frei werdenden Tisch warten. Petra holt vor Schrecken tief Luft und läßt ein scharfes «Oh» hören. Ich muß mir die Leute vom Leibe halten, kann aber nicht übersehen, daß sie sich ein wenig windet und dabei kichert.

Endlich finde ich einen Tisch. Während wir uns hinsetzen, sagt Petra: «Du bist unverbesserlich! Was denkst du dir eigentlich dabei, mir den Finger in die Duweißtschonwas zu stecken und mich so zu reiben!» Ich sehe sie an und schwöre, daß ich sie nicht angerührt habe. Ich begreife jetzt, warum sie sich so gewunden hat. Sie stellt fest, daß ihr ein völlig Fremder einen Orgasmus verschafft hat und daß jetzt der Finger von irgendwem von ihrer Scheidenflüssigkeit benetzt ist. Ich schlage vor, daß sie allen Männern die Finger küßt, um herauszufinden, wer ihr Bewunderer war. Aber das hält sie nicht für eine gute Idee.

Ich beharre darauf, daß sie dem Unbekannten eine Chance verschafft, sie genauer in Augenschein zu nehmen. Sie geht quer durch das Lokal zur Bar und läßt unterwegs ihre Handtasche fallen. Der ganze Inhalt wird dabei verstreut. Petra bückt sich aus der Hüfte heraus und mit durchgedrückten Knien, um die Sachen aufzusammeln. Sie muß in dieser Stellung bis hundert zählen, während ihr ganzer Unterleib praktisch entblößt und jedermann zur Schau gestellt ist. Schließlich richtet sie sich errötend wieder auf und kehrt an den Tisch zurück.

Petra und ich genießen eine exzellente Mahlzeit. Ich verlange die Rechnung. Da erklärt uns die Kellnerin, Petras Vorstellung sei so aufregend gewesen, daß der Wirt uns als privat eingeladene Gäste betrachtet wissen wolle.

Ich bin inzwischen so scharf geworden, daß ich nicht länger warten kann. Wir gehen in die Herrentoilette, nachdem ich mich vergewissert habe, daß sie leer ist. In einer der Nischen machen wir im Stehen Liebe. Petra kommt es sehr schnell. Ich aber bin immer noch an der Arbeit, als ich höre, wie jemand die Tür öffnet. Petra sieht mich entsetzt an. Ich aber hebe sie auf den Toilettensitz, so daß unter der Halbtür nur meine Beine zu sehen sind. Zwei Männer treten ein. Sie reden darüber, was Petra vor der Bar gemacht hat. Im Straßenslang diskutieren sie voll Bewunderung über die Schönheit ihres Körpers und über die Frage, ob sich da eine körperbewußte Schönheit zur Schau gestellt habe oder eine Professionelle, die ihr Geschäft in Gang bringen wollte. Während Petra zuhört, ergreift sie meinen Penis und steckt ihn in ihren Mund (im «wirklichen Leben» tut sie so etwas niemals). Sie leckt und saugt daran. Dabei ist sie sich dessen voll bewußt, daß man die schmatzenden Geräusche hören kann. Ich erlebe einen unheimlich starken Orgasmus und stöhne dabei unwillkürlich vor Erleichterung. Einer der Männer fragt: «He, ist da drinnen alles in Ordnung?» Ich habe mich inzwischen so weit erholt, daß ich ihm antworten kann, mir seien nur ein paar Haare in den Reißverschluß geraten. Die beiden kichern und gehen hinaus, wobei sie immer noch über Petras Vorstellung reden. Dann schleichen wir uns hinaus und gehen heim – ins Bett und zu ungefährlicherem, aber keineswegs weniger leidenschaftlichem Sex.

Manchmal bilde ich mir in meiner Phantasie ein, ich sei Petra (oder ein altjüngferliches Wesen aus viktorianischer Zeit, das man gefesselt und durch diabolische, geschickte Sexpraktiken zur Ekstase getrieben hat). Dabei identifiziere ich mich in der Phantasie kaum jemals mit dem Aggressor, sondern bin halb das Opfer und halb der geile, aber unsichtbare Voyeur. Verkleidung ist sehr wichtig. Dabei geht es nicht um ein bestimmtes Kleidungsstück, aber ich finde ungewöhnliche Dinge erregend (z. B. ein altmodisches Hütchen, einen Schirm, Knopfstiefelchen und sonst nichts). Die meisten Frauen in meinen Phantasiespielen sind entweder meines Alters und manchmal auch älter (hin und wieder stelle ich mir eine fünfundfünfzigjährige Großmutter vor, deren Körper durch die Wirkung einer Wunderdroge dem eines Pin-up-girls entspricht – von oben bis unten). Manchmal bin ich auch besorgt wegen ihrer sadistischen (oder masochistischen – da ich mich ja mit dem vergewaltigten weiblichen Wesen identifiziere) Neigungen.

Ich habe keine Ahnung, warum das Element der Erniedrigung so vorherrschend ist. Meine Eltern haben mich niemals wegen Masturbation oder wegen anderer sexueller Aktivitäten bestraft (über so etwas wurde bei uns nicht einmal gesprochen).

Im Königreich der Tiere ist für gewöhnlich das Männchen das ansehnlichere der beiden Geschlechter. Bei den Menschen gibt es nur einen Zeitraum im Leben, da die männlichen Wesen sich die Zurschaustellung der eigenen Körperlichkeit glauben leisten zu können. Knaben wie Konrad wollen einander betrachten. Wer den größten Penis hat, wird allgemein bewundert. Dieses Knabenalter ist die Zeit der athletischen Helden. Die Jungen hängen sich Poster von großen Muskelmännern, Fußballstars etc. ins Zimmer.

Darin liegen natürlich gewisse homoerotische Komponenten. Hauptsächlich geht es dem Jungen darum, sich selbst mit einem Modell oder einer Idealgestalt zu identifizieren. Der Vergleich mit seinem Vater, den er bereits vorgenommen hat, ist für den Knaben leider unglücklich ausgefallen. Er fürchtet, dem «Alten» niemals ebenbürtig zu werden. Wenn ein Freund einen großen Penis vorzuweisen hat, mag der Junge sich vorerst zurückgesetzt fühlen. Aber er darf hoffen, bald selbst einen ebenso großen zu besitzen. Konrad ist die Aufmerksamkeit, die man seinem Übergroßen zollte, «zu Kopf gestiegen».

Dieser Glückszustand endete für Konrad – wie es den meisten Männern so ergeht – als junge Mädchen die Szene betraten. Mädchen zollen den männlichen Genitalien keinen Beifall. Sie mögen keinen Penis sehen und noch weniger ihn anfassen. Wie unfair! Das junge Mädchen darf seine schwellenden Brüste herzeigen, indem es einen engen Pullover trägt – je enger, desto besser. Zeigt sich aber in der Hose des Jungen eine Erektion, wird er zum Gespött. Von hier aus bedeutet es für Konrad nur einen Schritt, und er überträgt ärgerlich seine exhibitionistischen Wünsche auf seine Frau.

Der Drang, sich als Transvestit zu zeigen, muß nicht unbedingt einen homosexuellen Hintergrund haben. Wie schon erwähnt, haben viele Transvestiten in ihrem Leben keinerlei homosexuelle Erlebnisse. In Saschas Fall deutet das Tragen von weiblichen Kleidungsstücken weniger auf Homosexualität hin als auf den Wunsch nach Demütigung. Zieht eine Frau Hosen an, dann bemächtigt sie sich der Attribute einer Klasse, die mächtiger ist als ihre eigene. Ein Mann im Frauenkleid dagegen begibt sich seines Status als Mitglied der herrschenden Kaste. Deshalb gehen nur wenige Männer diesen Weg.

Maurice

Ich kann mein Wesen in einem kurzen Satz zusammenfassen! Ich bin ein perfekter Exhibitionist auf der Suche nach dem perfekten Voyeur! In meinem vierundvierzigjährigen Leben habe ich eine kleine Handvoll Frauen gefunden, die genügend aufgeklärt waren, um bei meinen Vorstellungen echtes sexuelles Vergnügen zu empfinden. In meinem ganzen Leben habe ich mich nicht der von Psychiatern und Psychologen vertretenen Meinung anschließen können, wonach «Frauen nicht sexuell angeregt werden, indem sie den Körper und die Geschlechtsteile eines Mannes ansehen». Ich halte mich für hinreichend qualifiziert, diese Lehrmeinung zu disqualifizieren! Weil ich nämlich den Mut aufgebracht habe, meine Überzeugung in aller Öffentlichkeit auf die Probe zu stellen.

Ich bin seit etwa dreiundzwanzig Jahren als Kunstmaler einigermaßen erfolgreich. Meine Lebensanschauung dreht sich um alles, was mir den Penis steif macht und meine Eier kitzeln kann. So gehört zu meinen wichtigsten sexuellen Phantasien, daß ich in Gegenwart mehrerer Frauen masturbiere. Wenn Frauen den Mann überhaupt beneiden, dann nicht um seinen Penis an sich, sondern wegen seiner biologisch bedingten Fähigkeit, zu ejakulieren und damit den erlebten Orgasmus auch zu beweisen. Ich würde gern vor Ihnen masturbieren, damit Sie diesen herrlichen Verlust an Selbstkontrolle im Orgasmus «sehen» können, wenn mein Sperma sprudelnd aus der Eichel meines Schwanzes hervorschießt. Ich würde gern mit weichem und schrumpeligem Penis beginnen, damit die Frau die phallische Metamorphose beobachten kann: Dick, dicker, am dicksten!

In meiner Phantasie begegne ich der perfekten Voyeuse – einer Zuguckerin. Sie ist eine sehr autoritäre Krankenschwester. Sie betritt das Zimmer, in dem ich nackt auf dem Bett ausgestreckt liege. Ich soll mich anziehen, verweigere aber den Gehorsam. Etwa eine Stunde später höre ich sie mit dem Wagen den Korridor entlangkommen, auf dem sie Tabletten und Medizinen von Zimmer zu Zimmer fährt. Ich masturbiere langsam weiter. Meine Hand ist mit Babyöl benetzt. Sobald sie unter meiner Tür stehenbleibt, mache ich noch ein paar langsame Striche und blicke dann auf. Ihre Blicke sind auf meinen steifen, ölglänzenden Schwanz geheftet. Wie hypnotisiert kommt sie näher und reicht mir meine Pillen. Während ich nach der Ölflasche greife, um mich erneut einzufetten, ziehe ich sie in ein Gespräch. Ich streichle mich voll genüßlicher Hingabe, ziehe meinen Hodensack lang, rolle die Eier und lasse kitzelnde Finger um die Eichel tanzen. Mein Penis wird härter. Ich quetsche ihn, bis die Haut an der Eichel glatt schimmert wie eine Kunststoffpflaume. Dann beginne ich im Ernst mit einer Demonstration meiner Techniken. Langsam wichse ich mit der Faust, drehe den steifen Pint hin und her, so daß sie ihn von allen Seiten betrachten kann.

Kurz bevor ich komme, nehme ich meine Hand fort. Die Frau sagt: «Sie sind ein wunderbarer, schöner Mann!» Mein Schwanz zuckt. Sperma schießt hervor, und ihr Gesichtsausdruck ist für mich der allerschönste Lohn aller Mühen. Ich quetsche den letzten Samentropfen heraus, lecke ihn von der Hand. Sie sieht lächelnd zu.

Danach verändert sich ihr Verhalten mir gegenüber. Sie nutzt jede Gelegenheit zu einem Besuch in meinem Zimmer und bringt mir schließlich Zeichenmaterial, damit ich ein Porträt von ihr anfertigen kann. Ich kann nicht beschreiben, wie herrlich erregend es ist, vor geneigten Zuschauerinnen zu masturbieren. In meiner Phantasie gerate ich fast von Sinnen, wenn die Schwester eine Freundin mitbringt, die gleichfalls «porträtiert» werden möchte.

Nein, ich bin nicht stark gebaut. Knapp unter siebzehn Zentimeter und ziemlich schlank. Doch halte ich meinen Penis für schön.

Daniel

Ich bin einundfünfzig, seit siebenundzwanzig Jahren verheiratet und Vater von vier Kindern. Zwei sind erwachsen, das dritte Kind schickt sich an, das Elternhaus zu verlassen. Meisterprüfung. Guter Handwerker, der ich bin, muß ich mich oft fragen, ob ich nicht zur Gruppe der «schmutzigen alten Männer» gehöre. Wenn dem so sein sollte, gehöre ich dieser Gruppe schon seit sehr langer Zeit an.

Ich habe ein langes und phantastisch aktives Sexualleben hinter mir, das zu 85 Prozent aus Phantasievorstellungen besteht. Meine Phantasie arbeitet beim normalen Geschlechtsverkehr, beim Masturbieren und bei jeder denkbaren Gelegenheit, sei es Tag oder Nacht. Wenn man bedenkt, wie stark ich mich im Geiste immer mit Sex befasse und welcher Art meine wilden Vorstellungen sind, hat mir die Masturbation wahrscheinlich das Leben gerettet oder mir mindestens eine Verhaftung wegen Vergewaltigung, Exhibition oder Fensterguckerei erspart. Dabei bin ich keineswegs aggressiv und habe schon vor der sogenannten Frauenbefreiung an die Gleichberechtigung der Frau geglaubt.

Zum Masturbieren kam ich auf die vermutlich ganz und gar normale Art und Weise. «Sex» begann mit dem Nachbarmädchen. Sobald wir wegen unserer Körperlichkeit neugierig genug geworden waren, zeigten wir uns voreinander im nächstbesten Versteck auf einem unbebauten Platz. Etwas später wetteiferte ich mit einem anderen Jungen oben in unserer Bodenkammer, wem es wohl zuerst kommen würde – lange bevor wir biologisch dazu in der Lage waren. Dann folgten die Tagträume um die Mädchen, die ich von der Schule her kannte, und gelegentlich auch um Lehrerinnen. Zwischen elf und etwa fünfzehn Jahren erdachte ich mir ein Spiel mit Münzen. Ich breitete zehn oder fünfzehn Pfennigstücke auf dem Bett in meinem Zimmer aus, wenn ich allein im Haus war. Jede Münze repräsentierte ein bestimmtes Mädchen oder eine Lehrerin. Dabei war ich ganz und gar auf meine Phantasie angewiesen. Denn sexuell hatte ich mit keinem der Mädchen und mit keiner Lehrerin etwas zu tun gehabt. Da lagen sie nun alle vor mir auf dem Bett ausgebreitet. Ich warf eine Münze nach der anderen in die Luft. Kopf oder Zahl bedeutete die Antwort auf meine Forderung, die ich der Reihe nach an alle stellte. Die Frage bei jedem Münzenwurf lautete: Würde die Betreffende ein bestimmtes Kleidungsstück – zuerst das Kleid, dann den Slip und so weiter – ablegen, bis sie, in meiner Vorstellung, völlig nackt auf dem Bett lag? Gewinnerin wurde diejenige, die zuerst splitternackt war. Dabei mußte ich mir bei jeder genau merken, was sie bereits ausgezogen hatte, während ich der Reihe nach die Münzen warf.

Bis dahin hatte ich noch keine nackte Frauengestalt gesehen, so daß meine Vorstellungskraft zu besonderen Anstrengungen herausgefordert wurde. Bei diesem Spiel bekam ich ziemlich schnell eine Erektion. Während ich die Münzen warf, spielte ich sachte und zart mit meinem Pimmel. Wie mir jetzt einfällt, kam es mir schon immer, bevor das Spiel zu Ende war und ich wußte, welches Mädchen «gewonnen» hatte. Noch heute, während einer langen und manchmal unbequemen Ehe, erinnere ich mich an einzelne der «Gespielinnen» von damals und male mir immer neue Szenen aus, in denen die eine oder die andere Verlangen nach mir hat. Seltsam, daß dies jetzt alles gedruckt werden soll, nachdem ich diesen Teil meines Selbst immer für mich behalten und mit keiner Seele darüber gesprochen habe. Reden könnte ich auch heute noch nicht darüber. Ich biete diese Niederschrift als Zeugnis dafür an, was sich alles im Kopf eines Mannes abspielen kann.

Dabei brauche ich nicht zu betonen, daß sich nichts von meinen Phantasievorstellungen jemals wirklich ereignet hat. Nur einmal kam ich nahe an die Erfüllung eines meiner Träume – aber ich verdarb mir dabei, wie so oft bei anderen Gelegenheiten, selbst alles, bis ich mich für immer in die Welt der Phantasie zurückzog. Einige Zeitlang erledigte ich für eine meiner Lehrerinnen, eine alte Jungfer, nach der Schule allerlei kleine Arbeiten. Sie hat mich natürlich niemals auch nur im geringsten ermutigt. Doch spielte sie in meinen sexuellen Vorstellungen eine große Rolle. Meine Erregung dabei war um so größer, weil sie schließlich Lehrerin an meiner Schule war. Eines Vormittags sollte ich in ihrem Schlafzimmer die Fenster putzen. Da sah ich ein Paar ihrer

Schlüpfer auf dem Fußboden liegen. Schon die Tatsache, daß ich in ihrem Schlafzimmer war, hatte bei mir zu einer Erektion geführt. Meinem Drang folgend, hob ich die Schlüpfer auf und betastete ihre seidige Weichheit. Ich vergegenwärtigte mir, was dieser Stoff an ihrem Körper berührt hatte. Ein völlig spontaner Impuls trieb mich dazu, meine Hosen herunterzureißen. Meine Hände zitterten so stark, daß ich sie kaum richtig benutzen konnte. Ich zog ihre Schlüpfer an. Ein Blick in den Spiegel genügte. Das kombinierte visuelle und körperliche Erlebnis führte zu einer sofortigen Ejakulation. Zum Glück konnte ich die Schlüpfer weit genug herunterziehen, so daß ich nicht in diese, sondern in meine Hände kam. Was ich getan hatte, jagte mir Angst ein, mehr noch geriet ich in Panik über die Gewalten, die in mir ausgelöst worden waren. Meine Sexualität brachte mich ganz durcheinander. Eines Tages, als ich im Keller Holz sägte, wollte ich mein Phantasiespiel in die Wirklichkeit umsetzen. Meinen Hosenschlitz ließ ich sorglos offen (so eiskalt war ich schon damals als Junge!), denn damit wollte ich ihre Aufmerksamkeit erregen. Sie sah alles ganz genau. Ihre Blicke erregten mich. Als ich den Fuß vom Sägebock nahm und auf den Boden stellte, sprang mein schamloser Steifer aus der Hose. Meine Lehrerin eilte die Kellertreppe hinauf, ohne ein Wort zu äußern. Offenbar war sie zu peinlich berührt, als daß sie etwas hätte sagen können. Näher bin ich ihr niemals gekommen, obwohl ich auch danach noch eine Weile in ihrem Haus arbeitete.

Bei näherem Nachdenken finde ich, daß sich die meisten meiner Phantasien mit älteren Frauen befassen. Diese Tatsache beruht sicherlich zum Teil darauf, daß ich in einem vaterlosen Haushalt aufwuchs. Die Großmutter kümmerte sich um mich, weil meine Mutter arbeiten mußte. Damit wurde wohl der Grund für meine Phantasievorstellungen gelegt, ohne daß ich sagen könnte, wo da Zusammenhänge bestehen.

Viel später, als ich von der Truppe einmal Urlaub bekam, hatte ich ein Mädchen, das zu mir sagte: «Du bist kein Mann, du bist ein Hengst!» Mehr brauchte es nicht, um mein Ego erheblich aufzumöbeln. Ich war auf Jahre hinaus versaut. Denn in mir setzte sich die verrückte Idee fest, ich brauchte meinen Penis einer Frau nur zu zeigen, und schon würde sie alles stehn und liegen lassen, um sich mir hinzugeben. Dem war natürlich nicht so. Doch versuchte ich es. Wenn es so etwas wie einen diskreten Exhibitionismus gibt, dann übte ich ihn aus. Ich stellte mich niemals öffentlich zur Schau und verhielt mich stets so, daß ich nicht allzu schamlos oder gar erschreckend wirkte. Immer ließ ich es wie zufällig geschehen – in Hotels, Pensionen, Touristenherbergen … wo durchaus möglich erschien, daß einem so etwas unabsichtlich passieren kann. Ich bin sicher, meine Vorstellungen nicht so perfekt durchgeführt zu haben, wie ich meinte. Bei den wenigen Gelegenheiten, da ich «interessierte» Schwingungen verspürte, ging ich der Sache nicht weiter nach. Sicherlich aus eigener Unfähigkeit. Doch wurden aus diesen Erlebnissen wiederum neue Phantasievorstellungen.

Als Lehrbücher über Sex in jedem Laden zu kaufen waren, habe ich alles eifrig gelesen. Ich suchte nach einer Bestätigung dafür, daß ich nicht pervers, abnormal oder sexbesessen bin. Ich weiß nicht mehr, wann ich etwas darüber las, daß auch Frauen masturbieren. Jedenfalls war ich sofort von dieser Vorstellung erregt. Seither bin ich auf der Suche nach einer Frau, die mich dazu auffordert, ihr beim Masturbieren zuzusehen. Gegenwärtig kommt dieser Aspekt in fast allen meinen Sexualvorstellungen vor. Das ist einer der Träume, den ich sofort verwirklichen möchte. Kürzlich erlebte ich mit meiner Frau einen wunderbaren Austausch unserer beiderseitigen Gefühle. Für eine Weile war unsere Sexwelt wieder in Ordnung. Während dieser Periode beichtete ich meiner Frau meine Masturbationspraktiken. Dabei empfand ich ungeheure Erleichterung von aller Schuld. Diese bildet offenbar die Grundlage für alles Beichten, mag es religiöser oder weltlicher Natur sein. Während dieser traumhaften Periode überredete ich meine Frau zum Masturbieren, nachdem sie mir anvertraut hatte, es einige Male allein getrieben zu haben. Sie bekam es zweimal fertig, bekundete dann aber, daß sie das Gefühl des eigenen Fingers nicht leiden mochte.

Da stehe ich nun, immer noch von heißen und hoffnungsvollen Träumen erfüllt. Doch sehe ich keine Möglichkeit der Erfüllung an dem Ort, der mir am nächsten läge – im eigenen Bett. Doch halte ich mich für glücklicher als jene Menschen, die ihr ganzes Leben mit frustrierten Phantasien zubringen müssen. Für mich sind immerhin einige Träume wahr geworden. Damit muß ich mich halt zufriedengeben.

Maurice bietet uns die Möglichkeit, mit einem weitverbreiteten Mißverständnis aufzuräumen. In unserer Gesellschaft gilt weiblicher Exhibitionismus als eine Form der Verführung, während männliche Exhibitionisten wie Feinde verfolgt werden. Wer als Mann einer Frau seinen Penis zeigt, obwohl sie nicht danach verlangt hat, geht nicht darauf aus, sie für sich zu gewinnen. Ihm kommt es darauf an, sie zu Tode zu erschrecken. Er will dadurch das Gefühl seiner Machtlosigkeit Frauen gegenüber kompensieren, die ihn seiner Ansicht nach zu Unrecht abgewiesen haben. Er reagiert verärgert auf die Zivilisation und ihre Unzulänglichkeiten. Männer wie Maurice sehen sich in unserer Zivilisation vor der unübersteigbaren Barriere, daß es nur Frauen gestattet ist, ihren Körper als Mittel der sexuellen Anziehung einzusetzen.

Der arme Daniel war in seinen jungen Jahren der Meinung, daß sein Penis das Zeichen sei, unter dem er die Welt besiegen werde. Das Resultat bestand darin, daß er sich auf Jahre hinaus «versaut» fand. Wenn er vorzeigte, was ihn an sich selbst am meisten stolz machte, erntete er nur Ablehnung. Damit will ich mich keinesfalls dafür stark machen, daß allen Männern erlaubt sein sollte, ihre Glieder herzuzeigen. Ich will hier nur auf die Ärgernisse und Schuldgefühle von Männern hinweisen, die sich in gesellschaftlichen Widersprüchlichkeiten verstricken.

Wir leben in einer von Männern bestimmten Kultur. Unsere Gesellschaft betet den Phallus an. Nur Männer haben ein Glied – das von unserer Kultur akzeptierte Symbol der Überlegenheit. Dem steht aber der fundamentale Widerspruch entgegen, daß die meisten Frauen es gar nicht sehen wollen.

Die Phantasie ...

... diese «seltsame Tochter Jovis», wie Goethe sie nannte, sie zahlt die Zinsen für die seelischen Schulden, zu denen das Leben uns manches Mal zwingt. Aber sie tilgt sie nicht. Für derlei Kredite gibt es keine Fälligkeit, nur eine Anfälligkeit. Das macht sie manchem weniger erträglich als die finanziellen.

11. Frauen mit Frauen

Im vorigen Kapitel ging es darum, einen flüchtigen Blick auf eine nackte Frau zu erhaschen. Die nun folgenden Sexualphantasien gehen einen Schritt weiter. Sie führen zu der Entdeckung, daß Frauen insgeheim genauso lüstern sind wie Männer, so daß sie Befriedigung mit der eigenen Hand oder sogar mit einer anderen Frau suchen. Diese Vorstellung verschafft dem Mann keineswegs das Gefühl, er sei überflüssig oder ausgesperrt. Im Gegenteil, dadurch wird sein Appetit heftig angeregt. Frauen mögen zwar vortäuschen, daß ihnen an Sex wenig liegt. In Wirklichkeit sind sie so scharf wie der Mann!

Unsere patriarchalischen Sitten sprechen dem Mann das Recht zu, jeweils den ersten Schritt zu tun. Der Preis dafür ist sein Schuldbewußtsein. Dabei erhebt sich die Frage, warum denn immer der Mann beim Sex den Anfang machen muß, womit ihm zugleich die Verantwortung dafür aufgezwungen wird, daß die Frau dabei Vergnügen empfindet und ihren Orgasmus hat.

Die beiden ersten Phantasieschilderungen in diesem Kapitel entlasten den Mann von jeder Verantwortung. Männer kommen darin nicht einmal vor. Die Darstellerinnen der hier beschriebenen Szenen sind Frauen, die von sich aus Sex suchen, die Freude daran haben und die selbst für ihren Orgasmus sorgen. Alle aus der Kindheit überkommenen Schuldgefühle, die Sexualität und Aggression in einen Topf werfen, und worin Sex ein bösartiger, erniedrigender Akt ist, der den Frauen aufgezwungen wird, werden ausgeräumt: Wenn Frauen wirklich so sind, liegt die Schuld nicht beim Mann. Frauen machen es sogar ohne die Anwesenheit von Männern. Mehr noch, sie liegen nicht einfach da. Sie sind so scharf auf den Orgasmus, daß sie ihn sich selbst verschaffen!

Letztlich spricht die Vorstellung von Frauen, die mit anderen Frauen Sex erleben, die Vorstellungskraft der Männer an. Denn hierin offenbart sich eines der Hauptthemen männlicher Sexphantasien: die sexuell unersättliche Frau.

Frauen, die masturbieren, andere Frauen lieben oder Dildos benutzen, die nicht nur den ersten Schritt unternehmen, sondern Männer förmlich überwältigen und «vergewaltigen» – Frauen, die nicht einmal im Traum an ein Nein denken –, entlasten den Mann von seinen frühesten Hemmungen. Er braucht sich nicht mehr vor dem ersten Schritt seinerseits zu fürchten und Sorge zu tragen, daß er seine Sache vielleicht nicht gut genug macht. Die sexuell entflammte Frau ist von Anbeginn dem Orgasmus so nahe, daß sie sich durch nichts zurückhalten läßt.

Curt

Ich bin neunzehn Jahre alt. Meine Lieblingsvorstellung sieht so aus. Vermutlich geht sie auf mein Lesen zurück, denn in Wirklichkeit habe ich (leider) dergleichen nicht erlebt. Die Personen gibt es wirklich, aber die meisten Geschehnisse entspringen meinem Kopf:

Linda ist als Englischlehrerin bei den Schülern sehr beliebt. Sie ist zu jedermann freundlich. Am schönsten ist jedoch ihr Prachtkörper mit den riesigen Titten. Ihre Klasse feiert ziemlich oft Parties, zu denen jeder eingeladen wird, Linda mit eingeschlossen. In Ellens Elternhaus findet eine Schwimmparty statt. Nach und nach gehen die meisten Teilnehmer heim. Linda und Lore helfen Ellen beim Aufräumen. Als sie damit fertig sind, fallen sie reichlich erschöpft auf ein Sofa. Doch Ellen schlägt vor, man solle zur Erholung in die Sauna gehen.

Sobald die Hitze den Schweiß an den Körpern herunterrinnen läßt, werden die Badeanzüge als lästig empfunden. Auf Lores Vorschlag hin entkleiden sich die Frauen. Linda ist dem Einschlafen nahe. Aber Ellen und Lore können nicht anders, sie müssen immerzu ihren wunderbaren Körper anstarren. Vor allem die feucht glitzernde Fotze und die großen, festen Brüste. Schließlich fragt Ellen, ob Linda gern massiert werden möchte. Linda sagt ja und legt sich auf den Bauch. Die beiden anderen lassen sich rechts und links nieder. Sie beginnen, Lindas Rücken zu massieren. Dann kommen die Beine dran. Die Frauen arbeiten sich von unten herauf zu Lindas prächtigem Hintern empor. In diesem Augenblick dreht sich Linda auf den Rücken und läßt ihre schweißnassen Titten und ihre Pflaume sehen. Lore und Ellen können sich nicht mehr beherrschen. Sie streicheln und drücken die Brüste, reiben schließlich die Nippel zwischen den Fingern. Inzwischen ist Linda hellwach und sehr erregt. Sie schaut zu, wie die beiden hübschen Gespielinnen ihre Brüste bearbeiten. Sie legt ihnen die Hände auf die Köpfe und drückt sie auf ihre Brüste herunter. Gleichzeitig fangen Lore und Ellen damit an, die steif aufgerichteten Nippel zu saugen. Dabei massieren sie weiter die riesigen Fleischberge. Unterdessen hat jede von ihnen eine Hand an der eigenen Vulva, wo die Finger eifrig arbeiten. Linda führt Ellens Kopf an ihre Vulva, während sie zugleich Lores Schlitz vor ihren eigenen Mund schiebt. Da sieht Lore, daß Ellens Fotze unbeschäftigt ist und auf eine Zunge wartet. Die drei lecken und saugen sich gegenseitig, bis sie inmitten von Schweiß und Dampf einen tollen Orgasmus erleben.

Später saugen die beiden Frauen unter der Dusche wieder an Lindas enormen Titten, während sie dabei ihren Hintern und ihre Fotze befingern. Schließlich sind alle drei im Schlafzimmer. Dort holt Ellen einen Dildo und einen Vibrator herbei. Die beiden Frauen verschaffen Linda noch eine ganze Reihe unglaublicher Höhepunkte, indem sie ihr den Dildo ins Arschloch stecken, während sie mit dem Massagestab über die Schamlippen und den Kitzler streichen.

Drei oder mehr Beteiligte sind für meine Phantasien typisch. Wie ich es sehe, können zwei Leute für einen Dritten mehr tun als einer allein.

Toby

Ich bin siebenundzwanzig und habe einen leitenden Posten in einem Geschäft. Seit fast vier Jahren bin ich glücklich verheiratet. Meine Frau und ich führen ein großartiges Leben, vor allem, was Sex anbelangt. Vor der Heirat habe ich keine Frau angerührt. Nicht, weil sich keine Gelegenheit dafür geboten hätte. Ich war der Meinung, daß ich damit besser bis zur Eheschließung warten sollte. Ich hatte etwa sechs bis acht Partnerinnen, aber wir sind niemals bis zum Geschlechtsverkehr gegangen, obwohl wir sonst alles mögliche trieben.

Ich habe seit unserer Eheschließung keinerlei Beziehungen zu anderen Frauen gehabt, obwohl ich es gern möchte. Nicht, daß mein Sexleben zu wenig erfüllt sei, aber Abwechslung ist die Würze des Lebens.

In meiner Phantasie stelle ich mir oft zwei Frauen zusammen vor. Sie sind in einem Zimmer, und ich bin irgendwie unsichtbar. Sie können mich nicht sehen und haben keine Ahnung, daß sie beobachtet werden. Sie reden miteinander und nippen an ihren Cocktails. Im Gespräch kommen sie auf Sex. Die eine Frau ist siebenunddreißig, etwas füllig zwar, aber hübsch anzusehen. Die andere ist Ende Zwanzig oder Anfang Dreißig. Sie hat große Titten und wunderschöne, muskulöse Beine. Beide sind verheiratet. Sie reden über ihre Erlebnisse und die ihrer Freundinnen. Didi, die ältere, berichtet Pat, wie erregt ihr Mann gewesen war, als sie sich zum erstenmal die Schamhaare abrasiert hatte. Pat entgegnete, sie hätte das auch längst ausprobiert, aber sie wüßte nicht recht, wie man das macht und wie sie hinterher aussehen würde. Didi erklärte darauf, sie habe sich erst gestern rasiert und Pat könnte sich das Ergebnis mal ansehen. Pat ist etwas schüchtern, aber durchaus geneigt. Didi hob ihren Rock. Darunter trug sie außer dem weißen Slip einen Hüftgürtel mit Nylonstrümpfen. Pat hakte den Gürtel auf und machte sich daran, die Strümpfe herunterzustreifen. Dabei plauderte Didi unentwegt darüber, wie gern ihr Mann sie geleckt und beknabbert hatte, nachdem die erste Rasur vorgenommen worden war. Dadurch wurde Pat jetzt sehr erregt. Sie begann, Didis weiche, glatte Schenkel zu betasten und sie sanft zu streicheln. Pat war inzwischen niedergekniet, um Didi die weißen Höschen von den Hüften zu ziehen. Ganz langsam wurde die weiche Muschi sichtbar. Didi teilte mit den Fingern ihre unteren Lippen. Ihr Schlitz war vor Verlangen schon ganz naß. Pat rückte näher heran und sah zu, wie Didi sich selbst befingerte. Dann ließ sie ihre Finger über die Klitoris der Freundin gleiten. Der Duft nach Sex hing in der Luft. Plötzlich leckte Pat mit der Zunge über die wunderbar warme, feuchte Pussy. Didi blieb bewegungslos und entspannt sitzen. Sie legte sich auf die Couch zurück. Lange Zeit später, Stunden schienen vergangen, trafen sich die Blicke der beiden Frauen. Didi stand auf und zog sich nackt aus. Zusammen gingen sie ins Badezimmer, wo Didi die Freundin entkleidete, um ihr dann die Pussy zu rasieren. Die beiden gaben sich einander in der neu entdeckten Art, Liebe zu machen, hemmungslos hin, bis sie den Wagen von Didis Ehemann in der Auffahrt ausrollen hörten. Eilig zogen sich beide an und taten so, als hätten sie nichts anderes gemacht als beim Cocktail ein Stündchen zu verplaudern.

Ein Gegenstück zu diesen Vorstellungen findet sich in keinem meiner Bücher über die sexuellen Phantasien der Frauen. Die Vorstellung, daß zwei Männer miteinander Liebe machen, erweckt in den Frauen keine Lustgefühle, sondern Furcht – den Feind jeder Sexualität. Die Gründe hierfür sind nicht biologischer Natur. Sie sind in der Erziehung der Frauen zu suchen.

Wenn sich eine Frau vorstellt, daß sie ihr Bett mit mehr als einem Mann teilt, dann sieht sie sich nicht selbst als Zuschauerin beim Liebesakt zweier Männer. Im Gegenteil, die Rollen würden so verteilt, daß die beiden Männer um ihre Gunst rivalisieren. Wenn man so einer Phantasie auf den Grund geht, begreift man leicht, warum Frauen nur selten solche Triolen von sich aus veranstalten. Wie könnten sie im wirklichen Leben kontrollieren, was sich ereignen würde? Welche Garantie hätten sie dafür, daß sich die Männer nicht gegen die weibliche Partnerin verbünden? Diese Möglichkeit wäre für sie so schmerzlich, daß jedes Vergnügen daran im Keime erstickt würde. Die Sache wäre das Risiko nicht wert.

Clive

Ich bin dreiundzwanzig Jahre alt und seit drei Jahren verheiratet. Ich liebe meine Frau sehr, und wir veranstalten manchmal gemeinsame Phantasiespiele. Ich habe viel mehr Freude am Geschlechtsverkehr mit meiner Frau, wenn ich weiß, daß sie sich einbildet, von einem anderen gevögelt zu werden. Dabei redet sie manchmal von ihrer Phantasievorstellung und gibt mir zu verstehen, daß ich besser bin als der andere Kerl und daß sie lieber mit mir bumsen möchte. Jedoch weigert sie sich, diesem anderen eine bestimmte Identität zu geben. (Er gehört nicht zu ihrem Bekanntenkreis.) Das tut sie vermutlich deshalb, weil sie nicht möchte, daß sich meine eigenen Phantasien auf eine bestimmte andere Frau erstrecken. Sie ist besonders eifersüchtig auf eine meiner früheren Freundinnen. Es hat sie sehr erbost, als ich einmal den Namen dieser anderen in einer meiner Phantasien erwähnte.

Ich möchte gern eine bestimmte Phantasievorstellung aufzeichnen, da ich sie nicht mit meiner Frau teilen kann. Vielleicht fühle ich mich erleichtert, wenn ich sie mit Ihnen teile. Ich werde ganz scharf, wenn ich nur daran denke. Hier ist sie:

Meine Ex-Freundin, die in einer anderen Stadt wohnt, ist zu Jane (meiner Frau) und mir auf einen Wochenendbesuch gekommen. Ich bin von Annes (der alten Freundin) Anblick ständig sehr erregt, zumal sie ziemlich durchsichtig bekleidet ist. Einmal betrete ich sogar ihr Zimmer und überrasche sie obenherum nackt. Jedoch weiß ich, daß sie es sofort Jane berichten würde, wenn ich mich ihr nähern wollte.

Am Sonnabend, nachdem ich Annes schöne Brüste gesehen habe, muß ich noch einmal für etwa eine Stunde weggehen. Bei meiner

Rückkehr erzählt mir Jane, sie habe mit Anne über Sex gesprochen. Dabei seien sie so scharf geworden, daß sie ein wenig miteinander gespielt hätten. Sie fügt hinzu, daß sie gern mit mir und Anne eine Triole erleben möchte. Sie will fortgehen und etwas aus dem Laden holen. Inzwischen solle ich versuchen, Anne zu verführen. Ich habe damit Erfolg und bin gerade dabei, Annes saftige Pflaume zu lecken, als Jane zurückkehrt. Meine Frau kommt herein und sagt, sie finde es nicht nett, ohne sie Liebe zu machen. Sie zieht sich aus und küßt Annes Brüste. Bald darauf kommt es Anne. Sie dreht sich herum und leckt Janes Pussy, während ich Anne von hinten ficke. Wir haben unsere Höhepunkte. Hinterher halte ich beide Frauen in den Armen.

Stefan

Ich bin vierzig Jahre alt, verheiratet und habe drei Söhne im Alter von zehn bis achtzehn Jahren. Man dürfte mich meinem Einkommen nach zur Mittelklasse rechnen. Meine Phantasie klingt ein wenig «weit hergeholt», beruht jedoch zum Teil auf wahren Erlebnissen.

Darin schneide ich einer schönen Frau die Haare. Das tue ich oft, aber nicht beruflich, nur als Hobby. Aber ich verstehe mich sehr gut darauf.

In meiner Phantasie spielt indessen eine bildhübsche Brünette mit sehr langem Haar eine Hauptrolle. Sie will «behandelt» werden. Zunächst trinkt sie ein Glas Wein. Ich führe sie zum Stuhl, befestige den Frisierumhang an ihrem Hals und schraube den Sessel auf die richtige Höhe. Ich beginne damit, daß ich ihr langes Haar oben auf ihrem Kopf zusammenraffe. Dann schneide ich ganze Schwaden davon herunter, bis zum Schluß ein sehr kurzer Herrenschnitt entsteht. Danach benutze ich eine altmodische elektrische Haarschneidemaschine, die stark vibriert, um ihr die Haare im Nacken und an den Seiten zu kürzen. Das Haareschneiden erregt sie, und sie läßt sich ein weiteres Glas Wein reichen.

Da kippe ich die Rückenlehne des Friseursessels herunter, so daß die Frau fast darauf liegt. Ich hebe den Umhang an. Darunter ist sie bis zu den Hüften nackt. Ich hebe ihren Rock hoch, und sie hilft mir dabei, ihr Höschen auszuziehen. Dann lege ich ein frisches Handtuch auf die Sitzfläche. Die Frau läßt einen Fuß auf der Fußstütze des Frisiersessels ruhen, während das andere Bein seitwärts baumelt. Dadurch entblößt sie für mich ihre ganze Schamgegend. Sie liegt sehr bequem, und ich kann mit dem Haareschneiden fortfahren. Der elektrische Apparat ist noch warm vom Beschneiden ihres Nackenhaares. Ich schalte ihn ein und schere ihr die Haare an den Oberschenkeln von den Knien aufwärts. Ihr Schamhaar ist sehr dicht und buschig. Sie meint, seit dem letzten Schnitt sei schon eine ganze Weile vergangen. Beim Haarschnitt rund um ihre wundervolle Scheide hebe ich das Haar mit einem flachen Kamm an. Ich drücke ihr den vibrierenden Apparat sanft gegen die Klitoris, woraufhin sie lustvoll stöhnt. Sobald sie von den Knien bis zum Nabel kahlgeschoren ist, bürste ich sie mit einer weichen Bürste ab und bedecke die ganze Gegend mit angewärmten, feuchten Tüchern.

Darauf benutze ich eine altmodische Schale und einen Pinsel, um Schaum zu schlagen. Damit seife ich sie rings um die Muschi ein und rasiere sie dann, bis sie ganz glatt und sauber ist. Schließlich massiere ich ihre Beine mit einem elektrischen Massagestab, nachdem ich ihr Schenkel und Vulva mit einer entspannenden Lotion eingerieben habe. Nun ist es Zeit, ihren Fuß von der Stütze des Sessels zu entfernen, so daß ich selbst zwischen ihren gespreizten Beinen darauf Platz nehmen kann. Mit lebhaft leckender Zunge dringe ich tief in sie ein, bis sie unter den Zuckungen eines massiven Orgasmus fast vom Frisiersessel fällt.

Zum Schluß führe ich sie in den Ruheraum nebenan, wo sie sich entspannen kann, während ich mich auf die nächste Kundin vorbereite. Diesmal ist eine schöne Blondine an der Reihe. Ihr dichtes Haar reicht ihr bis an die Hüften. Auch sie verlangt die «komplette» Behandlung. Als dritte Kundin kommt eine sehr lebhafte Rothaarige mit wirklich dichtem Haarwuchs. Sie wünscht einen «italienischen» Pagenkopf und bekommt ihn – so wie alles andere. Sobald ich mit ihr fertig bin, sind wir alle vier im Ruhezimmer zusammen, wo ich die Frauen der Reihe nach vögle, bis ich mich kaum mehr rühren kann. Danach falle ich einfach in Ohnmacht.

Beim Erwachen stelle ich fest, daß man mich an den Frisiersessel gefesselt hat. Meine Arme sind an die Lehnen gebunden und die Füße außerhalb der Stütze seitlich befestigt. Als Bekleidung habe ich nur den Frisierumhang aufzuweisen. Ich sitze auf einem Handtuch. Die drei Frauen sind splitterfasernackt. Ich sehe, wie die Rothaarige der Blondinen mit meiner alten Haarschneidemaschine einen Soldatenschnitt verpaßt. Die Blondine bemerkt dazu, ich hätte ihr Haar etwas zu lang stehenlassen. Die Brünette steht hinter mir und bohrt mir die Zunge in die Ohren. Zwischendurch sagt sie: «Jetzt kommst du dran, Darling.» Sie schneidet mir die Haare und macht das sehr gut. Dann kippt sie die

Rückenlehne zurück, so daß sich mein Kopf auf gleicher Ebene mit ihrer Pussy befindet, die ganz weich und frisch ist. Langsam dreht sie meinen Kopf so, daß ich sie ansehen muß. Inzwischen spüre ich, daß sich die Rothaarige mit dem warmen, vibrierenden Haarschneideapparat an meinen Oberschenkeln emporarbeitet, während die Blonde mit dem kurzen Haar meinen Penis in den warmen Mund nimmt. Mit hin- und herschnellender Zunge bearbeitet sie ihn ganz langsam aufwärts und abwärts. Ich bin mit der Brünetten beschäftigt, die sich am Sessel festhalten muß, um nicht niederzusinken. Nach etwa drei Minuten tauschen die Frauen die Plätze. Ich spüre die Haarschneidemaschine nahe an meinem Penis, an dem jetzt die Brünette lutscht. Die Rothaarige steht mit gespreizten Beinen über meinem Gesicht. Ich kann mit meiner Zunge gerade hoch genug hinauf, um sie an der Klitoris zu kitzeln. Alle haben großes Vergnügen daran.

Schließlich werde ich eingeseift, und die Brünette macht sich gekonnt mit dem Rasiermesser an die Arbeit. Nicht der kleinste Kratzer und die Haut glatt wie Seide. Die kleine Blonde muß sich auf einen Schemel stellen, damit ich ihren Kitzler lecken kann. Sie klammert sich am Sessel fest, während ich mit Lotion eingerieben und mit dem Massagestab bearbeitet werde und die Rothaarige immer noch an meinem Penis lutscht. Das macht sie so fabelhaft, wie ich es noch nie erlebt habe. Inzwischen hat man mir die rechte Hand losgebunden. So kann ich die Muschi der Brünetten streicheln, bis wir alle gemeinsam kommen.

Mit einer habe ich das schon ausprobiert. Aber von dreien zugleich kann ich nur träumen. Oder haben Sie zwei Freundinnen, die sich die Haare schneiden lassen möchten?

Peter

In meiner Phantasie lerne ich eine Frau kennen, die mich aus heiterem Himmel fragt, ob ich mit in ihre Wohnung kommen möchte. Sie brauche Hilfe bei irgend etwas, sagt sie. Aber sie erwähnt nicht, worum es sich handelt, und ich dränge sie nicht um eine Erklärung.

In ihrer Wohnung überschüttet sie mich mit Küssen, die ich erwidere, weil ich mir schon denken kann, was sie will. Nämlich Sex. Während wir uns abküssen, fühle ich, wie sie mein Hemd und meine Hose öffnet. Bald liegt beides auf dem Fußboden.

Da stößt sie einen Schrei aus, woraufhin drei weitere Frauen hereinstürmen und mich packen. Sie sind angezogen, so zwischen sechzehn und dreißig Jahren (mein eigenes Alter) alt. Halb getragen, halb geschleppt, gelange ich ins Schlafzimmer. Dort werden meine Hände am Kopfbrett, die gespreizten Beine am Fußende des Bettes festgebunden. Bevor das geschieht, wird mir auch die Unterhose ausgezogen, so daß mein Schwanz ins Freie ragt.

Mir werden Kissen unter die Hüften gestopft, damit sich mein Hintern vom Bett erhebt. Gleichzeitig wird mir ein Kissen auch unter den Nacken gestopft, damit mein Kopf höher liegt. Die Hände der Frauen tasten über meinen Körper dahin. Aber sie treffen sich alle an meinem halbsteifen Penis. Er wird genau befühlt, wie auch mein Hodensack und dessen Umgebung.

Sie drängen sich um meinen Schwanz. Ich kann nicht sehen, was sie da machen. Ich spüre nur, daß eine Hand daran pumpt. Zuerst ganz sanft, dann immer wilder, bis ich kurz vor der Explosion bin. Ich fühle, daß sie immer näher an mich heranrücken. Eine Hand massiert meine Eichel. Die Ekstase überkommt mich. Ich höre «Oooohs» und «Aaaahs», während ich mein weißes Sperma verspritze.

Sobald alles vorüber ist, werde ich von der Frau, die es mir gemacht hat, saubergeleckt.

Sie gehen hinaus.

Man läßt mich lange allein liegen. Dann kehrt die Jüngste zurück. Sie entkleidet sich und enthüllt einen jungen Körper mit kleinen, knospenden Brüsten. Sie ist genauso mager wie ich, läßt aber zu erwartende Schönheit erkennen. Sie legt sich neben mich und küßt mich. Mit ihren Händen bringt sie meine Stange erneut hoch. Ihre Küsse werden leidenschaftlicher, während sie ihre Brüste an meinem Brustkasten reibt. Ich weiß nicht, wie lange das so geht, bis sie sich über mich setzt und auf mir auf- und niederreitet. Immer auf und ab, bis es mir kommt. Sie bricht auf mir zusammen.

Wir ruhen eine Weile, dann geht sie wieder.

Abermals erscheint die erste Frau, um mich abzulecken.

Nach einer Weile tritt die nächstältere Dritte ein. Sie ist bereits nackt. Ihre Brüste sind klein, und sie sieht unschuldig aus. Sie mag etwa zweiundzwanzig Jahre zählen und hat ganz kurzgeschnittenes Haar. Lange sieht sie auf mich herunter und streichelt mit der Hand meinen schlaffen Penis. Schließlich setzt sie sich rittlings über mein Gesicht und preßt mir ihre Pussy auf den Mund. Ohne ein Wort beginne ich sie zu lecken, bis es ihr kommt. Ihre Scheidenflüssigkeit schmeckt süß. Sie stöhnt und seufzt unter dem Ansturm der Gefühle.

Auch sie sinkt über mir zusammen und ruht eine Weile, bevor sie hinausgeht.

Abermals tritt eine Ruhepause ein, die man mir anscheinend zu meiner Erholung gönnt.

Die letzte Frau kommt herein, etwa achtundzwanzig Jahre mag sie alt sein. Gesicht und Körper zeigen nichts Ungewöhnliches. Sie könnte irgendeine Frau von nebenan sein. Oh, sie ist hübsch, aber nicht gerade eine Schönheit. Sie legt sich mit dem Gesicht nach unten über mich und leckt an meinem Penis. Zuerst nur spielerisch. Allmählich wird daraus ein richtiger toller Lutschakt. Als ich komme, saugt sie jeden Spermatropfen auf. Gelegentlich kommt sie mir dabei mit ihrer Pussy so nahe an den Mund, daß ich daran ein wenig lecken kann. Aber sie verharrt nie lange genug, daß ich wirklich zum Zuge komme. Offenbar findet sie am Lutschen ihr Hauptvergnügen.

Nachdem auch sie verschwunden ist, kommt die Frau herein, die ich auf der Straße getroffen habe. Sie löst meine Fesseln, badet mich, gibt mir zu essen, küßt mich noch einmal und fährt mich nach Hause.

Ja, das wär's. Das ist meine wildeste Phantasievorstellung. Aber es gibt sicherlich noch wildere. Im allgemeinen bin ich nicht sexbesessen, hätte aber gern mehr davon auf dem normalen Wege. Leider bin ich zu schüchtern dazu.

Eugen

Ich bin fünfundfünfzig Jahre alt und habe meine Frau von Herzen gern. Immer schon habe ich Phantasievorstellungen gehabt. Ich wünsche mir nichts sehnlicher, als meine Frau sexuell zufriedenzustellen. Ich möchte sehen und hören, wie ich sie errege und schließlich befriedige.

Ich hoffe, daß Ihre Leser, vor allem die älteren, die Phantasien von Männern als hilfreich empfinden, um ihre eigenen Hemmungen zu beseitigen. Ich sage: «Frauen, findet zum Ausdruck eurer selbst. Ermutigt eure Liebhaber und laßt sie wissen, was euch erregt.» Meiner Ansicht nach besteht das größte Vergnügen der Männer beim Ficken darin, der Partnerin wirkliches Vergnügen zu bereiten. Und ich kann versichern, daß er genauso seine Freude an eurem Vergnügen haben wird. Ich kann darüber hinaus behaupten, daß die Frau, die ihrem Mann die Fellatio verweigert, ihn um ein tolles Erlebnis bringt. Mir ist der Gedanke wichtig, daß meine Frau alles tut, um mich zu erfreuen. Dadurch liebe ich und begehre ich sie um so mehr, falls das möglich ist.

Meine Frau arbeitet mit einer Krankenschwester zusammen. Nanni ist etwa fünfunddreißig Jahre alt und geschieden. Sie sieht sexy aus und ist ein ausgesprochen nettes Mädchen. Meine Frau mag sie sehr gern. In meiner Phantasie stelle ich mir vor, daß ich zusammen mit meiner Frau ein Zimmer in einem Motel genommen habe. Bei einem Drink kommen wir auf Nanni zu sprechen – wie nett sie ist und wie schade es sei, daß ihre Ehe in die Brüche ging. Wir mögen sie beide so gern, daß wir uns eine Möglichkeit herbeiwünschen, Nanni ein genauso erfülltes Privatleben zu verschaffen, wie wir es führen. Meine Frau will von mir wissen, ob ich schon jemals mit sexuellem Verlangen an Nanni gedacht habe. Ich erwidere: «Ja, gewiß, du weißt genau, daß es eine Lüge wäre, wollte ich es abstreiten.» Meine Frau fragt: «Was würdest du machen, wenn jemand an die Tür klopft – und draußen steht Nanni?» Darauf ich: «Nanni? Ich würde sie hereinbitten und auffordern, an unserer Party teilzunehmen.» Meine Frau und ich versichern uns gegenseitig, daß wir nur nach uns Verlangen haben. Aber es sei doch nicht mehr als anständig, wenn wir es so einrichteten, daß auch Nanni ein wenig Erregung mitbekommt. Ich schlage meiner Frau vor, sie solle Nanni anrufen und fragen, ob sie nicht Lust hätte, zu uns herauszukommen. Nanni nimmt die Einladung an. Das Blut beginnt in meinen Adern zu kochen.

Bevor Nanni ankommt, lecke ich meiner Frau ein wenig, nur ein paar Zungenstriche, in der Möse, damit sie beim Eintreffen der Freundin nicht mehr gar so gehemmt sein soll. Nanni kommt und wirkt noch mehr sexy als sonst. Zum erstenmal erlebe ich so etwas – eine Triole. Bei diesem Punkt wollen mir die Sinne schwinden. Diese beiden herrlichen Frauenkörper und mein eigener dazu. Wir sind alle drei sehr zärtlich, aber entschlossen bei unserem Ficken und Lutschen. Ich stelle mir vor, daß ich Nanni mit meinem Penis in ihrer Scheide zu einem Orgasmus bringe, während ich meiner Frau die Möse lecke, bis es ihr kommt. Nach diesem aufrüttelnden Erleben müssen wir uns hinlegen und ein wenig ruhen.

Mein Pimmel ist vollkommen eingeschrumpelt. Was für eine Schande! Meine Frau sagt: «Verdammt, was machen wir denn da? Du mußt mir doch mit deinem Schwanz in meiner Pussy noch einen Höhepunkt verschaffen!» Da beginnt Nanni meinen schlaffen Schwanz zu streicheln. Sie zieht ihn mir lang bis an den Bauch, küßt ihn, nimmt die Eichel in den Mund und saugt sanft daran. Er fängt zu wachsen an, und Nanni meint: «Sieh mal, Schatz, wie er wächst!» Meine Frau ist begeistert. «Oh, vielen Dank. Mach ihn nur recht hart.» Nanni bekommt meinen Pint leicht wieder zum Klopfen und Pochen. Nanni murmelt: «Okay, Mädchen, da hast du einen harten, zuckenden Schwanz!» Mit meinem Penis in der eifrig mitmachenden heißen Pussy meiner Frau erlebe ich unvorstellbare Wonnen. Während ich meine Frau vögle, bringt sich Nanni in eine Stellung, bei der ich mit der Zunge ihre liebliche Fotze erreichen kann. Ich bringe diese beiden liebreizenden Frauen zu gleicher Zeit zum Höhepunkt.

Leonard

Ich bin fünfzig Jahre alt und sexuell immer noch sehr aktiv. Allerdings hatte ich nicht viele wirkliche Sexerlebnisse, bevor ich im Zweiten Weltkrieg nach Europa kam. Die Frauen dort haben mir die Wonnen des oralen Sex beigebracht. Sie schienen richtig darauf versessen, einem den Schwanz zu lutschen. Oft ließ ich es mir in der Mittagspause in einem Puff machen. Am Abend ging ich dann aus, holte mir eine Puppe von der Straße und ließ mich von ihr in einem Park oder draußen im Freien oder in einem Hotel auslutschen.

Erst nach meiner Rückkehr in die Staaten begann ich mit dem Pussylecken. Obwohl ich darin ein später Starter war, habe ich meiner Meinung nach einige Fertigkeit erworben. Ich mag eine Frau wirklich gern lecken, vorausgesetzt, sie hat Vergnügen daran.

In Wirklichkeit bevorzuge ich monogame Beziehungen zu nur einer Frau. In meiner Phantasie aber sehe ich mich von vier Frauen umgeben, die mit mir Liebe machen. Sie haben alle blendende Figuren und langes Haar. Sonst aber sind sie ganz unterschiedlich. Die eine ist zum Beispiel hellblond mit einer Haut so weiß wie Schnee. Auch eine zweite könnte blond sein. Aber ihre Haut ist hübsch braun gebrannt, bis auf die vom Bikini geschützten Stellen. Die dritte sollte vielleicht eine Halborientalin sein und die vierte eine dunkelhäutige Mexikanerin oder Griechin. Obwohl sie alle vier sehr feminin wirken, sind mindestens zwei von ihnen stark an gleichgeschlechtlicher Liebe interessiert.

Ich liege auf einem großen Bett mit dem Hintern auf dessen Kante, während meine gespreizten Beine auf zwei Stühlen ruhen. Die vier Frauen ziehen sich sehr langsam aus, wobei sie einander unter vielem Streicheln und Küssen helfen. Nachdem sie nackt sind, beginnen sie mit mir Liebe zu machen. Eine sitzt auf dem Fußboden und leckt mich am Arschloch. Eine zweite küßt mich am Hals und an den Ohren. Die beiden anderen lecken meinen Penis und küssen sich zwischendurch gegenseitig. Es erregt mich sehr, zu sehen, wie sie sich mit offenem Mund küssen und mit ihren Zungen spielen.

Die beiden, die meinen Pimmel «bearbeiten», lecken überall an ihm herum. Unterdessen leckt die auf dem Fußboden um meinen Arsch herum und steckt mir ihre kleine, spitze Zunge ins Loch. Diejenige, die an meinem Hals und an den Ohren beschäftigt ist, hat sehr schöne Brüste mit rosigen Nippeln, die sie sich dauernd von mir küssen und streicheln läßt. Ich halte mich möglichst lange zurück. Wenn ich es nicht mehr aushalten kann, nimmt eine von ihnen meinen Kerl in den Mund und lutscht mich sehr zärtlich aus. Dabei leckt die andere weiter an meinem Hintern herum. Mir kommt es ganz großartig. Die beiden küssen sich und teilen meinen Samen. Sie lecken mich gemeinsam sauber und bringen mich zu Bett. Ich schlafe in der Gewißheit ein, daß beim Erwachen mindestens zwei von ihnen noch bei mir sein werden.

Meine zweite Lieblingsvorstellung beinhaltet das Zusammensein mit zwei sehr femininen bisexuellen Frauen. Lange Zeit machen sie Liebe miteinander, wobei ich zuschaue. Wiederum bekomme ich viele Küsse mit weit offenem Mund zu sehen, was mich sehr erregt. Nachdem sie sich ausreichend gegenseitig geliebt haben, lutschen sie mich bis zum Orgasmus. Dann schlafen wir gemeinsam in dem großen Bett.

Meine dritte Phantasievorstellung wird vermutlich von vielen Männern geteilt, obwohl ich sicher bin, daß die meisten es nicht zugeben würden. Ich möchte bestimmt keinen Gewalttäter ermutigen oder charakterlich instabile Männer dazu anregen.

Ich jedenfalls möchte einmal ein sehr junges Mädchen lieben. In meiner Phantasie ist es jemand, der mich sehr gut kennt. Ich kann zu dieser Partnerin Vertrauen haben und sie zu mir. Sie ist noch so jung, daß sie kein Schamhaar hat, aber alt genug für ein Paar kleiner Brüste.

Ich weiß nicht, ob sie noch Jungfrau ist, was mir im übrigen gleichgültig wäre. Aber sie kennt Sex und hat Vergnügen dabei. Wir sind ganz allein und haben viel Zeit. Ich ziehe sie aus und lege sie in die Badewanne. (Oder wir baden gemeinsam.) Beim Abtrocknen streichle und küsse ich sie am ganzen Körper. Dabei nähere ich mich langsam der lieblichen, haarlosen Pussy. Ich öffne die unteren Lippen und küsse sie dort stundenlang, bis sie vollkommen erschöpft ist.

Wenn sie keine Jungfrau wäre, würde ich sie anschließend ficken. Aber ich würde ihr keinesfalls weh tun noch irgend etwas machen, womit sie nicht einverstanden wäre.

Eine typische Phantasie in diesem Kapitel beginnt damit, daß ein Mann einer Frau beim Masturbieren zusieht. Häufig handelt es sich dabei um die eigene Ehefrau. Später wird eine zweite Frau ins Spiel gebracht. Die beiden machen Liebe miteinander. Der Höhepunkt wird erreicht, sobald sich der Mann einmischt und es zu einer Triole kommt.

Dieser Vorgang ist logisch und verläuft sozusagen zweigleisig. Wenn die Befürchtungen eines Mannes schwinden, wächst sein erotischer Appetit. Zunächst einmal erregt ihn die Vorstellung, daß Frauen (einschließlich der eigenen) Sex wirklich mögen. Sie masturbieren genauso wie er selber. Dann sieht er, wie zwei Frauen im gemeinsamen Liebesspiel so lieb und zärtlich miteinander umgehen. Er weiß in seiner Phantasiewelt jetzt, daß die beiden Frauen nicht in feindseliger Absicht übereinander herfallen, noch daß sie sich in wütender Eifersucht gegen ihn selbst wenden werden. Überdies kann ihm seine Frau keine Vorwürfe machen. Sie hat die Regeln gebrochen und kann ihm nicht verbieten, das gleiche zu wollen. Statt dessen tun sich – wie wir in diesem Kapitel mehrfach hören – die Frauen mit aller Energie zusammen, um sich ihm zu widmen.

Meistens geht man davon aus, daß ein Mann, der mit zwei Frauen ins Bett gehen will, sich als Sexualprotz profilieren möchte. Tatsächlich aber schleichen sich in diese Schilderungen starke Elemente männlicher Passivität (oder Hingabebereitschaft) ein. Die Frauen machen es mit ihm. Stefan wird an den Frisiersessel gefesselt. Die Frauen machen sich nach eigenem Wohlgefallen über ihn her. Gewalt mag ins Spiel kommen, aber niemals Schmerz. Auf Masochismus geht niemand aus. Diese Frauen wollen den Mann nicht verletzen. Sie wollen nur ihren eigenen lüsternen Appetit stillen, während sie auch ihn sexuell befriedigen.

Mir fällt in diesem Kapitel auf, wie stark in den Phantasiespielen gegenseitiges Vertrauen angesprochen wird. Man sagt, Vertrauen sei die Grundlage für den Orgasmus der Frau – sie vertraut sich selbst und dem Mann hinlänglich, so daß sie alle Selbstkontrolle fahren läßt. Beim männlichen Orgasmus mag die Körperlichkeit eine größere Rolle spielen, doch wird die Erektion vom Psychologischen her beeinflußt. Wie stark kann der Mann dem eigenen Körper vertrauen, daß er ihn nicht im Stich läßt?

Viele Männer weigern sich, ein Spiel zu treiben, bei dem sie nicht gewinnen können. Sie fürchten, nicht in der Lage zu sein, die Partnerinnen zu befriedigen. Der Mann weiß, daß Frauen zu Multiorgasmen fähig sind, während er nicht mit der gleichen Häufigkeit mehrfach kommen kann. Also zieht er sich auf das Feld der Impotenz zurück. Zwar haben mir einige Männer versichert, daß sie niemals im Leben Bedenken gehabt hätten, etwa keine Erektion zu erlangen. Aber wahrscheinlich hat jeder Mann über siebzehn hin und wieder diese Befürchtung. Abermals bietet sich hier Trost durch Phantasie an.

An verschiedenen Stellen dieses Kapitels taucht als eine Art Kürzel das Wort «passiv» auf. Was sich dahinter verbirgt ist nicht leicht darzulegen. Die Männer in diesem Kapitel lassen mehr mit sich geschehen, als sie selber tun. So gesehen, könnten wir sie für passiv halten. Da aber sie es sind, die sich diese Phantasien ausdenken, sind sie doch auch aktiv. Das ist ein weiteres Beispiel für den Konflikt in der männlichen Psyche: Vordergründig zeigen alle diese Phantasievorstellungen lauter Teufelskerle von Männern, von Erotik erfüllte Burschen, für die eine einzige Frau nicht gut genug sein kann. Unterschwellig aber drücken sie die ungeheure Freude aus, die diese vielen Frauen dem Mann dadurch bereiten, daß sie seine physischen und psychischen Ängste beschwichtigen und ihm darüber hinweghelfen, indem sie die Verantwortung für das sexuelle Erleben übernehmen.

Lukas

Ich befinde mich zur Zeit in Haft. Jedoch möchte ich betonen, daß ich keineswegs wegen eines Sexualverbrechens einsitze. Ich bin zweiundvierzig Jahre alt. Meine Ehe ist geschieden worden. Alle Leute sagen, ich sehe aus wie höchstens fünfunddreißig. Man darf mir glauben, daß ich dankbar bin dafür. Mit geradezu fanatischem Eifer halte ich mich in guter körperlicher Verfassung.

Daß ich so fanatisch auf körperliche Fitness bedacht bin, dürfte zwei Hauptgründe haben: a) Ich habe von jeher unter einer nagenden Furcht vor dem Altwerden gelitten; b) Ich habe Angst, ihn nicht wieder hochzukriegen, sobald ich hier herauskomme. Dabei weiß ich wirklich nicht, woher diese Furcht rührt. Denn ich habe von jeher einen sehr starken Sexualtrieb gehabt (und habe ihn auch jetzt noch).

Sooft ich mit einer Frau Liebe gemacht habe, kam ich ohne Phantasievorstellungen aus. Das hatte ich nicht nötig. Anders beim Masturbieren. Dabei denke ich immer an Frauen. Aber es handelt sich immer um solche, mit denen ich im Bett gewesen bin oder um mir bekannte Frauen, mit denen ich gern mal ins Bett gegangen wäre. Ich kann mich nicht entsinnen, jemals Phantasievorstellungen über eine vollkommen

Unbekannte gehabt zu haben. Das heißt, bisher war es so. Hier zeichne ich auf, was ich mir gegenwärtig zusammenphantasiere:

Wann es anfing, weiß ich nicht. Aber ich habe schon seit langem davon geträumt, einmal eine Liebesnacht mit zwei schönen Frauen zu verbringen. Als ich zum erstenmal davon phantasierte, geschah es mit zwei mir bekannten Frauen. Seit ich aber im Gefängnis bin, sind zwei völlig fremde Partnerinnen daraus geworden. Dabei stelle ich mir vor, ich sei aus der Haft entlassen worden. Ich betrete eine sehr elegante Bar. Dort sehe ich zwei auffallend hübsche Frauen in einer Nische sitzen. Sie sind in ein Gespräch vertieft. Die eine ist eine bildschöne Blondine, die andere eine sexy wirkende Brünette. Sie tragen beide das Haar lang. (Ich mag bei Frauen langes Haar.) Ich lade sie zu einem Drink ein, was sie annehmen. Zugleich erwähne ich, daß ich ihnen einen Vorschlag zu unterbreiten hätte, der sie womöglich interessieren könnte. Ich darf mich zu ihnen in die Nische setzen und erklären, was ich vorhabe. Also gehe ich ruckzuck auf mein Ziel los. Ich erkläre, daß ich mir von jeher gewünscht habe, einmal eine Nacht mit zwei liebevollen Frauen zu verbringen. Ich würde – so rede ich auf sie ein – die Damen gern zum Essen ausführen. Überdies soll jede einen Hunderter erhalten, wenn sie gemeinsam mit mir die Nacht in einem ordentlichen Hotel zubringen. Dabei verschweige ich nicht, daß ich soeben erst aus dem Gefängnis entlassen worden bin und mehrere Jahre hindurch keine Frau gehabt habe.

Das regt sie mächtig an. Eine von ihnen sagt, das wäre ja so gut, wie einen unberührten Mann ins Bett zu kriegen, worüber beide lachen. Schließlich füge ich hinzu, sie müßten aber alles mit mir machen, was ich verlange (natürlich nichts Ungebührliches). Sie müßten miteinander Liebe machen, und außerdem würde ich mit einer anal verkehren, während sie sich gegenseitig lecken. Darüber hinaus sollen sie von mir verlangen, daß ich mit beiden Cunnilingus und Analingus mache. Dieser Teil meines Vorschlags scheint ihnen besonders zu gefallen. Ich wiederhole, daß ich mir schon immer gewünscht habe, dabei zu sein, wenn zwei hübsche Frauen miteinander Liebe machen. Ich sei immer besonders erregt, wenn ich Bilder von solchen Frauen betrachte.

Schließlich gehe ich mit ihnen zum Essen, und ich kaufe ihnen ein paar Drinks. Ich aber nehme keinen Alkohol zu mir. Denn ich will in dieser Nacht keine Minute meiner Empfindungsfähigkeit einbüßen. (Hier möchte ich einfügen, daß ich im Zeichen der Jungfrau geboren bin und schon immer eine Vorliebe für Reinlichkeit und kleine Einzelheiten gehabt habe.) Endlich sind wir in einem hübschen Hotelzimmer, nachdem ich unterwegs Zahnbürsten, Mundwasser, Duschcreme, Zahnpasta und sonst alles Nötige eingekauft habe.

· Nachdem ich mich geduscht und rasiert habe, liegen wir nackt im Bett, ich in der Mitte. In meiner Phantasie erlebe ich kristallklar Düfte, Geräusche und jede sonstige Einzelheit. Ich rieche das Parfum der beiden Frauen und den süßen Duft ihrer Haare. Ich betrachte ihre schönen Körper, ihre prächtigen Brüste mit den rosa Warzenhöfen, ihre wohlgeformten Beine und ihre hinreißenden Hintern. (Ich war von jeher ein Arschfan.) Anscheinend brauche ich ihnen nichts mehr zu sagen. Von hier an scheinen sie von sich aus zu wissen, was mich erregt. Sie machen ihre Sache großartig.

Ich küsse ihre süßen Lippen, sauge an den wunderbaren Titten und wühle mit den Fingern in ihren heißen Scheiden. Dabei seufzen und stöhnen sie vor Gier. Dann werde ich auf den Rücken gedreht. Die bildschöne Blondine setzt sich rittlings auf mich, das Gesicht mir zugewendet. Mit der Hand führt sie meinen zuckenden Penis in ihre warme, süße Pussy. Zugleich setzt sich die so sexy wirkende Brünette rittlings auf meine Brust, ebenfalls mit dem Gesicht zu mir. Sie drückt mir ihre nasse Pussy gegen den Mund, und ich lecke tief in ihr herum. Jetzt stöhnen beide vernehmlich, unterbrochen von spitzen Schreien der Lust. Sie machen wirklich mit. (Ich hasse stummen Sex.) Ich nehme den lieblichen Duft der puppigen Brünetten wahr, während ich an ihr lecke. Obwohl sie die Knie zu beiden Seiten meines Kopfes halb angezogen hat, kann ich in ihr schönes, von Leidenschaft erfülltes Gesicht sehen und alle Einzelheiten wahrnehmen. Sie hält die Lider geschlossen und wälzt ihren Kopf von einer Seite auf die andere. Mit der rosa Zunge leckt sie über ihre sinnlichen Lippen. Sie holt mit kurzen Atemstößen Luft. Das Gesicht ist mit Schweiß bedeckt. Er läuft vom Kinn herunter zwischen ihre prachtvollen Brüste, die ich mit beiden Händen knete.

Unterdessen reitet die Blonde wild auf meinem Schwanz. Sie stöhnt und schreit vor Lust. «O Gott, gleich kommt es mir. Es ist schon ganz nahe. Ich kann es nicht länger zurückhalten.» Beide Frauen schreien zu gleicher Zeit auf. Der Orgasmus hat sie überwältigt. Im selben Augenblick verspritze ich meine Ladung in einem der tollsten Orgasmen, die ich je erlebt habe. Vollkommen erschöpft und ausgelaugt brechen wir übereinander zusammen.

Im Verlaufe der Nacht probieren wir verschiedene Stellungen aus, was zu immer neuen Höhepunkten führt. In dieser Wunschvorstellung verlange ich von den Frauen aber nicht, daß sie Analingus oder Fellatio mit mir treiben. Ich aber tue alles, was sie mir vorschlagen. Ich mache es nur zu gern und habe erregende Freude daran. Vor allem am oralen Sex, sei es Analingus oder Cunnilingus. Ich möchte noch ein paar Bemerkungen über diese Phantasiespiele anfügen.

Als ich sie anfangs erlebte, hatte ich von Sex-Triolen noch nicht viel gehört oder gelesen. Heute neige ich zu der Ansicht, daß da nichts weiter dabei ist. Ich wünsche mir wirklich, diesen Wunschtraum erfüllt zu sehen. Ich spare mein Geld. Sollte ich hier jemals lebendig herauskommen, werde ich mir diesen Wunsch erfüllen, koste es, was es wolle. Und ich werde die Ausführung bis in die kleinsten Einzelheiten vorher genau entwerfen. Ich vermute fast, daß ich inzwischen von dieser Idee wie besessen bin. Außer meiner Freiheit wünsche ich mir mehr als alles andere in der Welt diese eine Nacht zusammen mit zwei schönen Frauen.

12. «Sie hat mich dazu gebracht!»

Das Unterbewußtsein erfüllt mich mit unheimlicher Ehrfurcht. Ich erwache am Morgen, setze mich an die Schreibmaschine und stelle fest, daß sich im Schlaf alle Probleme gelöst haben, vor denen ich gestern kapitulieren mußte. Neue Worte werden gefunden, frische Ideen sprudeln – jedenfalls für eine oder zwei Stunden, bis wieder die Verdrängung einsetzt. Phantasien arbeiten ähnlich. Sie bieten Alternativen für die verworrenen, logischen Gedanken des Bewußten.

Nachdem sie sich in ihren Phantasiespielen der Bürde der sexuellen Verantwortung entledigt haben, wünschen sich manche Männer, diese Einstellung auch ins tägliche Leben zu übertragen. Vor allem jüngere Männer sehen darin ein geringeres Risiko für ihre kostbare Identität. Mehr der Tradition verhaftete Männer sehen darin eine Bedrohung. Wird sie ihn nicht als unmännlich ansehen, selbst wenn es ihm gelingt, eine Frau zu finden, die gern die Führung übernimmt?

In früheren Kapiteln war die Rede von Frauen, die so sexhungrig sind, daß sie masturbieren oder andere Frauen mit in ihr Bett nehmen. Bei diesen Szenen sahen die Männer meistens nur zu. In seltenen Fällen machten sie mit. Jetzt kommen wir zur logischen Kulmination solcher Einstellungen und Gefühle: Phantasien über sexuell selbstsichere, beherrschende Frauen, die den Mann auffordern, nehmen und sogar zwingen. Eines der Hauptthemen in männlichen Phantasien ist die Aufgabe der Aktivität zugunsten der Passivität. Die Rollen werden vertauscht.

In diesem Kapitel ist nicht der Mann der Verführer, sondern die Frau verführt ihn. Nur eine Phantasievorstellung kommt bei den Männern, die sich mir anvertrauen, noch häufiger vor: Sadomasochismus. Und selbst hierbei übernimmt, wie wir bald sehen werden, nicht selten die

Frau das Kommando. Beiden Kapiteln gemeinsam ist der tiefwurzelnde Wunsch der Männer nach Erlösung vom Zorn der Frauen, von sexueller Schuld, von der Angst, zurückgewiesen zu werden, und / oder davon, nicht leistungsfähig genug zu sein. Mögen Männer auch nach außen hin den stets sprungbereiten Hengst mimen und vielleicht sogar tatsächlich dessen Rolle spielen, so tragen sie doch tief im Herzen verborgen das Verlangen danach, endlich einmal passiv sein zu dürfen: Mag *sie* es doch diesmal machen.

Wer den äußeren Schein der männlichen Sexualität für das Ganze hält, wird sich bei diesen Feststellungen wundern. Sobald wir aber den männlichen Konflikt begriffen haben, zeigt sich, wie glorreich diese Idee ist: Der Mann vergißt seinen Zorn, und seine Liebe verdoppelt sich. Die geliebte Person, die ihm einst Sex verbot, bringt ihn jetzt dazu. Sie verführt ihn auf die raffinierteste Weise, die weit jenseits seiner wildesten Träume liegt.

Eberhard

Ich habe immer unter Schuldgefühlen gelitten und mich mit Selbstvorwürfen gequält, weil ich schon als kleiner Junge Gefühle hatte, von denen ich wußte, daß meine Eltern und Altersgenossen sie mißbilligen würden. Deshalb habe ich der Welt das eine Gesicht gezeigt, während ich ein gänzlich anderes verbarg.

An mir ist nichts Ungewöhnliches: Ich bin in den vierziger Jahren, Mittelklasse, für mein Alter noch ganz gut erhalten ... nichts in körperlicher oder geistiger Hinsicht ist an mir hervorragend. Ich bin verheiratet und habe ein gutes Verhältnis zu meiner Frau. Als Junge war ich nicht sehr kräftig. Ich war nicht aggressiv, suchte nie den Wettkampf. Die Ansicht, man müsse die Zuneigung einer Frau «gewinnen» und sie «von den Füßen reißen» erschien mir peinlich und dumm. Ich war ein Spätentwickler, wurde mit Verzögerung erwachsen und kam noch später mit Frauen in Kontakt.

Meine ersten sexuellen Wunschvorstellungen erstreckten sich immer auf große, stämmige Mädchen, die von sich aus bestimmten, was zu geschehen hatte. Erst Jahre später wurde mir klar, daß ich bemuttert und von Frauen sogar beherrscht sein will. Als ich das begriffen hatte, schämte ich mich zutiefst vor mir selbst wegen meiner unmännlichen Gedanken. Was würden meine Freunde davon halten? Was würde man selbst in meiner heutigen Umgebung von mir denken? In meinen

zwanziger Jahren hielt ich mich für einen latenten Homosexuellen ...
obwohl ich Männer immer sexuell als abstoßend empfunden habe. Ich
fühlte mich stets versucht, das zu überkompensieren, was ich für meine
«deformierte» oder gar perverse Sexualität hielt. Ich gab mich im Alltag
als forscher Kerl und toller Bursche. Ich heiratete eine feminine «anständige» Frau und führte mit ihr eine nette «anständige» Ehe. Ich muß
erklären, daß ich ihre Feminität sehr anziehend finde. Aber ich habe
«immer die Hosen an». Ich muß die mir von unserer Kultur zugedachte
Rolle ausfüllen. Dabei träume ich ständig von einer Frau, die absolute
Autorität über mein Leben gewinnt. Sie müßte immer einen Ausweg
wissen und für uns beide die Verantwortung tragen. Am wichtigsten
wäre, daß sie in sexueller Hinsicht stets die Maßgebende sein müßte.

Ich konnte mir niemals vorstellen, daß es im Leben wirklich Frauen
mit solchen Anlagen geben könnte. Denn ich sah nur die kulturellen
Tabus und Sitten, die solche Gefühle bei einem Mann als unnatürlich,
unangebracht und verwerflich brandmarken. Seitdem ich Ihre Bücher
gelesen habe, wage ich nicht abzuschätzen, wie viele Frauen dieser Art
es wohl doch gibt.

So unglaublich es erscheint, meine Phantasievorstellungen wurden
vor einigen Jahren vorübergehend in die Wirklichkeit umgesetzt. Mit
knapp vierzig Jahren lernte ich eine um etliche Jahre jüngere Frau kennen. Wir hatten ein Verhältnis miteinander. Es dauerte mehrere Jahre.
Ich weiß nicht, warum es zu Ende ging. Es sei denn, ihr waren die
Spielideen ausgegangen und sie wollte etwas Neues beginnen. Solange
die Sache lief, war alles wunderschön. Kurz nach unserer Bekanntschaft stellte ich fest, daß ich mich mit ihr besser verstand als mit jeder
anderen zuvor. Es war nicht einfach so, daß sie Verständnis für meine
Träume zeigte ... sie ging darauf ein. Sie war sehr erregt, als ich ihr
meine Empfindungen schilderte und übernahm in der Tat augenblicklich die Führung.

Beim Liebemachen lag sie gern oben. Nur in dieser Stellung erreichte sie den Orgasmus. Immer mußte sie die Oberhand haben. Mir war,
als sei ich neugeboren! Ich kann meine wilde, ekstatische Hingabe nicht
beschreiben, die ich unter ihr liegend empfand. Stundenlang konnte
ich mich in völliger Unterwerfung ihrer unersättlichen Möse anheim-
geben. Wenn sie sich dem Höhepunkt näherte, stieß sie mit ihren Hüften so furios auf mich ein, als wolle sie meinen ganzen Körper in ihr
großes, schönes Mutterloch einsaugen. Nach einem durchrüttelnden
Orgasmus blieb sie auf mir sitzen. Sie umklammerte mich mit ihren
schönen Beinen, während sie sich erholte. Unterdessen war mir nicht

erlaubt zu kommen. Sie hielt meinen pochenden kleinen Pint in der feuchten Höhlung ihrer Vagina fest. Bald begann sie, ohne mich für eine Sekunde entschlüpfen zu lassen, erneut mit dem Pumpen. Wenn ich die süßen Gefühle nicht länger aushalten konnte, mußte ich es ihr sagen, bevor ich kam. Dann hörte sie für einen Augenblick auf zu pumpen und begann dann mit dem, was sie «langsam ficken» nannte. In der Tat fickte sie mich dann sehr, sehr langsam ... dabei ließ sie gekonnt meinen steifen kleinen Ständer fast ganz heraus und holte ihn dann wieder ganz tief hinein. Und das in einem sich niemals ändernden, wahnsinnig machenden langsamen Tempo. Inzwischen preßte sie mich auf das Bett nieder, wobei sie mir immer eine Hand unter den Hintern legte ... manchmal mit einem Finger im Rektum. Aber sie ließ es mir einfach nicht kommen. Sie fickte mich und nicht umgekehrt ... das machte sie mir deutlich. Und ich liebte sie gerade wegen dieser ihrer Art. Ich liebte ihre große, heiße, schöne Möse. Ihr pflegte es viele Male zu kommen. Wenn sie mich genügend gebraucht hatte, machte sie mich schließlich fertig und ließ es mir bei ihrem letzten Höhepunkt ebenfalls kommen.

Ich weiß nicht, warum sie mich verlassen hat. Wenn ich an diese wenigen Jahre zurückdenke, erscheint mir alles wie ein Traum. Aber es ist wirklich so gewesen! Selbst wenn sie mich nicht einmal mehr anruft, werde ich sie nicht vergessen und niemals aufhören, sie in meine Phantasiespiele einzubeziehen.

Ted

Seit ich zwölf Jahre alt wurde, vielleicht auch schon früher, habe ich mich fast an jedem Tag sexuellen Phantasien hingegeben. Dabei habe ich immer die Tatsache beiseite geschoben, daß in meiner Phantasie stets die Frauen dominierten. Erst vor einigen Jahren – ich war in der Mitte meiner zwanziger Jahre – habe ich mich mit dieser unerfüllten Sehnsucht in mir abgefunden. Meine Frau bevorzugte die traditonelle Vorherrschaft des Mannes. Also mußte ich stets die aktive Rolle übernehmen, was mich vor Sex oft genug Angst haben ließ.

Neuerdings ist meine Frau dazu übergegangen, mehr und mehr von sich aus aktiv zu werden. Folglich haben wir mehr und öfter Sex, da wir jetzt beide von uns aus damit anfangen können, wenn uns danach ist. Meine Frau geht beim Sex kräftig mit, so daß ich mit unserem Sexualleben sehr zufrieden bin. Doch ist mir klar, daß meine Frau bei einem mehr draufgängerischen Mann manchmal sexuell zufriedener wäre.

Meine erste Phantasie: Ich bin mit einer großen blonden Frau am Strand. Niemand ist in der Nähe. Sie ist sehr muskulös und sieht sehr sportlich aus. Lächelnd fordert sie mich auf, ihr den Rücken mit Sonnenöl einzureiben. Während ich damit beschäftigt bin, hakt sie das Oberteil ihres Badeanzugs auf und zieht es aus. Ich fühle Erregung und bin zugleich durch ihr aggressives Vorgehen etwas eingeschüchtert. Sie dreht sich um und läßt mich ihre großen, sonnengebräunten Brüste einölen. Dann liege ich auf dem Rücken, und sie reibt mir die Brust ein.

Plötzlich packt sie meine Badehose und will sie herunterstreifen. Ich protestiere und halte die Hose fest. Da packt sie eines meiner Handgelenke und dreht mir den Arm auf den Rücken. Die Frau ist sehr stark und kräftig. Bald hat sie mich auf den Rücken niedergerungen. Der eine Arm ist immer noch nach hinten gedreht. Das andere Handgelenk preßt sie mir nach unten. Ihre Beine sind um einen meiner Schenkel geschlungen. Also bin ich hilflos zu Boden gedrückt. Sie liegt auf mir. Ihre öligen Brüste reiben sich an meinen Rippen. Dabei küßt sie mich so heftig, daß sie mir fast die Lippen zerbeißt. Ich wehre mich. Sie verdreht mir den Arm immer schmerzhafter, bis ich jeden Widerstand aufgebe. Sie zwängt mir ihre Zunge tief in den Mund. Ihr Oberschenkel drängt sich zwischen meine Beine, wodurch ich eine Erektion bekomme.

Mit einer Hand zieht sie mir die Badehose herunter. Ich will es mir nicht gefallen lassen. Da wird mir wieder der Arm verdreht. Ich versuche, die Frau von mir herunterzustoßen, aber sie ist viel stärker als ich. Sie hält mich an beiden Handgelenken fest, während sie mich besteigt. Ihre großen, öligen Brüste wippen vor meinem Gesicht, während sie sich an mir auf- und niederbewegt. Triumphierend und erregt blickt sie auf mich herab. Bei jedem Stoß keucht sie atemlos. Jetzt bin ich willig bei der Sache. Ich fühle ihre enge Scheide an meinem Schaft. Sie verschafft mir einen schönen Höhepunkt.

Zweite Phantasie: Meine Frau und ich haben einen männlichen Gast, der bei uns übernachtet. Er ist stark und sieht sehr gut aus. Mir entgeht nicht, daß sich meine Frau zu ihm hingezogen fühlt. Ich frage sie, ob sie mit ihm mal Sex erleben möchte. Sie ist offenbar von dieser Aussicht erregt. Da lasse ich sie wissen, daß ich nichts dagegen einzuwenden hätte, wenn sie in der Nacht zu ihm ginge. Sie soll es mit ihm aber nur einmal «auf die Schnelle» machen und dann sofort zu mir ins Bett kommen. An diesem Abend lege ich mich etwas früher als gewöhnlich zur Ruhe. Später höre ich die beiden im Fremdenzimmer am unteren Ende des Korridors verschwinden.

Ich höre die Bettfedern knirschen und meine Frau stöhnen. Eine Weile danach geht die Tür zum Fremdenzimmer auf. Meine Frau sagt, sie müsse jetzt gehen. Er aber beharrt darauf, er sei noch nicht fertig. Obwohl sie lautstark protestiert, höre ich sie im Korridor, fast vor meiner Tür, miteinander ringen. Sie fleht ihn an, er möge sie in Ruhe lassen. Er aber besteht darauf, es jetzt und hier mit ihr zu treiben. Ich bin erregt, fürchte mich aber, die Tür aufzumachen. Sie schreit. Aber ihre Stimme läßt sexuelle Erregung erkennen. Aus den spitzen Freudenschreien wird allmählich ein Stöhnen. Es ist lauter und seelenvoller, als sie es jemals bei mir hat hören lassen.

Endlich werden ihre Seufzer leiser und gehen in ein Schluchzen über. Schritte entfernen sich durch den Gang zum Fremdenzimmer. Die Schlafzimmertür geht auf. Sie kommt herein, ihre zerrissenen Bekleidungsstücke mit beiden Händen zusammenraffend. Sie kommt zu mir ins Bett und beschwert sich darüber, daß er allzu grob mit ihr umgegangen sei. Doch ist mir klar, daß sie dieses Erlebnis zutiefst genossen hat. Ich umarme sie und dringe in sie ein. Sie zittert am ganzen Körper. Aber ihr Zittern ist genauso gut Nachklang des Erlebnisses mit ihm, wie es zur anderen Hälfte durch mich hervorgerufen wird.

Clemens

Ich bin siebenundzwanzig und habe sexuelle Erfahrungen nur mit Prostituierten gesammelt. Denn ich bin ziemlich schüchtern und in mich gekehrt. Jedoch masturbiere ich häufig und mache mir dabei Phantasievorstellungen. Fast immer spielen darin sexuell aggressive Frauen eine Rolle.

Da erscheint zum Beispiel eine in Leder gekleidete Frau. Sie hält mich auf dem Bett nieder und vergewaltigt mich regelrecht. Dabei umklammert sie mich und gibt mir tiefe Zungenküsse. Manchmal schnallt sie sich einen Kunstpenis um und steckt ihn mir in den Hintern.

In meiner zweiten Phantasie geht es um einen weiblichen Vampir. Die Traumgestalt saugt oben das Blut aus meinem Hals, während unten mein Steifer von der Pussy ausgesaugt wird. Das führt bei mir zu tollen Gefühlen.

In meiner Phantasie Nummer drei bin ich eine schöne Lesbierin. Ich kann fühlen, was meine Gefährtin beim Liebemachen empfindet. Ich habe so etwas einmal richtig im Schlaf geträumt. Es war so schön, daß ich am liebsten nicht aufgewacht wäre.

In dieser und in anderen Phantasievorstellungen machen die Frauen von sich aus aktiv Liebe mit mir. Ich vermute, in unserer Gesellschaft erwartet man, daß stets das männliche Wesen sexuell aggressiv sein müsse. Dennoch wünsche ich mir, eines Tages eine Frau zu finden, die etwas von diesem Leistungsdruck übernimmt. Dabei hoffe ich, nicht der einzige Mann zu sein, der so empfindet.

Dirk

Ich habe in einer fremden Wohnung ein Päckchen abzuliefern. Eine schöne Frau öffnet die Tür und läßt mich ein. Sie hat sehr langes honigblondes Haar, dazu ein paar hohe, feste Titten und wirkt insgesamt sehr sexy. Die Frau trägt rote «Hot pants», eine enge weiße Bluse aus seidenähnlichem Stoff und Schuhe mit fast zwanzig Zentimeter hohen Absätzen. Die Schuhe werden am Knöchel nicht mit den üblichen Riemchen gehalten, sondern von Lederbändern, die mit Vorhängeschlössern versehen sind. Ich reiche ihr das Päckchen, dabei drückt sie mir «zufällig» die eine Brust gegen den Arm. Durch den gespannten Stoff fühle ich ihre steife Brustwarze. Sie betrachtet mich von oben bis unten. Doch verweilt ihr Blick auf meinem Hosenschlitz. Mir fällt auf, daß mehrere Schlüpfer herumliegen. Auf der Couch entdecke ich einen Haufen Büstenhalter mit Metallschließen.

Dann kommt ihre Wohnungsgenossin herein. Mir quellen förmlich die Augen vor. Sie erweist sich als wohlgepolsterte Rothaarige mit einer Wespentaille. Sie hat nur ein schwarzes Spitzenhöschen an und trägt dazu Schuhe mit zwanzig Zentimeter hohen Absätzen, deren Riemen mit winzigen Schlössern versehen sind. Ihre nackten Brüste sind feste, runde Kugeln aus wippendem Fleisch. Die beiden steifen rosa Nippel ragen aus großen braunen Warzenhöfen empor. Sie kommt direkt auf mich zu. Ich werde umarmt und bekomme einen langen, heißen und herzlichen Kuß. Sie preßt ihren Körper an mich. Ich fühle, wie sich etwas in meiner Hose regt. Meine Hände tasten nach ihren Brüsten. Ich knete sie, während mir die Frau ihre Zunge in den Mund schiebt. Mir wird ein Drink angeboten. Das Hi-Fi-Gerät läuft. Ich tanze abwechselnd mit den beiden Frauen und erfahre dabei, daß die Blonde Mona und die Rothaarige Laura heißt. Während ich mit

Mona tanze, gleiten meine Hände hinunter zu ihren Hinterbacken und dann aufwärts unter die engsitzende Bluse. Auch sie hat wundervolle Brüste. Ich fühle die erregten Nippel, als ich die Hände in ihren Büstenhalter zwänge.

Plötzlich knöpfe ich ihr die Bluse auf. Laura hilft mir und hält Mona fest, während ich den Büstenhalter öffne und ihr das enge rote «Heiße Höschen» herunterpelle. Sie lacht und keucht, weil wir sie auf den Teppich niederringen und dort mit ihr herumrangeln. Ich küsse ihre großen Brüste und den flachen Bauch, während Laura damit beschäftigt ist, Mona das Höschen über den sich windenden Po herunterzuzerren und über die langen Beine zu streifen. Abwechselnd sauge ich eifrig an Monas Brustwarzen, wobei ich spüre, daß Lauras Hand meinen steif werdenden Pint packt. Ihre Hand schiebt sich zwischen meine Beine, und sie macht sich daran, mich zur vollen Erektion hochzustreicheln. Laura öffnet meinen Reißverschluß und den Gürtel. Sie zieht mir Hose und Unterhose aus. Dann holt sie ein schwarzes Ledergeschirr mit allerlei Gurten und samtenen Stricken herbei, das sie an Monas Körper festschnallt. Ich sehe zu, wie die junge Frau mit dem Ding gefesselt wird. Es sieht aus wie ein langes Korsett mit Reißverschluß auf dem Rücken, aber mit Bändern an den Seiten. Damit kann man die Arme am Körper festbinden. Monas Brüste werden aufwärts gedrückt. Sie wölben sich verführerisch über den knapp sitzenden Körbchen. Mit Samtbändern wird sie an Fußknöcheln und Handgelenken gefesselt. Ein lederner Knebel mit daran befestigtem Gummiball wird ihr in den offenen Mund geschoben, und sie ist «fertig».

Wir heben Mona auf und tragen sie auf das große Doppelbett im Schlafzimmer. Laura legt eine Platte auf das Stereogerät. Wir hören Ravels *Bolero*. Auf Lauras Drängen hin stelle ich mich für die Erfüllung ihrer Wünsche zur Verfügung. Zu leiser Musik schiebe ich meinen steifen Schwanz langsam zwischen Monas gespreizte Schenkel und stoße ihn in ihre feuchte Spalte. Die Musik wird immer lauter. Ich versuche, meine Hüftbewegungen dem Tempo anzupassen, während ich immer tiefer in die Frau hineinstoße. Monas Lider sind weit aufgerissen. Sie stöhnt tief hinten in der Kehle. Sie bewegt ihre Finger, öffnet und schließt die Hände. Ihre Hüften stemmen sich den meinen bei jedem Stoß entgegen. Gegen Ende des klassischen Musikstücks fühle ich, wie sich ihr Körper verkrampft und sich Spannung in meinen Lenden aufbaut. Ich verschärfe das Tempo. Während der letzten Takte des Musikstücks kommt der Höhepunkt, und ich explodiere mit mehreren gewaltigen Pulsationen.

David

Ich bin achtundzwanzig Jahre alt und verheiratet. Über einen langen Zeitraum drehten sich meine sexuellen Phantasien um zwei Themen.

Mich erregt immer die Vorstellung von Geschlechtsverkehr oder sonstigen sexuellen Handlungen mit einer verheirateten Frau von fünfunddreißig bis fünfundvierzig Jahren. Auch sehe ich gern Aktfotos von solchen Frauen an. Ich mag den nackten Körper einer reifen Frau gern ansehen und fühlen. Das gilt auch für eine vielerfahrene Möse. Ich denke da oft an eine vierzigjährige Ehefrau, die in meiner Jugend in unserer Nachbarschaft wohnte. Sie ist allein daheim, ihr Mann zur Arbeit fort. Sie bittet mich in ihre Wohnung, um ihr beim Rücken einiger schwerer Möbel zu helfen. Das dauert eine knappe halbe Stunde. Hinterher fordert sie mich zum Bleiben auf. Ich bekomme einen Fruchtsaft und ein Stück Kuchen. Dann sagt sie, ich solle noch ein wenig sitzen bleiben. Sie müsse sich eben mal umziehen.

Ich sitze fünfzehn Minuten herum. Die Frau kommt nicht wieder. Also frage ich mich, ob ihr wohl etwas zugestoßen ist. Ich gehe zur Schlafzimmertür, die ein wenig offensteht. Zu meiner Überraschung sehe ich die Frau auf dem Bett liegen. Sie ist ohne Bluse und gerade dabei, ihre Hose abzustreifen. Sie schleudert das Kleidungsstück mit dem Fuß beiseite. Nun hat sie nur noch Büstenhalter und Slip an. Sie ist etwas füllig von Statur, aber für ihr Alter wohlgebaut. Die Kurven stimmen. Sie ist recht hübsch anzusehen. Die Frau langt mit den Händen nach hinten und hakt den Büstenhalter auf, um sogleich ihre großen Brüste zu streicheln. Sie ist sehr erregt. Mit beiden Händen streicht sie über den Bauch abwärts und langt in ihren Slip, wo sie an ihrer Möse zu spielen beginnt. Schließlich zieht sie das Höschen aus. Ich kann ihre schöne Möse genau sehen. Zu meiner Überraschung ist sie rasiert und zeigt nur einen Anflug von Behaarung. Unterdessen klopft mein Herz wie wild. Ich bin so hingerissen, daß ich versehentlich die Tür etwas weiter aufstoße. Ich erschrecke und weiß nicht, wie ich mich verhalten soll. Die Frau springt vom Bett, kommt zu mir, klopft mir auf die Schulter und flüstert: «Schon gut.» Sie führt mich zum Bett und fängt an, mich auszuziehen. Die Nachbarin beugt sich über mich und saugt an meinem Penis. So ein Gefühl habe ich in meinem Leben noch nicht verspürt. Dann läßt sie mich ihren Körper überall streicheln, wobei sie mit den Fingern meine Hand führt. Ich berühre ihre rasierte Möse und stelle fest, daß sie ganz naß ist. Die Frau packt meine Hand und zeigt mir, wie ich mit dem Finger an ihr spielen soll. Das Loch fühlt sich warm und feucht an. Dann packt sie mich am Nacken und drängt meinen Kopf an ihre Muschi. Sie will, daß ich ihre Möse lecke. Das ist eine meiner stärksten sexuellen Phantasievorstellungen.

Rudi

Als ich sie erblickte, war ich keineswegs auf das vorbereitet, was sich bald zutragen sollte.

Ich war als Anhalter westwärts unterwegs und hoffte, die Küste zu erreichen, bevor mein Geld zur Neige ging. Bisher war ich flott vorangekommen. Ich war erst zwei Tage unterwegs und hatte bereits tausend Kilometer hinter mich gebracht.

Das rote Kabriolett schoß wie eine Rakete über die Hügelkuppe. Der Auspuff röhrte. Chromleisten glitzerten in der Sonne. Ich hob nicht einmal den Daumen. Denn ich konnte mir denken, daß in einem Renner wie diesem kein Platz für einen Beifahrer sein würde. Zu meiner Überraschung kam das große rote Monstrum mit schleuderndem Heck ein paar Dutzend Meter weiter zum Stehen. Die Reifen protestierten kreischend, als die Fahrerin den Rückwärtsgang einlegte und mit Vollgas bis zu mir zurückfuhr.

«Wollen Sie nun mitfahren oder nicht?» fragte sie mit leicht rauchiger Stimme.

«Jawohl, Madam!» erwiderte ich und mußte mich gewaltig zusammenreißen.

«Na, dann pflanzen Sie sich mal hierher, damit wir weiterkommen!» Dabei lächelte sie. Das Zwinkern in ihrem Blick versprach eine vergnügliche Fahrt. Ich verstaute meinen Kram im Kofferraum und glitt neben ihr in den Schalensitz. Sie legte den ersten Gang ein und ließ die Kupplung los. Sie schaltete blitzschnell wie ein Rennfahrer. Im großen Gang rauschten wir mit runden hundertsiebzig Sachen dahin. Dabei sah sie mich an und kniff ein Lid zu.

«Ich kann zwar nicht fahren, Süßer, drum halt dich fest. Aber zielen kann ich mit dem Ding», lachte sie tief in der Kehle. Das tiefe, volle Lachen paßte zu ihr. Sie war groß, vielleicht einsachtzig, mit langen Beinen und schönen großen Füßen. Ihr superkurzes Sommerkleid kroch an ihren schönen langen Beinen hoch fast bis in ihren Schoß. Sie fuhr barfuß, Arme und Beine gerade ausgestreckt. Der füllige Busen hopste ungeniert, wenn der Wagen durch Schlaglöcher donnerte. Fasziniert sah ich ihr beim Fahren zu. Sie wirkte fast wie ein Teil der großen roten Maschine, aus der sie das Letzte an Kraft und den letzten Kilometer an Geschwindigkeit herausholte. Dabei hielten die langen, schlanken Finger das Rad nur lose. Ich war schon mit schnellen Fahrern unterwegs gewesen. Bei einigen hatte ich mich sogar sicher gefühlt. Sie aber fuhr mit solcher Ruhe und so viel Selbstvertrauen, daß ich schon nach kurzer Zeit völlig entspannt neben ihr saß. In solcher Situation fällt einem die Phrase ein: «Sie fährt wie ein Mann.» Aber ich kenne kaum einen Mann, der so gut und sicher fährt wie sie.

Ihre Haut war wie schwarzer Samt. Ihre afrikanischen Gesichtszüge wirkten wie aus Elfenbein geschnitzt. Unter dem Ausschnitt des Kleidchens traten die Brustwarzen steif hervor. Es war offensichtlich, daß die Frau beim Fahren sexuell erregt war. Ich verschlang sie mit Blicken wie ein großes Stück Schokoladentorte.

Um die Sache für meine Lenden noch komplizierter zu machen, kroch ihr kurzes Kleidchen immer höher in ihren Schoß. Bald konnte ich ihren weißen Slip sehen, unter dem sich ihr Venushügel gegen das dünne Material wölbte. Ich mußte immerzu darauf starren. Wie unabsichtlich ließ sie das linke Bein etwas zur Seite gleiten, während sie sich mit dem Unterleib weiter nach vorn in den Sitz schob. Die Wirkung war ungeheuerlich. Das dünne Gewebe ihres Slips klemmte sich in ihre Pussy und ließ die Linien der strammen Schamlippen genau erkennen.

«Du siehst mich an wie halb verhungert, mein Junge», sagte sie mit verschämtem Lächeln. «Wenn du nicht mit mir redest, muß ich alles wieder brav verhüllen.»

Ich fühlte, wie mir das Blut in die Wangen schoß. Sie lachte wieder tief in der Kehle. Mein Pimmel wand sich wie verrückt, weil er sich in meinen engen Jeans nur schwer zu einer Erektion erheben konnte. Ich kam mir vor wie ein Schuljunge, den man soeben auf der Toilette beim Wichsen erwischt hat. Ich wollte mich bei ihr entschuldigen. Aber ihre freie Art, die ganze Sache zu behandeln, verschlug mir die Sprache. Sie wußte genau, was der Anblick ihres Körpers bei mir bewirkte, scherte sich aber den Teufel darum.

Ihre linke Hand ruhte im Schoß. Der Zeigefinger streichelte langsam die Einbuchtung im Schritt ihres Höschens. Am liebsten hätte ich hingelangt, blieb aber wie gelähmt sitzen. Auf einmal schob sie den Saum des Kleides ganz hoch. Ihre Hand glitt unter dem Elastik hindurch in den Slip hinein. Wie benommen sah ich zu, wie ihre Hand über den Bauch abwärts und zwischen die wartenden Lippen glitt. Ich sah, wie sich der Mittelfinger bog und dazwischen verschwand. Sie masturbierte hier, direkt vor mir! Ich hob die Hand, um nach ihr zu greifen. Ihr kurzes «Laß das!» ließ mich mitten in der Bewegung innehalten.

Ihre Stimme war ein wenig spitz geworden. «Wir machen hundertfünfzig Sachen, und ich fahre diesen Schlitten. Mir war so, als wünschtest du dir eine Schau. Na gut, die sollst du haben. Aber faß mich nicht an. Das könnte für uns beide fatal werden.»

Meine Blicke waren auf den Schritt ihres Höschens fixiert. Als ob das alles noch nicht genug sei, hob sie den Hintern vom Sitz und schob ihren Slip nach unten. Da saß sie in all ihrer wollüstigen Pracht und Herrlichkeit. Aus einem riesigen Urwald schwarzen Haares ragte die rosige Spitze ihres Kitzlers ein klein wenig hervor. Die vollen inneren Lippen glitzerten unter der Schicht ihrer süßen Säfte.

«Ist sie nicht hübsch?» fragte die Frau leise. «Sie schmeckt sogar noch besser, als sie aussieht. Vielleicht bekommst du später etwas davon ab. Vorerst will ich dich um eine Gefälligkeit bitten, aber laß dich zu nichts weiter hinreißen. Du sollst mir nur diese verdammten Höschen ausziehen. Mehr aber nicht. Versuche nicht, mich anzurühren, sonst klatschen wir womöglich beide tot auf den Acker.»

Ich war zu allem bereit. Langsam beugte ich mich hinüber, hakte die Daumen unter das Gummiband und schob ihr den Slip bis zu den Füßen hinunter. Sie zog den linken Fuß heraus und spreizte die Beine. Aus meiner jetzigen Stellung heraus konnte ich ihr direkt in den süßen kleinen Honigtopf hineinsehen. Mir war, als kostete ich bereits von ihrer süßen Flüssigkeit. Ich sah genau hin, als sie zwei Finger einführte. Sie seufzte und zog die benetzten Finger wieder heraus. Langsam streckte sie die Hand nach mir aus und strich mir mit den feucht glänzenden Fingern über die Lippen. Sie tauchte die Finger noch einmal ein und wiederholte das Spiel. Diesmal öffnete ich den Mund und saugte ihr den süßen Saft von den Kuppen.

Ich war so weit, daß ich keine Sekunde mehr einfach dasitzen und ihre schöne Pussy ansehen konnte, ohne durchzudrehen. Da hob sie den Fuß vom Gaspedal und trat auf die Bremse. An der rechten Seite tat sich eine Nebenstraße auf. Der Wagen blieb knapp dahinter mit quietschenden Reifen stehen. Sie knallte den Rückwärtsgang rein und donnerte in den Seitenweg, bis wir von der Hauptstraße aus nicht mehr gesehen werden konnten. Mit einem Handgriff brachte sie die Maschine zum Schweigen. Dann ließ sie sich in den Schalensitz sinken und schnaufte wie eine Dampflokomotive.

In der nächsten Sekunde hatte sie die Wagentür geöffnet und sich in das hohe Gras am Straßenrand sinken lassen. Für mich bedurfte es keiner Einladung. Binnen zwei Sekunden war ich um den Wagen herum zu ihr hingeeilt.

Mit geschlossenen Augen streckte sie mir eine Hand entgegen. Ich sank neben ihr in die Knie und ließ meine Finger sacht an ihrem Schenkel nach oben gleiten. Meine Fingerspitzen waren wie taub, als sie die welligen Locken an ihrem Venushügel erreichten. Mit beiden Händen langte sie nach unten, raffte das Kleid zusammen und zog es aufwärts über ihren Kopf aus. Sie war von umwerfender Schönheit. Die Sonne bestrahlte ihren makellosen Körper. Mit einem unterdrückten Freudenschrei warf ich mich vorwärts und vergrub mein Gesicht zwischen ihren samtenen Schenkeln, die sich rechts und links um meinen Kopf schlossen. Ich fühlte die weiche Haut an meinen Ohren. Ich streckte die Zunge tief in ihren Liebestunnel hinein.

Meine Zunge strich über ihren zuckenden Kitzler hin und her. Mit gespitzten Lippen sog ich ihn so tief wie möglich ein und leckte daran, so kräftig ich konnte. Ich drückte mein Kinn gegen ihre Hinterbacken und mein Gesicht, so tief es ging, in sie hinein. Mit ihren Fingern wühlte sie in meinem Kopfhaar und zog mich womöglich noch enger an sich heran. Mein Gesicht war von ihren Säften verschmiert, und ich bekam kaum noch Luft. Sie hatte ihre Beine so fest um meinen Kopf geschlossen, daß mir die Nackenmuskeln weh taten. Aber ich achtete nicht auf den Schmerz. Die heiße, süße Fotze war wie loderndes Feuer unter meinem Mund. Die Negerin bockte und bäumte sich, während es ihr viele Male kam. Endlich konnte ich nicht mehr an mich halten. Ich riß meinen Kopf aus der Umklammerung ihrer Schenkel und zerrte mit fliegenden Fingern an meinen Kleidungsstücken, bis ich nackt war. Mein Schwanz fand seinen Weg von ganz allein. Er zwängte sich zwischen die Lippen ihrer Möse und versenkte sich ganz tief in sie. Ich fühlte, wie ihre melkende und zuckende Scheide mich förmlich ausdrückte. Am liebsten hätte ich stillgehalten und das Gefühl eine Weile genossen. Für die Frau aber gab es kein Bremsen mehr. Sie wölbte den Rücken und stemmte mir den Unterleib in dem fanatischen Bemühen entgegen, noch mehr von mir zu bekommen. Als wir dem gemeinsamen Höhepunkt näher und näher kamen, spürte ich nur noch ihre wie wild saugende Fotze an meinem Pint. Dann durchschoß es mich wie ein roter Blitz. Tief aus meinem Innern heraus flossen die Säfte durch mein Rückgrat in meinen vor Lust schmerzenden Schwanz, um dann die Frau zu füllen. Ihre Beine waren wie Klammern an meinen Hüften. Sie schrie und verbiß sich in meiner Schulter.

Nach langer Zeit rollte ich von ihr herunter. Sie preßte ihren warmen, feuchten Körper an mich, und wir schliefen ein.

Fredy

Zu meinen konstanten Phantasiebildern gehört mein Zusammensein mit einer älteren Frau. Ich würde gerne eine Affäre mit einer reifen, gebildeten, empfindungsreichen und scharfen Frau haben. Das Alter mag zwischen vielleicht fünfunddreißig und womöglich bis zu fünfzig Jahren liegen. In meinen Vorstellungen endet die Altersangabe meistens bei fünfundvierzig. Man würde überrascht sein über die große Anzahl von Männern meines Alters, die es gern mit einer reiferen Partnerin treiben würden.

In meiner Phantasie lerne ich die Frau in einer Bar kennen. Es kann auch in einem Restaurant oder im Gemüseladen sein. Sie mag Kassiererin, Sekretärin, Lehrerin oder einfach eine Frau von der Straße sein. Meistens stelle ich sie mir als Kosmetikverkäuferin vor. Ich bin ganz allein daheim, als sie eintritt. Ich sitze an der Schmalseite des Zimmers. Sie breitet ihre Produkte vor mir aus. Ich hingegen überlege, wie es wäre, wenn sie mir den Schwanz lutschte, und wie wohl ihre Möse zwischen gespreizten Beinen aussehen mag. Sie fragt, ob ich nicht näherkommen und ansehen möchte, was sie zu verkaufen hat. Ich erhebe mich, um an den Tisch zu treten. Dabei bekommt sie mit, daß ich einen Steifen habe. Ich merke, daß sie es gemerkt hat. Lächelnd sieht sie mich an und leckt sich die Lippen. Ich sage, sie möge sich nicht beleidigt fühlen, aber ich würde ihr gern meinen Penis zeigen. Daraufhin erwidert sie, daß sie ihn gern sehen möchte. Ich lasse die Hose bis zu den Knien herunter. Dabei springt mein Schwanz hervor. Er wippt auf und nieder. Sie streichelt ihn und meint, er sei sehr hübsch. Ich frage die Frau, ob ich etwas für sie tun kann. Sie fordert mich auf, mich gänzlich zu entkleiden. Danach will sie, daß ich im Zimmer hin- und hergehe, während sie mir dabei zusieht. Ich trete vor sie hin. Sie sagt, daß ich mich bücken soll. Die Kosmetikverkäuferin betrachtet mein Arschloch und sagt dann, ich solle mich mit dem Rücken auf das Teetischchen legen. Sie beginnt, meinen Pimmel zu wichsen und leckt leicht über meine Eichel hin. Sie hält inne, richtet sich auf und trägt mir auf, ihr den Slip herunterzuziehen, während sie den Rock hochhebt. Nun soll ich sie überall an den Beinen und den Hinterbacken lecken und küssen. Dann steht sie mit ganz weit gespreizten Beinen über meinem Kopf. Meine Zunge fährt so weit wie möglich in ihre Möse hinein. Beim Orgasmus zittert sie am ganzen Körper. Nach kurzer Erholung setzt sie sich hin und winkt mich nahe heran. Sie steckt sich meinen Schwanz in den Mund und lutscht, bis es mir kommt, wobei sie meinen Samen schluckt. Dann zieht sie sich an, gibt mir einen Kuß und geht.

Ich bereite meiner Partnerin jedes Vergnügen. Aber ich habe niemals eine von ihnen zu etwas gezwungen, das sie nicht wollte. Gewalt beim Sex widert mich an.

Lennie

Ich bin vierundzwanzig und Junggeselle. Meine Phantasievorstellungen setzen immer ein, wenn ich masturbiere.

Phantasie Nummer eins: Dabei stelle ich mir ein denkbares Geschehen zwischen mir und zwei Leuten vor, die ich wirklich kenne. Ich bin allein im Haus meines Vetters. Jemand klingelt an der Tür. Ich öffne und stehe vor seiner Schwiegermutter. Marga (erdachter Name) will wissen, ob John oder Deli (ebenfalls erdacht) daheim seien. Ich sage, außer mir sei niemand da. Sie fragt, ob sie hier auf die beiden warten könne. Ich lasse sie ein. Sie ist keine besondere Schönheit, wirkt mit ihren fünfundvierzig Jahren aber noch recht attraktiv.

Auf dem Tisch liegt ein Buch, in dem ich gerade gelesen habe. Es gehört zu der Sorte, die wir «Schund- oder Fickbücher» nennen. Marga sieht das Buch an, wirft mir einen Blick zu und beginnt, in den Seiten zu blättern. Während sie liest, erinnere ich mich einiger bestimmter Stellen im Text und bekomme einen heftigen Steifen. Sie meint, einiges in diesem Buch sei toll erotisch geschrieben. Dem stimme ich zu. Obwohl ich sonst eher schüchtern bin, frage ich sie zu meiner eigenen Überraschung, welche Stelle sie aufgeschlagen hat. Sie hat sich auf die Couch gesetzt. Als sie sich zu mir herumdreht, rutscht ihr der Rock hoch, so daß ich ihren Slip sehen kann. Sie erklärt, gerade die Stelle zu lesen, wo ein Mann und eine Frau oralen Sex machen.

Sogleich beginnt sie, den Text laut vorzulesen. Ich kann mich nicht mehr beherrschen, beuge mich hinüber und küsse sie heftig. Sofort wird sie lebhaft tätig. Ihre Finger ziehen meinen Reißverschluß auf, und sie verpaßt mir die beste Fellatio, die ich jemals erlebt habe. Bald liegen wir nackt auf dem Fußboden und vögeln wie verrückt. Plötzlich ist die einundzwanzigjährige Deli da, Margas Tochter. Sie hat sich bereits ausgezogen und masturbiert, während Marga jetzt auf mir sitzt. Sie gleitet an meinem Steifen auf und nieder. Ich lasse Deli sich über meinen Mund hocken und belecke sie heftig. In diesem wunderbar vergnüglichen Zustand verbleiben wir eine Weile, bis es Deli kommt. Das bringt mich zur Explosion, was wiederum bei Marga zu einem wunderbaren Orgasmus führt. In der Wirklichkeit kommt es mir jetzt auch.

Ich wäre nur zu froh, wenn sich diese Wunschvorstellung einmal wirklich abspielen würde. Aber, wie gesagt, ich bin ziemlich schüchtern und würde die Situation niemals von mir aus herbeiführen.

Phantasie Nummer zwei: Ich bin allein zu Hause, und eine Kosmetikvertreterin klingelt an der Tür. Sie sagt, sie sei neu im Geschäft und würde gern ihre künftigen Kunden aufsuchen. Ich bitte sie herein und sehe mir an, was sie an Herrenkosmetika anzubieten hat. Sie ist vierzig bis fünfundvierzig Jahre alt. Ihr ziemlich kurzes Kleid läßt viel von ihren wohlgeformten Beinen sehen. Ich überlege, wie sie wohl völlig nackt aussehen mag (das stelle ich mir oft bei Frauen vor, denen ich begegne), und habe nach einigen Minuten einen kräftigen Ständer in der Hose. Ich trete von einem Bein auf das andere, um bei dieser fast schmerzhaften Erektion bequemer zu stehen. Da sieht sie die Beule in meiner Hose und ruft: «He, dem kann ich abhelfen.» Sie zieht den Reißverschluß meiner Hose auf und nimmt meinen Specht heraus. Sie spielt damit. Wir machen den ganzen Nachmittag oralen Sex und gewöhnlichen Geschlechtsverkehr, bis sie gehen muß.

Hugo

Ich habe diese meine Phantasievorstellung noch niemals jemandem enthüllt, und zwar aus dem gleichen Grund, aus dem ich diesen Brief anonym einreiche. Ich bin Professor der Psychologie an einer ziemlich großen Universität. Weder das zunehmende Alter (ich bin sechsundfünfzig) noch meine eigenen therapeutischen Sitzungen haben mich von meiner Furcht vor Entdeckung befreit, die auf einem tiefwurzelnden Schuldkomplex basiert. Reine Furcht hält mich davon zurück, diese von ihr erfüllte Phantasie jemals in die Tat umzusetzen. Es geht um die klassische Situation: Ein Sexverhältnis mit einer Studentin.

Die Studentin meiner Phantasie hat es wirklich gegeben. Sie gehörte vor mehreren Jahren zu einem meiner Seminare für Fortgeschrittene.

Sie ist dunkel und wirkt wie eine Italienerin, jedoch ist sie dünn wie eine Bohnenstange, bis auf die großen Brüste. Ich stelle mir vor, daß sie eines Abends in meine auf dem Unigelände liegende Wohnung gekommen ist, angeblich, um mit mir über ihre Aufnahme in den Fortgeschrittenenkursus für klinische Psychologie zu reden. Der Andrang zu diesem Kursusprogramm ist sehr stark. Die Studentin erbittet Rat und Empfehlung. Ihre Gesten und Blicke verraten jedoch gänzlich unakademisches Interesse an mir. (Meine vierzigjährige Frau, gleichfalls Psychologin, ist für eine Woche verreist. Aus dieser Ehe habe ich keine Kinder.) Ich biete der Studentin eine Erfrischung an. Sie begleitet mich in die Küche, wobei sie sich hin und wieder an mir reibt. Wir führen ein sehr anregendes Gespräch. Sie ist sehr klug und stellt provozierende Fragen. Obwohl ich mich sehr zu ihr hingezogen und ganz entspannt fühle (wir haben Wein getrunken), kann ich mich ihr nicht nähern. Ich fürchte nämlich, ihr Verhalten falsch zu deuten. Außerdem habe ich Angst, sie könnte anderen gegenüber etwas verlauten lassen. Sie bringt das Gespräch auf sexuelle Probleme und fragt nach meiner Ansicht über den Einfluß von Drogen auf das Sexualleben. Dabei rückt sie immer näher heran. Vorsichtig berührt sie mich, wie zufällig. Doch dann wird sie kühner und fährt mir mit der Hand an die Oberschenkel. Sie sieht und fühlt meine körperliche Reaktion, kommt noch näher und knöpft dabei ihre Bluse auf. Jetzt kann ich aktiver reagieren. Wir gehen ins Schlafzimmer. Sie zieht mir die Hosen herunter und entkleidet sich, während sie an mir lutscht. Dann kriecht sie im Bett unter mich. Während wir ficken, versichert sie eifrig, daß sie schon halb verrückt wird, wenn sie mich nur im Kolleg sieht. Ihr kommt es mehrere Male. Dabei umklammert sie mich. Ihre Hände streicheln mich auf dem Rücken, an den Hüften und hinten. Ich betaste ihre Brüste und den Körper. Endlich komme ich. Sie schmiegt sich an mich und streichelt mich immer noch. Zwischendurch mache ich mir Sorgen, jemand habe sie meine Wohnung betreten sehen. Vielleicht hat uns jemand gehört. Sie verspricht, niemandem etwas von unserem Verhältnis zu sagen.

Von hier an nimmt meine Phantasie verschiedene Wege. Manchmal bleibt die Studentin über Nacht, und wir vögeln morgens mehrere Male (etwas, das meine Frau nicht mag); dann wieder verabreden wir uns zu häufigeren Treffen. Sie sucht mich regelmäßig im Büro auf; manchmal stelle ich mir vor, daß wir uns nach Jahren wiedersehen. Sie hat den Doktortitel und ist jetzt meine Kollegin. Wir begegnen uns zum Beispiel bei einer Tagung und erneuern unsere sexuellen Beziehungen. Manchmal stelle ich mir auch vor, sie sei nach unserer ersten

Nacht schwanger geworden. Sie geht auf dem Unigelände herum und zeigt stolz ihren Bauch. Später schiebt sie unseren Sohn in der Babykarre. Aber nur sie und ich wissen, wer der Vater ist. Meine Frau hat natürlich von alledem nicht die geringste Ahnung.

Diese Phantasie bleibt im allgemeinen ein Tagtraum. Aber ich rufe sie mir manchmal ins Gedächtnis, wenn ich mich mit meiner Frau zu Bett begebe. Wir haben bereits über sexuelle Phantasievorstellungen gesprochen. Von dieser aber habe ich ihr niemals etwas anvertraut. Sogar beim Schreiben darüber bin ich unruhig, denn sie befindet sich nebenan. Indessen hat mir die Niederschrift Freude bereitet.

PS: Beim Nachlesen fällt mir auf, daß ich auf die tatsächlichen Vorkommnisse beim Sex kaum eingegangen bin. In der Tat geht es mir um die Situation an sich und um alles, was dem eigentlichen Sexakt vorangeht. Das erregt mich am meisten!

Es hört sich an, als ob diese Männer beim Betreten der risikoreichen und verbotenen Zone des Sex am liebsten eine dominierende Frau bei sich haben, die ihnen den Weg weist. Ganz deutlich wird Erlaubnis erteilt, gerade wenn der Mann unschlüssig ist, ob er ihrer Versuchung folgen soll. «In Ordnung!» sagen diese Phantasiefrauen. «Du darfst.» Hat man erst einmal erkannt, daß diese Männer eine Erlaubnis brauchen, wird der nächste notwendige Schritt offensichtlich: Ein Charakteristikum dieser Phantasien ist die Tatsache, daß die Frauen darin beträchtlich älter sind als der Mann, «alt genug, um seine Mutter sein zu können».

Damit will ich nicht sagen, daß alle Männer in diesem Kapitel nach Mutterfiguren suchen. Sie wünschen sich eine Frau, wie es einst ihre Mutter gewesen ist – eine starke, reife Frau. Jemand also, um den sie sich nicht zu sorgen brauchen, mithin jemand, der für sich selbst sorgen kann und womöglich auch für ihn.

Diese auf Führung erpichten Damen sind Prototypen, wie man ihnen im Alltag nicht so leicht begegnet. Frauen haben ihren Milchmann, den Gasableser und den Zeitschriftenwerber – alles Männer, die insofern Sicherheit bieten, als man ihnen nie wieder zu begegnen braucht. Wo findet ein Mann das Traumbild von einer Frau verwirklicht, die an der Tür klingelt und einfach da ist?

Da kommt die Kosmetikvertreterin ins Spiel, die in ihrem Köfferchen alle Tricks mitzubringen scheint, so daß der Mann nicht einmal danach fragen muß.

Sie ist eine der Hauptfiguren in den Phantasien der Männer. Von Prostituierten abgesehen – die aus einer ganz anderen Richtung der Emotionen zu Phantasiegebilden werden –, ist es selbst in unserer aufgeklärten Zeit für einen Mann schwierig, ins Bett oder auf die Couch geführt zu werden, ohne daß irgendwelche Bedingungen daran geknüpft sind.

Edi

Ich bin dreiunddreißig und Junggeselle. Für mich ist Männlichkeit nicht mit Sex gleichzusetzen. Ich bin beim Sex gern aggressiv, aber auch manchmal passiv und habe mein Vergnügen daran. Meine Phantasievorstellung ist vielleicht ganz typisch, weil darin eine Filmschauspielerin vorkommt. Sie verläuft so:

Ich arbeite als Ausläufer eines Blumengeschäfts. In einer Villa habe ich einen Rosenstrauß abzuliefern. Als sich auf mein Klopfen hin die Tür öffnet, stehe ich vor Raquel Welch. Ich bin wie vor den Kopf geschlagen.

Sie bittet mich herein und sagt, ich solle warten, während sie mit den Rosen verschwindet. Außer den um die Taille ganz eng sitzenden Hose trägt sie nur ein kleines Oberteil. Bei ihrem bloßen Anblick habe ich einen steinharten Steifen bekommen. Nach einer Weile ruft sie von irgendwoher, ich solle doch hereinkommen.

Ich folge dem Laut ihrer Stimme und betrete ihr Schlafzimmer. Dort stellt sie gerade eine Vase auf den Nachttisch. Ich stehe da wie taubstumm. Sie sieht mich an, lächelt und kommt auf mich zu. Raquel hat erkannt, daß ich mich vor anbetungsvoller Verehrung nicht zu rühren wage. Sie geht an mir vorüber und verschließt die Schlafzimmertür.

Dann geht sie zum Bett und setzt sich darauf. Ich stehe jetzt unmittelbar vor ihr. Mit einem Griff löst sie den Verschluß des Büstenhalters. Mir verschlägt es den Atem, als ich ihre lieblichen Titten mit den harten, aufgerichteten Nippeln zu sehen bekomme. Ich fummle an meinem Hosenschlitz, nehme meinen erigierten Penis heraus und beginne zu masturbieren. Mit einem Wink läßt sie mich innehalten. Während sie ihre Hose abstreift, muß ich mich entkleiden.

Für eine Minute geht sie hinaus und kehrt mit einer kleinen Reisetasche wieder, die sie auf das Bett stellt. Ein weiterer Wink bedeutet mir, daß ich mich auf dem Bett ausstrecken soll. Mit einem Kissen hebt sie meinen Hintern an. Aus der Reisetasche holt sie eine Tube Vaseline und reibt mir damit das Arschloch ein. In der Tasche befindet sich außerdem ein Kunstpenis oder Dildo, den sie sich umschnallt. Dann beugt sie sich über mich und nimmt meine Eichel in den Mund. Mir kommt es sofort.

Raquel legt sich auf mich und schiebt mir den Dildo in den Hintern. Meine Lippen umschließen eine ihrer herrlichen Brustwarzen, die ich fast verschlinge. Inzwischen schiebt sie mir den Kunstpenis tiefer und tiefer hinein. Ich stöhne und lasse meine Hüften kreisen, woraufhin sie mich in schnellem Tempo zu ficken beginnt.

Ich besitze von Raquel Welch ein großes Posterbild im Bikini. Ich liege oft im Bett und ficke mich selbst mit einem Massagestab, während ich unter ihrem Bild wichse.

Mir ist klar, daß diese Phantasie niemals Wirklichkeit werden kann. Mein Bild, der Vibrator und meine Vorstellungskraft müssen als Ersatz herhalten. Na ja!

Werner

Ich stehe in den späten sechziger Jahren und bin gesund, lebhaft und immer noch sehr an Sex interessiert. Meine einundsechzigjährige Frau hat immer noch in gewissem Umfang Spaß an Sex, aber für meinen Geschmack zu wenig. Meine Sexillusionen gehen in die Myriaden.

In meiner Lieblingsvorstellung bin ich noch ein Junge, der soeben die Freuden des Masturbierens entdeckt hat. Ich habe eine puppige Lehrerin namens Ludowina, die wir Ludy nennen. Immer wenn sie oben an der Tafel etwas hinzuschreiben hat, rutscht ihr Kleid hoch. Alle Schwänze in der Klasse stehen stramm. Ich habe bisher keine Möse gesehen. Aber ich phantasiere von Ludys Schlitz. Wenn ich wichse, bilde ich mir ein, ich bin über ihr her.

Eines Tages – ich habe in der Schule wieder mal versagt wie so oft – sagt Ludy beim Pausenzeichen sehr ernst, ich müsse noch dableiben. Nachdem die anderen verschwunden sind, erklärt mir die Lehrerin, sie habe mit mir über eine schwerwiegende Sache zu reden. Die Angelegenheit sei sehr privat, weshalb sie mich ins Ruhezimmer der Lehrer führt. Dort gibt es einige bequeme Sessel und eine Couch. Ludy verschließt die Tür, setzt sich in einen der Sessel und winkt mich vor sich hin, wobei ich vier Schritt Abstand halten muß. Dann sagt sie, über mich würden schreckliche Sachen berichtet. Da soll zwischen mir und Peter gestern nachmittag hinter einer Scheune etwas vorgefallen sein.

«Jetzt will ich dir eine Lektion erteilen, die du nie wieder vergessen wirst, Werner», sagt die Lehrerin. «Ich verlange von dir, daß du mir genau zeigst, was du gestern hinter der Scheune getrieben hast.»

Ich protestiere, aber sie droht mir damit, den Direktor hereinzuholen. Die Sache ist gar zu peinlich. Ich verlege mich aufs Bitten. Das beantwortet sie damit, die Sache sei für sie weitaus peinlicher als für mich. Mir möge die Sache unangenehm sein. Für sie sei das alles abscheulich. Rot wie eine Tomate hole ich zögernd meinen schlaffen Pimmel aus der Hose.

«Das war nicht alles», sagt die Lehrerin. «Bitte, fahre fort.»

Da lasse ich Hose und Unterhose fallen. «Weiter», drängt Ludy. «Mach es genauso wie gestern.»

Ich flehe um Gnade. Sie bleibt hart. Also fange ich an, meinen Pint zu wichsen. Bald macht mir das schöne Gefühle, und ich werde richtig heiß. Um so mehr als Ludy gespannt zusieht. Sie starrt meine Stange an. Die ist eisenhart. Alle Adern stehen dick hervor. Die Eichel ist blaurot angeschwollen und scheint dem Platzen nahe. Ich werde immer schärfer. Mein Gesicht brennt bis zu den Ohren. Mein Atem geht stoßweise. Ich fühle das Pulsieren und Zucken in meinem steifen Pimmel. Plötzlich schießt der dicke weiße Saft hervor und im Bogen auf Ludy zu. Ein großer Tropfen landet auf einem ihrer zierlichen Schuhe.

«Oh!» ruft sie überrascht aus. «Nun gut, du kannst jetzt gehen – du dreckiger kleiner Masturbierer!» sagt Ludy finster.

Also haue ich ab, so schnell ich kann – doch dann fällt mir ein, daß ich meine Mütze und die Bücher vergessen habe. Ich schleiche eine Weile in der Gegend herum, damit Ludy Zeit zum Fortgehen finden soll. Dann gehe ich wieder hinein. Sie ist nicht im Klassenraum. Die Tür zum Lehrerzimmer ist nur angelehnt. Ich schiebe mich lautlos hinein.

Ludy liegt mit geschlossenen Lidern auf der Couch. Die Schuhe hat sie abgestreift. Ihre herrlichen satinweißen Beine sind weit, weit gespreizt, die Knie hochgezogen. Zum erstenmal im Leben erlebe ich den herrlichsten aller Anblicke – jene weibliche Blume, die sich zwischen die Beine schmiegt. Ich sehe die weichen, rosa Lippen darum herum, eingerahmt von drahtig lockigem Haar, darunter die dunkelrote Tiefe des Lochs. Ich habe Ludys liebliche Möse vor mir. Die Lehrerin masturbiert wie wild mit ihren langen, schlanken Fingern. Fasziniert sehe ich ihr zu. Plötzlich schlägt sie die Augen auf.

«Oh!» entfährt es ihr überrascht, doch bleiben ihre Finger, wo sie sind. «Mach die Tür zu und komm her», sagt sie. Ich verschließe die

Tür und nähere mich der Couch. «Das ist es doch, was ihr Jungen alle mal sehen möchtet, nicht wahr?» Ich nicke. «Dann sieh dir alles genau an.»

Sie öffnet ihre Schenkel noch weiter. Ich verschlinge ihre Möse buchstäblich mit meinen Blicken und könnte sie für ewige Zeiten so ansehen. Ich fühle mich zu ihr hingezogen, als sei dort der Mittelpunkt meines Lebens. Ludy spielt ein wenig damit, um mir die äußeren und inneren Lippen zu zeigen. Sie erklärt mir, wie sich die Lippen öffnen, wo die Klitoris sitzt und wo das kleine Loch zum Pipimachen.

«Einfach wunderschön», sage ich. «Ich möchte gern – darf ich sie küssen?»

Ich höre ihr geflüstertes Ja. Vor der Couch niederkniend, schiebe ich meinen Mund direkt zwischen ihre Schenkel und presse die Lippen auf die kleine, liebliche rosa Kuppe, wo das Zentrum ihrer Femininität sitzt. Sie ist weich, einladend feucht und duftet schwach nach Moschus. Sanft drücke ich einen Kuß darauf. Da vernehme ich etwas, das ein Seufzer oder auch ein Stöhnen sein könnte. Ich ziehe meinen Mund zurück.

«O nein, nicht aufhören, nicht aufhören!» fleht sie. Also lasse ich sie wieder meine Lippen fühlen. Da sagt sie mir, wie man eine Möse lekken muß. Ich soll mit der Zunge in sanften Kreisen um die Lippen und den Kitzler streicheln – mal langsamer, mal schneller. Sie erklärt, wie ich langsam von unten nach oben lecken soll. Während ich ihren Wünschen nachkomme, stößt sie spitze kleine Schreie voller Erregung aus. Ihr Unterleib pumpt gegen mein Gesicht, das schon ganz naß ist.

«Kannst du mich ficken? Kriegst du deinen Pimmel noch einmal hoch?» keucht sie atemlos. Ich sage ihr, daß er bereits steht. «Oh, herrliche Jugend! Dauernd mit einem Steifen ausgestattet!» stöhnt sie. «So steck ihn mir doch rein! O Gott, erfülle mich mit männlichem Fleisch!» Abermals streife ich Hose und Unterhose ab.

Sie führt ihn sich mit der Hand ein. Ich spüre, wie mein steifer Pint bis ans Heft in ihre weiche, warme, feuchte Tiefe gleitet.

«Oh, das ist der Himmel! Ich bin im Paradies!» flüstert sie. «Ich kann nicht mehr warten – ich komme –»

Sie läßt unter heftigem Keuchen ihre Hüften kreisen. Ihre Augen verschleiern sich. Unter kleinen Schreien zittert sie konvulsiv und unkontrollierbar. Ich fahre weiter mit langen Stößen in ihr hin und her. Sie kommt wieder und wieder. Ich nähere mich dem eigenen Höhepunkt und werde ein wenig schneller. Sie schreit jetzt, packt mich hart, gräbt ihre Fingernägel in meinen Rücken und beißt mich. Ihr Körper zittert von Kopf bis Fuß. Ich fühle, daß etwas aus meinem Schwanz hinausdrängt. Mit einer langen, pulsierenden Entladung überflute ich den süßen, tropfnassen Honigmund der Möse meiner Lehrerin.

Das war eine Lektion, die ich niemals vergessen sollte.

Ben

Ich nehme an einem eleganten, sehr formellen Abendessen in einem großen, teuren Haus teil. Es liegt außerhalb der Stadt inmitten eines parkartigen Gartens mit Swimmingpool und einer weit geschwungenen Auffahrt. Es ist Sommer. Die ersten Gäste rollen in großen Wagen an.

Bald habe ich eine kurvenreiche Schönheit aufgetrieben. Wir haben bei einem Drink eine gepflegte Konversation nahe dem Schwimmbecken. Die Frau rückt immer näher an mich heran, bis sie schließlich ihren Körper an mich preßt. Mein Herz klopft wild, als sie plötzlich nach unten langt und mir den Reißverschluß am Hosenschlitz öffnet. Mein Penis ist halb erhoben. Ich fühle ihn wachsen, als sie mit langen, kühlen Fingern in meine Unterhose greift. Ihre Faust umschließt meinen rasch versteifenden Pimmel.

Lächelnd leckt sie sich über die vollen Lippen, als sie mit beiden Händen meinen harten Schwanz aus der Hose zieht. Ihre Hand gleitet an dem pulsierenden Schaft auf und nieder, bevor sie mir unter den Hodensack greift. Wortlos stehe ich da und lasse sie an meiner «Männlichkeit» reiben. Taumelnd ertasten wir uns den Weg in eine der Umkleidekabinen am Becken, wo ich in einen Segeltuchsessel sinke. Die Frau kniet zwischen meinen Beinen, schnallt mir den Gürtel auf, öffnet meine Hose und macht sich an die Arbeit. Zuerst leckt sie die Eichel, dann am Schaft auf und ab. Sie bedeckt meine Erektion mit Küssen und zärtlichen kleinen Bissen. Ihre korallroten Lippen öffnen sich. Sie nimmt alles, was sie schlucken kann, tief in den Mund. Ich fühle die Hinterwand ihrer Kehle, während ihr Mund an mir auf- und niedergleitet. Ihre heiße Zunge saugt und wirbelt. Mein Schädel klopft fast zum Zerspringen, als sie mich bis kurz vor den Höhepunkt bringt. Aber sie verlangsamt ihr Tempo, während ich bereits den Samenstrom in mir aufsteigen spüre. Meine Finger haben den Reißverschluß ihres Kleides gefunden. Während sie noch mit mir beschäftigt ist, habe ich das Kleid zur Seite gestreift und kann nun ihren Büstenhalter aus schwarzer Spitze sehen. Sogleich ist er aufgehakt, und meine Hände umschließen ihre festen Brüste mit den rosa Nippeln. Jetzt führt sie meinen Kerl wieder schneller in ihrem Mund hin und her, dabei spielen ihre Finger an meinem Hintern. Sie stößt mir den Mittelfinger tief ins Loch – und jetzt explodiere ich in ihrem Mund. Meine Lenden zucken wonnevoll, während sie mich leersaugt. Benommen und erschöpft lehne ich mich zurück. Ihr Gesicht steckt immer noch tief zwischen meinen Beinen. Ich höre Applaus, Reden und Gelächter. Die Vorderseite der Umkleidekabine ist offen, und ich muß feststellen, daß mehrere Leute aus der Dunkelheit heraus unsere «Vorstellung» beobachtet haben.

13. Wenn man die Frau mit einem anderen Mann teilt

Zwei Seeleute auf Landurlaub beschließen, sich in eine Hure zu teilen. Sie finden eine, ficken und vergessen sie. Ihre Freundschaft und ihr Männlichkeitsbewußtsein ist irgendwie auf Kosten dieser Frau bestätigt und verstärkt worden.

Hinterzimmerpsychiater winken bei dieser Geschichte ab. Sie erklären wortreich, was diese beiden Männer «wirklich» gewollt haben. Ihnen geht es nicht so sehr um den Kontakt mit der Frau, als um das Gefühl eines engeren Zusammenrückens untereinander. Die Prostituierte hat ihnen nur dazu gedient, ihre Gefühle auszutauschen und abzureagieren, deren genauere Bezeichnung sie sich heftig verbitten würden.

Für mich ist in diesen folgenden Phantasien nicht signifikant, ob die beiden Männer im Grunde «wirklich» Sex miteinander erleben möchten. Wesentlich und wichtig bei diesen homoerotischen Träumereien ist die Gegenwart eines weiblichen Wesens. Gleichsam unter ihrem Schutz findet die Annäherung der Männer statt. Nur in zugegebenen homosexuell bestimmten Phantasien tritt sie nicht auf, obwohl es auch dabei Ausnahmen gibt.

Da sie ein Leben lang zu heterosexuellen Gefühlen und Aktionen angehalten worden sind, zeigen sich viele Männer überrascht, verwundert und enttäuscht, wenn sie an sich selbst Gefühle feststellen müssen, die ein anderes männliches Wesen an ihrem erotischen Leben teilhaben lassen wollen. Für einen solchen Mann ist die Zwischenschaltung einer Frau der Blitzableiter für vorherrschende Ängste. Sie ermöglicht es ihm, Gefühlen nachzugeben, die sein Bewußtsein ablehnt, die er aber in seinen Ängsten unzweifelhaft erkennt.

Viktor

Meine Frau und ich sind Mitte der Dreißig. Wir haben beide studiert und führen ein durchschnittlich bürgerliches Leben ohne Auffälligkeiten. Ich arbeite bei einer Bank; meine Frau hat Zeit ihres Lebens entweder ganztags als Lehrerin gearbeitet oder sich als Halbtagskraft betätigt, um nebenher für Kirche und Gemeinde ehrenamtlich zu wirken. Unsere beiden Kinder besuchen die Mittelschule.

Nunmehr dreizehn Jahre lang ist unsere Ehe ein reiches, dynamisches und freudenvolles Erlebnis. Wir verfügen beide über ein vielschichtiges Innenleben voller Phantasie. Immer wieder diskutieren wir unsere beiderseitigen Wunschvorstellungen. Sind sie einmal offenbart, überprüfen wir sie auf ihren Inhalt und suchen ihre Bedeutung zu begreifen. Manchmal hat sich einer von uns gewünscht, eine solche Phantasie zu verwirklichen. Manchmal wünschen wir, unsere Wunschträume in der Phantasiewelt zu belassen.

Alles fing damit an, daß ich meiner Frau vor einigen Jahren anvertraute, was ich mir über ein gleichaltriges Ehepaar zusammenphantasierte. Das führte zu einer freimütigen Diskussion darüber, ob wir wohl auf andere sexuell attraktiv wirkten. Auf diese Weise führte ich meine Frau in eine nach und nach immer offener werdende Ehe. Meine Frau ist sehr attraktiv, lebhaft und sinnlich.

Kürzlich besuchte uns Jack, der auf einer Geschäftsreise hier durchkam. Er ist als Geschäftsmann außergewöhnlich erfolgreich und hat jahrelang in unserer Nähe gewohnt. Wir hatten einen vergnüglichen Abend geplant – Apéritif, Essen in einem feinen Restaurant und ein nettes Gespräch. Wir fingen daheim mit dem Apéritif an. Es wurde bald sehr gemütlich. Wir beschworen unsere alte Freundschaft und hätten uns darüber stundenlang unterhalten können. Dann beschlossen wir, ans Essen zu denken. Da Jack den ganzen Tag gefahren war, boten wir ihm an, vor dem Aufbruch unsere Dusche zu benutzen.

Wir haben eine große Anlage, die wir unsere Familiendusche nennen, weil mehrere Personen darin Platz finden. Wir schlugen Jack vor, diese zu benutzen. Dabei warfen meine Frau und ich einander plötzlich wissende Blicke zu. Uns war klar, daß wir beide an die Möglichkeit dachten, uns zu Jack unter die Brause zu gesellen. Gerade so weit in Stimmung, daß es durchaus natürlich erschien, sagte ich ihm das. Es war halb ein Vorschlag, halb ein Versprechen. Jack ist seinerseits fast völlig ungehemmt. Es überraschte uns keineswegs, daß er lüstern lachte und «Großartig!» ausrief.

Als ich mit meiner schönen Frau das Badezimmer betrat, bekam er sofort eine Erektion. Bald seiften wir uns unter Gelächter gegenseitig ab. Ich massierte meiner Frau die Brüste und küßte sie auf den Hals, bald darauf auch ihre Pussy. Zärtlich, aber voll deutlicher Gier machte Jack mit. Auf mich wirkte es ungeheuer erotisierend, zu sehen, wie sie sich an ihn preßte. Unter unseren Händen wand sie sich in wachsender Erregung. Abwechselnd griff sie nach unseren Gliedern, um sie ein paar verrückte Sekunden lang zu masturbieren.

Als müsse sie das letzte Wort in dieser Sache haben, verschwand sie plötzlich schamhaft und trocknete sich ab. Jack und ich standen mit unseren Steifen da. Für meine Frau war die Szene unter der Dusche zu Ende. Ihr Verhalten sollte wohl andeuten, daß wir ihr auf trockenen Grund folgen müßten, falls uns «Weiterungen» im Sinne lägen. Wir verließen die Dusche und begannen, meine Frau mit Tüchern abzureiben. Dabei küßten wir sie abwechselnd auf Mund und Nacken. Unter dem Vorwand, ihr die Beine abzutrocknen, kniete ich nieder und leckte ihre Pussy. Sie wurde richtig wild, als Jack ihren Nacken und ich ihre Pussy küßte. Da sagte ich: «Jack, warum nimmst du dir nicht das andere Bein vor?» Sofort kniete er zwischen ihren Schenkeln und leckte sie, während ich ihren Nacken küßte. Instinktiv ließ sie ihre Hüften kreisen. Jack und ich tauschten noch einmal die Plätze. Bald erlebte meine Frau unter Zucken und Stöhnen einen explosionsartigen, durchrüttelnden Höhepunkt.

Dieses Ereignis wurde zur Grundlage endloser Phantasiespiele, wenn ich im Auto oder im Vorortzug unterwegs bin. Ich stelle mir vor, daß wir drei bald wieder zusammen sind und dann noch weitergehen. Vom Ficken kann meine Frau nie genug kriegen. Beim nächstenmal werde ich sie gemeinsam mit Jack auf dem weichen Teppich vor dem Kamin massieren. Wir werden sie ausziehen und abwechselnd ihre Pussy lecken. Schließlich werden wir sie umschichtig vögeln, bis sie völlig befriedigt ist – und um Gnade bittet.

Homosexualität wird meistens als die größte Bedrohung für die männliche Psyche hingestellt. Bei keinem anderen Aspekt im Leben sind Männer so zurückhaltend. Jedermann hat Eltern aus zweierlei Geschlecht, jedermann hat mehr oder weniger stark die Charakteristika von Mutter und Vater mitbekommen. Frauen sagen oft, ihr Sohn gleiche in diesem oder jenem dem Papa. Aber kaum ein Mann wird von sich aus zugeben, er habe diese oder jene Eigenschaft von seiner Mutter geerbt. Tauchen in den Phantasievorstellungen von Frauen lesbische Akte auf (wie es oft der Fall ist), wird meistens leicht darüber hinweggegangen. Dabei wird nichts entschuldigt oder beschönigt. Aber es ist beinahe ein Witz, wie eifrig (oder ängstlich) sich die sogenannten Herren der Schöpfung als Supermänner hinstellen und herausstreichen.

Dabei ergibt sich natürlich die Frage, warum so viele Männer in diesem Buch wirkliche Kindheitserlebnisse mit anderen Knaben an den Anfang der Schilderung ihrer Phantasieerlebnisse stellen. Ich vermute, daß meine «Mitarbeiter» meine früheren Bücher kennen und daher der Ansicht sind, ich sei in Sexualdingen neutral. Wenn sie mir alles über sich anvertrauen können, einschließlich homosexueller Gedanken oder Handlungen, sind sie einen inneren Druck los, in ihrer Männlichkeit jedoch bestärkt. Man erwartet von mir, wie der Schreiber selbst, dieses Geständnis als unbedeutende Angelegenheit hinzunehmen, Kinderkram ohne Wichtigkeit, der lange zurückliegt, jungenhafte Rangeleien, bis die Sache mit den Mädchen richtig losging.

Wenige Jungen erleben eine so enge Vater-Sohn-Bindung, wie sie sich wünschen. Papa muß viel arbeiten, ist auf Geschäftsreisen unterwegs oder überläßt alle Erziehungsaufgaben einfach der Mutter. Der Hunger nach männlicher Gesellschaft wird mit ins Erwachsenenalter genommen. Nächtliche Unternehmungen zusammen mit anderen jungen Männern sind gesellschaftlich sanktioniert und gelten als männliche Jagdzüge. Aber sind sie nicht nur eine Weiterführung von Jungenerlebnissen am Lagerfeuer, mit blutbesiegelten Treueschwüren für immer und ewig, das erneute Suchen nach enger Gemeinschaft in rein männlicher Umgebung?

Ich merke vielen Schreibern an, daß sich in ihr Verhältnis zu anderen Männern allzuviel Rivalität eingeschlichen hat. Mit dem Erwachsenwerden kam der Konkurrenzkampf, der Verlust des Glaubens und das Mißtrauen gegenüber Gefühlen, insbesondere untereinander. «Frauen fühlen, Männer machen!» Frauen finden mit anderen Frauen zu Intimitäten, die sie bei einem Liebhaber nicht kennen. Aber sind Küßchen auf die Wange und Umarmungen vielleicht etwas anderes als die unschuldige, herzliche Brüderschaft, die einst die Knaben begeisterte? Selbst als junges Mädchen empfand ich, daß Jungen etwas miteinander teilten, das wir Mädchen nicht kannten. Das begann mit der schlichten Tatsache, daß Jungen logen, um einander zu schützen, während wir Mädchen unsere beste Freundin verraten hätten, um das Herz eines Jungen zu gewinnen. Wer als Knabe anderen Knaben so nahegestanden hat, kann dies doch als Erwachsener schwerlich ganz vergessen haben?

Wenn er jedes Gefühl für andere Männer abstreitet, verleugnet er damit nicht einen Teil seiner selbst?

Tony

Ich kann kaum glauben, daß ich mit dieser Niederschrift begonnen habe. Also besteht die Möglichkeit, daß sie nicht beendet und zur Post gegeben wird. Ich lebe in einer kleinen Sommerfrische, wo die Geschäfte im Winter kaum geöffnet werden. Ich bin in sexueller Hinsicht unheimlich scharf. Fast ständig. Freunde behaupten, das läge daran, daß ich ein Skorpion mit fünf Planeten im gleichen Sternbild bin. Davon halte ich nicht viel, und ich bin nicht sehr sicher, ob die Astrologie einer ernsthaften Überprüfung standhält. Ich bin fast neunundzwanzig Jahre alt, blond und bärtig. Manche Frauen halten mich für attraktiv, sogar hübsch. Da ich aber so verdammt introvertiert bin, ist das kaum zu glauben. Ich trage den Bart nur, um möglichst viel von meinem Gesicht zu verbergen. Das ist nur ein Teil meiner Bemühungen, so wenig wie möglich von mir preiszugeben.

In Sex bin ich regelrecht verliebt. Seit mehr als vier Jahren komme ich mehr oder weniger regelmäßig mit einer Frau zusammen. Manchmal ist das wunderbar, manchmal scheußlich. Sie hat mir bereits alle Seiten gezeigt von der süßesten, selbstlosesten Frau bis zur rachsüchtigen, bissigen Hexe. Wenn wir uns gerade vertragen, ist Sex zwischen uns fabelhaft. Trotz ihrer Fähigkeit, mich in der unglaublichsten Weise zu befriedigen, stelle ich mir in der Phantasie dauernd andere Szenen mit ihr oder ohne sie vor. Ich werde meine Phantasien so wiedergeben, als hätten sie sich wirklich zugetragen. Das erleichtert mir die Niederschrift.

Einmal zog sie sich gerade für einen Nachmittagsbummel um, als jemand an die Tür klopfte. Beim Öffnen sah sie sich einem Neger in der Uniform der städtischen Angestellten gegenüber. Er wollte im Keller die Zähler ablesen. Nachdem dies erledigt war, bot sie ihm eine Tasse Kaffee an. Während sie beim Kaffee saßen, beschloß sie, ihn zu verführen. Also setzte sie sich auf die Kante des Küchentischs, öffnete den Hausmantel, lächelte still und lehnte sich mit leicht gespreizten Beinen zurück, um ihre von kurzgeschnittenem Haar umstandene, aber nicht kahlrasierte Möse zu befingern. Dann legte sie sich lang auf den Tisch, zog ihre Schamlippen auseinander und sagte ganz ruhig: «Bitte, lecken Sie mir die Möse – nur ein wenig.» Diesem Angebot konnte er nicht widerstehen. Sie hielt mit sanfter Hand seinen Kopf, während er mit der Zunge ihre Vulva umkreiste, um sie schließlich außen und innen zu lecken. Sie kam mit einem tiefen Seufzer in seinen Mund und sonderte dabei mehr perlweiße Flüssigkeit ab, als ich je zuvor bei einer Frau gesehen hatte. Danach richtete sie sich auf und leckte am Mund des Mannes, um sich selbst zu schmecken, wie sie es schon immer gern getan hat.

Während er an ihren Brustwarzen saugte, befreite sie seinen großen schwarzen Schwanz, dessen Umfang sie vor Überraschung tief Luft holen ließ. Sie fragte ihn mit der süßen Stimme der Frau, die im Werbefernsehen immer die Rasiercreme anpreist, nach seinem Namen. Der Neger hieß Christoph. Nachdem sie mit ihrer fast zitternden Zunge seine riesigen Eier und die Eichelspitze ein wenig berührt hatte, fragte sie ihn: «Christoph, wenn ich deinen Schwanz in den Mund nehme, ihn ganz langsam belutsche und so weit wie möglich in meiner Kehle auf und nieder gleiten lasse, wirst du dann kommen? Versprichst du mir das? Du mußt dich ganz gehenlassen und mir all deinen Samen in den Mund spritzen. Bitte, Christoph! Ich mag den Geschmack von Männersamen, und dein Schwanz ist so großartig. Ich will, daß du mir den Mund mit deinem heißen, sahnigen Samen füllst.» Sein Lächeln war Zustimmung genug.

Also begann sie. Vom Arsch aus ließ sie ihre Zunge langsam über seine Eier gleiten, von unten her oben darüber hinweg. Schließlich rollte sie die Hoden in ihrem Mund und kitzelte den Mann gerade genug am Hintern, daß er sich unter wonnevollen Gefühlen ein wenig hin und her winden mußte. Sie wollte ihm nicht gestatten, ihren Kopf festzuhalten. Also machte er es sich bequem, zündete eine Zigarette an und überließ sich ganz ihr. Ihre Haut erschien neben seiner schönen schwarzen Haut noch weißer. Wie ein Blitz vor finsterem Nachthimmel. Unterdessen hatte sie völlig vergessen, daß ich zugegen war.

Bald begann sie im Ernst, so viel wie möglich von des Negers Penis in ihren Mund zu schieben. Mit der freien Hand befummelte sie zwischendurch immer mal wieder ihren Kitzler. Im Knien hob sie mir den Hintern entgegen, womit sie mich fast magnetisch anlockte, sie von hinten zu ficken. Da, verdammt, klopft schon wieder jemand an der Tür. Ein weiterer Stromableser, der wissen wollte, wo Christoph geblieben war. Mit einem wissenden Grinsen und ihn durch ein Zeichen zum Schweigen bringend, führte ich ihn in die Küche. Dort war Claire lebhaft bei ihrer Tätigkeit. Dabei ließ sie Wonneseufzer hören, die ich an ihr noch nicht kannte. Christophs Blick war glasig. Er hatte nichts gegen die Anwesenheit seines Kollegen einzuwenden. Der neue Mann fragte Claire mit ruhiger Stimme, ob sie es nicht noch besser haben möchte. Sie rief: «Ja, bitte, fick mich, wo immer du willst.» Dann schloß sie die schmatzenden Lippen wieder um den Schaft, den sie nicht mal für eine Sekunde ganz losgelassen hatte. Der Kollege zog die Hose aus, kniete nieder und beleckte leicht Claires Möse, die sichtlich naß, ganz aufgeschwollen war und sich vor gieriger Erwartung von selbst öffnete. Der Neue hatte einen fast genauso großen Schwanz wie Christoph. Er benetzte seinen Zeigefinger mit den Säften aus Claires Fotze und schob ihn ihr langsam in den Hintern, während der Daumen sich in die Scheide bohrte. Ihr Arsch wackelte hin und her wie ein Kinderdrachen an einem windigen Tag. Der Mann schien zu überlegen, welches Loch vorzuziehen sei. Plötzlich zog er seine Hand fort und rammte ihr unmittelbar darauf den Penis so heftig in die Möse, daß sein Hodensack gegen ihren Bauch klatschte. Sie ließ ein leises, animalisches Wonnegrunzen hören, soweit es ihr der Schwanz im Mund ermöglichte.

In dieser Verfassung hatte ich Claire noch nie erlebt. Es sah so aus, als verstünde sie sich haargenau darauf, ihren Körper so zu bewegen, daß beide Männerglieder gleichzeitig so tief wie möglich in sie eindrangen. Sofort war ich bei der Dreiergruppe, die ich ausgiebig betastete. So nahe wie möglich an Claires Gesicht heranrückend, wichste ich meinen eigenen Schwanz. Der Fußboden zitterte wie der eines schnell dahinfahrenden Zuges. Wir alle kamen dem großen Moment näher und näher. Sie riß die Augen weit auf. Voll heftiger Erregung pumpte sie an dem großen schwarzen Penis. Ihr Mund weitete sich, doch brachte sie trotzdem irgendwie ein Lächeln zustande. Sooft der Mann hinter ihr machtvoll in das vor Nässe schmatzende Loch stieß, hoben sich ihre Knie vom Boden. Endlich, plötzlich, geräuschvoll und unglaublich kam es uns allen gemeinsam. Das allerunglaublichste Stöhnen wurde in ihrer Kehle durch den Samenstoß erstickt, den sie schlucken wollte. Der Neger hinter ihr riß seinen Pint aus ihrer Möse und stieß ihn ihr in dem Augenblick ins Arschloch, als er zu spritzen begann. Der unerwartete Gewaltstoß hob sie völlig vom Boden ab, wobei Christoph sie unter den Achseln stützte. Mit der freien Hand verschmierte sie meinen Samen, den ich ihr ins Gesicht gespritzt hatte, über ihre baumelnden Brüste. Erschöpft sanken wir übereinander zusammen, wobei die süße, unersättliche Claire mit Arsch, Möse und Hand drei Schwänze umklammerte. Sie war pudelnaß von Samen, sie wimmerte, kicherte, sabberte und war total erledigt. Vier unglaublich sexstarke Leute lagen auf einem Haufen. Sie alle waren naß von Schweiß und Samen. Sie konnten nur noch seufzen und stöhnen. Niemand sprach ein Wort. Lediglich Claire erkundigte sich, wie oft die Gasuhren abgelesen würden.

Virgil

Ich habe mir seit meinem dreizehnten Lebensjahr Phantasievorstellungen gemacht (jetzt bin ich achtzehn), und ich denke nicht daran, damit aufzuhören. Die meisten Phantasiegestalten und -ereignisse entnehme ich erotischen Büchern oder Pornoheften. Hier schildere ich einige meiner Lieblingsphantasien, die fast schon ein wenig abgenutzt sind.

Damals, in der Oberschule, hatten wir eine Mitschülerin, deren schöne Mutter eine fabelhafte Figur vorzuweisen hatte. Viele Jungen beschäftigten sich in Gedanken mit ihr. Auch die Tochter war hübsch, aber nicht sonderlich nett. Die Mutter aber mochte Menschen um sich und war immer sehr sexy gekleidet.

Eines Tages bin ich zusammen mit meinem Freund auf Fahrrädern unterwegs. Wir begegnen Mutter und Tochter, die mit dem Vater gleichfalls eine Radtour machen. Wir folgen ihnen und belauschen, daß Laura mit dem Vater noch irgendwohin fahren muß, während Frau M. nach Hause zurückkehrt. Dick und ich folgen ihr. Wir wissen sofort, was wir tun wollen.

Nach etwa zehn Minuten klopfen wir an die Tür. Sie öffnet. Wir trauen unseren Augen nicht. Sie trägt ein Oberteil aus Stretchmaterial ohne Büstenhalter darunter, dazu ein «Heißes Höschen» und sehr hohe Stiefel (vielleicht hat sie damit gerechnet, daß wir kommen würden). Dick dringt rasch ein und packt sie, während ich die Tür schließe und die Vorhänge zuziehe. Die Frau versucht zu fliehen. Aber wir bekommen sie zu fassen und schleppen sie ins Schlafzimmer. Dick hält sie fest, und ich ziehe ihr alles bis auf die Stiefel aus. Dann entkleide ich mich. Dick liegt neben ihr und streift ebenfalls seine Sachen herunter. Ich liege an ihrer anderen Seite. Wir sind zu dritt im Bett. Wir küssen sie beide auf Wangen, Mund und Hals. Dabei spielen wir an ihren großen Titten. Nach einer Weile gibt sie jeden Widerstand auf. Sie wird erregt, als wir beide an ihren Brustwarzen saugen, und bittet uns weiterzumachen. Ich tauche zu ihrer Vulva hinunter, lecke an ihrem Schlitz und sauge schließlich an ihrer Klitoris. Sie umklammert mit den Schenkeln meinen Kopf. Dick geht dazu über, sie am Hintern zu lecken. Die Frau massiert mit jeder Hand einen Schwanz. Da fängt sie an zu betteln, sie möchte gefickt werden. Wir wechseln die Stellung. Dick vögelt sie, während sie mir den zuckenden Kolben belutscht. Ihr kommt es schon zum drittenmal, bevor Dick und ich zugleich unsere Ladungen in sie hineinjagen. Wir ziehen uns rasch an und verlassen das Haus. Die Frau bleibt erschöpft, aber befriedigt zurück.

Geschichten um zwei Männer und eine Frau enthalten oft sadistische Elemente. Die Männer machen sich im Grunde nichts aus der Frau. Im Sex drücken sie Verachtung aus. Die Frau wird erniedrigt.

Solche Gefühle werden von den Briefeschreibern in diesem Buch nicht zum Ausdruck gebracht.

Gleich zu Beginn habe ich gesagt, daß es in diesen Kapiteln um Männer geht, die Frauen mögen. Der einzige sadistische Zug in diesem Kapitel stammt von dem achtzehnjährigen Virgil. In diesem Alter ist der junge Mann noch stark ans Familienheim – und damit an die große Neinsagerin – gebunden. Er kann noch nicht daran glauben, daß Mädchen seines Alters einmal ja sagen könnten. Ihm erscheint Gewalt immer noch als der einzige Weg für den Mann, eine Frau zu sexuellen Handlungen zu bringen. Virgil ersinnt ein Phantasiespiel, in dem er zusammen mit seinem Kumpel eine ältere Frau zum Sex zwingt. Daraus spricht Zorn auf die Frauen, aber vielleicht auch auf sich selbst, und zwar deshalb, weil einiges von dem alten homoerotischen Herumspielen mit anderen Knaben – ein erst jüngst aufgegebenes Vergnügen – immer noch in ihm nachklingt. Reagiert die Frau mit Entsetzen oder Schmerzen, wie es in der Wirklichkeit doch meistens der Fall wäre? Nein. Sie bleibt erschöpft und befriedigt zurück.

In solchen Phantasieschilderungen wird die Linie zwischen dem Schmerz und dem Vergnügen der Frau, zwischen dem Zorn des Mannes und seinem Verlangen nach allen Seiten hin sorgfältig abgesteckt. Die Schöpfer solcher Phantasieszenen sorgen stets dafür, daß zum guten Schluß das Hauptgewicht dem ekstatischen Erleben der Frau beigemessen wird. In diesem Sinne wird sie als allweise Mutter verstanden, die dem unbeherrschten Zürnen des kleinen Jungen nicht mit eigenen Aggressionen begegnet, sondern mit Liebe.

Justin

Meine Frau und ich verfügen über höhere Schulbildung. Wir haben heranwachsende Kinder und sind beide berufstätig. Ich stamme aus einer Familie, in der alle sexuellen Regungen strikt unterdrückt wurden.

Schon als Kind entwickelte ich erhebliche sexuelle Neugierde. Ich hatte Freude an meiner Erektion und daran, sie zu streicheln. Ich sah gern Mädchen und ihre hübschen Kleider an. Ich erinnere mich daran, daß ich, kaum fünfjährig, einen Stapel Unterwäsche neben dem Nähkorb meiner Mutter entdeckte. Ich befingerte die Sachen und zog einen der langen Nylonstrümpfe an. Dabei bekam ich eine steinharte Erektion. Auch wenn mir gelegentlich der Hintern versohlt oder ein Einlauf verpaßt wurde, bekam ich einen Steifen.

Aber erst im Alter von elf Jahren erlebte ich meinen ersten sexuellen Höhepunkt. Ich lag im Keller auf einer aufblasbaren Luftmatratze und betrachtete erotische Bilder in einem meiner Comic-Hefte. Ich war natürlich überhaupt nicht auf einen solchen Vorgang vorbereitet. Im Geiste stellte ich mir vor, was wohl geschehen wäre, hätte ich mich dazu aufgerafft, meine Mutter freimütig zu fragen, was mir zugestoßen war. Indessen überwand ich meine anfängliche Bestürzung und masturbierte von da an regelmäßig. Dabei dachte ich oft an meine Mutter, oder ich betrachtete Bilder in bestimmten Comic-Büchern. Dazu rieb ich meinen Penis entweder am Bettlaken oder ich benutzte die mit Vaseline eingefettete Hand.

Meine Mutter mochte es gerne, daß ihr jemand die Füße massierte, wenn sie im Bett oder auf der Couch im Wohnzimmer lag. Das tat ihr gut nach einem arbeitsreichen Tag. Oft bat sie darum, nachdem sie gebadet hatte und zu Bett gehen wollte.

Eines Tages schlug ich meiner Mutter von mir aus eine Fußmassage vor. Sie sollte sich dazu auf das Bett legen, weil es dort bequemer sei. Ferner schlug ich vor, sie möge die Strümpfe anbehalten und auf dem Bauch liegen.

Ich sehe mich selbst, wie ich mich mehr und mehr auf das Bett hinaufstahl und dabei die Massage von den Füßen auf die Waden ausdehnte. So rieb ich sie eine Weile und hockte mich schließlich kniend über eines ihrer Beine. Mit ausgestreckten Armen massierte ich sie immer weiter oben. Bald erreichte ich den Rand der Strümpfe, wo die Strapse befestigt waren und das weiße Fleisch begann. Inzwischen hatte mein Penis festen Kontakt mit ihrer Wade gefunden. Ich rieb ihn darauf hin und her. Sie schien es nicht zu merken. Meine Hände waren inzwischen hoch oben an den Oberschenkeln, bis die Finger den Zwickel des Schlüpfers streiften. Meine Gefühle wurden immer stärker. Ich drückte mich kräftiger an ihre Wade. Sie mußte längst gemerkt haben, was ich trieb. Ohne Vorwarnung überfiel mich ein pulsierender, heftiger Höhepunkt. Sie hatte ihr Bein ein wenig steif gehalten, tat sonst aber so, als wäre nichts geschehen.

Hinter mir an der Tür höre ich Geräusche. Halb über die Schulter blickend, gewahre ich meinen Vater, der durch die halboffene Tür hereinschaut. Ich mache mich auf ein Donnerwetter gefaßt. Jedoch kam er ohne ein Wort zum Bett herüber. Mit einem Blick auf mich nahm er meine Stelle ein. Er zog Mutter das Höschen herunter. Den Hausmantel zur Seite schlagend brachte er seinen großen Penis zum Vorschein und steckte ihn ihr von hinten hinein. Ich trat zurück. Mir war klar, daß die beiden sehr schöne Gefühle genossen. Da sie von mir keine Notiz nahmen, wich meine ängstliche Spannung. Mit zunehmendem Interesse verfolgte ich, was sie da trieben. Beim Zusehen wurde ich von neuem erregt. Vater richtete sich hin und wieder etwas auf. Dabei zog er den Penis aus meiner Mutter heraus, so daß ich ihn sehen konnte. Ich trat näher an das Bett heran. Mutter ergriff sogar meine Hand. Vater bewegte sich weiter hinter ihr. Sie lächelte, als er schließlich innehielt und aufstand. Sie war mit nacktem Hintern meinen Blicken ausgesetzt. Ich wurde genötigt, noch näher zu kommen und Vaters bisherigen Platz einzunehmen. Die Beule in meiner Hose zeigte, daß ich schon wieder eine Erektion hatte. Beide ermutigten mich dazu, die Hose herunterzulassen. Obwohl ich vom ersten Höhepunkt noch ganz klebrig war, wurde ich eingeladen, mich auf Mutters Hinterbacken zu legen. Sie wackelte ein wenig mit dem Hintern, als sie meinen Penis mit der Hand dort einführte, wo sie ganz feucht war. Bald hatte ich den zweiten Höhepunkt erreicht.

Ich stelle mir oft vor, daß meine Frau im Swimmingpool von einem anderen Mann genommen wird. Dabei handelt es sich um einen alten Freund, mit dem sie früher heftiges Petting getrieben hat. Später ruft sie mich per Ferngespräch an und läßt sich vögeln, während sie mit mir redet.

In der Wirklichkeit werde ich von ihren gelegentlichen Sexträumen erregt. Während des Liebesspiels wiederholen wir diese Geschichten, ebenso, wenn wir uns gegenseitig masturbieren. Ich rede davon und denke daran, um unsere Gefühle zu vertiefen. So zum Beispiel: Ich bin mit ihr zusammen zu ihrem alten Freund auf Besuch gefahren. Wir ziehen uns alle nach und nach aus. Er fickt sie zuerst. Kurz vor seinem Höhepunkt zieht sie sich zurück, weil sie nicht schwanger werden möchte. Ich bin erregt und dringe in sie ein, nachdem er auf ihren Bauch gekommen ist. Sie fühlt, daß es mir bald kommt, und ich weiß, daß ich in ihr bleiben darf. Der Freund ist vom Zusehen erneut erregt und hat einen Steifen bekommen. Sie bedauert ihn, denn sie weiß, wie gern er selbst in ihr gekommen wäre. Meine Frau denkt daran, wie eng sie früher mit ihm befreundet gewesen ist. Ich sehe sie lächelnd an und sage ihr, daß ich einverstanden bin. Diesmal verlangt sie nicht, daß er sich zurückzieht. Er pumpt den vollen Samenstrom in sie hinein.

Susie

Ich will von den Sexualphantasien meines Ex-Liebhabers berichten. Er selbst würde niemals darüber schreiben. Die beliebteste davon (die mich ebenfalls erregte) bestand darin, daß er an einem heißen Nachmittag seinen besten Freund zu uns ins Haus einlud. Ich beklagte mich über die Hitze. Mein Liebhaber schlug – in diesem Phantasiespiel – vor, daß ich ein kühles Bad nehmen solle. Ich ging, um mich «fertig zu machen», wobei ich wußte, daß er mich seinem besten Freund anbieten werde. Dieser hatte bereits meine langen Beine und meine freitragenden Brüste bewundert, wenn ich nur Shorts und Oberteil trug. Er (der Freund) nimmt das Angebot an. Ich höre, wie die Badezimmertür geöffnet wird. Nicht mein Liebhaber, sondern dessen Freund tritt ein. Er begrapscht meine eingeseiften Brüste kräftig mit beiden Händen und langt unter Wasser nach meiner Vulva. Er ist so erregt, daß er keucht und stöhnt. Wir rücken schließlich in der Badewanne so zusammen, daß wir vögeln können. Wir spritzen mit dem Wasser herum. Seine Stöße sind tief und stark, bis es ihm kommt. Und nun beginnt die Rolle meines Liebhabers. Ich komme (taumelnd?) aus dem Badezimmer, immer noch vom Samen des anderen Mannes erfüllt. Mein Liebhaber hebt mich hoch und trägt mich aufs Bett im Schlafzimmer. Dort wirft er meine Beine über seine Schultern. Er fickt mich ganz tief, manchmal qualvoll zögernd, nachdem der andere Mann mich gevögelt hat. Die Vorstellung, ich sei soeben von einem anderen genommen worden, bringt ihn richtig hoch und mich auch. Ich komme und komme. Das ist sein Lieblingsphantasiespiel, aber mir gefällt es auch!

In den Phantasievorstellungen, in denen der Mann seine Frau mit einem anderen teilt, verwandelt sich auch Sex in ein Spiel. Der unbekannte Rivale – der Mann, mit dem eine die Ehefrau zu unseren Ungunsten vergleicht; der Mann, von dem sie insgeheim träumt, wenn sie in unseren Armen liegt; der Superkerl, den wir fürchten, weil er ihr ungeahnte Orgasmen verschafft – ist plötzlich aus dem Wettbewerb ausgeschieden. Aus dem tödlichen ödipalen Dreieck ist ein familiärer Kreis geworden.

Die beiden Männer gehen nicht mehr darauf aus, sich gegenseitig aus dem Felde zu schlagen. Sie vereinigen sich im Dienst an der Frau. Vergnügen für alle drei heißt das erklärte Ziel. Es gibt keine Auseinandersetzung, nur noch gegenseitige männliche Bestätigung.

Noch wichtiger: Spiele zählen nicht! Sie sind nicht wirkliches Leben. Wenn das Spiel zu Ende ist, geht der andere Mann heim. Die Frau bleibt da. Diese Befreiung von den Ängsten eines echten Wettbewerbs löst eine Menge starker Gefühle aus – die sich in erhöhter Sexualität auswirken.

Thomas

Wir sind seit mehr als zwanzig Jahren verheiratet und haben drei Kinder, von denen eines noch die Oberschule besucht. Unsere Ehe ist für mich vom ersten Tag an zufriedenstellend gewesen. Meine Frau sagt immer wieder, daß es bei ihr genauso sei. Meine Frau hat eine Meisterprüfung abgelegt und ist während unserer ganzen Ehe ihrem Beruf nachgegangen. Ich arbeite im Schichtdienst und betreibe nebenher kleine Geschäfte.

Unsere Arbeitsgewohnheiten haben natürlich unser gesellschaftliches Leben eingeengt. Während der ganzen Woche können wir nicht zusammen ins Bett gehen. Nicht einmal am Morgen können wir gemeinsam aufstehen. Folglich ist jedes Wochenende so etwas wie neue «Flitterwochen». Dann komme ich abends gemeinsam mit ihr heim. Ich ziehe sie aus und spiele mit ihr.

Meine Frau ist sehr unterhaltsam. Vor allem ist es nett, mit ihr mal zum Tanz zu gehen. Ich kann sie dabei an mich drücken und durch das Kleid ihren Körper fühlen. Es erregt mich auch, sie mit anderen Männern tanzen zu sehen und zu wissen, daß diese dabei den Körper meiner Frau genauso spüren wie ich. Jeder Mann bekommt unabwendbar einen Ständer, noch ehe der Tanz mit ihr zu Ende ist. Sie hat einen sehr schönen, stark hervortretenden Venushügel. Ich sehe die Vorwölbung durch ihr Kleid hindurch. Im passenden Augenblick drückt sie sich damit an ihren Partner.

Seit ich denken kann, habe ich mir als das Erlebnis höchster Liebeswonnen das Zusammensein eines hübschen, verliebten und großzügig ausgestatteten Negers mit einer schönen, langbeinigen und sinnlichen Blondine vorgestellt!

Da ich meine Frau sehr liebe, gönne ich ihr in meiner Phantasie alles Beste. Mehr als alles in der Welt wünsche ich mir und ihr ein Zusammentreffen mit «unserem Freund» – eben jenem hübschen, verliebten und wohlbestückten Mann, den ich hier Jim nennen will. Ich wünsche mir, sie könnte ihn jeden Abend mit ins Bett nehmen, bis ich heimkehre. Ich male mir aus, daß ich die beiden durch einen Spiegel beobachten kann, der von der Außenseite her durchsichtig ist. Ich möchte das Spiel verfolgen von dem Moment an, da er sie entkleidet, und während der ganzen endlosen Liebesszene. Ich möchte sie stöhnen hören, wenn er sie aufs Bett legt und ihn ihr hineinschiebt. Ich kann mir nichts Erregenderes ausmalen, als zu hören, wenn sie «Oh, fick mich, fick mich!» ruft. Dabei leitet sie seinen großen, zweiundzwanzig Zentimeter langen schwarzen Pint zwischen ihre langen, schönen, weit gespreizten Beine.

Manchmal phantasiere ich, daß ich eines Abends früher als sonst von der Arbeit heimkomme. Meine Frau ist noch in einer Versammlung. Ich lege mich auf das Sofa, um auf sie zu warten. Natürlich schlafe ich ein. Vom Sofa aus kann man durch die Wohnzimmertür direkt auf die breite Couch sehen, die als Tagesbett dient. Ein paar hübsche Kissen liegen darauf. Ideal zum Vögeln! Ich erwachte davon, daß ich jemanden reden hörte und im Korridor das Licht eingeschaltet wurde. Sie kam mit Jim in die Wohnung und verschwand mit ihm im Badezimmer. Nach ein paar Minuten tauchten sie wieder auf – splitternackt. Auf dem kurzen Weg vom Bad zur Couch blieben sie dreimal stehen, um sich zu umarmen, zu küssen und zu streicheln. Ich kenne meine Frau. Wenn sie in solcher Situation küßt, dann gibt sie tiefe, bohrende Zungenküsse, die mit jedem Mal deutlicher sagen, was sie will.

Jim hatte einen tollen Ständer, der in einem hübschen Winkel nach oben zeigte. Er war bestimmt über zwanzig Zentimeter lang und von wunderbaren Proportionen. Immer wenn sie sich umarmten, wurde sein Schwanz zwischen ihren Leibern eingeklemmt. Seine Eichel schmiegte sich dann in ihren Bauchnabel.

Als sie die Couch erreichten, legten sie sich sofort nieder. Sie rückte mit dem Hintern in die Mitte der Liegefläche. Mit einer einzigen gleitenden Bewegung schob er sich über sie, wobei er sich auf beide Ellbogen stützte. Sie leitete dabei seinen Schwanz an die richtige Stelle.

Sie streckte ihre gespreizten Beine hoch in die Luft, während er es ihr kräftig besorgte. Dabei ließ sie ihren Arsch kreisen, wie nur sie es kann. Meine Frau ist sehr eng gebaut. Es bereitet jedesmal Schwierigkeiten, in sie einzudringen. Sobald er tief in ihr steckte, umschlang sie den Mann mit ihren Beinen. So hielten sie einander eine Weile umarmt. Ich fürchtete schon, es wäre beiden verfrüht gekommen. Aber dann bewegte sie wieder ihren Hintern. Er saugte an einer ihrer Titten und streichelte sie mit einer Hand am ganzen Körper. Er setzte sich in Bewegung und vögelte sie mit langen, wohlabgemessenen Stößen.

(Das Licht schimmerte vom Korridor herein, so daß ich alles sehr genau beobachten konnte. Ich aber lag im Dunkeln und wurde von ihnen nicht bemerkt.) Sie kamen gleichzeitig mit einer Reihe von Spasmen, die mehrere Minuten anhielten.

Ich habe meiner Frau immer von meinen Phantasien erzählt. Sie weiß, daß ich mir viel Zeit nehme, um mir während der Arbeit alle Einzelheiten auszumalen. Das erregt mich, und ich freue mich darauf, zu ihr zu kommen, sie in die Arme zu nehmen und zu lieben. Sie hat mir gesagt, daß sie beim Masturbieren oft an Jim denkt. Als ich meine Frau zum erstenmal fragte, wie es ihr gefallen würde, wenn ihr ein wirklich liebevoller, hübscher Neger seinen Pint reinsteckte, erlebte ich den fabelhaftesten Orgasmus, den ich jemals hatte.

Max

Ich bin achtundzwanzig Jahre alt, verheiratet und habe drei Kinder. Wir leben in einer großen Stadt. Dort arbeite ich in einer Fleischpackerei, und zwar in der Spätschicht von drei Uhr dreißig bis Mitternacht. Dementsprechend findet bei uns Sex zu unterschiedlichen Zeiten statt.

In den zehn Ehejahren habe ich viele sexuelle Phantasien gehabt. Etwa die Hälfte davon würde ich gern – so scheint es mir jedenfalls – mal wirklich erleben, die andere Hälfte hingegen nicht. Wenn ich mit meiner Frau Liebe mache, und es will nicht so recht klappen, lasse ich einfach meine Phantasie spielen. Dann geht alles großartig. Beim Masturbieren (jawohl, auch verheiratete Männer tun es) sind die Phantasievorstellungen der Schlüssel zum Orgasmus. Ich stelle mir dabei vor, daß ich in die scheinbar leere Wohnung heimkomme. Da höre ich Geräusche im Schlafzimmer. Ich gehe nachsehen. Unversehens mache ich Licht und sehe, wie ein Mann auf dem Bett meine Frau vögelt. Damit endet das Phantasiebild. Es gehört zu denen, die ich nicht in der Wirklichkeit erleben möchte, aber es erregt mich. Und dafür sind Phantasien doch da. Oder?

Emil

Lassen Sie mich mit der Feststellung beginnen, daß wir ein geradezu fabelhaftes Liebesleben führen.

Meine Frau war längere Zeit mit einem Mann verheiratet, der sich im Sexualleben mehr um die eigene Befriedigung kümmerte als um die gegenseitige Erfüllung. In unseren bisher sieben Ehejahren bin ich mit meiner Frau von Schamhaftigkeit zum offenen Experimentieren gelangt. Wir erfreuen uns jetzt an oralem Sex, am ausgedehnten Vorspiel, an gegenseitiger Masturbation und gelegentlich auch an analem Sex. Edith ist siebenunddreißig Jahre alt. Aber sie hat einen Körper, um den sie von mancher Mittzwanzigerin beneidet wird. Man mag kaum glauben, daß sie eine heranwachsende Tochter hat. Ich brauche sie nur nackt durchs Zimmer gehen sehen, und schon bekomme ich eine Erektion.

Während der ersten drei Jahre unserer Ehe war ich öfter für längere Zeit von daheim fort. Meine Frau fühlte sich durch die erzwungene sexuelle Enthaltsamkeit sehr frustriert. Wegen ihrer Herkunft und Erziehung konnte ich Edith nur schwer davon überzeugen, daß sich ihre innerlichen Spannungen durch Masturbation lösen ließen. Ein Jahr lang drängte ich sie in ausführlichen Briefen dazu. Dann erlebte sie den ersten selbst hervorgerufenen Höhepunkt, indem sie ein Kissen zwischen die Beine klemmte. Wenn ich jetzt unterwegs bin, verschafft sie sich ziemlich häufig Erleichterung mit Hilfe eines Massagestabes oder sie läßt Wasser auf ihren Kitzler tröpfeln.

Bei unserer Lieblingsstellung liegt Edith auf mir, und mein Schwanz steckt tief in ihr drin. Ich streichle ihren Hintern und schmiere süßen Saft von ihrer Pussy auf ihr Poloch, bevor ich dort mit dem Finger ein- und ausfahre. Dabei kommt es ihr sofort und ganz intensiv. Sie gibt zu, daß sie sich in ihrer Phantasie beim Höhepunkt vorstellt, ein dicker Gegenstand stecke in ihrem Hintern.

Ich liebe Edith und habe seit unserer Hochzeit keine andere Frau angerührt. Bei ihr finde ich totale Erfüllung. Sie hat nur ihren ersten

Mann und mich gehabt. Deshalb drehen sich die meisten meiner Phantasien um Dinge, von denen ich glaube, daß Edith davon erregt würde. Manchmal masturbiere ich unterwegs. Dabei stelle ich mir am liebsten vor, daß Edith zwei Glieder in sich aufnimmt. Ich bilde mir ein, sie habe mir gesagt, daß sie einmal zu gleicher Zeit einen Schwanz in ihrer Pussy und einen im Hintern spüren möchte. Ich sehe mich hinter dem Fenstervorhang des Schlafzimmers. Sie bringt den anderen herein und zieht ihn sogleich auf unser übergroßes Bett. Er küßt sie. Seine Hände streicheln ihre Brüste und Hinterbacken. Sie schiebt ihn etwas von sich und nagt an der Wurzel seines pochenden Schwanzes. Sie leckt daran herum und läßt ihn schließlich mindestens zur halben Länge in ihrem Mund verschwinden. Mit den Händen reibt sie seine Eier, während sie breitbeinig über seinem Gesicht kniet, damit er mit der Zunge die feuchten Falten ihrer Pussy und die steif aufgerichtete Klitoris lecken kann. Nach einigen Minuten geht sie über seinen Oberschenkeln in Reitstellung. Sie läßt die Hüften auf ihn niedersinken. Ich sehe, wie sein Schwanz Zoll für Zoll in den feuchten rosa Falten ihrer Pussy verschwindet. Dann läßt sie sich nach vorn auf seinen Brustkasten fallen und beginnt mit ihren fabelhaften Bewegungen.

Ich bin sicher, daß die meisten Männer ihre Frauen einmal Geschlechtsverkehr mit zwei Partnern auf einmal erleben lassen möchten. Der Anblick eines feuchten weißen Schaftes, der in ihre enge Pussy getrieben wird, macht mich wild. Ich bin ganz heiß und mein Pimmel ist brettsteif, wenn ich aufs Bett krieche, um ihre Brüste zu küssen und ihren zitternden Hintern zu lecken. Mit dem Finger hole ich etwas von dem Saft von jener Stelle, wo der andere in ihr drinsteckt, und benetze damit ihren Hintern und meinen zwanzig Zentimeter langen Pint. Ich dränge mich zwischen ihre Beine und schiebe ihn langsam von hinten hinein. Der andere zieht sich so weit zurück, daß nur noch seine Eichel in ihrer Scheide steckt, bis ich ganz eingedrungen bin und in ihrem Hintern ein paar sanfte Stöße ausgeführt habe. Nun schieben wir uns beide ganz tief in sie hinein. Er küßt ihre Brüste und saugt daran. Darauf schaukeln wir sie zwischen uns hin und her, wobei jeweils der eine Schwanz in sie eindringt, während der andere zurückgezogen wird. Dann ruft sie: «Nun laß uns kommen!» Das ist das Signal für uns, gemeinsam tief hineinzufahren. Wir spritzen unseren heißen, klebrigen Samen in sie hinein. Sie fühlt jeden pulsierenden Spritzer in ihrem ausgefüllten Hintern. Ich fühle, wie sein Schwanz zuckt. Sie kneift den Po zusammen, weil es ihr kommt. Das ruft bei mir einen ungeheuerlichen Orgasmus hervor. Ein paar Minuten ruhen wir erschöpft aus. Der andere Mann steht auf und geht.

Raimund

In den meisten meiner Phantasievorstellungen spielt meine Frau Sophie die Hauptrolle. Obgleich ich auch viele Wunschvorstellungen ohne sie habe, bevorzuge ich doch jene, in denen sie den Star abgibt. Denn sie ist der wichtigste Mensch in meinem Leben.

Ich beginne mit der ersten und wichtigsten Phantasie:

Ich bin im Wandschrank versteckt. Meine Frau bringt einen Liebhaber mit ins Schlafzimmer. Sie küssen und streicheln einander. Dann ziehen sie sich gegenseitig nackt aus. Er saugt an ihren Titten. Sie seufzt nur und spreizt ihre Beine weiter auseinander (sie stehen dabei auf dem Teppich vor dem Bett), damit er mit der Hand ihre Vulva anfassen kann. Dann packt sie seinen dicken langen Ständer und zieht ihn daran aufs Bett nieder. Sie umspielt mit der Zunge seine Eichel. Dann nimmt sie den Penis in den Mund. Zu diesem Zeitpunkt kommt es mir meistens schon. Aber ich kann die Geschichte in die Länge ziehen, indem ich weitere Einzelheiten dazu erfinde.

Außer meiner Frau und Ihnen, Nancy, weiß nur noch ein weiterer Mensch um meine Phantasievorstellungen. Ich bin mit ihm eng befreundet, und er hat meine Schwester geheiratet. Ihm habe ich alles gestanden einschließlich der Tatsache, daß ich gern mal zusehen möchte, wenn er Sophie vögelt. Das erregte ihn mächtig. Er plauderte aus, er habe sich immer vorgestellt, meine Schwester sei bei der Heirat keine Jungfrau mehr gewesen. Ich sollte es gewesen sein, der sie um die Jungfernschaft gebracht hatte. Ehrlich, der Austausch dieser Gedanken und Vorstellungen erregte uns so stark, daß wir uns gegenseitig durch den Stoff der Hosen hindurch rieben, ehe wir zu Ende kamen. Wir haben uns noch öfter zu solchen Gesprächen getroffen. Wir kombinierten unsere beiderseitigen Phantasien darüber, gegenseitig unsere Frauen auszutauschen und einander zu masturbieren. Vielleicht bin ich bisexuell veranlagt.

Wenn ich Schwierigkeiten habe, eine Erektion zu bekommen, erzählt mir meine Frau, daß sie sich vorstellt, mit einem anderen Kerl zu vögeln. Da springt mein Penis auf wie ein Klappmesser. Es gibt einen bestimmten Mann. Wenn meine Frau von ihm redet, werde ich ganz heiß und zugleich besorgt. Sie hat mich als Jungfrau geheiratet. Ich bin der einzige Mann, der sie bisher gebumst hat. Ich wünsche mir, daß sie es mit einem anderen Mann oder einer Frau triebe und Gefallen daran fände. Auf diese Weise ließe sich meine Lieblingsphantasie verwirklichen. Ich möchte sie dazu bringen, es mit meinem Schwager zu machen. Eine Triole müßte himmlisch sein.

Roddy

Ich stelle mir folgendes vor: Maidy und ich haben endlich einen Mann gefunden, der mit uns ficken möchte. Früher hätte ich gern gewußt, wie es ist, wenn man ein Männerglied lutscht (als Erwachsener habe ich niemals Kontakt mit Männern gehabt). Er versichert, genauso scharf, hemmungslos und verständnisvoll zu sein wie wir. Sex um des Vergnügens willen sei eine feine Sache. Wir gehen alle zusammen unter die Dusche. Die letzten hemmenden Tabus entschwinden. Ich zittere innerlich bei dem Gedanken daran, was Maidy für ein Vergnügen haben wird, zum Teil aber auch deshalb, weil ich endlich Gelegenheit finden soll, einen Schwanz zu lutschen.

Wir treiben es in allen denkbaren Kombinationen miteinander. Maidy lutscht mich, während er sie vögelt. Er leckt Maidy, während ich ihr mit meinem Glied über Augen und Nase fahre. Maidy lutscht uns beide. Ich sehe, daß sein Penis frei ist, während er irgend etwas mit ihr macht. Sie schreit: «Fick mich! Fick mich! O Gott, fester, mehr!» Mir geht plötzlich durch den Sinn, daß es mir womöglich nicht gefallen wird, wenn er in meinem Mund kommt. Die Neugierde ist stärker. Ich nehme seinen großen, schönen Schwanz in den Mund und denke an alle die vergeblichen Versuche, die ich als junger Mann unternommen habe, meinen eigenen Penis zwischen die Lippen zu nehmen. Ich konnte ihn niemals erreichen. Oh, wie sehr habe ich mir gewünscht, an mir selbst zu lecken und zu saugen. Dann masturbierte ich, bis mir der Samen in den Mund und aufs Gesicht tröpfelte. Damals war mit dem Erguß das geile Gefühl bereits im Schwinden. Der Geschmack gefiel mir nicht. Aber jetzt habe ich seinen Penis im Mund und bin noch nicht gekommen. Also lutsche ich ihn so, wie ich mir vorstelle, daß ich es am liebsten hätte. Er spritzt in meinen Mund. Ich mag es zwar nicht besonders, aber es mißfällt mir auch nicht. Doch ich bin sehr zufrieden darüber, daß ich es gemacht habe. Das Gefühl seines Gliedes in meinem Mund hat mich nahe an den Orgasmus gebracht. Rasch lege ich mich so zurecht, daß er oder sie mir den Rest besorgen kann.

Maidys Gesicht ist hoch gerötet und schweißig von all dem Sex, den sie erlebt hat. Ich fühle mich wohl und stark. Wir sehen einander an und lachen laut, was von jeher bedeutet hat: «Ich liebe dich, mein Schatz. Ich werde immer dankbar dafür sein, daß du mir so liebevoll dieses herrliche Gefühl geschenkt, daß du mir Sex mit dir und anderen ermöglicht hast. Das macht dich und mich glücklich.» Zu diesem Zeitpunkt spielt es keine Rolle mehr, was der andere Mann macht.

Ralph

Um die Abenddämmerung komme ich mit Vicky von einem netten Abendessen nach Hause. Wir beschließen, noch einige Minuten auf der Vortreppe zu unserem Wohnhaus sitzen zu bleiben. Wir sehen uns die Vorübergehenden an und tauschen unsere Meinungen aus, wer von den Leuten attraktiv sei und wer nicht. Wir haben schon früher ausgemacht, es einmal mit einer Triole zu versuchen. Der heutige Abend erscheint uns als dafür geeignet. Ich sehe einen uns bekannten, recht attraktiven Mann, winke ihn heran und lade ihn auf einen Drink in unsere Wohnung ein.

Oben unterhalten wir uns eine Weile und legen eine Schallplatte auf. Ich sehe, daß Vicky nervös ist. Nach ein paar Gläsern kurz hintereinander wird sie ruhiger. Ich bin ziemlich sicher, daß sie mitspielen wird. Also erkläre ich dem Gast, was wir vorhaben. Er sieht Vicky an. Sie erwidert den Blick, und er stimmt zu. Wir gehen ins Schlafzimmer. Ich lasse die Tür offen, so daß aus dem Wohnzimmer gedämpftes Licht hereinfällt. Zuerst zieht sich Vicky aus. Wir Männer sitzen da und sehen ihr zu. Sie sitzt nackt auf dem Bett. Wir alle leeren unsere Gläser. Dann ist er dran. Vicky und ich sehen zu, wie er sich entkleidet. Er ist dunkelhäutig und gut gebaut. Ich frage mich, ob dieser Anblick Vicky erregt. Er streckt sich neben ihr auf dem Bett aus und läßt seine Hände über ihren Körper wandern.

Sein Glied ist noch nicht steif, dafür aber meines. «Du wirst daran lutschen müssen», meint er. Sie will zögern. Vicky sieht ihn und mich fragend an. Ich fürchte, sie wird nicht soweit gehen wollen und die Sache abblasen. Doch dann beugt sie sich über ihn und nimmt sein Glied in den Mund. Sie hält die Augen geschlossen und nagt unschlüssig an seiner Eichel herum. Bald wird er steif. Vicky legt sich mehr ins Zeug. Sie spreizt die Schenkel. Ich spiele an ihrem Kitzler, während sie mit seinem Penis spielt.

Nach einer Weile legt sie sich aufs Bett und öffnet bereitwillig ihre Schenkel. Sie so zu sehen ist ein hinreißender Anblick. Er und ich sind inzwischen brettsteif geworden. Er besteigt Vicky. Sie reißt ein Bein hoch, so daß ich sehen kann, wie er in sie eindringt. Er steckt nur seine Eichel in ihren Schlitz. Sie scheint viel zu groß für ihr Loch. Dennoch gleitet er schnell hinein. Ich sehe, wie sich ihre Pussy von selbst weitet, während er allmählich seine volle Länge in ihr unterbringt. Ich meine, daß sie mich beide längst vergessen haben – und daß ich zusehe –, als er ganz hinten angekommen ist. Seufzend umklammert sie mit ihren Schenkeln seine Hüften. Er pumpt langsam und tief ein und aus.

Ich erkenne, daß Vicky mich beobachtet, genauso, wie ich sie beobachte. Ich umklammere mit den Fingern ihre Hand. Es ist, als sei ein Stromkreis geschlossen worden. Ihr Blick wird verträumt. Ihr Körper beginnt zu beben. Es kommt ihr. Er reagiert darauf mit kräftigeren und schnelleren Stößen. Das Zittern ihres Körpers pflanzt sich über ihren Arm bis in die Hand fort, die ich festhalte. Dann ist es vorbei.

Als er sich zum letztenmal aus ihrem Schlitz zurückzieht, küßt er sie zum erstenmal auf den Mund. Sein Penis ist klein und schrumpelig. Der Mann nimmt sein Glas und geht nach nebenan, um es zu füllen. Ich greife Vicky zwischen die Beine. Ihre Pussy ist so heiß, daß ich mich schier daran verbrenne. Sie ist am ganzen Körper schweißnaß. Die Tropfen rinnen auf das Laken. Mein Schwanz ist so lange hart und steif gewesen, daß er zu schmerzen anfängt. Sie ist so naß und so weit offen, daß ich ihn fast ohne jede Mühe hineinstecken kann. Ich packe ihre Hinterbacken. Sie umschlingt mich mit den Beinen, ohne die Augen aufgeschlagen zu haben.

Ob sich ein Mann als homosexuell, bisexuell oder «normal» bezeichnet, mag seine Sache sein und bleiben. Viel interessanter an diesen Phantasiegeschichten ist die Tatsache, daß die Anwesenheit einer Frau darin den Mann in die Lage versetzt, seinen homoerotischen Interessen Ausdruck zu verleihen, ohne sich ihnen gleichzeitig stellen zu müssen. Die meisten Schilderungen, die ich erhielt, stammten von Männern, die an Frauen echte Freude finden, die ihre Gattinnen lieben und trotzdem Verbindung zu Männern suchen.

Die Verfasser dieser Phantasieschilderungen assoziieren mit Sex sicherlich in erster Linie Frauen. Damit ist aber nicht gesagt, daß für sie Sex mit Frauen das höchste erotische Erlebnis ist, das sie sich vorstellen können. Ihre Darlegungen verraten uns, daß sie sich etwas mehr wünschen. Sie suchen eine gewisse Solidarität, sogar körperliche Identifikation mit jemandem des eigenen Geschlechts.

Der Mann hat die starke Bindung an andere männliche Wesen, wie er sie in der Knabenzeit erlebte, wegen der Frauen aufgegeben. Trotzdem erscheinen sie ihm immer noch als fremd, unbekannt, beherrschend und wankelmütig. Er weiß nicht, woran er mit ihnen ist. Heterosexualität bringt ihm zwar Befriedigung. Aber sie enthält auch einen Zug von Angst, Gefahr, Erschöpfung und Risiko. Diesen Männern ergeht es wie dem Jungen, der allein ein leeres Haus durchsuchen will. Sie fühlen sich erregter, sexuell mutiger – mehr als Männer –, wenn sie Sex mit einer Frau in Gegenwart eines zweiten Mannes erleben.

Die Frau erteilt Absolution und Erlaubnis, wenn sie sich an diesen sexuellen Spielen beteiligt. Diese Männer benutzen ihre Frauen nicht unbedingt, um an andere Männer heranzukommen. Vielmehr brauchen sie Frauen, um die Barriere der Schuldgefühle zu durchbrechen, die vor ihren Gefühlen für andere Männer aufgebaut worden ist. Die Frau in einer Triole dieser Art stellt das Bindeglied dar. Durch sie hindurch fließt der Wechselstrom sinnlicher Gefühle. Ganz nach Wunsch und Willen kann der Mann sich dem stellen, was zwischen ihnen vorgeht, oder nicht. Dafür, daß sie diese Freiheit, diese Erlösung von Furcht gewährt, wird die Frau um so mehr geliebt.

14. Gruppensex

Wie viele gehören zu einer Gruppe? Wenn drei eine Triole bilden, sind dann vier eine Gruppe, oder braucht man für eine Orgie zehn? Man mag von Gruppensex, Orgien oder Frauentausch phantasieren, interessant bleibt auf alle Fälle die Tatsache, daß sich unter den dreitausend Zuschriften, aus denen dieses Buch destilliert wurde, nur zwei um Szenen mit mehr als vier Beteiligten drehten. Meine Forschungen haben ergeben, daß nur sehr wenige Männer von einem Bacchanal mit Massenbeteiligung träumen. Offenbar wird beim Gruppensex zweierlei verlangt und gesucht: Abwechslung und Ordnung. Wilder, wundervoller, lustvoll feuchter Sex, ja – aber unter Kontrolle.

Adam

Da es mich nichts kostet, bei der Wiedergabe meiner Phantasie noch einmal «hoch»zukommen, darf ich folgendes unterbreiten:

Ich bin Doktor der Philosophie und vierzig Jahre alt. Seit achtzehn Jahren führe ich mit meiner Frau ein sehr glückliches und erfülltes Eheleben. Bess und ich haben vier Kinder. Wir wurden sexuell gehemmt und verklemmt erzogen. Erst im Alter von einundzwanzig Jahren unternahm ich einen ersten, kläglichen Versuch, mit einem Mädchen zu vögeln. Praktisch waren meine Frau und ich bei der Hochzeit noch unberührt. Bess hatte als Kind nur geringe Erfahrungen mit Masturbation und dem üblichen Gucken und Anfassen gesammelt. Ich hingegen war sehr neugierig und schon als Junge so scharf, daß ich ab dem zehnten bis zum dreiundzwanzigsten Lebensjahr fast täglich masturbiert habe.

Als Jungen zwischen neun und vierzehn kam es hin und wieder vor, daß wir uns unter Freunden gegenseitig lutschten. Das machte mir zwar Spaß, aber wir «kamen» niemals. Also schwand das Interesse daran. Mit vierzehn setzte das Tabu der Homosexualität sowieso feste Schranken. Die nächsten zwölf Jahre vergingen ohne jegliches Interesse an männlichen Wesen. Ich hatte immer großes Verlangen nach Frauen, mit denen ich sexuelle Erfahrungen sammeln wollte. Meine engstirnige Erziehung hinderte mich daran, es zuzugeben. Von der Heirat an bis zur Gegenwart gewann ich rasch zunehmendes Selbstvertrauen und umfassendes Wissen. Ich war mit einer «schlafenden Möse» verheiratet, die ich bald weckte und zu Taten ermunterte. Sie erwies sich als ein «verkappter Diamant». Bess hat mich bei jeder nur denkbaren sexuellen Kontaktsuche eifrig begleitet, vom Partnertausch bis zur Triole. Sie blieb freundlich und verständnisvoll gegenüber vielen Frauen, mit denen ich im Bett gewesen war, um zu ficken und zu lecken. Dazu mußte ich sie allerdings erst davon überzeugen, daß Sex eben nur Sex ist und sonst gar nichts. Ich habe sie davon überzeugt, daß ich sie nicht um tausend Frauen und um nichts in der Welt hergeben würde. Ich habe ungefähr vierundzwanzig Frauen genossen, dabei aber immer auf eine klare Abmachung geachtet, so daß jede Beziehung auf das rein Sexuelle begrenzt blieb. Alle sind offenbar damit einverstanden gewesen.

Ich phantasiere so: Bess und ich beschließen, es wieder einmal mit Partnertausch zu versuchen. (Das haben wir zwei Jahre hindurch getrieben, uns aber vor vier Jahren daraus «zurückgezogen».) Diesmal soll es keine getrennten Schlafzimmer geben. Wir treffen mit einer Gruppe anständiger, sauberer «Swinger» zusammen und beschließen, eine richtige Orgie zu veranstalten, bei der alles durcheinandervögelt und -leckt. Wir liegen alle splitternackt auf dem Teppich in unserem Kellerzimmer. Ich vögle eine Blondine und lecke eine Negerin. Über ihren Venushügel hinwegblickend, erkenne ich meine vor freudiger Erregung zitternde Frau, die abwechselnd an zwei Männerschwänzen lutscht, während ein dritter Mann sie in «Hundestellung» von hinten fickt. Dann wechseln wir alle die Plätze. Es gibt ein Kaleidoskop von Schlitzen, Schwänzen, Titten, haarigen Brustkästen, glatten Gesichtern und so weiter und so weiter.

Lars

Meine Frau hat mich ermutigt, Ihnen diesen Brief zu schreiben. Ich bin ein zweiunddreißigjähriger Polizeibeamter. Seit zehn Jahren bin ich mit einer wunderbaren Frau verheiratet, die uns vier liebe Kinder geschenkt hat. Unser Sexualleben ist großartig. Seit wir heirateten, haben wir beide keinerlei Affären mehr gehabt, obwohl wir häufig darüber und auch über Partnertausch reden. Ich nehme an, dahinter steht die verlockende Frage, ob nicht ein anderer und fremder Partner etwas mehr aufregende Abwechslung in den Trott bringen würde. Doch bezweifle ich, daß sich daraus jemals etwas Dauerhaftes entwickeln könnte. Deshalb wäre ich niemals unsicher oder sorgenvoll, wenn meine Frau mit einem anderen Mann ins Bett ginge. Nachdem sich die erste Erregung gelegt hat, würde sie ganz bestimmt zu mir zurückkehren. Denn wir beide haben gelernt, uns mit einem durch und durch guten Fick größtes Vergnügen zu bereiten.

Meine Eltern waren sehr religiös. Sie waren gut zu meiner Schwester und zu mir. Von meinen Eltern wurde ich nicht direkt aufgeklärt. Sie besaßen aber ein altes Sexkundebuch aus den dreißiger Jahren. Darin las ich bei jeder sich bietenden Gelegenheit. Mein erstes Erlebnis hatte ich im Alter von etwa fünf Jahren. Ich war irgendwie dahintergekommen, daß ich mir schöne Gefühle verschaffen konnte, indem ich den rotierenden Schaft eines alten elektrischen Mixers ohne Schlagwerkzeug daran von außen durch die Hose an meinen Penis drückte. Ich saß auf dem Fußboden und stellte damit meine Experimente an, bis meine Mutter das Ding nach einem Jahr wegwarf.

Mit zwölf Jahren fing ich an zu masturbieren. Erst nach sechs Monaten kam ich dahinter, daß meine Gefühle weitaus schöner und stärker waren, wenn ich die lose Haut an meinem beschnittenen Penis auf und ab bewegte. Bis dahin hatte ich immer mit der Handfläche an der Eichel gerieben. Ich erinnere mich, daß ich in einer Sommernacht hellwach auf meinem Bett lag. Ich pumpte mit der Hand an meinem Steifen auf und nieder, als mich plötzlich ein neuartiges und wundervolles Gefühl überkam. Aus meinem Penis floß mir etwas Feuchtes über die Hand. Zuerst glaubte ich, unbewußt uriniert zu haben. Aber das Zeug fühlte sich nicht an wie Urin. Ich schaltete das Licht ein und stellte zu meiner Überraschung und Verwunderung fest, daß ich meine erste Ejakulation gehabt hatte. Das Ejakulat war klar und klebrig, nicht weiß, wie es nach Aussage meiner Freunde sein sollte. Dennoch wußte ich, daß es mir «gekommen» war. Ganz aufgeregt berichtete ich meinen Freunden am nächsten Tag davon. In der auserwählten Gruppe derer, die schon «kamen», fühlte ich mich bereits viel erwachsener. Nachdem ich in den darauffolgenden Nächten mehrfach masturbiert hatte, verwandelte sich mein Ejakulat in eine weiße, sahneartige Masse. Mit Erleichterung stellte ich fest, daß ich vollkommen normal war. Bis in meine frühen zwanziger Jahre hinein masturbierte ich konstant fünf- bis sechsmal in der Woche. Ich masturbiere immer noch, wenn ich es mal nötig habe, aber meistens nur noch ein- bis zweimal im Monat.

Als Junge dachte ich beim Masturbieren an die Mädchen aus der Nachbarschaft. So ganz genau wußte ich nicht, wie Geschlechtsverkehr eigentlich vor sich ging. Ich wußte nur, daß ich meinen Kerl in die «Pussy» eines Mädchens stecken wollte. Am liebsten hätte ich es mit Jolanda getrieben. Immer wieder stellte ich mir vor, wie ich mit ihr in den Wald spazierte, der am Ende der Straße begann. Dort sollte sie sich auf die weichen Fichtennadeln legen und das Höschen ausziehen. Dann wollte ich mich auf sie legen und ihr meinen Ständer zwischen die Beine schieben. Ich wußte nicht, ob man sich dabei bewegen mußte oder nicht. Aber technische Einzelheiten waren für die Vorstellungen eines Zwölfjährigen bedeutungslos.

Nun will ich von meiner Frau und zugleich von einer anderen berichten. Ich habe mich sexuell immer stark zu ihrer Schwester hingezogen gefühlt. Ich stelle mir vor, wir liegen zu dritt auf unserem breiten französischen Bett. Mein Schaft steckt bis zum Heft in der Scheide meiner Schwägerin, während ich die Klitoris meiner Frau lecke. Wir kommen gleichzeitig in einem wilden, heißen Orgasmus.

Eine andere Lieblingsvorstellung ist die des Partnertauschs mit einem anderen Paar. Meine Frau und ihr Liebhaber vögeln auf dem dikken Noppenteppich. Nur das Feuer im Kamin sorgt für Licht. Im flakkernden Schein erhasche ich dann und wann einen Blick auf das Gesicht meiner Frau. Sie wälzt den Kopf hin und her. Dabei ringt sie nach Atem, während ihr Liebhaber seinen Schwanz in ihren Schlitz versenkt. Ich sehe, wie ihre Schamlippen seinen Schwanz umschließen, wenn er ihn langsam herauszieht und gleich wieder hineinschiebt. Während ich meine Frau beobachte, vögle ich eine blonde, blauäugige Hexe mit ziemlich kleinen Brüsten, aber einem langen, schlanken Hals und langen Beinen. Sie ist eng gebaut. Mit ihrer Scheidenmuskulatur umschließt sie im Wechselspiel meinen Pint, um ihn gleich wieder loszulassen. Sie sitzt rittlings auf mir. Wir ficken langsam und sehen dabei den anderen zu. Mir kommt es mehrere Male, aber wir hören nicht auf zu ficken. Ich wünschte mir, daß ich auch im wirklichen Leben einmal solche Durchhaltekraft besäße. Ich schaffe allenfalls zwei oder drei Ejakulationen in einer Nacht. Meistens ist es aber nur eine.

Harry

Meine Frau und ich haben beide höhere Bildung und gehören der Mittelklasse an. Wir wohnen in einer der sich immer mehr ausdehnenden Vorstädte. Ich bin leitender Angestellter bei einer mittelgroßen Gesellschaft. Meine Frau ist Anfang Fünfzig, ich gehe dem Ende meiner fünfziger Jahre entgegen. Wir sind seit fast dreißig Jahren verheiratet und die Eltern zweier Kinder.

Wir haben es ein paarmal mit Partnertausch versucht. Dabei wurden wir durch die Gefühllosigkeit der Leute, mit denen wir zusammenkamen, arg enttäuscht. Wir sehnten uns nach einer verständnisvollen, lang andauernden, herzlichen Verbindung mit einem anderen Paar, in dem wir nicht nur Bettpartner, sondern auch Freunde sehen wollten. Wir dachten an Menschen, denen wir uns ehrlich mitteilen und bei denen wir uns in ungehemmter Freundschaft völlig gehenlassen konnten.

Ich habe schon vor langer Zeit in der Oberschule erfahren, daß ich eine Frau nicht vögeln kann, wenn nicht mindestens ein wenig Freundschaft und Zuneigung zwischen uns besteht. Ich muß sie nicht lieben, aber mögen. Bei der Aussicht auf kalten, kalkulierten, gefühllosen Sex bekomme ich keine Erektion.

Da wir nie das Glück hatten, ein passendes Paar zu finden, stelle ich es mir in meiner Phantasie so vor:

Ihre Anzeige in der Partnersuchspalte war nett abgefaßt: intelligent, diskret und zurückhaltend. Das erste Telefongespräch war ermutigend verlaufen. David hatte eine volle, feste Stimme, die auf Selbstvertrauen schließen ließ. Selbstsicher ohne Aggressivität – gerade der richtige Mann, um Betty an der Hand zu nehmen und zu beruhigen. Dianas Stimme wirkte unschuldig und sexy zugleich. Ihr kehliges Lachen fuhr mir sofort in die Lenden.

Ich öffnete die Haustür und sah ihnen zu, wie sie aus dem Wagen stiegen. Ich erhaschte einen Blick auf Dianas weiße Oberschenkel, als sie die Beine aus dem Wagen schwang, aufstand und den Rock glattstrich. David und ich schätzten einander kurz ab, während wir uns die Hände schüttelten. Ungefähr so alt und so groß wie ich. Nettes Lächeln. Sein Griff war fest, doch machte er nicht den Versuch, mir die

Handknochen zu brechen. Ich konnte mir den Gedanken nicht verkneifen, daß Betty diese festen, doch sanften Hände gern an ihren Brüsten spüren werde.

Der Martini tat uns allen gut. Mir wurde klar, daß unsere Gäste nach und nach eine Spannung ablegten, die auf den ersten Blick nicht zu erkennen gewesen war. Auch das gefiel mir. Sie waren nicht so blasiert, in uns nur Körper zu sehen. Wir wurden als Menschen für voll genommen. Als wir so über das Leben in den Vorstädten plauderten, wäre ein Lauscher niemals darauf gekommen, daß wir binnen etwa einer halben Stunde wie vier Kaninchen rammeln würden.

Diana war alles wert, was ein Mann ihr nur zu geben vermochte. Verdammt, dieser unschuldige Kleinmädchensex machte mich jetzt schon an, daß ich wie eine Fackel loderte.

Die meisten Frauen mögen an einem Mann, daß er mit einer gewissen Diskretion auf sein Ziel losgeht. Also streifte ich die Schuhe von den Füßen. Die Hi-Fi-Anlage war mit Musik von Glenn Miller, Artie Shaw, Benny Goodman, Tommy Dorsey und Guy Lombardo bestückt. Ich schaltete sie ein. *Moonlight Serenade* durchflutete das Zimmer aus vier Lautsprechern. Diana sah ein wenig verwundert drein, als ich vor ihr niederkniete und ihr die Schuhe von den Füßen zog. Doch lächelte sie fröhlich, als ich ihre Hände faßte, um sie hochzuziehen und in meine Arme zu schließen.

«Woran denkst du?» sagte sie auffordernd.

«Ich stelle mir vor, wir beide tanzen ganz nackt miteinander, damit sich deine Prachttitten an meiner Brust reiben. Und deine warme, feuchte Pussy müßte sich an meinen Pint pressen.

Und wenn die Musik zu Ende geht», fuhr ich fort, «würde ich dich am liebsten hinlegen, um mich zwischen deine herrlichen Schenkel zu drängen, bis mein Schwanz bis zu den Eiern in deiner Luxuspussy steckt. Dann würde ich dir eine solche Ladung Sahne in deinen weichen weißen Bauch spritzen, daß sie dir zu den Ohren wieder herausläuft.»

Ein Irrtum war ausgeschlossen. Ihr Atem ging schneller. Wir tanzten noch eine Weile. Das klingt verrückt? Sie war eine großartige Tänzerin. Ich wollte nichts überstürzen. Die Frau gefiel mir. Ich hätte mich in ihrer Gesellschaft wohlgefühlt, selbst ohne das Bewußtsein, daß ich mit ihr ins Bett gehen konnte. Bei einem Blick zur Couch hinüber mußte ich leise lachen. Ich hatte nicht gesehen, wie Betty zu David hinübergegangen war. Ihre Bluse war bis an die Taille aufgeknöpft. David saugte an ihren hübschen Titten. Er wirkte wie ein Verhungernder, der sich über zwei Lendensteaks gleichzeitig hermacht.

Wir hörten auf zu tanzen. Ich ließ meine Hände auf Dianas ausladendem Hintern ruhen. Mit einem Griff hinter mich stellte ich den Plattenspieler ab. Glenn Miller hatte seine Aufgabe erfüllt. Alles übrige war meine Sache.

«Ich sehe gern zu, wenn sich Betty ficken läßt», sagte ich zu Diana. «Ich bin nie so stolz auf meine Frau, als wenn ich sehe, welches Vergnügen sie einem Mann bereiten kann. Richtig schön, wie sie seinen Schwanz in ihrer warmen, feuchten Pussy aufnimmt und ihn seine Ladung in ihren weichen weißen Bauch verspritzen läßt.»

Ein leises Zucken durchlief ihre mächtigen Hinterbacken, die von meinen Händen umspannt wurden, als Diana begann, ihren Venushügel sanft an mir zu reiben. «Dann vögle ich sie immer am liebsten», fuhr ich fort, «wenn ich meinen Schwanz in sie hineinstecke und fühle, wie naß und schlüpfrig sie von dem Samen ist, den ein anderer Mann soeben in sie hineingepumpt hat.»

Dianas Hand glitt zwischen unseren Bäuchen nach unten. Mit festem Griff packte sie meinen Peter und drückte ihn.

«Wenn der Abend zu Ende geht», sagte ich, «und ich mit Betty zu Bett gehe, dann hoffe ich, eine kräftige Ladung von Davids Sahne in ihrem Schlitz vorzufinden. Und wenn David dich später daheim für den letzten Fick des Tages vornimmt, soll er eine anständige Ladung von meiner Sahne in deiner Möse fühlen. Jedesmal, wenn er dir während der nächsten Monate an den Titten lutscht, soll dein Mann meinen Samen schmecken, der dir aus den Nippeln läuft.»

Sie zog den Reißverschluß auf. Mein Peter schnellte wie eine Stahlfeder heraus. Sie packte ihn. Ich fühlte, daß ihre Handinnenfläche feucht war.

Ich ließ ihren herrlichen Hintern los und schob ihr die Bluse von den Schultern. Ich ertastete den oberen Knopf, dann den Reißverschluß, und der Rock fiel ihr auf die Füße. Sie stand in glorreicher Nacktheit vor mir, nur noch mit schwarzem Hüftgürtel und ebensolchen Strümpfen bekleidet. Ich ließ mich rücklings in einen Sessel fallen. Dabei hielt ich die Frau um die Taille gefaßt, um sie auf meinen Schoß zu ziehen.

Sanft drückte ich ihre fabelhaften Titten und kniff sie in die steifen, rötlichen Knospen. Sie keuchte wie eine durchgehende Dampflokomotive. Ihre reifen, starken Oberschenkel öffneten sich. Ich berührte leicht ihren Kitzler, was sie beinahe in die Luft gehen ließ. Ihre Pussy war feucht und rutschig, als sei sie soeben geölt worden.

Betty lag nackt auf der Couch. David hatte sie in eine Ecke gedrückt.

Ihre Beine lagen auf seinen Schultern. Er schlürfte an ihrer Pussy wie ein Trunkenbold am Hahn eines Whiskyfasses.

Der Schmerz in meinen Hoden ließ mich aufstöhnen. Ich schob Diana von meinem Schoß. Halb sie ziehend, halb schiebend, brachte ich sie quer durch das Zimmer zum anderen Ende der Couch. Dort packte sie meinen Hemdkragen und riß daran. Die Knöpfe flogen davon. Das Hemd wurde mir vom Leib gerissen. Sie fiel vor mir auf die Knie, zerrte am Gürtel und ließ meine Hose fallen. Mein Peter schnellte so fest und hart nach oben, daß sie wohl eine gebrochene Kinnlade davongetragen hätte, wäre sie mit ihrem Gesicht ein wenig näher drangewesen. Ehe sie den Gegenstand ihrer Zuneigung anfassen konnte, schob ich ihr die Hände unter die Achselhöhlen und zog sie auf den Fußboden herab. Ich kniete nieder. Ihre fülligen Oberschenkel schlangen sich um meine Schultern. Um das Gleichgewicht zu wahren, hielt ich mich mit jeder Hand an einer Titte fest. Dann tauchte ich mit der Zunge voran in ihre tropfnasse Spalte.

Meine Lippen wanderten über die samtene Weichheit ihrer Schenkel, durch die tiefe Falte, die ihren Venushügel umgab, über den Unterbauch und dann durch die Falte auf der anderen Seite zurück zu dem anderen Schenkel. Ich nahm die vollen, dicken Pussylippen in den Mund, immer abwechselnd auf beiden Seiten, und sog sanft daran. Meine Zunge stach sie am unteren Rand ihrer Liebesgrube und bahnte sich den Weg durch die triefende Furche hinauf zu dem kleinen roten Kitzler ganz oben. Ich leckte zart daran und spürte, wie Diana zusammenzuckte. Ihre Schenkel zitterten unkontrollierbar.

Ich spürte Davids nackten Hintern an meinem eigenen Arsch. Er kniete neben mir auf dem Teppich und bearbeitete Bettys Möse mit der Zunge. Ihre Beine waren so weit gespreizt, daß sich die Pussylippen von selbst öffneten. Sie hatte den Kopf nach hinten geworfen und keuchte laut. Auch an ihren Schenkeln stellte ich das vielsagende Zittern fest.

«Halbzeit!» rief ich. «Jetzt sind wir dran», verkündete ich mit fester Stimme. «Zur Abwechslung tut ihr Weiber jetzt mal etwas für uns.»

«Ich war fast so weit», beklagte sich Diana vorwurfsvoll. «Noch ein paar Sekunden, und ich wäre gekommen.»

«Denk nur daran, wie schön es sein wird, wenn du den Höhepunkt endlich erreichst», belehrte ich sie fröhlich. «Je länger du warten mußt, desto besser wird er. So, nun lutsch mal schön.»

Mein altes Mädchen kann ziemlich happig werden, wenn es ums Ficken geht. Sie verschlang Davids Schwanz wie eine hungrige Forelle eine runde, fette Fliege. Dianas vielgeübte Zunge wanderte wie ein kleiner roter Malerpinsel über meinen Peter dahin. Ich spürte tief unten am Rückgrat spasmodische Krämpfe. Ihre Zunge war wie eine kleine, hüpfende Flamme, die alles verbrannte, was sie berührte. Ihre weichen Lippen öffneten sich und umschlossen die Eichel. Ihr Kopf senkte sich tiefer, tiefer und noch tiefer, bis mein Peter mit der Eichel gegen die Rückwand ihres Rachens stieß. Ich stöhnte tief auf. Es war, als käme dieser Urlaut aus meinen Hoden, um sich von dort über meinen zitternden Körper auszubreiten.

«Wechsel!» rief ich. Dann arrangierte ich alles so, wie es mir am besten gefiel. Ich dirigierte die Frauen so nebeneinander, daß jede mit dem Kopf neben der Hüfte der anderen lag. Ich kniete vor Diana, David vor Betty.

Mich hinüberbeugend, gab ich Betty einen Kuß. «Ich liebe dich», sagte ich zu ihr. «Es ist so angenehm, meinen Schwanz in der Pussy einer anderen zu haben, während ich zusehe, wie du gevögelt wirst. Ich sehe mit Stolz, welches Vergnügen David dabei empfindet, wenn er seinen Pint in deine wunderbare Möse steckt.

David, wir wollen mal probieren, ob wir gleichzeitig kommen können», schlug ich vor. «Ich möchte in der Pussy deiner Frau kommen, während dein Ständer in die Spalte meiner Frau sprudelt.»

Dann legten wir los. David machte mit seinem Pint lange, tiefe, nicht sehr schnelle Stöße in der Möse meiner Frau. Mein Schwanz vollführte drehende Bewegungen in der Möse seiner Frau.

Ich paßte mich Davids Tempo so genau wie möglich an. Wenn er hochkam, stieß ich tiefer hinab. Ich sah zu, wie sein steifer, zuckender Pint fast ganz aus Betty herausgezogen wurde. Er glänzte von ihrem Saft. Zugleich verschwand mein Schwanz tief in der süßen Feuchte seiner Frau. Dann sah er zu, wie mein Pint aus Diana auftauchte, ebenfalls naß und glänzend, während er im gleichen Augenblick seinen Schwanz in der feuchten Wärme des Liebesnestes meiner Frau verschwinden ließ.

Zunächst dachte ich, der Kerl würde mich schlagen. Doch konnte ich ein paar Sekunden länger als er aushalten. Er hob sich hoch empor wie ein Fisch, der aus dem Wasser schnellt. Sein Rücken versteifte sich. Dann ließ er sich mit zitternden Zuckungen in Betty versinken.

«Jetzt geht es los», stieß ich zwischen den Zähnen hervor. «Der Schwanz deines Mannes spritzt in die Möse meiner Frau. Er pumpt ihr den Bauch voll mit dicker weißer Sahne. Nun werde ich meine Eier in deinen Bauch ausleeren.»

Da setzte sie mir die Fingernägel auf den Rücken und kratzte los. Sie schrie, daß ihr die Augen aus dem Kopf quollen – ein langer, markerschütternder Schrei, der in ihrer Lustspalte zu entstehen schien und ihr wie ein Speer mit Widerhaken durch die Gedärme fuhr.

Meine Eier explodierten. Aus meiner Eichel schoß ein Geysir aus Sperma. Der weiße Strom ergoß sich wie eine Sturzwelle in ihre sich verkrampfende Möse. Sie fühlte im ganzen Bauch die heiße, schäumende Flut.

Betty lag schlaff wie eine Puppe auf dem Rücken. Ihre Beine waren immer noch gespreizt, so als habe sie nicht mehr die Kraft gefunden, die Schenkel zu schließen. Ein Gemisch aus Sperma und Pussysaft tröpfelte aus ihrer Lustspalte und rann in die Furche ihres Hinterns. David lag erschöpft neben ihr. Sein Penis war zu einer schrumpeligen Nudel zusammengeschrumpft, total verausgabt und ohne Leben. Diana stützte sich stöhnend auf einen Ellbogen. Ihre vollen Titten baumelten einladend vor mir. Ich fing eine davon ein und genoß das Gefühl von weichem, süßem Fleisch. «Du bist ein tolles Stückchen Fleisch, Baby», sagte ich voll Anerkennung zu ihr.

Der Abend war gelaufen. Unsere neuen guten Freunde verabschiedeten sich. Wir wollten uns bald wieder einmal treffen.

Betty lag schon im Bett, als ich mit dem Duschen fertig war und aus dem Badezimmer kam.

Nachdem ich mir eine Zigarette angezündet hatte, streckte ich mich neben ihr aus. Das Wochenende war anstrengend gewesen. Wir hatten den Rasen sauber gestutzt und die Holzverschalung abgenommen, die im stürmischen Winter die Glasscheiben der Fenster schützte. Betty war mir bei der Arbeit nicht von der Seite gewichen. Es gibt verdammt wenig Frauen, die so mit ihren Männern zusammenarbeiten wie Betty mit mir.

Verliebt tätschelte ich ihren Hintern. Seufzend rollte sie sich zusammen, zog die Decke etwas höher und schlief wieder ein. Ich bekam es nicht übers Herz, sie noch einmal zu wecken. Meine leise Anfrage war unbeantwortet geblieben. Aber das konnte ich ihr nicht verdenken.

Vermutlich war ich auch zum Vögeln zu müde, selbst wenn sie gewollt hätte. Doch mein Peter war überhaupt nicht müde. Steif und voller Verlangen stand er da.

Da gab es nur eine Möglichkeit, in einen gesunden Schlaf zu finden. Ich nahm ihn in die Hand und streichelte ihn sanft, während mir meine Phantasie ohne Anstrengung zu meiner Lieblingsvorstellung verhalf...

Claus

Ich bin fünfundfünfzig Jahre alt und in meiner zweiten Ehe seit sieben Jahren verheiratet (in der ersten waren es dreiundzwanzig). Ich habe vier Kinder und vier Stiefkinder. Wir beide, meine Frau und ich, sind Heilpraktiker. Teilweise arbeiten wir gemeinsam. Wir unterhalten offene sexuelle Beziehungen. Ich genieße es wirklich, mich mit mehreren Personen gleichzeitig sexuell zu betätigen.

Meine Phantasievorstellungen sind immer deutlich, da ich darin nur Personen vorkommen lasse, die ich kenne und mag. An gesichtslosen Fremden liegt mir nichts. Die Vertrautheit der Gesichter und die Veränderungen, die in ihnen bei wachsender sexueller Erregung vorgehen, scheinen ein wesentlicher Zug in meinen Phantasiespielen zu sein. Mir sind diese Gedankenvorstellungen so wichtig, daß ich bereits einige Leute befragt habe, ob sie nicht bei deren Verwirklichung mitmachen möchten – leider bisher ohne Erfolg. Auf alle Fälle beschreibe ich mal meine Phantasievorstellung:

Evi und ich sind bei Mark und Jeanne. Wir haben soeben Tennis gespielt, was uns in Schweiß gebracht hat. Nun drängen wir uns gemeinsam in der großen Badewanne der Bensons zusammen. Danach liegen wir alle zusammen auf dem großen Bett. Wir sind still und verträumt. Die friedliche Szene, das gemeinsame Erleben, die Schönheit und Vertrautheit der nackten Körper um mich her – das alles erregt mich. Liebeshungrig taste ich mich an Evi heran. Zart und sanft streichle ich ihre Füße, die Knöchel und Waden. Ich streichle sie bis hinauf zu den Knien. Ich küsse, anfangs nur ganz sacht, ihre Zehen. Dann werde ich hungriger und leidenschaftlicher. Dabei streichen meine Fingerspitzen immer wieder leicht über ihre Füße und Waden. Sie seufzt leise, verlagert das Gewicht und öffnet unter meiner streichelnden Hand ein wenig die Knie. Das genügt mir als Einladung und Ermutigung! Mein Mund, meine Hände, meine Fingerspitzen, meine Zunge überschütten ihre Füße, Waden und Knie mit kleinen Küssen und anderen Zärtlichkeiten. Dazwischen lecke ich ein wenig ihre Haut. Unter diesem liebevollen Angriff klappen ihre Knie etwas weiter auseinander. Nun küsse ich ihre Schenkel. Mit Fingerspitzen, Zunge und Lippen genieße ich ihr weiches weißes Fleisch. Zärtlich küsse ich sie rund um die Vagina. Durch ihr Pussyhaar dringe ich mit der Zunge bis zu ihrem lieblichen Venushügel vor.

Inzwischen hat Evi begonnen, mich zu weiteren Taten aufzufordern. Das stumme Drängen ihrer Hände spricht Bände. Ihr Körper windet und bäumt sich mir entgegen. Ihr Atem geht schneller. Evi stöhnt immer lauter. Daraufhin küsse ich zart die noch geschlossenen Lippen ihrer Vagina. Mit Körperbewegungen und unter Zuhilfenahme der Hände zieht sie mich enger an sich. Sie möchte gern meine Zunge in ihrer Möse spüren. Endlich kann ich sie nicht länger in der süßen Agonie belassen, die ich hervorgerufen habe. Also stecke ich meine Zunge tief in sie hinein. Jede Falte der süßen Lippen ertaste ich, untersuche ich mit der Zunge. Mein Mund pflanzt feste, saugende Küsse auf die Lippen ihrer Pussy. Mal schiebe ich die Zunge tief in ihre Vagina hinein, mal untersuche ich alle die köstlichen Ecken und Winkel. Dann wiederum lecke ich vom Po bis zum Kitzler, bis sich Evi vor glühender Leidenschaft wälzt.

Inzwischen ist sie im Gesicht und an den Brüsten vor sexueller Erregung gerötet. Ihre Brustwarzen sind hart aufgerichtet. Dazu ihre Geräusche! Einen eindrucksvolleren Gesang aus Lüsternheit und sexuellem Hunger kann man sich nicht vorstellen. Von dieser Leidenschaftlichkeit bewegt rückt Jeanne näher heran. Sie bettet Evis Kopf an ihre Brust. Jeanne streichelt der Freundin sanft und liebreich Gesicht und Arme. Evi streckt die Hand aus und zieht Jeannes Mund zu sich herab. Anfangs zeigt sich Jeanne von Evis leidenschaftlichen Küssen überrascht. Bald aber erwidert sie sie mit gleicher Glut. Ihre Hände massieren nun kräftig Evis Oberarme. Während meine Zunge in Evis Möse bleibt, taste ich mit einer Hand nach oben. Ich führe Jeannes Hände von Evis Oberarmen zu ihren Brüsten hin. Später bekamen wir zu hören, daß Jeanne noch niemals die Brüste einer anderen Frau berührt hatte. Mich überraschte zunächst die leidenschaftliche Zärtlichkeit, mit der sie die runden Hügel von Evis Titten abtastete.

Neugierig geworden und durch Evis unmißverständliche Körpersprache dazu aufgefordert, begann Jeanne nun, Evis Bauch zu untersuchen. Ihre Finger wanderten von den Brüsten zum Nabel und dann weiter zu dem behaarten Pelzchen, das ich noch vor kurzem im Spiel gereizt hatte. Für einen Augenblick verließ ich meine verlockende Aufgabe an Evis Möse, um mich halb aufzurichten und Jeanne voll auf den Mund zu küssen. Unsere Blicke trafen sich. Wir fühlten uns voller Zärtlichkeit einander so nah, wie wir es nie zuvor gewesen waren. Gierig leckte sie sich den Pussysaft von den Lippen und saugte mir den Rest aus dem Bart. Dadurch auf einen neuen Gedanken gebracht, tauchte ich wieder zu Evis Möse hinunter. Dort sammelte ich einen Mundvoll ihrer süßen Säfte und ließ die Flüssigkeit in Jeannes Mund tröpfeln, etwa wie eine Vogelmutter ihr Junges füttert.

Unterdessen war Mark nicht müßig geblieben. Interessiert hat er diesem Spiel der Leidenschaften zugesehen. Nun mag er nicht länger nur Zuschauer sein. Er nimmt seinen inzwischen riesig groß und sehr hart gewordenen Pimmel in die Hand und rammt ihn Jeanne in die feuchte, aufnahmebereite Möse. Sie hatte sich mit einer Fährte von feuchten Küssen über Evis Bauch abwärts bewegt. Dabei kam ihr Hintern in eine so verlockende Stellung, daß Mark nicht länger widerstehen konnte. Also stößt er mit seinem geilen Schwanz zu und dringt tief in die feuchtheiße Pussy ein. Dadurch wird Jeanne näher an Evis Möse herangeschoben. Das geschieht in voller Harmonie mit ihren eigenen Wünschen und Absichten. Jeanne war immer noch mit Lippen und Zunge an Evis Körper beschäftigt. Evi suchte unterdessen nach einer Betätigung für ihren Mund, nachdem sie eine Weile Jeannes Fleisch geleckt und geküßt hatte. Geschickt placierte sie ihren Mund in die Nähe von Jeannes Pussy. Ohne Worte gab sie Mark zu verstehen, er möge immer abwechselnd den Stößel in Jeannes Möse und in ihren Mund stecken, was er sogleich mit allergrößtem Vergnügen machte. Zuerst jagte er seinen großen Schwanz tief in Jeannes Pussy hinein. Langsam zog er ihn heraus, um ihn ebenso tief in Evis hungrigen und genauso aufnahmebereiten Mund zu stecken. Genußvoll leckte sie Jeannes Pussysaft von Marks Ständer, was ihm sichtlich Vergnügen bereitete. Dann versenkte er ihn und holte eine neue Ladung süßer Labe, die Evi so ausgezeichnet schmeckte.

Jeannes Körper war unter Marks Stößen von hinten so weit nach vorn gerutscht, daß ihr Mund dicht an Evis Möse geriet. Sie wollte nicht länger durch mich als Mittelsmann bedient werden. Ihr Kopf schob mich zur Seite, als könne sie die zeitverzögerte Übertragung des begehrten Mösensafts auf dem Umweg über meinen Mund nicht mehr abwarten.

Evi spürte, daß da jetzt eine andere Zunge am Werk war, und entwickelte sogleich eine ähnliche Idee zu ihrer eigenen Freude. Marks Ständer wurde beiseite gedrückt. Mit Gesicht, Nase und Zunge, sogar mit den Zähnen, machte sie sich über Jeannes Pussy her. Sie leckte, küßte, bohrte und biß mit immer neu entfachter Energie. Sie rieb ihre Augenbrauen und das ganze Gesicht an Jeannes Liebesgrotte. Wie eine Verhungernde mühte sie sich leidenschaftlich darum, endlich Erlösung zu finden. Beide Frauen leckten, küßten und lutschten sich gegenseitig mit quälender Langsamkeit und zögernder Zärtlichkeit, als hätten sie nie zuvor berauschende Gefühle dieser Art empfunden. Mark und ich genossen das Schauspiel beinahe ehrfürchtig, wobei wir wie wild masturbierten, weil uns der Anblick der sich liebenden Frauen in höchste Erregung versetzte. Unter Schreien und Stöhnen explodierten wir gemeinsam in einem vierfachen, hinreißenden Orgasmus.

15. Normalmänner –
Homo-Phantasien

Gilbert

Ich weiß nicht, ob ich in früheren Jahren sexuelle Phantasievorstellungen entwickelt habe. Jetzt bin ich zweiundzwanzig. Ich war noch ein Junge, als Vater uns verließ. Für den größten Teil meines bisherigen Lebens hat es nur meine Mutter, mich und die jüngere Schwester gegeben. Wir wurden ziemlich streng im kirchlichen Sinne erzogen mit Höllenfeuer und Verdammnisdrohung. Ganz genau erinnere ich mich an ein wirkliches Erlebnis, das ich mit etwa sieben Jahren hatte. Eines Tages ging meine Mutter mit der Schwester in die Stadt, um ihr Schuhe zu kaufen. Ein Mädchen aus der Nachbarschaft, etwa dreizehn oder vierzehn Jahre alt, wurde gebeten, auf mich aufzupassen. Sie kam mit ihrer Freundin. Die beiden machten Spiele mit mir. Dann fragten sie mich, ob ich bei einem ganz besonderen Spiel mitmachen möchte. Ich wollte. Daraufhin führten mich die beiden Mädchen in die Garage. Dort zogen sie mir die Hose aus und fesselten mich auf dem Fußboden. Sie spielten beide mit meinem Penis, was mir ein starkes Kitzeln verursachte. Davon bekam ich eine kleine Erektion. Ich nehme an, daß sie in meinem Alter nicht sonderlich stark und viel nütze gewesen ist. Das eine Mädchen zog sein Höschen aus und setzte sich für eine kleine Weile auf mich. Sie sagte nicht viel dabei, doch muß ich ihr wohl merkwürdige Gefühle verschafft haben (die gleichen, die sie bei mir hervorrief?). Das Mädchen hatte nur während der ganzen Zeit, als es mit meinem Penis spielte, ein seltsames Lächeln auf dem Gesicht. Ich blieb für etwa eine Stunde gefesselt. Die beiden schärften mir ein, weder meiner Mutter noch sonst jemandem etwas von diesem Spiel zu verraten. Es sei nämlich verrucht und eine Sünde. Wenn jemand davon erführe, daß wir so etwas getrieben hätten, dann wäre ich zum Höllenfeuer verdammt. Davor hatte ich Angst. Damals war ich ein eifriger Kirchgänger. Also habe ich meiner Mutter nichts gesagt. Das Mädchen hat nie wieder dergleichen mit mir getrieben. Ich kann mich auch an keine ähnlichen Vorfälle mit anderen erinnern. Ganz wohl habe ich mich dabei vermutlich nicht gefühlt, sonst würde ich wahrscheinlich nicht mehr daran denken.

Während der Jahre auf der Oberschule war ich nicht so eifrig an Sex interessiert wie die meisten anderen. Meine Freunde bezeichneten mich als etwas zurückgeblieben. Ich hatte ein paar Verabredungen mit Mädchen, machte mich aber nicht heftig an sie heran. Eine ältere Frau brachte mir die ersten sexuellen Vergnügungen bei.

Ich bin Sänger und suche den Absprung von kleinen Klubauftritten ins richtige Showgeschäft. Wenn ich meine Phantasie spielen lasse, träume ich davon, Elvis Presley zu sein. Schon immer wollte ich singen wie er. Die Leute sollten mich genauso lieben wie ihn. Er hat mich inspiriert, und deshalb habe ich überhaupt mit dem Singen angefangen. Ich sah ihn 1968 in seinen Fernsehauftritten und wünschte mir, die Mädchen wären genauso verrückt nach mir wie nach ihm. Ich ahme seine Bekleidung nach, wenn ich auftrete. Da ich langes schwarzes Haar und blaue Augen wie er habe, bekomme ich manchmal zu hören, daß ich ihm ähnlich sehe. Es ist schon mehrfach vorgekommen, daß ich auf dem Weg von der Bühne zur Garderobe von Mädchen angefaßt worden bin. Einige griffen nicht nach meiner Hand, sondern an meine Hose. Ich weiß nicht, ob sie davon erregt werden. Doch muß ich eingestehen, daß ich schon manchmal nach solchen Zwischenfällen mit einer hübschen Erektion in meiner Garderobe angekommen bin.

Ich habe Elvis mehrere Male in Las Vegas und einmal in seinem Haus in Hollywood gesehen. Ich fuhr eines Tages zusammen mit meiner Freundin hin. Er kam heraus, blieb bei uns stehen und sprach eine Minute mit uns. Es kommt mir seltsam vor, jetzt wo ich es eingestehe – aber ich hätte am liebsten mit ihm Liebe gemacht, obwohl wir doch beide Männer sind. Auf dem Heimweg sagte meine Freundin, sie würde ihm so gern mal an die Eier greifen. Bevor ich meine Zunge im Zaum halten konnte, stieß ich hervor, daß ich mir das auch wünschte. Ich habe bis dahin niemals homosexuelle Empfindungen gekannt. Aber er sah so gut aus, wirklich beinahe schön. Dabei wirkte er ausgesprochen männlich. Dennoch stellte ich mir vor, wie es wäre, wenn ich seinen Körper an meinen pressen und mich mit dem Mund über seinen Penis hermachen könnte.

Wenn ich mit meinem Mädchen zusammen bin, habe ich keinerlei Phantasievorstellungen. Aber manchmal, wenn ich allein bin und vor mich hinträume, stelle ich mir vor, wie es sein müßte, mit Elvis Liebe zu machen. Dann bilde ich mir ein, ich sei er, und Millionen Frauen seien in mich verliebt und wollten mir an die Eier greifen.

Walter

Ich bin fünfundzwanzig, seit zwei Jahren verheiratet. Meine Frau und ich haben höhere Schulbildung. Wir erfreuen uns einer guten, offenen Ehe.

Meine ersten sexuellen Impulse gewahrte ich im Alter von etwa neun Jahren. In mir machte sich jedesmal sexuelle Erregung breit, wenn ich mich in der Badekabine am Strand umzog. Der Sand an meinen Füßen vermittelte mir ein Gefühl der Hitze. In meiner Phantasie stellte ich mir vor, wie es wäre, wenn ich in meine Badehose pinkelte und mir die heiße, gelbe Flüssigkeit an den Beinen herunterliefe. Auch wenn ich im Sommer auf der Wippe schaukelte, kamen mir solche Gedanken. Das geschah meistens in Gegenwart eines Jungen aus der Nachbarschaft, zu dem ich eine heftige Zuneigung entwickelt hatte. Wir hatten unsere Badehosen an, und ich spürte unter mir das harte, heiße Brett der Wippe. Dabei wünschte ich mir, er würde lospinkeln, während er mit seinem Ende nach oben wippte. Ich war schwerer als er. Also konnte ich ihn oben halten. Wenn er pinkelte, würde der warme Strom abwärts und über meine ausgestreckten Beine fließen. Der gleiche Junge spielte eine Rolle in unbewußten sexuellen Gefühlen. Sie waren, obwohl wunderbar, doch recht vage und unbestimmt.

Einige Jahre später verliebte ich mich heftig in eine Klassenkameradin aus dem einzigen Grunde, weil sie Strümpfe trug und man ihre Beine sehen konnte. Wahrscheinlich bin ich von jeher auf Beine fixiert gewesen. Ihre Beine konnte ich jedenfalls den ganzen Tag anstarren. Um diese Zeit begann ich regelmäßig zu masturbieren. Dabei dachte ich umschichtig an etwa zehn Mädchen aus meiner Klasse. Jedesmal an eine andere. Ich schrieb mir ihre Vornamen in die Handfläche, manchmal auch einen auf eine Fingerspitze. Mein Masturbieren galt dann jener, deren Bild ich mir am lebhaftesten vor das geistige Auge zaubern konnte. In meiner Phantasie spielten auch Zigaretten eine wesentliche Rolle. Ich sah mir immer das hübsche Mädchen auf der letzten Seite des *Time*-Magazins an, das dort für eine Zigarettenmarke warb. Dieses

Bild erregte mich. Damals wußte ich noch nicht, wie Mädchenmösen aussehen. Meine Phantasiepartnerin stellte ich mir im Bikini vor. Um die Zigarette vor Vorübergehenden zu verbergen – so stellte ich mir vor –, versteckte sie diese in ihrem Schlitz. Dann phantasierte ich davon, daß ich allein am Strand spazierenging und ihr begegnete. Während ich sie abtaste, entdecke ich zwei Zigaretten in ihrer Lustspalte. Darauf genießen wir es, Tabak zu rauchen, der mit dem durchdringenden Aroma ihrer Liebessäfte versetzt ist.

Während der Zeit auf der Oberschule ereignete sich nichts Besonderes. Ich träumte nur häufig von einem bestimmten Mädchen, das die kürzesten Röcke von allen trug. Die nächste spürbare Entwicklung setzte auf der Universität ein. Zusammen mit einer Gruppe von jungen Männern ging ich ins Kino. Zufällig kam in dem Film eine lesbische Szene vor. Ich fühlte mich dadurch stark erregt. Bis auf den heutigen Tag stelle ich mir in meiner Phantasie Lesbierinnen vor. Vor diesem Kinobesuch hatte ich nie an Homosexualität gedacht. Mir war nicht einmal deren Existenz in den Sinn gekommen. Ich las einiges über dieses Thema und lernte sehr viel daraus. Es bedeutete nur noch einen kleinen Schritt, bis ich mich in der Phantasie in eine Verbindung mit einem anderen Mann gebracht sah. Das blieb so während des ganzen ersten Jahres auf der Universität. Meine Vorstellungen wechselten zwischen lesbischen und homosexuellen Szenen hin und her. Normaler Sex schien mich überhaupt nicht zu erregen. Ich bekam immer eine Erektion, wenn ich daran dachte, mit einem anderen herumzuspielen. Oft masturbierte ich bei solchen Gedankenvorstellungen. Sobald ich aber gekommen war, betrachtete ich Sex mit einem Mann als widerlich. Dann fragte ich mich, wie jemand überhaupt auf eine sexuelle Bindung an einen Mann verfallen könne. Lesbische Beziehungen machten jedoch weiterhin großen Eindruck auf mich. Manchmal denke ich an Sex mit zwei Frauen. Erst würde ich es mit beiden treiben. Dann würde ich mich bequem zurücklehnen und ihnen zusehen, wie sie es miteinander machen.

Bald danach lernte ich meine Frau kennen und kam nicht dazu, eine homosexuelle Affäre auch nur anzufangen. Sicherlich hätte ich es mit dem homosexuellen Verkehr wenigstens versucht, wenn der Zeitpunkt günstig gewesen wäre, wenn ich ein eigenes Zimmer gehabt und den richtigen Partner kennengelernt hätte. Meine Frau weiß von meinen lesbischen Phantasien. Ich habe sie auch wissen lassen, daß ich gern mal zusehen würde, wenn sie es mit einer anderen Frau treibt. Sie scheint kein Interesse daran zu haben. Jedoch hat sie sich schon Lesbenmagazine und einige Druckwerke über dieses Thema vorgenommen, die ich besitze. Gegenwärtig beschleichen mich immer wieder mal homosexuelle Gedanken. Manchmal ziehe ich auch, wenn meine Frau nicht daheim ist, eine ihrer Strumpfhosen an. Darin fühle ich mich besonders scharf. Hin und wieder habe ich schon daran gedacht, wie schön es wäre, könnte ich eine Frau sein. Dann wäre ich bestimmt Lesbierin.

Sam

Ich bin fünfundzwanzig Jahre alt, unverheiratet und heterosexuell. Ich habe eine feste Freundin und werde wahrscheinlich bald heiraten. Wir haben beide schon zahlreiche Liebschaften hinter uns. Bei mir hat es mit elf Jahren angefangen, als ich von einem drei Jahre älteren Mädchen buchstäblich vergewaltigt wurde. Ich bin übrigens Musiker mit einer Spezialausbildung an elektronischen Instrumenten.

Meistens phantasiere ich im Wagen auf dem Heimweg vor mich hin. Da erdenke ich mir zum Beispiel zwei Anhalterinnen, die etwa in meinem Alter sind. Beide sind recht attraktiv. Die eine ist flachbrüstig, die andere vollbusig. (Bei dem Wort flachbrüstig verstehe man mich nicht falsch. Große Nippel können gewaltig stimulierend wirken.) Ich unterhalte mich mit ihnen, und ich lade sie auf einen Drink oder eine Haschischzigarette in meine Wohnung ein. Ganz zufällig kommen wir auf Sex zu sprechen. Wir sitzen nebeneinander auf der Couch. Eines der Mädchen beginnt meinen Oberschenkel zu reiben. Natürlich erwidere ich die Geste. Bald geht eine tolle Knutscherei los. Wir ziehen uns ins Schlafzimmer zurück. Dort entkleide ich die Frau mit den großen Titten, während die Dünne mir aus den Sachen hilft. Die Vollbusige macht sich mit dem Mund über meinen Penis her. Ich ziehe der anderen die Bluse aus und sauge an ihren Brustwarzen. Ich will ihr die Hose herunterziehen. Doch ehe ich dazu komme, leckt sie mir ebenfalls den Schwanz und die Eier. Das gefällt mir natürlich sehr gut. Es ist schön für mich, mit zwei Frauen zu gleicher Zeit Sex zu erleben.

Plötzlich halten beide inne. Die Kleinere fleht mich an, ich soll sie zwischen den Beinen lecken. Ich bin außerordentlich erregt. Fotzelecken ist mir bei weitem der liebste Zeitvertreib. Also ziehe ich ihr rasch die Hose aus. Man stelle sich meine Überraschung vor, als ich anstatt der erwarteten saftigen Vulva einen wohlgeformten Penis vorfinde! Da ich mir von jeher (wie die meisten Männer) gewünscht habe, einmal einen Schwanz zu lutschen, mache ich mich hungrig über ihn her. Bald werde ich mit einem Mundvoll köstlichem Samen belohnt. Wir lutschen und vögeln uns alle drei bis zu verschiedenen Höhepunkten. Nach dieser ersten Begegnung treffen wir uns ziemlich oft.

Ich möchte meiner Überzeugung Ausdruck geben, daß die meisten Leute sich weitgehend bisexuell betätigen würden, wenn die Homosexualität nicht von der Gesellschaft verachtet würde. Mein einziges Erlebnis mit einem Mann hatte ich in leicht betrunkenem Zustand. Ich lutschte und leckte seinen Penis ein wenig, während er mich damit bis zum Orgasmus brachte. Wenn meine Freundin es mir mit dem Mund macht, behält sie gewöhnlich etwas Samen zurück. Ich koste davon und empfinde das Ganze als ein vergnügliches Erlebnis. Ich habe auch schon nach dem Geschlechtsverkehr an ihrer Möse geleckt. Die Geschmackskombination ist phantastisch.

David

Ich bin jetzt einundzwanzig Jahre alt. Wie die meisten Jungen hatte ich während des Heranwachsens unterschiedliche homosexuelle Begegnungen. Manchmal denke ich noch daran. Dann stelle ich mir vor, wie ich einem Jungen den Penis lutsche. Er hieß Mike, und wir sind zusammen aufgewachsen. Als Jungen machten wir miteinander Sex. Das ist meine jüngste homosexuelle Affäre (sie mag etwa zehn Jahre zurückliegen). Dies ist meine einzige Phantasie mit homosexuellem Inhalt. Ich benutze sie nicht oft. Vermutlich ist die Erinnerung mit Schuldgefühlen beladen.

Mike und ich waren Nachbarsjungen. Er war etwas jünger als ich, der ich damals etwa zwölf Jahre zählte. Ich erinnere mich daran, daß ich ihn oft in seinem Elternhaus aufsuchte, wenn wir dort allein sein konnten. Zuerst zogen wir uns immer nackt aus und masturbierten gemeinsam. Wir lutschten einander oder trieben sonstige Spiele, bei denen ich für gewöhnlich an seinem Hintern zu Gange war, ohne jedoch einzudringen. Wir pflegten unsere Genitalien aneinander zu reiben, wodurch ich sehr hart wurde. Wir redeten darüber, wie es wäre, wenn wir dieses oder jenes Mädchen aus der Nachbarschaft ficken könnten. Dann dauerte es nicht lange, und ich beträufelte ihn überall mit meinem Sperma (bei ihm kam damals noch nichts). Doch bin ich sicher, daß er trotzdem seinen Orgasmus hatte, wie es bei den Jungen schon in einem sehr frühen Alter (etwa sechs Jahre?) möglich ist. Jedenfalls war es bei mir so.

Ich stelle mir vor, ihn zu lutschen, weiß aber nicht, wo er sich jetzt aufhält. Manchmal frage ich mich, ob sein Penis wohl größer geworden ist als meiner und ob er es immer noch mit anderen Burschen treibt. Ich weiß es nicht. Dennoch wäre es schön, einen Teil der guten alten Zeiten noch einmal mit ihm zu durchleben. Wahrscheinlich ist er schon verheiratet und hat ein paar Kinder – wie ich.

Selbst Männer, die sich bei ihren Schilderungen nicht durch ihre homosexuellen Phantasien bedroht fühlten, haben immer wieder unterstrichen, daß ihr Hauptinteresse den Frauen gilt. Merkwürdig ist nur, daß sich in homosexuelle Phantasien immer wieder Züge von Furcht und Ausweichen einschleichen – die alte Furcht aus der Knabenzeit, niemals so werden zu können, wie der Vater gewesen ist.

Reicht die unbewußte Angst vor dem Vater, die zwanzig oder dreißig Jahre zurückliegt, wirklich als Erklärung dafür aus, warum heutzutage männliche Ängste wegen möglicher homosexueller Neigungen nie ganz auszuräumen sind? Könnte es nicht so sein, daß sich während des ganzen Lebens ein fortlaufender Prozeß vollzieht, der diese Furcht immer von neuem auffrischt?

Einst hat es eine Zeit gegeben, da fand der Junge bei anderen Jungen alles, was er brauchte: Kameradschaft, körperliche Nähe, Rückenstärkung gegen das ewige Nörgeln der Frauen, den Trost und die Erregung, die sich im Korpsgeist manifestiert. Um sich diese Gefühle lebendig zu erhalten, bilden Männer Vereinigungen, zu denen Frauen keinen Zutritt haben. Die Männer meinen, durch das Vorrecht der Geburt automatisch einem großen, unbenannten und universellen Klub anzugehören, vor dem das Recht haltmacht. Nähert sich eine Frau, formieren sie ihre festen Reihen. Sie belügen ihre Frauen, um sich gegenseitig zu helfen, ohne lange darüber nachzudenken.

Edgar

Ich arbeite tagsüber bei der Polizei und versehe nebenher nachts den Sicherheitsdienst in einem kleinen Hotel. Wenn das Hotel geschlossen wird, bedient im Restaurant ein junger Mexikaner. Er ist achtzehn Jahre alt, sieht aus wie John Travolta und ist gebaut wie ein mittlerer Mister Amerika. Er serviert im Lokal, reinigt die Küche und den Lagerraum. Der Junge versteht kaum Englisch. Der Nachtportier und ich nehmen uns die Zeit, ihn ein wenig zu unterrichten. Natürlich machen wir ihm auch klar, welche Gäste nur zum Vögeln bei uns absteigen und welche von den Damen Nutten sind. Das erregt ihn mächtig.

Ich bin jetzt fünfundvierzig Jahre alt, habe drei Kinder und habe mich immer für einen normalen Mann gehalten. Eines Abends kam der Junge herein, um die Rauchabzüge zu reinigen. Dazu mußte er auf den Herd steigen. Es war Sommer. Er hatte sein Hemd ausgezogen. Seine Hosen waren weiß und fast durchsichtig. Darin zeichnete sich der hübscheste, festeste, rundeste Arsch ab, den ich jemals gesehen habe. Ich stand hinter ihm und bekam eine steinharte Erektion. Er dreht sich um und sagt: «He, Amigo.» Ich grüßte zurück, konnte aber meine Blicke nicht von seinem Hintern wenden. Da fuhr er fort: «He, was ist los, du nicht sprechen heute abend, nicht fühlen gut?» Ich gab nur eine kurze Antwort. Er redete bei der Arbeit weiter. Ich stimme ihm zu, höre kaum hin. Meine Blicke sind immer noch auf seinen Arsch gerichtet. Da begreift er, was los ist und wie ich seinen Arsch anstarre. Das quittiert er mit einem Lächeln. Ich werde nervös und sage zu ihm, daß ich gehen muß, um die Vorhalle zu kontrollieren. Ich war so scharf, daß ich auf der Stelle wichsen wollte. Aber die Kellnerin war noch im Restaurant. Nachdem sie gegangen war, rief mich der junge Mexikaner an den Herd, weil er mich etwas fragen wollte. Irgendwie war seine Hose so weit heruntergerutscht, daß ich seine Arschspalte sehen konnte. Und er schwenkte seinen Hintern bei der Arbeit in einer Bewegung, die sehr sexy wirkte. Ich ging auf die andere Seite der Durchreiche, wo die Kellnerin ihre Bestellungen aufgibt. Von hier aus konnte ich den Jungen sehen und mit ihm reden. Er aber konnte nur meinen Kopf sehen. Ich hatte einfach das Gefühl, daß er mich verführen wollte. Ich war heiß wie die Hölle. Während ich seine Bewegungen beobachtete, nahm ich meinen Schwanz heraus. Mir kam es fast sofort.

Dabei muß ich vernehmbar gestöhnt haben, denn er hielt in der Arbeit inne und lächelte.

«Ich muß jetzt gehen», stieß ich hervor. «Wir sehen uns noch.»

«Jederzeit», rief er mir nach.

Ich bin ein verheirateter Mann und mehrfacher Vater. Es stört mich irgendwie, daß ich beim Masturbieren immer an diesen Jungen denken muß. Bedeutet das, ich sei homosexuell? Hoffentlich nicht. Ich wüßte nicht, was ich von mir selbst halten sollte.

Carl

Ich lehre an einem Gymnasium Philosophie, bin sechsunddreißig Jahre alt und religiös erzogen worden. Ich halte mich zwar für kreativ, bin jedoch auf den meisten Gebieten konformistisch wie meine Frau. Meine Phantasie gaukelt mir vor:

1. Diese Vorstellungen setze ich in die Tat um. Ich knieble und fessele mich vor einem Spiegel. Ich liege auf dem Fußboden, und die Sonne bescheint meinen nackten Körper. Ich winde mich und setze mich gegen imaginäre Männer und Frauen zur Wehr. Sie wollen mir meinen Samen abnehmen, um damit irgendeine Frau zu schwängern. Auf diese Weise soll mein Körper, der so sexy ist, reproduziert werden. Diese Leute massieren mich zu ihrem Vergnügen.

2. Zwei befreundete Paare wollen Gruppensex machen. Ein Mann liegt wie eine Frau mit gespreizten Beinen auf dem Rücken. Der andere Mann schiebt seinen steifen Penis zwischen unsere sich küssenden Lippen. Die andere Frau lutscht die Eichel des zweiten Mannes, während das im Liebesspiel versunkene Paar versucht, sich um den Schaft des zwischen ihnen steckenden Penis herum zu küssen. Alle streicheln sanft den Körper des knienden Mannes. Ich möchte in diesem Phantasiespiel beide männlichen Positionen einnehmen. Ich habe mit einem Freund darüber gesprochen, der die Sache originell fand.

3. Früher hat mich Schwanzlutschen immer angewidert. Nachdem ich viele Pornofilme gesehen habe, scheint sich in mir ein Verlangen danach entwickelt zu haben. Das rührt wahrscheinlich daher, daß in diesen Filmen Schwanzlutschen so sinnlich, fast anbetungswürdig dargestellt wird. Ich frage mich, ob die neue Mode der Bisexualität mit diesem Phänomen in den Pornofilmen in Zusammenhang steht. Ehrlich gesagt, ich würde gern mit einem Freund sexuelle Beziehungen unterhalten. Aber nur, wenn beiderseits dabei Vergnügen empfunden und gegeben wird. Seit sechsunddreißig Jahren habe ich ausschließlich heterosexuell gelebt.

Wenn man uns nicht erlaubt – oder wir selbst uns nicht erlauben –, sich unseren bedrängenden Gefühlen zu stellen, dann verschwinden sie nicht einfach. Sie tauchen später in verzerrter oder verkappter Form wieder auf. Der Mann, der am liebsten alle Homosexuellen aufhängen möchte, wird oft genug eine Frau herabwürdigend «nur ein Stück Fleisch» nennen. Homosexuelle und Frauen dürfen nach einer stillschweigenden Übereinkunft Männern nachstellen. Der «aufrechte» Mann aber kann und darf es nicht.

Dabei zeigt sich klar, daß er sich von den erotischen Gefühlen für andere Männer innerlich nicht so bedroht fühlen würde, hätte er sie nicht früher selbst stark empfunden. Bei solchen Männern drückt sich die Hälfte ihrer Gefühle in heterosexueller Liebe aus. Die andere Hälfte wird unterdrückt und wirkt in einem seelischen Untergrund weiter, bis sie sich Bahn bricht – sehr oft in einer anderen Form der heterosexuellen Liebe: Sadomasochismus.

16. Die Bisexuellen

Die folgenden Phantasien repräsentieren wechselnde Vorstellungen der eigenen Identität. Es geht darum, wie wir uns selbst nach eigener Entscheidung als Männer oder Frauen erleben. Obwohl die Briefschreiber im vorausgegangenen Kapitel homosexuelle Phantasien beschrieben, war es doch für sie von großer Wichtigkeit, als heterosexuell bezeichnet zu werden, wie sie sich selbst auch empfanden. In diesem Kapitel kommt es nicht so sehr darauf an.

Für die meisten Leute der älteren Generation, die vor dem Zweiten Weltkrieg geboren wurden, war der Bisexuelle in Wirklichkeit ein Homosexueller, der seine abartigen Empfindungen zu tarnen suchte. Das bedeutete für jene Generation, daß so einer eben kein richtiger Mann war. Erst in den letzten Jahren ist die offizielle Psychiatrie dazu übergegangen, nicht mehr jeden sexuellen Kontakt von Mann zu Mann als pathologischen Fall abzustempeln.

Tatsache ist, daß ein Homosexueller durchaus männlich wirken kann. Viele von ihnen tragen bewußt männliches Gehabe zur Schau. Sie kleiden sich wie Cowboys oder zeigen sich als Motorradhelden in Leder und Stahl. Das ist keine Verkleidung, sondern der nach außen hin verstärkte Ausdruck ihrer innerlichen Männlichkeitsgefühle. Nur wenige Homosexuelle geben sich betont weiblich oder weibisch. Viele Männer, die gern Hüftgürtel und Hausmäntel aus Satin tragen, haben niemals sexuelle Beziehungen zu anderen Männern gehabt. Homosexualität und Transvestitentum sind keineswegs austauschbare Begriffe. Viele Homosexuelle unterscheiden sich von «normalen» Männern so wenig, daß sie ihr Geheimnis das ganze Leben lang wahren können.

Ferdinand

Am liebsten würde ich dieses Schreiben von einer meiner beiden Sekretärinnen tippen lassen. Beide aber sind Damen von mittlerem Alter. Sie wären schockiert, erführen sie etwas von den Gedanken ihres Chefs. Ich bin ein heterosexueller, ziemlich erfolgreicher Geschäftsmann in mittleren Jahren. Ich bin zum zweitenmal verheiratet und habe ausgedehnte sexuelle Erfahrungen hinter mir. Das Sexualleben mit Elli, meiner jetzigen Frau, ist einigermaßen zufriedenstellend, obwohl sie nicht so sexy ist wie meine erste Frau. Hierin zeigt sich, daß Sex allein nicht ausschlaggebend für die Aufrechterhaltung einer Ehe ist.

Obwohl ich heterosexuell empfinde, glaube ich doch, daß wir alle einen bisexuellen Zug an uns haben. Meine Phantasien drehen sich um eines meiner sexuellen Erlebnisse auf diesem Gebiet. Mit meinem Freund Gary, der homosexuell veranlagt ist, bestand ein stilles Übereinkommen, wonach ich ihn voll als Freund anerkennen würde, auch ohne homosexuelle Zwischenspiele. Eines Abends sahen wir uns auf einer Geschäftsreise dazu gezwungen, gemeinsam ein Doppelzimmer im Hotel zu nehmen. Ich ging sogleich schlafen. Gegen Morgen wurde offenbar die Nähe meines Körpers zuviel für ihn. Er begann mich zu lutschen, während ich noch schlief. Er ging dabei so vorsichtig zu Werk, daß ich nicht sofort aufwachte. Als mir endlich klar wurde, was er mit mir trieb, war ich bereits so aufgeheizt, und was er tat, bereitete so verdammt schöne Gefühle, daß ich ihn gewähren ließ. Was die Qualität der Gefühle anbetraf, die er mir vermittelte, war er weitaus besser als die meisten Frauen. Er brachte mich mit seinem Mund zu einem zuckenden Orgasmus, während er sich dabei selbst masturbierte.

Ich ließ ihn bei zwei weiteren Gelegenheiten mit mir Sex machen, wobei er ohne mein Wissen absichtlich Frauen einsetzte, um mich zu stimulieren. Er veranlaßte Irene dazu, mit mir Sexspielereien anzufangen. Dann arrangierte er alles so, daß sie plötzlich weggehen mußte. Daraufhin betrat er wie zufällig die Szene und machte weiter. Das lief so ab: Gleich nachdem wir miteinander begonnen hatten, erinnerte sich Irene daran, daß sie in einer bestimmten Drogerie vor Ladenschluß noch ein Medikament für ihre Mutter abholen müsse. Da trat er ein. Wir sprachen darüber, wie gut Irene im Bett war, denn er hatte sie auch schon gevögelt. Er erklärte mir, daß viele Homosexuelle mit Frauen ins Bett gehen.

Irene hatte mir gesagt, daß sie sich zu Gary hingezogen fühlte. Gary schilderte, wie er sie gevögelt hatte. Bei der Erinnerung daran wurde er so scharf, daß er mich bat, es ihm mit der Hand zu besorgen. Anfangs lehnte ich ab. Da entblößte er sich und masturbierte, während er weiter Irenes Bettkünste pries. Da er praktisch nackt neben mir saß, konnte ich sehen, wie sich seine Eier im Hodensack zusammenzogen, während er weiterwichste. Ich wußte, was er empfand, denn meine eigenen Hoden reagieren genauso, wenn ich masturbiere. Er schilderte eingehend, wie sich Irenes Titten immer ganz straff spannten und wie ihre Nippel im Winkel hervorstanden, wenn sie scharf wurde. Er beschrieb auch, wie sie ihre Hüften kreisen ließ und mit dem Hintern wackelte. Ich sah förmlich vor meinem geistigen Auge, wie ihre sauber rasierte Pussy mit der großen Klitoris an Garys Steifem hin- und herglitt. Mir war so, als sei sein Penis der meine. Ich wollte Irene bis zur Bewußtlosigkeit bumsen. An diesem Punkt griffen Gary und ich ein jeder nach dem Penis des anderen. Wir streichelten uns gegenseitig, zwischendurch auch selbst. Er schoß zuerst los. Ich mußte weitermachen. Als ich mich dem Höhepunkt näherte, ließ ich Gary wissen, daß er mich nehmen könne. Das tat er. Ich stellte mir meinen Penis in Irenes Pussy vor, während Gary ihn in den Mund nahm.

Amos

Meine Frau ist siebenundzwanzig, genau wie ich. Sie behauptet, keine Phantasievorstellungen zu haben (sexuelle, natürlich). Gelegentlich gebe es romantische Gedankenspiele ohne sexuelle Untertöne. Nun, ja ...

Ich habe oft sexuelle Phantasievorstellungen. Mich erregen Pornobücher, in denen ich von den sexuellen Erlebnissen und den Phantasien anderer lese. Dabei stieß ich immer wieder auf Schilderungen, wonach angeblich die meisten Männer beim Anblick zweier sich liebender Frauen oder auch von dem bloßen Gedanken daran erregt werden. Ich frage mich, wie viele Frauen wohl vom Anblick sich liebender Männer oder dem Gedanken daran erregt werden?

Angesichts dieser bisher nicht beantworteten Frage will ich eine meiner homosexuellen Phantasien beschreiben. Vermutlich bin ich irgendwie bisexuell. Mich erregen Bilder von Männern mit steifen Schwänzen. Bei zwei Gelegenheiten habe ich Männer am Penis gelutscht.

Der Ursprung meiner Phantasievorstellungen geht auf einen Mitstudenten zurück, mit dem ich ein Semester lang das Zimmer geteilt habe. Wir hatten beide eine Vorliebe für pornographische Schilderungen. Genau wie ich liebte er es, beim Wichsen in dergleichen Schriften zu lesen. Eines Abends hatte ich mich früh zu Bett begeben. Ken stöberte noch im Zimmer herum und suchte offenbar meine Pornobücher. Er fand sie und setzte sich damit in einen Sessel. Er hatte nur seine Shorts an. Beim Lesen rieb er seinen Pint durch den Stoff hindurch. Während der ganzen Zeit wälzte ich mich im Bett hin und her. Das Licht im Zimmer und Kens wachsende Erregung ließen mich nicht einschlafen. Statt dessen bekam ich einen Ständer. Ken meinte, er fände nichts daran peinlich. Also stieg ich aus dem Bett und beobachtete Kens Reaktion beim Anblick meines Steifen. Hastig ergriff ich ein Buch, kehrte ins Bett zurück und wichste beim Lesen unter der Bettdecke. Der verdammte Kenny nahm von mir kaum Notiz, bis es mir kam und ich nach einem Papiertuch griff, um mich abzuwischen. Da kicherte er nur. Er ging ins Bett und enttäuschte mich abermals, weil er nicht masturbierte. Ich wäre wirklich am liebsten aufgestanden und in sein Bett gekrochen, um ihm einen zu blasen oder ihn wenigstens zum gegenseitigen Masturbieren zu bewegen. Aber dazu kam es nicht. Nach den Prüfungen hörten wir nichts mehr voneinander.

Gegenwärtig sieht meine Phantasievorstellung so aus: Ich bin in einem Spezialgeschäft und blättere in einer Auswahl von Magazinen für Homosexuelle. Wen treffe ich dort? Ausgerechnet Kenny. Wir reden über die Zeiten im Internat und was wir seither erlebt haben. Ken berichtet, daß er niemals geheiratet habe und ganz in der Nähe eine hübsche Wohnung besäße. Dort habe er auch eine tolle Sammlung von Pornobüchern. Diese möchte ich mir gern ansehen. Wir gehen in seine Wohnung.

Dort angekommen, nehmen wir einen Drink und reden über unser Sexualleben. Ich frage danach, wo er seine Pornobücher habe. Er führt mich an die Kommode in seinem Schlafzimmer. Eine Schublade ist voller Magazine für Homosexuelle, enthält aber auch einen Stapel Damenunterwäsche. Ich ergreife einen schwarzen Slip, halte ihn vor mich hin und frage Kenny, ob er sich nicht mal verkleiden möchte. Er ist davon nicht sehr begeistert, geht dann aber «nur zum Spaß» darauf ein. Ich trete an die andere Seite des Bettes, entkleide mich, ziehe dunkle Nylonstrümpfe an, dazu einen schwarzen Nylonslip und wende mich ihm zu, während ich einen schwarzen Unterrock überstreife. Kenny hat Nylons mit Hüftgürtel angelegt und zieht sich soeben einen Slip hoch. Sein Pimmel ist halbsteif. Meiner aber pulsiert so wie jetzt beim

Schreiben. Während er noch den Slip anzieht, gehe ich zu ihm hinüber, um seine Hüften und seinen Hintern zu streicheln. Zwischendurch reibe ich seinen Schwanz durch den seidigen Nylonstoff. Wir umarmen einander und geben uns einen langen, zärtlichen «französischen» Kuß. Dabei reiben wir unsere Schwänze aneinander.

Engumschlungen fallen wir auf das Bett und fangen richtig an. Ich gleite nach unten, schiebe sein Unterkleid hoch und ziehe den Slip herunter. Da ist endlich wieder nach all den Jahren sein schöner, harter Ständer. Ich lutsche und lecke jeden Zentimeter davon. Schließlich kommt er in meinen Mund, und ich schlürfe jeden Tropfen davon. Ich strecke mich aus und zünde eine Zigarette an. Bisher hat keiner von uns ein Wort geäußert. Er schiebt sich im Bett nach unten und bläst mir einen, so wie ich es mit ihm gemacht habe. Er bittet mich, bei ihm zu übernachten (das erste Wort, das bisher gesprochen wurde), worauf ich gern eingehe. Wir ziehen alles bis auf die Unterkleider aus. Er legt sich mit dem Rücken zu mir. Mein Ständer ist an seinem Hintern. Meine Finger umschließen seinen Steifen. Er fragt, was ich gern zum Frühstück hätte. Ich entgegne: «Deinen Schwanz.»

Am Morgen erwachen wir etwa zu gleicher Zeit und greifen einander an die Genitalien. Uns an den Schwänzen haltend, gehen wir ins Badezimmer. Wir pinkeln in die Toilette, wobei einer des anderen Pimmel hält. Während wir auf der Couch unseren Kaffee trinken, streicheln wir uns weiter. Ich vertraue Ken an, daß ich gern mal in den Hintern gefickt werden möchte. Vor ihm auf den Knien liegend, lutsche ich seinen Pint, bis er schön hart ist. Dann lege ich mich auf den Teppich und schiebe mir ein Kissen unter die Hüften. Er kniet zwischen meinen Schenkeln und schiebt mir seinen Schwanz ganz langsam hinein. Als er tief drinnen steckt, beginnt er, langsam hin- und herzufahren. Ich ergreife meinen eigenen Schwanz und masturbiere im gleichen Rhythmus. Sobald ich spüre, wie sich sein Schwanz in meinem Arsch versteift, wichse ich schneller, damit wir gemeinsam kommen – Kenny in meinen Hintern, ich spritze mir den Samen auf die eigene Brust. Ich tauche einen Finger in den weißlichen Samen und halte ihn Kenny an die Lippen. Er leckt den Finger ab. Darauf geben wir uns einen tiefen französischen Kuß, wobei wir meinen Samen mehrfach von Mund zu Mund hin- und hergehen lassen.

Ich kann gar nicht stark genug unterstreichen, wie gern ich dieses Phantasiespiel einmal verwirklicht sähe! Wenn nicht mit Kenny, dann mit einem anderen jungen Mann von etwa zwanzig Jahren oder etwas darüber. Für mich wäre es großartig, könnten wir einen ganzen Tag mit gegenseitigem Blasen zubringen. Wir würden uns verkleiden, uns einander nähern und ein herrliches Gefühl erleben, ohne Schuldempfinden und Gefahr der Entdeckung. Gern wäre ich auch einmal mit einem bisexuellen Mann und zwei bisexuellen Frauen zusammen, wobei es jeder mit jedem und jede mit jeder treiben müßte.

Andreas

Ich bin vierundzwanzig Jahre alt und entstamme einer konservativen Kleinstadtfamilie der Mittelklasse. Ich bin Manager eines großen städtischen Wohnkomplexes.

Im Alter von fünfzehn Jahren hatte ich die ersten Verabredungen mit Mädchen. Vier Jahre lang ging ich mit einer festen Freundin. Zwar hatte ich noch einige Verabredungen nebenher. Im allgemeinen aber war ich der ständigen Freundin treu. Am Ende des vierten Jahres machte sie Schluß. Danach habe ich mich ziemlich viel herumgetrieben. Mir machte es Spaß, mir nach der Schule, in einem Geschäft oder in einer Bar ein Mädchen aufzugabeln und zu probieren, wie weit ich gehen konnte. Meistens klappte es ganz gut. Doch gab es auch eine Reihe von Enttäuschungen.

Oft stellte ich mir in Gedanken vor, ich sei irgendwo unterwegs und würde von einer attraktiven Frau angemacht. Ich mochte Frauen, die aggressiv genug sind, einen Mann wissen zu lassen, daß ihnen nach Sex zumute ist. Für mich war es eine Art Herausforderung, von einer Frau genauso gemustert zu werden, wie es die meisten Männer bei Frauen machen. In meiner Phantasie wurde ich in einer Bar oder in einem Laden von einer Frau angesprochen. Meistens stellte ich mir die Frauen als unverheiratet vor. Ich wurde in die Wohnung eingeladen, damit man sich besser kennenlernen könne. Hin und wieder handelte es sich aber auch um eine verheiratete Frau, die ausdrücklich erklärte, sie mache so etwas im allgemeinen nur mit ihrem Ehemann. Einige Male bin ich wirklich von Frauen angesprochen worden. Sie wollten mich kennenlernen und meinten, ich hätte schöne Augen und ein nettes Lächeln. Eine dieser Frauen entpuppte sich als Stripperin. Das war wirklich ein Wahrheit gewordener Traum.

Nach meinem einundzwanzigsten Geburtstag hatte ich mein erstes sexuelles Erlebnis mit einem Mann. Eine Frau, mit der ich damals ging, stellte mich ihm vor. Dabei wußte sie im voraus, daß er versuchen würde, sich an mich heranzumachen. Sie war bisexuell. Wir redeten darüber, und ich wurde neugierig. Das Erlebnis war für mich vergnüglich. Dennoch hatte ich während der nächsten drei oder vier Monate kein weiteres. Abermals vier Monate nach meinem zweiten derartigen Erlebnis kam ich auf den Gedanken, daß Bisexualität vielleicht das Mittel gegen die ständige Langeweile sein könnte, die mein heterosexuelles Leben erfüllte. Nunmehr spielen in meinem Sexualleben und in meinen Sexualphantasien auch Männer eine Rolle, worüber ich sehr glücklich bin.

Ich mag gern einen maskulinen, aggressiven Kerl, der auf ein homosexuelles Erlebnis scharf ist. In meiner Phantasie taucht immer wieder das Bild eines männlichen, heterosexuellen Freundes auf. In dieser Wunschvorstellung teile ich mit diesem Freund ein Zimmer. Eines Abends kehren wir beiden von erfolglosen Verabredungen zurück, das heißt, keiner von uns hat eine Bettgenossin aufgetrieben. Mein Freund geht ins Badezimmer, während ich mir einen Drink mixe. Dann schalte ich die Stereoanlage ein. Er kommt aus dem Bad und bittet mich, auch ihm einen Drink herzurichten. Danach verschwindet er im Schlafzimmer. Von dort aus ruft er mir zu, es sei vielleicht ganz gut, daß keiner von uns eine Puppe aufgerissen habe, denn da sei etwas, worüber er gern mit mir reden würde. Ich rufe zurück, daß sein Drink fertig auf der Bar stünde, und gehe meinerseits ins Badezimmer. Als ich wieder herauskomme, werde ich von ihm direkt an der Tür erwartet. Er beugt sich vor und gibt mir einen raschen Kuß. Dann erklärt er, das habe er schon seit langem tun wollen. Ich begebe mich aufgeschreckt (aber erregt) ins Wohnzimmer, um mich dort hinzusetzen. Da berichtet er mir, ein Freund habe ihm vor einigen Tagen anvertraut, ich sei bisexuell. Deshalb sei er auf den Gedanken gekommen, daß wir mehr sein könnten als nur Zimmergenossen. Daraufhin verbringen wir die Nacht mit Liebemachen, wie wir es mit Frauen niemals erlebt haben.

Als Bisexueller brauche ich mein Sexualleben nicht auf das andere Geschlecht zu beschränken. Seit drei Jahren praktiziere und predige ich die sexuelle Befreiung.

Jeff

Ich bin dreiundzwanzig und habe Rechtswissenschaft sowie Pädagogik mit Abschlußexamen studiert. Die meisten sexuellen Erlebnisse habe ich mit mir selbst oder mit Frauen, obwohl es eine Anzahl von sexuellen Handlungen mit Männern ebenfalls gegeben hat.

In den meisten meiner sexuellen Phantasievorstellungen kommen Frauen vor. In früheren Jahren und auch jetzt wieder häufiger gab es Phantasien über mich und einen anderen Mann. Ich hoffe, diese Seite meiner Sexualität in Zukunft eingehender erforschen zu können. Ich hoffe, daß eines Tages meine Phantasie in die wirkliche Welt integriert werden kann.

Die meisten Wunschvorstellungen unter Einschluß weiblicher Wesen betreffen mir persönlich bekannte Frauen. Das können Freundinnen sein oder Bekannte von der Arbeit und der Schule her. Manchmal fühle ich mich auch erregt von Frauen, die ich einfach nur sehe. Von dieser Phantasie gibt es ständig neue Variationen.

So führe ich zum Beispiel mit einer Frau ein fabelhaftes Gespräch. Trotz unterschiedlicher Erfahrungen betrachten wir die Welt von ganz ähnlichen Standpunkten aus. Unsere Kommunikation geschieht ohne jede Anstrengung. Das führt bei mir zu einem überhöhten Freiheitsgefühl, wie ich es immer empfinde, wenn ich mich jemandem anvertrauen und meine Gefühle offen mitteilen kann. Ich zittere buchstäblich, so reißen mich meine Emotionen mit. Ich frage die Frau, ob sie mit mir Liebe machen möchte. Es zeigt sich, daß auch sie erregt ist. Mit zärtlichen Bewegungen ziehe ich sie aus. Dann entkleide ich mich langsam. Dabei lächeln wir uns tief und verspielt an. Wir sehen einander in die Augen. Ohne ein Wort zu äußern, bitte ich sie, Vertrauen zu mir zu haben. Sie gibt mir auf dem gleichen Wege zu verstehen, daß sie mir vertraut.

Wir umarmen und küssen uns innig. Unsere Zungen gleiten in den Mund, über das Gesicht und den Nacken. Mit meinen küssenden Lippen wandere ich weiter nach unten über ihren ganzen Körper. Dabei bekomme ich nach und nach heraus, wo sie am liebsten geküßt werden mag. Schließlich bin ich zwischen ihren Beinen angekommen. Sanft und verspielt lecke ich die Innenseiten ihrer Oberschenkel. Dabei berühre ich hin und wieder mit Zunge oder Lippen ihre Vulva. Nach einer Weile windet und dreht sie sich bei dem Versuch, meinen Mund mit ihrer Möse zu küssen. Da presse ich plötzlich den Mund gegen Schamlippen und Klitoris. Meine Zunge schießt in ihre Vagina hinein, schleckt hin und her. Meine Partnerin ist jetzt richtig wild. Sie öffnet sich mir. Ich fahre fort, sie zu streicheln, überlasse die Klitoris meiner Hand, weil ich zu ihrem Gesicht emportauche, um sie zärtlich auf den Mund zu küssen. Ich frage, ob sie sich nicht einmal richtig gehenlassen möchte. O ja! Schnell, noch ehe sie ahnt, was geschieht, habe ich sie an den vier Bettpfosten festgebunden. Sie ist erschrocken und zeigt anfänglich Angst. Da ich sie aber überall zärtlich streichle, entspannt sie sich und läßt sich ganz gehen. Nach und nach betaste ich nur mit Zunge und Mund ihren Körper. Bald gehe ich lebhafter vor und betaste sie überall mit den Händen. Ihr kommt es mehrere Male. Dann lasse ich meinen Schwanz an ihrer Klitoris spielen. Ihr Kitzler ist feucht vom eigenen Saft und von meinem Speichel. Sie bittet mich, fleht mich an, ihn ihr hineinzuschieben. Mit einer Hand spiele ich an ihrem Kitzler, mit der anderen leite ich behutsam meinen Schwanz in sie hinein. Nachdem wir eine Weile gefickt haben, weiß ich, daß sie genauso bereit ist wie ich. Nun vögeln wir wild darauflos, bis wir laut aufschreiend gemeinsam kommen. Wir sind beide tropfnaß von Schweiß. Rasch binde ich sie los und falle erschöpft aufs Bett. Wir halten uns beide umarmt.

Eine in jüngster Zeit öfter wiederkehrende Phantasie hat zum Inhalt, daß ich meine Freundin in den Hintern ficke, während mir ein schöner Mann seinen langen (zum Glück nicht sehr dicken) Schwanz in den Arsch zwängt. Wenn ich bei dieser Vorstellung masturbiere, stecke ich mir oft einen Finger in den Arsch und simuliere damit das Gefühl, von hinten gefickt zu werden.

Ich tanze sehr gern mit Frauen, aber auch mit Männern. Ich stelle mir vor, ich sei bei einem Tanz ein wenig betrunken oder ich hätte Rauschgift genommen. Beim Tanz mit einem schlanken, doch kräftigen Mann komme ich richtig in Fahrt. Nach einigen schnellen Tänzen gehen wir in seine Wohnung, wo wir Marihuana rauchen. Wir liegen nackt auf dem Bett, küssen uns sanft und betasten gegenseitig unsere Körper, wobei wir Gleichheiten und Unterschiede feststellen. Ich beuge mich über ihn (bisher habe ich dabei immer gewürgt) und bekomme es fertig, seinen Penis in den Mund zu nehmen. Nachdem ich eine Weile daran gelutscht habe, dreht mein Partner mich auf den Rücken und spreizt meine Beine. Er zieht meine Hinterbacken auseinander, um mich am Arsch zu lecken und zu küssen. Obwohl ich gewisse Befürchtungen habe, weil sein Schwanz recht groß aussieht, öffne ich mich ihm und entspanne mich dabei. Er spielt mit seiner Zunge in meinem Anus und schiebt mir dann langsam seinen zuckenden Schwanz in den Hintern. Das geht leichter, als ich mir vorgestellt hatte. Wir ficken erst sanft, dann wild, während ich mich mit der Hand so weit bringe. Schließlich kommen wir gemeinsam, wobei ich meine Arschmuskeln benutze, um ihn trockenzumelken.

Ich kann nur hoffen, daß sich dieser Traum bald erfüllt!

Kann es ein Zufall sein, daß sich immer mehr auch junge Männer als impotent erwiesen, seit die Frauen in sexuellen Dingen zunehmend selbstsicherer wurden? Ich glaube nicht an einen Zufall. Man kann den Weg vom Patriarchat zur sexuellen Gleichberechtigung nicht zurücklegen, ohne daß Opfer am Wegrand liegen bleiben. Alles hat seinen Preis.

Vielleicht haben es die Frauen in der gegenwärtigen Übergangsperiode leichter, weil sie die Aktiven sind, darauf erpicht, ihre Minderwertigkeitskomplexe loszuwerden. Die neue Gleichheit verlangt von den Männern die Aufgabe der bisher beherrschenden Position, auf der ihre Selbstsicherheit beruhte. Ich kann nur hoffen, daß wir uns einer Zeit nähern, da es einem Mann nicht als Fehlleistung nachgetragen wird, wenn er mal keine Erektion hat – sondern dies allenfalls als Zeichen dafür gewertet wird, daß er momentan keine Lust hat.

Ich lese immer wieder gern die Phantasieschilderungen dieses Kapitels. Sie sind irgendwie lustiger als die aller anderen Kategorien. Es ist nicht überraschend, daß ein so hoher Prozentsatz der Einsender sich die Verwirklichung seiner Träume wünscht. Vielleicht mag der Durchschnittsleser diesen Männern nicht bis in die Bisexualität folgen, aber wir alle müssen sie um ihre Freiheit von allen Schuldgefühlen beneiden, die stets der große Feind sexuellen Vergnügens sind.

Willy

Ich zähle jetzt siebenundzwanzig Jahre und bin so eine Art ehemaliger «Hippie». Ich interessiere mich sehr für die Bewegung «Zurück aufs Land». Undeutlich erinnere ich mich, daß ich im Alter von acht oder neun Jahren Sex entdeckte, als ich nämlich anfing zu masturbieren. Etwa um diese Zeit wurde ich von meinem Vater dabei erwischt. Keiner von uns sagte etwas darüber. Doch fühlte ich instinktiv, daß unrecht war. Nicht daß ich damit aufgehört hätte, nur hatte ich hinfort Schuldgefühle dabei. Meine Schwester ist ein Jahr jünger als ich. Wenn eine Freundin bei ihr übernachtete, lag ich abends wach im Bett und stellte mir vor, daß ich es mit ihnen trieb. Ich hörte ihnen im Nebenzimmer zu und wichste dabei. Natürlich hatte ich keine klare Vorstellung davon, was ich mit ihnen treiben würde. Mir war nur so, daß sie sich in mich verlieben müßten. Vielleicht rührte das daher, daß ich mich für häßlich hielt und schwer Anschluß an andere fand.

Mit zwölf Jahren gab es ein paar Episoden gegenseitiger Masturbation mit einem Freund. Um die neunzehn herum gab es eine weitere Affäre mit einem gleichaltrigen Jungen.

Die erste Frau erlebte ich mit einundzwanzig Jahren, als wir auf einem Trip waren. Zum Glück wußte sie, worauf es ankam, denn ich hatte nicht die geringste Ahnung. Mir ist es beim Ficken nicht einmal gekommen, denn ich wußte nicht, was ich eigentlich zu tun hatte. Ihr war das egal, denn mein Schwanz stand sechs Stunden hindurch stocksteif!

Später hatte ich hin und wieder eine Freundin, insgesamt drei, und kam dabei auf meine Kosten. Auf Besuch bei einigen Freunden lernte ich eine weitere Frau kennen, mit der ich noch in der gleichen Nacht ins Bett ging. In der nächsten Woche zog ich zu ihr. Drei Monate später haben wir geheiratet. Ich hatte Glück. Nach dreijähriger Ehe staunen wir immer noch über unser Glück und unsere Liebe zueinander. Trotzdem fühlten wir nach zwei Jahren schon, daß irgend etwas fehlte. Wir wollten uns nicht in der traditionellen Mann/Frau-Rolle verfangen und hatten beide Angst, etwas «Wesentliches» zu vermissen.

Jedoch zu meinen Phantasievorstellungen. Hier ist eine, bei der ich masturbiere:

Meine Frau und ich veranstalten mit einem Freund in unserem Haus eine kleine Party. Die Wohnung ist mit Spitzengardinen und orientalischen Teppichen ausgestattet. Überall sind Pflanzen und Blumen, Kerzen und Petroleumlampen. Ich spiele auf meiner Gitarre und singe Liebeslieder dazu. Es sind Lieder mit und ohne Worte. Die ganze Atmosphäre ist erfüllt von überwältigender Liebe. Dann lege ich die Gitarre weg. Wir gehen ins Schlafzimmer, wo wir unter Küssen und zärtlichem Streicheln Stunden zu verbringen scheinen. Anfangs konzentrieren wir Männer uns auf meine Frau. Doch dann berühre ich ihn immer offener. Ich liege auf dem Bett mit den Füßen auf dem Fußboden, während meine Frau an meinem Pint lutscht. Sie berührt dabei meine Hoden und den Hintern. Er schiebt ihr seinen Schwanz von hinten hinein, einen riesengroßen Schwanz. Dann saugt er an meinem Penis. Ich drehe mich so herum, daß ich den seinen vor dem Gesicht habe. Er ist weit über zwanzig Zentimeter lang und naß von den Säften meiner Frau. Zum erstenmal lutsche ich an einem Männerschwanz, nicht am Pimmel eines Jungen. Es gefällt mir, und ich möchte nicht aufhören damit. Etwas später vögle ich meine Frau, während sie an seinem Schwanz saugt. Ich sehe dem Freund an, daß es ihm bald kommen will. Er hilft mir der Hand nach, weil sie seinen Penis nicht in voller Länge in ihrem Mund unterbringen kann. Ich bumse unterdessen weiter ihre Pussy.

Ich fühle, daß es auch ihr bald kommt. Sein Samen schießt ihr über das Gesicht. Verzweifelt bemüht sie sich, schließlich mit Erfolg, den Strom in ihren Mund zu lenken. Sie schluckt und leckt ihn dann trokken, wobei es ihr kommt. Gleichzeitig ist es bei mir soweit, und ich fülle ihre süße Pussy mit meinem Samen.

Jimmy

Ich bin dreißigjährig, hatte ein Jahr lang ein eigenes Rechtsbüro und gab es dann auf, um mich der Crew einer nach Hawaii auslaufenden Jacht anzuschließen. Seither bin ich so etwas wie ein Abenteurer, dauernd unterwegs. Auch mit der Bergsteigerei habe ich es schon versucht. Nebenher übersetze ich Bücher aus dem Französischen, wobei ich mich auf Seeschilderungen spezialisiert habe.

Sex hat von jeher einen beglückenden und befriedigenden Aspekt meines Lebens ausgemacht. Das erste Mädchen hatte ich schon mit vierzehn.

Ich werde hier eine umfassende Phantasievorstellung aus jüngerer Zeit darstellen, in der ich mit einem Mann Liebe mache. Doch zunächst möchte ich unterstreichen, daß ich ein Bewunderer der Frauen bin. Sie sind wunderbar! Ich fühle mich immer wieder zu ihnen hingezogen, mögen sie groß oder klein, dünn oder dick sein. Der Orgasmus der Partnerin kann so schön sein, daß er mir oft wichtiger erscheint als der eigene.

Meine gegenwärtige Freundin ist außerordentlich erotisch veranlagt. Sie hat «die göttliche Gabe der Wollust». Unsere Sexerlebnisse sind fabelhaft. Sie kommt explosionsartig. Ich komme mier vor wie ein Supermann. Wir haben unsere beiderseits beträchtlichen eigenen Erfahrungen durch Analverkehr (etwas eng für sie) erweitert. Zeitweilig haben wir es mit gegenseitigen Fesselungen versucht (sehr erregend). Neuerdings betrachten wir unsere Freunde als mögliche Opfer gemeinsamer Verführung. Wir haben beide ein sexlüsternes Interesse an unserem eigenen Geschlecht. In absehbarer Zeit werden wir wohl unsere Phantasievorstellungen verwirklichen.

In dieser Hinsicht sind meine Möglichkeiten größer als ihre, da ich mich jüngst mit einem Mann angefreundet habe, der mir sehr gut gefällt. Ich fühle mich sexuell zu ihm hingezogen. Nachdem ich schon wochenlang einen dahingehenden Verdacht gehegt hatte, gestand er mir neulich ein, schwul zu sein. Ich will ihn hier Chris nennen.

Also, was hält dich noch zurück? könnte man mich fragen. Zum Teil liegt es an meiner Schüchternheit. Als Teenager hatte ich eine Reihe erfreulicher sexueller Begegnungen mit Männern. Aber dabei war ich stets der passive Partner, das heißt, ich ließ mir von einem anderen den Penis lutschen. Jetzt plötzlich den Verführer abgeben, mir vorzustellen, daß ich einen Männerschwanz anfasse, ihn in den Mund nehme oder gar (autsch!) im Hintern spüre, tja ... das wäre wohl ein etwas weiter Schritt für den ersten Versuch.

Kürzlich fuhr ich in die Stadt, um ein paar Stunden mit Chris zu verbringen. Während ich in meinem VW-Bus dahinrumpelte, stieg meine Erregung mehr und mehr. Ich stellte mir lebhaft vor, wie ich in seine Wohnung trete, ihm zuversichtlich an die Hose greife, woraufhin die Dinge ihren Lauf nehmen. Ich konnte sogar seinen Penis vor meinem geistigen Auge sehen. Ich stellte ihn mir als beschnitten vor (schade, ich verstehe mehr von Mösen als die durchschnittliche Frau, aber fast gar nichts von Pimmeln). In der Phantasie bekam ich es fertig, seinen Pint in den Mund zu nehmen. Vielleicht könnte ich ihn sogar in meinem Mund kommen lassen, obwohl mich der Geschmack meines eigenen Saftes niemals sonderlich erregt hat. Würde er sich von mir ficken lassen? Das war die Frage. Chris wirkt in seinem Verhalten so ganz und gar nicht homosexuell. Deshalb hatte ich keine Ahnung, ob er bei einem schwulen Liebesakt die «männliche» oder die «weibliche» Rolle bevorzugen würde. Was, wenn er verlangt, daß ich mich von ihm ficken ließe? Der Gedanke daran beunruhigte mich. Ich habe es gern, wenn mir meine Freundin beim Vögeln den Finger in den Hintern steckt. Aber ich weiß aus Erfahrung, daß Arschlöcher verdammt eng sind. Den zwei oder drei Frauen, mit denen ich bisher Analverkehr hatte, habe ich Schmerzen zugefügt, obwohl sie hinterher mit dem Ergebnis recht zufrieden gewesen waren. Alle diese Gedanken gingen mir durch den Kopf, während ich mich dem Stadtteil näherte, in dem Chris wohnt. Als ich seine Wohnung betrat, war ich heiß wie eine sechzehnjährige Halbjungfrau, die bei sich beschlossen hat, daß «es» heute geschehen soll. Ich war reif.

Und was geschah? Genau gar nichts. Chris war wie immer still und charmant. Die Zeit verstrich und damit die günstige Gelegenheit für mich. Je länger ich den ersten Annäherungsversuch hinauszögerte, desto schwerer fiel er mir. Schließlich erklärte Chris, daß er zu einer Verabredung weggehen müsse. Er verließ mich, und mir blieb nichts übrig, als zu masturbieren. Er wird vielleicht niemals erfahren, daß es mir zweimal gekommen ist, während ich auf seinem Bett lag und an ihn dachte. Ich masturbiere heute noch bei den Vorstellungen davon, was alles hätte geschehen können. Inzwischen bin ich zu der Überzeugung gelangt, daß ich eine zweite Gelegenheit nicht ungenützt verstreichen lassen würde, sollte sie sich je ergeben. Ich scheue nicht etwa davor zurück, weil mir die Bisexualität als etwas ganz Neues bevorsteht – schließlich liebe ich meinen eigenen Körper. Warum also sollte ihn nicht ein anderer Mann lieben, wie ich seinen Körper lieben würde.

17. Die Homosexuellen

Nick August

Mein Vater, nun, ich kann mich kaum an ihn erinnern. Nachdem ich fünfundzwanzig Jahre lang Homosexualität praktiziert habe, ist mir allmählich klargeworden, worauf sie beruht. Homosexuelle Männer sind so entsetzt über die sexuellen Gefühle gegenüber der eigenen Mutter, daß sie sich ihr ganzes Leben hindurch dazu genötigt sehen, so zu tun, als empfänden sie für keine Frau etwas. Die ganze Homosexualität dient nur dazu, die erotische Lüsternheit gegenüber einer Frau, nämlich der eigenen Mutter, zu vertuschen.

Hinzu kommen noch andere Ängste. Etwa, daß der eigene Penis zu klein sei, um die einem riesengroß erscheinende Frau zu befriedigen. Ganz abgesehen von der Furcht, daß der Vater einen umbringen würde. Ich habe keinen Homosexuellen kennengelernt, der bereit gewesen wäre, solche Gedanken mit mir zu diskutieren. Ich glaube, es ist für einen Homosexuellen sehr gefährlich, über solche sexuellen Phantasien zu reden, weil er sich damit schließlich doch an Frauen wenden muß. Ich will offen über alle Arten meiner männlichen Phantasien berichten. Am Ende spielen doch immer Frauen darin eine Rolle. Wir verfügen über ein ausgeklügeltes Abschirmsystem, um niemanden unsere wahren Gefühle für Frauen erkennen zu lassen. Vermutlich ist es deshalb so schwer für Sie gewesen, überhaupt Phantasievorstellungen von Homosexuellen zu erhalten.

Man nehme nur alle die Homosexuellen, die mit schönen Frauen ausgehen. Sobald sie die Frau losgeworden sind, gehen sie hin und erleben Sex mit einem Mann. Sie haben gerade vier oder fünf Stunden lang sexuelle Gefühle für diese Frau empfunden, ohne sich darüber klarzuwerden. Sie würden solche Gefühle abstreiten. Ich habe homosexuelle Freunde über ihre Einstellung zu Frauen befragt. Ihre Antwort:

«Bäh! So was würde ich nicht anrühren!» Es gibt viele Schwule, die nicht einmal mit einer Frau im gleichen Zimmer sein mögen. Wir haben eine ganz eigene Welt der Homosexuellen, die sich überhaupt nicht mit Frauen abgeben. Es ist eine Welt, in der keine Frauen existieren.

Ich glaube, die meisten Männer haben einen Zorn auf die Frauen. Mütter geben ihren kleinen Söhnen so viel. Aber abends ist plötzlich alles wie abgeschnitten. Da geht sie mit Vater. Ärger!

Meiner Ansicht nach drehen sich alle homosexuellen Phantasien um den Schwanz. Die Schwanzanbetung unter Schwulen ist irgendwie unwirklich, eine Besessenheit. Ich sage mir immer: «Ich könnte mit der nächstbesten Frau schlafen, wenn sie nur einen Schwanz hätte.» In der Homosexualität ist der Schwanz so etwas wie ein Altar. Auch Ärsche sind toll. Männerstraps zum Beispiel, die sich zwischen die Hinterbacken klemmen und den Arsch betonen, so daß es aussieht, als würde er einem dargeboten.

Ich bin mit vielen verheirateten Männern im Bett gewesen, die sich regelrecht nymphomanisch gebärdeten. Sie sind einfach schwanzverrückt und greifen verzweifelt nach jedem, der sich greifen läßt. Vielleicht liegt es daran, daß sie seltener als die Homosexuellen Gelegenheit finden, ihre Phantasievorstellungen zu verwirklichen. Wenn man unterwegs einen verheirateten Mann kennenlernt, der gern angepißt oder gefickt werden möchte, dann hat er meistens daheim drei Kinder und gilt dort als Stütze der Gesellschaft.

Wahrscheinlich kann kein Mann die Vergnügungen wirklich vergessen, die er im Kindesalter mit anderen Jungen erlebt hat. Das geht immer bis zu dem Punkt, wo die Knaben erfuhren, daß man so etwas nicht macht. Aber vergessen wird es nicht.

Ich glaube, daß sich jeder Mann verführen läßt, sofern die Gelegenheit günstig ist und er Vertrauen zu dem anderen hat. Es hat in meinem Schwulendasein Zeiten gegeben, da ich meine größte Erregung darin fand, jemanden zu sexuellen Handlungen mit mir zu verführen, der es eigentlich gar nicht wollte – einen «Normalen». Das bekommt man leicht fertig. Es gibt viele Männer, die für Geld mitgehen. Aber ich glaube, ihnen geht es nicht unbedingt ums Geld. Indem sie einen Lohn annehmen, beweisen sie sich und anderen, daß sie keine Homos, keine Schwulis sind. Vermutlich werden deshalb so viele Homosexuelle ermordet. Wer Geld angenommen hat, wird hinterher auf den Partner sehr, sehr wütend.

Keine Frau hat jemals mit mir über die Größe eines Männerschwanzes gesprochen. Männer unter sich reden fast nur davon. Sie vergessen keinen anderen, dessen Pint größer ist als der eigene.

Als Homosexueller trägt man keinerlei Verantwortung. Keine Kinder. Man braucht sich nicht zum Vater machen zu lassen. Man ist davor sicher. Und das bringt einem die Homosexualität ein: Man darf seinen Penis für sich behalten; niemand schickt sich an, ihn einem wegzunehmen; man bleibt ein kleiner Junge, der für immer seine Mama bei sich behält. In der Phantasie ist und bleibt man Mamas kleiner Junge. Alle Homosexuellen wollen das Gegenteil davon beweisen, indem sie mit Männern schlafen. Das ganze kunstvolle Abwehrsystem der Homosexuellen ist auf dieses eine ausgerichtet: Sie fürchten sich vor den sexuellen Gefühlen gegenüber der eigenen Mutter.

Es ist schwierig, Heterosexuelle zu einem Gespräch über ihre homosexuellen Gefühlen zu bewegen. Genausowenig lassen sich Homosexuelle dazu herbei, über ihre wahren Gefühle den Frauen gegenüber zu sprechen. Sie weigern sich einfach.

Ich entstamme einem ärmlichen, aber ordentlichen Wohnviertel. Die Leute waren fast durchweg römisch-katholischen Glaubens. Dort gab es jene schöne Frau, die ihren Mann, einen Saxophonspieler, wegen eines Trunkenboldes verlassen hatte. Das galt als ein Skandal. Ich war damals etwa vier Jahre alt. Meine Mutter ging mit dieser heißen Rothaarigen zum Bingospiel. Ihr neuer Freund, der Trunkenbold, wurde mein Babysitter. Ich erinnere mich, daß ich für ihn sehr starke sexuelle Empfindungen hegte. Das wußte ich damals noch nicht. Aber seine Gegenwart erregte mich sehr. Das waren die ersten sexuellen Gefühle, an die ich mich erinnere. Ich zog mich aus, um ins Bett zu gehen. Er sah mir zu. Ich glaube nicht, daß ich ihn interessierte – und trotzdem war ich erregt.

Im Alter von zwölf Jahren spielte ich eines Tages im Park. Ein Mann sprach mich an. Er stellte sich als Fotograf vor und erklärte, daß er besondere Bilder für eine Serie über Knaben mache. Er wollte von mir Bilder beim Pinkeln machen. Dazu sollte ich mich aber ganz ausziehen. Da fürchtete ich mich und rannte fort ... obwohl mich der Vorschlag sehr gereizt hatte.

Ein paar Jahre später spielte ich mit allen Nachbarjungen herum. Wir trafen uns zum gemeinsamen Wichsen. Aber diese Jungen zogen mich nicht sonderlich an. Statt dessen beschäftigte sich meine Phantasie mit Filmstars wie Marlon Brando und James Dean. In unserer Gegend ging es nicht immer friedlich zu. Aber da gab es andere Gegenden mit rauhen Burschen in Lederjacken. Sie fuhren Motorräder und waren älter als ich. Ich pflegte zu masturbieren, wenn ich mich in Gedanken mit ihnen befaßte.

Mit dreizehn oder vierzehn kam der entscheidende Durchbruch. In der Nachbarschaft gab es einen älteren Jungen, den ich desto mehr verehrte, je älter ich wurde. Er war groß, blond und sportlich. Seine Eltern besaßen einiges Geld. Ich glaube, in diesem Alter bewundern alle Jungen andere männliche Wesen – Sportler oder griechische Götter. Erinnern Sie sich an den Film *If*? Darin gibt es eine Szene mit einem Jungen, der einen älteren beim Sport beobachtet und ihn anbetet. Ich glaube, diese Periode machen alle Jungen durch. Deshalb haben auch erwachsene Männer immer noch Freude daran, männlichen Athleten zuzusehen.

Eines Abends kam ich zusammen mit diesem älteren Jungen vom Baseball nach Hause. Ich werde nie vergessen, daß er mich gefragt hat, ob ich schon mal ejakuliert habe. Ich wußte nicht, was dieses Wort bedeutete. Er erklärte es mir. Am nächsten Abend wichsten wir gemeinsam. Die Verbindung hielt über zwei Jahre an. Wir berührten einander und fühlten uns in gegenseitiger Abhängigkeit. Bei uns vermischten sich Liebe und Sex. Das war meine erste echte homosexuelle Verbindung. Rückblickend muß ich feststellen, daß sich Wirklichkeit und Phantasiebilder vermengen. Er spielt noch heute in meinen Vorstellungen eine Rolle. Damals erschien mir sein Penis riesengroß, obwohl ich heute anderer Meinung bin. Aber in meinen Phantasien ist es immer noch der Fall.

Als Teenager habe ich eine Anzahl Frauen und Mädchen gefickt. Allmählich interessierte ich mich mehr für die Männer, mit denen ich befreundet war. So fuhr ich mit einem Freund und zwei Mädchen ins Freiluftkino. Ich vögelte mein Mädchen auf dem Rücksitz, während er die Seine auf der Vorderbank bumste. Aber ich interessierte mich immer mehr dafür, was er trieb, und versuchte, einen Blick auf ihn zu erhaschen. Es war fast so, als besäße ich ihn auf diesem indirekten Weg.

Ich mag es, wenn Männer mir Widerstand leisten. Mir ist es lieber, wenn ich einen künftigen Partner erst erregen muß. Das vermittelt mir ein starkes Gefühl der Überlegenheit. In meiner Phantasie sind die Männer äußerlich immer sehr proper und gentlemanlike, innerlich aber sind sie sehr heiß. Ich mag es gern, wenn alles nach meinem Willen geschieht.

In der Phantasie beschäftige ich mich mit Männern, die ich früher hatte, die ich haben möchte oder soeben erst gehabt habe ... wie wir uns kennenlernten, wie ich sie ausgezogen habe und was dann geschah.

Am nächsten Morgen mag ich gern masturbieren, das sexuelle Aroma einatmen und mich an das wirklich Geschehene erinnern. Gelegentlich behalte ich die Unterwäsche eines Nachtgenossen.

Manchmal stelle ich mir das Zusammensein mit bestimmten Sportlern vor – mit denen ich in Wirklichkeit nie zusammenkomme, sondern die ich auf dem Sportplatz oder im Fernsehen sehe. Oder ich bilde mir ein, in einer mit verschwitzten Männerkörpern angefüllten Baustellenbude zu sein. Ich habe mal ein Gedicht gelesen. Darin träumt ein Mann davon, als Werkssanitäter in einem heißen, dampferfüllten Abzugskanal zu arbeiten zusammen mit zehn kraftstrotzenden Montagearbeitern. Sie alle tragen zwar Schutzhelme, zeigen aber ihre nackten, behaarten Brustkästen ...

Homosexuelle Pornographie leidet darunter, daß sie von Schwulen gemacht wird. Wenn ich einen entsprechenden Film sehe, bin ich mir dauernd der Tatsache bewußt, daß dort zwei echte Schwule agieren. Ich finde heterosexuelle Pornographie anregender.

Nichtschwulen Männern zuzusehen, wie sie es miteinander machen, ist für mich erregender.

Auf meinen Spaziergängen durch die Stadt werde ich dauernd von Phantasievorstellungen begleitet. Da ist auf einmal ein großer, uniformierter Polizist mit Helm und Schutzbrille vor meinem geistigen Auge. Er hat keine bestimmte Persönlichkeit. Er sitzt einfach auf seinem Pferd, und ich sitze vor ihm, mein Gesicht ihm zugekehrt. Es ist wichtig, daß der Mann korrekt angekleidet bleibt. Nur sein Schwanz ragt aus der Hose. Ich lutsche ihn, auf dem Pferd sitzend. Oder ich befinde mich hinter ihm und lecke ihn am Arsch. In meiner Phantasie hat er eigentlich nichts zu tun, er ist nur für meine Zwecke da. Oft phantasiere ich auch von Chauffeuren. Vieles davon habe ich in die Wirklichkeit umgesetzt. Uniformen erregen mich, alle die Zubehörteile bei Kadetten, Matrosen ...

Wenn ich eine Straße entlanggehe, blicke ich in alle parkenden Autos, immer in der Hoffnung, einen Mann zu sehen, dessen Penis draußen ist. Viele Männer machen das. Sie fahren herum, betrachten Frauen und wichsen dabei. Also hoffe ich immer, mal einen dabei zu sehen.

Manchmal sehe ich mich in der Phantasie elegant gekleidet und mit schwarzer Fliege. Ich bin ein wenig betrunken oder stehe leicht unter Rauschgift. Ich soll an einer großen Einladung teilnehmen. Dort will ich auftreten wie ein Prinz. Ich werde mich parfümieren. Vielleicht rauche ich eine Haschischzigarette oder nehme so viel Alkohol zu mir, daß alles leicht und rosig ist. Der Chauffeur bringt mich hin. In meiner

Phantasie – was aber mehrfach auch in Wirklichekit geschehen ist – verführe ich den Chauffeur. Er soll nicht aus dem Wagen steigen und mit in meine Wohnung kommen. Ich stelle mir vor, daß ich es ihm gleich hier mit dem Mund mache, wobei er die Uniform anbehält.

Beim Masturbieren laufen mehrere Filme in meinem Kopf ab. Mir fällt schwer, bei nur einem zu bleiben. Da ist so vielerlei. Ich stelle mir den jungen Mann vor, den ich einmal an einer Tankstelle beobachtete, während er ein hübsches Mädchen belauerte und dabei masturbierte. Ich masturbierte, während ich ihm zusah. Daran werde ich denken. Aber das Bild wird sich nicht halten lassen. Andere Eindrücke schieben sich davor. Vielleicht bin ich an diesem Tag einem Mann auf der Straße begegnet, mit dem ich es gern mal machen möchte. In meiner Phantasie lege ich mich auf die Straße vor ihn hin, und er legt sich auf mich. Diese Vorstellung habe ich sehr häufig, wenn ich eine Straße entlanggehe. Ich sehe Männer, und will sie haben. Es kann auch passieren, daß ich den Gang zwischen zwei Tischreihen in einem Restaurant hinuntergehe. Eine Kellnerin beugt sich über einen Tisch, und ich stelle mir vor, wie ich ihn von hinten reinstecke. Sofort taucht mein altes Problem auf, daß ich sofortige Befriedigung suche und erwarte.

Sadomasochistische Phantasievorstellungen liegen mir fern. Ich mag keine Schmerzen. Mir ist es unerträglich, wenn mich jemand in die Brustwarzen kneift. Sobald ich Schmerz verspüre, verfliegt meine Lust. Für mich ist es auch eine zu große Erniedrigung, sagen wir, jemanden anzupissen. Dazu bin ich viel zu romantisch. Ich liebe das Machtgefühl, wenn ich jemanden ficke. Darüber hinaus aber will ich keinem Schmerzen zufügen.

Meine Phantasie dreht sich auch darum, daß ich einem wunderbaren Mann begegne, der durch eine Operation in eine Frau verwandelt wurde, trotzdem aber seinen Penis behalten hat. Einige meiner homosexuellen Freunde haben jüngsthin Frauen geheiratet. Darunter sind welche, die viel schwuler waren als ich. Anscheinend führen sie ein wundervolles Leben. Ich möchte an ihrer Stelle sein. Manchmal sehne ich mich nach Kindern. Ich möchte ein Mann und nicht mehr ein kleiner Junge sein. Ein Teil meines neuen Empfindens geht darauf zurück, daß ich mich von einem Psychiater analysieren ließ. Mein Doktor hat mir zu Versuchen mit Selbsthypnose geraten. Wir alle glauben, Produkte unserer Vergangenheit zu sein, konditioniert wie die Pawlowschen Hunde. Nun, man kann sich auch rekonditionieren lassen.

Eine meiner jüngsten Phantasien befaßt sich mit einem imaginären Namen, den zu tragen ich mir schon lange gewünscht habe. Bitte nennen Sie mich Nick August.

Für alle anderen Kapitel dieses Buches bekam ich Dutzende von Zuschriften. Das einzige Problem bestand darin, die repräsentativsten davon auszuwählcn. Beim Thema der Homosexualität war die Auswahl nicht so groß. Doch hielt ich es für richtig, diese wenigen Phantasieschilderungen vorzustellen. Ein so wichtiges Gebiet konnte nicht einfach ganz ausgelassen werden. Vor allem nicht angesichts des wachsenden öffentlichen Interesses an diesem Thema. Homosexualität dringt immer mehr ins öffentliche Bewußtsein. Ihre Anhänger sind nicht mehr nur Außenseiter der Gesellschaft.

Tommy

Ich bin erst sechzehn und sehr scharf. Mir ist wirklich völlig egal, mit wem ich es treibe. Doch bevorzuge ich Männer mit kräftiger Ausstattung. Ich möchte gern mal von einem gutaussehenden Mann, gleichgültig ob Weißer oder Neger, vergewaltigt werden. Wenn er nur gut aussieht und sehr männlich ist.

Wenn ich von einem Auftrag als Babysitter heimgehe, beginnt meine Phantasie zu arbeiten. Ich stelle mir vor, mir begegnet ein Kerl, der mich einfach packt und mit in seine Wohnung nimmt. Er zieht mich aus und überschüttet dabei meinen Körper mit Küssen. Dann lutscht er mich, bis mein Schwanz schön steif ist. Dann ruft er einige Freunde (drei) herein. Ich werde gefesselt, und sie alle machen sich über meinen Körper her. Der eine bläst mir einen, damit ich steif bleibe. Ein anderer betastet mich und küßt mich «französisch», wobei ich ekstatische Wonnen durchmache. Dann macht er sich über den ersten her, wobei die beiden anderen über mir knien. Einer hat meinen Kopf zwischen seinen Beinen, damit ich ihm den Penis lutschen kann. Der andere schiebt meinen harten Steifen in seinen Arsch und gleitet daran auf und ab. Sie küssen einander, bis derjenige, den ich lutsche, am Kommen ist. Der Mann, der auf meinem Schwanz reitet, nimmt dem anderen meinen Pint aus dem Mund, saugt ihn aus und spuckt den Samen über meinen Körper.

Philip

Ich bin siebzehn Jahre alt und zugleich hispanophil wie auch anglophil. In meiner Phantasie verwandle ich mich in einen hübschen jungen Mann mit Schnurrbart und einem wallenden Kinnbart. Zu Beginn befinde ich mich als Gast in London und nehme an einer Party teil. Dort werde ich einer schönen jungen Frau vorgestellt. Ich finde heraus, daß es sich um eine Herzogin handelt. Obendrein besitzt sie Geld und Landeigentum. Zugleich verwaltet sie die Güter ihres fünfzehnjährigen Stiefbruders. Sie lädt mich zu einer Hausparty auf ihren Landsitz ein. Ich nehme an. Bei meiner Ankunft werde ich einem betörend schönen Argentinier als meinem «Mann» zugeführt. Die Hausparty erstreckt sich über mehrere Wochen. Die Gäste kommen und gehen (einschließlich der Gastgeberin, die am Montag, Dienstag und Freitag in London an Sitzungen im Parlament teilnimmt).

Eines Tages komme ich in meine Gemächer (Wohnzimmer, Ankleidezimmer, Schlafkammer und Bad nebst einer Tür zu einem Geheimgang). Ich komme vom Schwimmen und finde meinen «Mann» vor.

«Manuel», sage ich auf spanisch, «komm mal her.»

«Ja, Sir?»

«Manuel, du bist ein sehr hübscher Bursche.»

«Wirklich, Sir?»

Ich ziehe ihn an mich und küsse ihn auf den Mund. Dabei entsteht ein kurzer Kampf. Ich ziehe ihm seine Livree und mir die Hose aus. Er wird zugänglicher, leistet aber immer noch Widerstand. Ich werfe ihn aufs Bett und schiebe ihm meinen Penis in den Mund. Er lutscht mich, knetet meine Hinterbacken und steckt mir einen Finger in den Anus. In diesem Augenblick platzt Ihre Ladyship nackt durch die Geheimtür herein und wirft sich auf mich, während ich immer noch auf Manuel «reite». Er ejakuliert, und ich auch. Ich löse mich aus seinem Mund und stoße in Ihre Ladyship, während sie Manuel bläst. Dann machen Ihre Ladyship und ich 69. Manuel kopuliert erst mit ihr und dann mit mir anal. Dann tauschen Manuel und ich die Plätze. Dann «doppeln» wir mit ihr – erst ich von vorn und Manuel von hinten, dann anders herum. Daraufhin bilden wir eine «Blumenkette» in verschiedenen Variationen.

Die Szene wiederholt sich mit unterschiedlichen Abläufen. Manchmal nimmt der Stiefbruder oder ein Gast Manuels Stelle ein. Manchmal wird Her Ladyship durch ein Dienstmädchen oder einen weiblichen Gast ersetzt. Manchmal treibe ich es mit dem Stiefbruder, während uns Manuel durch ein Loch in der Wand heimlich zusieht. Oder ich bin in der Geheimkammer, und Manuel macht es mit einem Jungen. Manchmal verführe ich gemeinsam mit Manuel den Jungen. Manchmal Manuel und dessen Stiefschwester, manchmal ... und so weiter.

Ein anderes Phantasiespiel besteht darin, daß ich mit einem Freund im Wald zum Camping bin. Wir baden und schwimmen in einem versumpfenden Teich. Ich komme aus dem Wasser (er ist schon draußen). Da gleite ich aus. Er fängt mich auf und hebt mich hoch. Der Kontakt zwischen unseren nackten Körpern bewirkt einiges. Anfangs halten wir uns nur umschlungen und küssen uns. Dann holt er die Vaseline aus dem Erste-Hilfe-Kasten. Während er meine Brust streichelt und mich am Nacken küßt, steckt er mir seinen Penis hinein. Seine Hände verlassen meinen Brustkasten. Er wichst mich, wobei ich ihm einen Finger hinten hineinstecke. Wir kommen beide. Nachdem wir eine Weile eng umschlungen gelegen haben, wiederholen wir alles noch einmal mit vertauschten Plätzen. Dann gehen wir wieder in den Teich. Wir lutschen und wichsen einander unter der Wasseroberfläche.

Red

Ich bin zwanzig und in den ersten Semestern auf der Uni. Ich bin mittelgroß, mittelschwer und von mittlerer Intelligenz. Ich halte mich selbst für häuslich, was die meisten meiner Bekannten bestätigen. Mein Penis ist klein und mißt weniger als fünfzehn Zentimeter. Wer ihn kennt, hält ihn allerdings für größer.

Während des letzten Jahres habe ich mich ausschließlich schwul betätigt. Ich wäre weniger schwul, hätte ich nicht solche Angst vor Frauen. Mit Männern ist leichter auszukommen. Meistens besteht die Begegnung im schnellen Lutschen und Ficken. Dabei spielen Gefühle keine Rolle. Frauen hängen von ihren Emotionen ab und zeigen tiefere Gefühle. Daraus wird womöglich eine Sache von Dauer anstatt des beabsichtigten «Quicky».

Wenn ich mich mit Männern abgebe, dann geht es nur um Sex. Frauen muß man immer erst näher kennen. Dann empfinde ich Schuldgefühle, wenn ich sie eigentlich nur vögeln wollte. Wenn sie sich ohne nähere Bekanntschaft bumsen läßt, halte ich sie für eine Hure. Für Huren aber empfinde ich Verachtung.

Gestern abend dachte ich über neue Phantasievorstellungen nach, bei denen ich masturbieren könnte. Dabei überdachte ich mein bisheriges Sexualleben und meine vielen Phantasievorstellungen wie auch die Ereignisse, die ihnen zugrunde liegen. Die erste Phantasie, deren ich mich erinnere, geht auf ein Erlebnis zurück, das ich im Alter von zwölf Jahren hatte.

Ich war auf einem Spielplatz nahe am Waldrand und spielte allein mit meinem Ball. Ältere Jungen aus den Oberklassen tauchten auf, nahmen mir den Ball fort und rannten damit in den Wald. Ich eilte ihnen nach, und sie umzingelten mich. Sie sagten, ich müsse ihre Pimmel lecken, sonst würden sie die Luft aus meinem Ball lassen. Ich wollte meinen Ball nicht zerstören lassen. Also kniete ich nieder und leckte ihre Pimmel. Danach ließen sie mich in Ruhe. Auf diesem Ereignis beruhen viele meiner Phantasievorstellungen.

Jahre später pflegten ein Klassenkamerad und ich uns gegenseitig zu masturbieren. Darüber empfand ich Schuldgefühle und bat ihn, diese scheußliche Sache zu vergessen. Ich habe ihn niemals wiedergesehen. Aber ich denke an ihn, wenn ich masturbiere.

Bald danach befreundete ich mich mit einem Mädchen aus der Klasse. Ich betastete ihre Brüste, aber weiter kam ich nicht mir ihr. Dies führe ich an zum besseren Verständnis dessen, was mir meine Phantasie vorgaukelt.

Zurück zu gestern abend. Aus diesen Gedanken erwuchsen mir zwei Phantasien – eine alte und eine neue.

Die alte: Ich finde mich in einem Gebäude mit vielen Menschen (männlich und weiblich), die ich gern betasten möchte. Um mein Verlangen zu stillen, schwenke ich den Hintern zweimal im Kreis und richte meinen Schwanz auf das Gebäude. Das versetzt alle Leute darinnen in erwartungsvolle Spannung. Dann betaste ich einige Leute, andere entkleide ich. Einige posieren gar mit anderen in sexuellen Stellungen. Damit endet das Phantasiespiel. Von so etwas träumte ich, als ich fünfzehn oder sechzehn Jahre alt war.

Die neuere Phantasie dreht sich um das oben erwähnte Mädchen. Es kommt in meine Studentenbude, und wir reden über alte Zeiten. Sie erinnert mich daran, daß ich schon mal auf ihr gelegen und ihren Busen betastet habe. Besonders eingehend beschreibt sie, daß ich dabei einen Ständer gehabt hätte, der sie seither jahrelang in ihrer Phantasie beschäftigt habe. Dann greift sie mir zwischen die Beine und befühlt meinen Schwanz. Er wird sofort hart. Sie reißt mir die Hose herunter, lutscht ihn und vergewaltigt mich.

Arthur

Ich bin fünfzehn und schwul. Das habe ich bisher niemandem anvertraut. Da Sie aber Anonymität zusichern, was habe ich zu verlieren? Tatsächlich ist es mir vollkommen egal, ob mich jemand für einen Schwuli hält ... ganz bestimmt werde ich nicht so tun, als bekäme ich jedesmal einen Steifen, wenn ich einen Büstenhalter sehe! Ich bin bestimmt nicht scheinheilig! Männer erregen mich – wenigstens sexuell. Merkwürdig, aber ich glaube nicht, daß ich Liebe für ein männliches Wesen empfinden könnte, wie es bei manchen Frauen der Fall ist. Sie wissen schon, so ein warmes, das ganze Sein erfüllendes Gefühl. Und dennoch erregen mich Mädchen nicht, wenn es um Sex geht. Hören Sie, bemühen Sie sich nicht um eine Psychoanalyse meiner Situation. Hören Sie sich lieber zunächst eine meiner sexuellen Phantasievorstellungen an.

Am meisten hingezogen fühle ich mich zu Jungen meines Alters, also Teenager, die ganz auf «cool» machen. Häufig stelle ich mir beim Masturbieren vor, ich sei mit allen diesen Burschen im Garderobenraum der Schule zusammen. Zuerst sticheln sie alle an mir herum und höhnen über «den dicken Kleinen». Dann ziehen sie mir die Hose herunter. Zum Schein wehre ich mich, schimpfe und fluche. Schließlich bleibe ich liegen und lasse mich entblößen. Natürlich habe ich eine riesige Erektion. Für einen Augenblick ist die Bande wie erschlagen. Sie stehen nur schweigend herum und starren meinen Ständer an. Einige der Jungen keuchen und schieben sich näher heran. Ich richte meinen Pimmel auf den hübschesten und reibe langsam daran. Er sieht sich nach den anderen um, die nur mit den Schultern zucken. Zögernd nimmt er meinen Penis in die Hand und beginnt ihn zu wichsen. Ich schließe die Augen und stoße ihm mit dem Becken entgegen. Dann ziehe ich ihn näher an mich und werfe ihm die Unterschenkel über die Schultern. Jetzt starrt er meine Eier und mein Arschloch an. Plötzlich übermannt ihn die Erregung, und er vergräbt sein Gesicht zwischen meinen Schenkeln. Dabei reißt er sich die Kleidung vom Leibe. Ich sehe, daß er einen flammend roten Ständer hat. Ich gehe auf die Knie und an seine Lenden. Brutal zwängt er mir seinen Penis in den Mund und hält dabei meinen Kopf fest. Ich sauge an ihm wie eine Melkmaschine und stecke ihm dabei einen Finger in den haarigen Hintern. Er erschauert, und ich fühle, wie mir sein heißes Sperma in den Rachen schießt. Endlich erschlafft sein Pint. Der Junge seufzt zufrieden.

Ich stehe auf und sehe, daß die anderen alle nackt sind und einander an den Eiern spielen. Ich mische mich unter die Menge und schiebe einem Jungen meinen Pint in den Hintern. Als ich zu pumpen beginne, hüpft er vor Wollust herum und spielt mit meinen Eiern. Ich lege meinen Spielgefährten auf eine Bank und reibe mit den Händen seine Oberschenkel. Er breitet die Beine vor mir aus, und ich drücke unsere Hoden aneinander. Dann wichsen wir uns gegenseitig. Kurz bevor es mir kommt, nimmt er meinen Pint in den Mund, und ich spritze hinein wie ein Geysir.

Diese Phantasie ist bisher nicht Wahrheit geworden – aber wer weiß?

Fritz

Ich bin ein homosexueller Junggeselle. Schon als Junge war ich schwul. Ich erinnere mich noch an mein erstes homosexuelles Erlebnis. Im Alter von zwölf Jahren lutschte ich am Schwanz eines gleichaltrigen Freundes. Ich mag gern Schwänze lutschen und liebe den Geschmack des hervorquellenden Saftes. Ich blase gern einen Mann und liebe es auch, einen Schwanz in meinem Hintern zu spüren. Mein Aftermuskel hat sich gedehnt. Ich kann ohne weiteres einen Pint von dreißig Zentimeter Länge aufnehmen.

Ich masturbiere sehr oft und schlucke dabei gern meinen eigenen Samen. Kein Tag vergeht, ohne daß ich den Saft schlucke. Ich mag nun mal gern Sperma schlürfen.

Als Soldat war ich in Deutschland stationiert. In einem Soldatenheim gab es eine Männertoilette, in der es ziemlich wild zuging. In der einen Wand war ein Lutschloch. Die Männer standen Schlange, um sich einen blasen zu lassen. Dort gab es auch einen Sergeanten. Er kam viermal in der Woche, um seine Ladung loszuwerden. Er lebte zusammen mit seiner Frau und drei Kindern. Ich habe ihn oft durch das Loch gelutscht und bin ihm dann in der Kaserne begegnet. Er hatte keine Ahnung, daß ich es war. In einer einzigen Sitzung habe ich es einmal auf fünfundzwanzig Schwänze gebracht, die ich lutschte. Dabei zählte ich nur diejenigen, von denen ich eine Ladung bekam. Manchmal schob so ein Kerl seinen Pint durch das Loch und zog ihn wieder zurück, bevor er seine Ladung losschoß. Ich sah gerne die Unterschiede in Größe und Stärke, beschnitten und unbeschnitten, und stellte die Unterschiede in der Menge des quellenden Samens fest.

Ich mache es gern mit verheirateten Männern. Nicht weit von meiner Wohnung entfernt befindet sich ein Einkaufszentrum. An Sonnabendnachmittagen gehe ich von einem Geschäft zum anderen, suche die Toiletten auf und setze mich an die Lutschlöcher. Viele verheiratete Männer, die sich mit ihren Familien auf dem Einkaufsbummel befinden, kommen herein, während Frau und Kinder im Laden sind. Sie stecken ihre Schwänze durch das Loch und schießen mir die Ladung in den Mund. Manchmal ist die Ausbeute nur gering. An anderen Tagen komme ich voll auf meine Kosten. Ich habe schon an manchem Sonnabendnachmittag meine zehn Ladungen bekommen. Es macht mir auch unheimlichen Spaß, einen Mann zu lutschen, und später sehe ich ihn auf dem Parkplatz wieder, wo er gerade mit seiner Frau ins Auto steigt.

Weil ich nun mal ein Schwanzlutscher bin, habe ich eine Gedankenvorstellung, von der ich mir wünsche, daß sie einmal Wahrheit wird. Ich vergleiche den Männersamen immer mit der Muttermilch aus einer Frauenbrust. Ich stelle mir vor, wie wundervoll es wäre, wenn hundert nackte Jungen zwischen dreizehn und fünfzehn Jahren mit prachtvollen Ständern aufgereiht dastünden. Ich möchte auf einem weichen Kissen knien, das auf einem laufenden Band liegen müßte. Das Band müßte vor jedem Jungen anhalten und mir Gelegenheit geben, den himmlischen Saft aus jedem Schwanz zu saugen. Ich würde sogar die im Schaft noch übriggebliebenen Tropfen herauslutschen, nachdem die Hauptmenge verspritzt worden ist. Dazu wünsche ich mir weitere hundert Jungen, die mich der Reihe nach in den Hintern ficken, während die Schwänze der anderen in meinem Mund stecken.

Joe

Mit meinen fünfzehn Jahren befinde ich mich mitten im Heranwachsen. Daß ich schwul bin, habe ich bisher für mich behalten mit Ausnahme eines Jungen, der bi ist. Ich habe nie darüber gesprochen, weil ich fürchte, daß man mich verspotten oder auslachen würde. Ich masturbiere einmal, zweimal, manchmal auch dreimal am Tag und tue es gern. Beim Wichsen phantasiere ich nicht sehr oft vor mich hin. Dafür um so mehr während des Tages in der Schule, daheim oder wo immer ich einem gutaussehenden Burschen begegne.

In meiner Phantasie taucht ein junger Kerl auf, den es überhaupt nicht gibt. Ich habe ihn mir ausgedacht. Es fängt damit an, daß ich in einen Sportverein gehe (ich gehöre keinem an), wo allerlei athletischer Quatsch getrieben wird. Ich soll am Schwimmen teilnehmen. Deshalb gehe ich in den Umkleideraum. Dort befindet sich nur ein etwa dreißigjähriger Mann. Er ist stark und wunderbar gebaut, von der Sonne tief gebräunt. Wir entkleiden uns. Bald kann ich sehen, daß er überall gleichmäßig braun ist. Das macht mich scharf. Sein Brustkorb ist gerade richtig behaart, nicht zuviel und nicht zuwenig. Er zieht Schuhe und Socken aus. Dann greift er nach dem Hosenbund. Dabei läßt er sich Zeit. Ich bin halb verrückt, versuche jedoch, es ihn nicht merken zu lassen. Langsam zieht er die Hose über die schönen Beine herunter, ganz zu schweigen von dem, was sich in der Unterhose verbirgt. Er trägt sehr knapp sitzende Dreieckhöschen. Himmel, wie er die ausfüllt! Inzwischen hat er von mir Notiz genommen, vor allem von meiner Unterhose, die spitz nach vorn ragt. Er hat ein kleines Lächeln für mich übrig. Aber das genügt nicht, um mit ihm anzubandeln. Allerdings erscheint mir sein Dreieckhöschen etwas voller als vorher. Plötzlich dreht er sich um, gerade als die letzte Hülle fallen soll. Es sieht so aus, als wolle er mich triezen. Der Augenblick, auf den ich gewartet habe, ist vergangen. Wie zur Entschädigung für entgangene Freuden zieht er die Unterhöschen von einem mir zugekehrten hübschen, runden Hintern. Ganz langsam wird er entblößt. Himmel, was für ein Arsch! Perfekt in der Form und ganz glatt. Auch sein Hintern ist sonnenbraun wie sein übriger Körper. Einfach toll! Mein Pint ist so dick und steif, wie er nur werden kann.

Ich folge ihm in die Duschräume. Sein Pint wird langsam größer und steifer. Ich halte es nicht mehr aus! Er wäscht sich und benutzt dabei ein Seifenstück (wie gern würde ich ihn einseifen, wenn er mich nur dazu aufforderte). Er beginnt an seinem behaarten Brustkasten und wäscht sich langsam bis zu den Lenden hinunter. Während er seinen Schwanz wäscht, wird dieser noch größer und steifer. Bis er seine volle Länge und Festigkeit erreicht hat. Ich folge ihm hinaus zum Schwimmbecken. Wir sind beide nackt. Mit einem eleganten Sprung fliegt er ins Wasser. Außer uns ist niemand da. Wir schwimmen umher. Ich bewundere seine langen, graziösen Züge. Er folgt mir. Wie zufällig werde ich langsamer, bis wir Seite an Seite schwimmen. Ich sehe, daß sein wundervolles Glied immer noch steif ist. Wir schwimmen zum flachen Teil des Beckens, bis das Wasser nur noch etwa einen Meter tief ist. Wir hören auf zu schwimmen und stehen auf. Da kommt er auf mich zu, packt und umarmt mich. Wir liebkosen uns. Ich mime ein wenig Widerstand und gebe dann nach. Ich spüre seinen riesigen, warmen Pint neben meinem. Uns immer noch eng umschlungen haltend, bewegen wir uns zum Rand des Beckens und steigen heraus. Unter der

Dusche spülen wir uns kurz ab und sind bald wieder in der Umkleidekabine. Dort fange ich an, seinen Schwanz zu streicheln und zu reiben. Ich lecke und lutsche an ihm. Das gefällt ihm. Dann streichelt er mich lange Zeit. Er leckt mich überall, und das macht mich wild. Schließlich lutscht er an mir. Dabei fährt er an meinem Pint auf und ab. Seine Zunge umspielt mit schnellen Bewegungen meine Eichel. Da lasse ich mich gehen. Ich komme und verspritze mehr Saft als jemals zuvor.

Ich bleibe ein paar Minuten erschöpft liegen, bis ich sehe, daß er immer noch so steif ist wie vorher. Er führt mich wieder unter die Dusche, wo er mich und sich einseift. Dabei streichelt er wieder meinen Schwanz. Schließlich dreht er mich herum, schiebt mir seinen Pint in den Hintern, bewegt sich darin ein wenig hin und her. Das fühlt sich großartig an. Dann zieht er ihn heraus und läßt mich bei sich das gleiche tun. Wie ich das genieße! Ich ziehe meinen Pint heraus und lutsche seinen, bis er in meinem Mund kommt und kommt. Er tut noch etwas Seife auf seinen Pint, geht hinaus und legt sich mit dem Gesicht nach unten auf sein Badetuch. Ich ficke ihn zwischen die Hinterbacken, bis ich noch einmal komme – und wie! Er legt mich mit dem Gesicht nach oben auf das Tuch. Sein seifiger, riesiger Schwanz verschwindet dicht unterhalb meiner Eier, und er sagt mir, ich solle die Beine fest zusammenpressen. Er bewegt sich auf und ab. Dabei reibt er meine Eier. Seine Stöße werden stärker und schneller. Ich bin wild vor Geilheit. Ich kann nicht mehr an mich halten und sage ihm, daß es mir gleich noch einmal kommt. Er stößt heftiger und schneller! Da erreichen wir beide gemeinsam einen himmlischen Orgasmus. Wir liegen noch ein paar Minuten beieinander und geben uns tiefe Zungenküsse. Endlich stehen wir auf und ziehen uns an. Er sagt, ich sei großartig gewesen. Er gibt mir seine Adresse und verabschiedet sich.

Wenn ich jemals einem solchen Mann begegnete, ganz gleich wo, würde ich nur zu gern diese Phantasievorstellung Wirklichkeit werden lassen. Bestimmt gibt es viele Leute wie mich, die meine Schilderung gern lesen würden. Wenn ich nur ihre Bekanntschaft machen könnte.

Die meisten Psychiater betrachten Homosexuelle nicht mehr als pathologische Fälle. Doch meinen sie, Homosexualität sei nichts anderes als die psychologische Fixation einer frühen Entwicklungsphase. Wer sich auf oralen oder analen Verkehr versteift, muß nicht unbedingt schwul sein. Umgekehrt ist es fast immer der Fall – wenn jemand schwul ist, bedeuten ihm orale oder anale Kontakte den Himmel auf

Erden. Die Tatsache, daß sadomasochistische Züge im Leben eines Schwulen eine große Rolle spielen, wird als weiterer Beweis dafür gewertet, daß die Homosexualität in frühesten Kindheitserlebnissen wurzelt. Sie wird zurückgeführt auf die von der Mutter durch Schläge auf den Hintern, Disziplin und Strafen ausgeübte Herrschaft. Auch Einzelheiten über die körperlichen Ausscheidungen mögen eine Rolle spielen.

Homosexuelle behaupten ihrerseits, sie gäben gewissen sexuellen Möglichkeiten unter vielen den Vorzug, sofern sich die Gelegenheit dazu bietet. Stimmt, sie konzentrieren sich auf Mund und Anus. Das beruhe aber nur auf der Tatsache, daß «man sich phantasievoll mit dem beschäftigen muß, was man nun einmal hat». So erklärte es mir ein Homosexueller. «Eine Körperöffnung ist so ‹natürlich› und erotisch wie die andere. Wenn dem nicht so wäre, würde niemand sexuelles Vergnügen daran finden, einen Mann am Penis zu lutschen und sich einen Pint in den Hintern schieben zu lassen. Zum Teufel, sogar Frauen empfinden so.»

Es gibt halt viele Auswahlmöglichkeiten im Leben.

18. Die Transvestiten

Manche Transvestiten sind schwul, andere nicht. Daß ein Mann Vergnügen dabei empfindet, sich als Frau zu verkleiden, ist weder nach der einen noch nach der anderen Seite hin ein Beweis.

Der weiblich empfindende Homosexuelle sieht keinen Sinn darin, sich als Frau zu kleiden, sofern er sich in solchem Aufzug nicht öffentlich sehen lassen kann. Der wahre Transvestit ist damit zufrieden, sich selbst in Frauenkleidern zu sehen. Selbst wenn er dabei ganz allein im Schlafzimmer ist, erlebt er wonnevolle Erregungszustände. Manche Männer fürchten den Augenblick, da irgendwer – selbst die vertraute, geliebte Ehefrau – dahinterkommen könnte. Doch scheint Verkleiden so unendliches Vergnügen zu bereiten, daß ich bisher von keinem Transvestiten gehört habe, der seine Phantasievorstellungen nicht wenigstens in gewissem Umfang verwirklicht hätte.

Joe

Ich ziehe mich gern wie eine Frau an. Zunächst rauche ich ein wenig Haschisch, um die Hemmungen loszuwerden. Dann ziehe ich Damenstrümpfe mit Hüftgürtel (schwarz mit rotem Besatz) an, ferner einen Büstenhalter, den ich mit Socken ausstopfe, um Fülle vorzutäuschen. Dazu gehören auch Spitzenhöschen, ein Unterrock und ein hübsches schwarzes Kleid. Das Kopfhaar trage ich sowieso lang. Ich lackiere mir gern Finger- und Zehennägel. Ich bin sehr schlank. Meine Beine und mein Hintern wirken feminin. Zum Schluß etwas Make-up, und ich sehe aus wie eine Frau. Ich blicke in den Spiegel und bekomme gewöhnlich einen Ständer. Das rührt von den weichen Höschen her und davon, daß ich mich auf einmal so hübsch finde. Ich nehme ein Kissen und stopfe es zwischen Schwanz und Bauch in die Höschen, so daß sich mein Penis an dem Nylonstoff reiben kann. Ich lege mich aufs Bett und ficke das Kissen, wobei ich etwa folgendes träume:

Ich sitze in einem breiten Sessel, der an Stricken über einem nackten Mann hängt, der unter mir auf Kissen auf dem Fußboden liegt. Der Sitz des Sessels besteht aus einem Segeltuchbezug, der in der Mitte ausgeschnitten ist. Mein Kleid ist hochgeschoben, und ich bin an den Sessel gefesselt. Ich sitze mit übergeschlagenen Beinen. Mein in den Slip gehüllter Hintern hängt durch das Loch im Sitz nach unten, wo ein zwanzig Zentimeter langer schwarzer, knochenharter Ständer auf mich wartet. Man zeigt mir, wie der Sessel an den unter der Zimmerdecke durch Rollen geführten Stricken auf und ab bewegt werden kann. Man vollführt ein Spiel mit mir, bei dem ich Fragen beantworten muß. Wenn ich eine falsche Antwort gebe, muß ich mich an den Stricken ein paar Zentimeter weiter nach unten gleiten lassen. Begonnen wird in einer Höhe von einem Viertelmeter über dem wartenden Pint.

Wie zu erwarten, werden mir schwierige Fragen gestellt. Rollen und Stricke knirschen, während ich meinen Hintern Stück um Stück der meiner harrenden Entwürdigung nähere. Einer richtigen Antwort folgt eine falsche. Ich werde damit in quälerischer Weise hingehalten, daß jemand den Sessel in schwingende Bewegung versetzt. Mein Anus streift über die Spitze des mir entgegengereckten Penis hin und her. Von unten greifen schwarze Hände herauf, die mein Höschen so beiseite schieben, daß mein Hintern nun völlig nackt durch das Loch im Sitz nach unten hängt. Ich kann es kaum glauben, aber beim nächsten Absenken um einige Zentimeter stößt der mit Vaseline eingefettete Pint gegen mein Arschloch. Die Fragen werden immer schwieriger. Der unter mir liegende Mann umfaßt mit den Händen meine Hinterbacken, während sein Penis eindringt. Ich verspüre Stiche wie von tausend Nadeln, als die Eichel meinen Schließmuskel weitet. Um das Vergnügen zu steigern, hält ein Mann einen Spiegel so, daß ich sehen kann, wie der Pint unter mir Zentimeter um Zentimeter in mich eindringt. Endlich berühren seine Hoden meinen Hintern. Der Mann stöhnt. Nun steckt sein Glied ganz in mir drin.

Dabei habe ich seltsame Empfindungen. Schmerz und Wollust überwältigen mich. Ich komme mir schlecht vor, weil ich mich habe in diese Situation bringen lassen. Die anderen lachen höhnisch, während ich ein wenig hochgezogen und wieder herabgelassen werde. Ich beobachte im Spiegel, wie der Penis ein- und ausfährt. Die schwarzen Kerle beschimpfen mich als Schwuli, Homo und Arschficker. Der unter mir liegende Mann nennt mich eine heiße Hündin. Ich spüre, wie mir sein Vogel dicke weiße Sahne ins Rectum schießt. Der Spiegel zeigt mir, daß er mich immer noch fickt. Weißes Zeug quillt aus meinem Hintern über seinen Schwanz in die Schamhaare. Es schmatzt, wenn er sich in mir bewegt. Nach ein paar Minuten wird der Sessel mit mir darin hochgezogen. Der schlaff gewordene Penis gleitet aus mir heraus.

Während dieses Phantasiespiels ficke ich mein Kissen. Sobald es mir kommen will, benetze ich den Penis mit Speichel oder ich fette ihn mit Vaseline ein, ehe ich ihn mit einem Überzieher versehe. Dann pumpe ich weiter bis zum Orgasmus. Das Ganze ist eine nette Abwechslung, wenn man zu schüchtern oder sonstwie nicht dazu in der Lage ist, einen richtigen Kontakt zu finden.

George

Als ich zehn Jahre alt war, herrschte Krieg, und alles war knapp. Ich besaß nur wenige Unterhosen. Eines Tages entdeckte ich nach dem Baden, daß alle schmutzig waren. Da ich mit der Familie ausgehen sollte, schlug meine Mutter vor, ich sollte ein Höschen meiner Schwester tragen, bis sie am nächsten Tag meine Sachen waschen konnte. Soweit ich mich erinnere, vermittelten mir diese rosa Höschen ein angenehmes Gefühl. Ich trug sie gern. Das gestand ich aber niemandem ein, außer mir selbst. Dann vergaß ich dieses Erlebnis für eine Reihe von Jahren.

Als meine Frau einmal für einen Monat ins Krankenhaus mußte, befand ich mich allein in unserer Wohnung. Meine Frau hatte mich gebeten, die Wäsche zu machen und ihr sauberes Unterzeug ins Krankenhaus zu bringen. Als ich so mit ihren Schlüpfern und anderer Unterwäsche hantierte, fiel mir ein, daß ich als Junge mal ein Höschen meiner Schwester angehabt hatte. Nachdem ich mich völlig entkleidet hatte, zog ich einen Slip meiner Frau an. So angetan, versah ich die Wäsche und hatte dabei eine Erektion. Deshalb masturbierte ich in den Slip.

Von da an zog ich bei jeder Gelegenheit, wenn ich allein in der Wohnung war und keine Entdeckung zu befürchten hatte, ein Höschen meiner Frau an, um darin zu masturbieren. Dabei sehnte ich den Tag herbei, da ich mit meiner Frau über meine Vorliebe für ihre Unterwäsche reden konnte. Ich wollte so gern, daß sie an meinem Vergnügen Anteil hätte. Mein Wunsch wurde mir erfüllt.

Vor einigen Jahren setzte ich ein wenig Gewicht an. Wenn ich zu enge Pullover trug, sah man meinen Bauch vorquellen. Meine Frau sagte mehrfach im Scherz, sie wollte mir einen Hüftgürtel verpassen, wenn ich meinen Bauch nicht besser einziehen könnte. Eines Tages tat mir der Rücken weh, weil ich stundenlang auf den Füßen gewesen war. Meine Frau massierte mich und meinte dabei, sie hätte vom Stehen weniger unter Rückenschmerzen zu leiden. Der Hüftgürtel helfe ihr, weil so der Rücken mehr Halt bekäme. Da fragte ich sie, ob sie es komisch finden würde oder ob es ihr nichts ausmachte, wenn ich mal einen ihrer Hüftgürtel ausprobierte, um meinen Rücken zu stützen. Sie fand nichts dabei und gab mir sofort einen ihrer Hüfthalter, den ich am folgenden Tag trug. Meine Rückenschmerzen schwanden, und ich fühlte mich wohl darin. Zugleich kam mir die Idee, daß es hübsch wäre, wenn meine Frau genau den gleichen Hüfthalter anziehen würde.

Eines Tages waren wir zum Einkaufen in einem Warenhaus. In der Abteilung für Unterwäsche fragte meine Frau, ob wir nicht für mich einen eigenen Hüftgürtel kaufen sollten. Wenn ihrer meinem Rücken eine Stütze sei, könnte ich ebensogut einen eigenen benutzen. Zu jener Zeit kamen die sogenannten Unisex-Unterhosen für beide Geschlechter auf den Markt. Ich kaufte einige Paare. Sie saßen besser und ließen sich unter dem Hüfthalter bequemer tragen. Meine Frau war damit nicht einverstanden und meinte, diese Dinger sähen zu sehr nach Schlüpfern aus, weil sie keinen Schlitz hätten. Ich sah darin keinen Hinderungsgrund und zog in Gegenwart meiner Frau einen ihrer Schlüpfer an, um es ihr zu beweisen. Abermals machte sie Einwendungen und verlangte, daß ich den Schlüpfer sofort ausziehen sollte. Im Bett diskutierten wir dann darüber, daß manche Männer gern Frauensachen anziehen, genauso wie sich viele Frauen in Männersachen wohl fühlen. Sie meinte, daß nur homosexuelle Männer in Frauenkleidung herumliefen. Ich versicherte, daß das auf mich keinesfalls zutreffen könne und daß ich überhaupt nicht daran dächte, mich homosexuell zu betätigen. Da war sie beruhigt. Das Thema war erledigt.

Einige Monate später gingen wir gemeinsam ins Badezimmer, nachdem wir uns eine Stunde oder auch zwei mit Liebesspielen und Geschlechtsverkehr vergnügt hatten. Wir duschten uns gegenseitig ab. Beim Ankleiden stellte ich fest, daß ich meine Unterhose vergessen hatte. Ich bat meine Frau, mir eine zu holen. Zu meiner freudigen Überraschung kehrte sie mit ihrem Höschen aus rotem Spitzennylon zurück, das sie bis zu diesem Abend getragen hatte. Das war ein tolles

Gefühl nach all den Jahren heimlichen Masturbierens in ihren Schlüpfern! Nun trug ich in ihrer Gegenwart ein rotes Spitzenhöschen, und wir masturbierten gemeinsam meinen Penis.

Eines Tages klagte ich über meine rasch ermüdenden Beine. Wir sprachen über die Möglichkeit, elastische Stützstrümpfe zu tragen. Ich kaufte mir ein Paar knielange Strümpfe dieser Art. Aber sie schienen nicht zu helfen. Meine Frau schlug vor, ich sollte elastische Stützstrumpfhosen anziehen, wie sie von Frauen getragen werden. Wir besorgten ein Paar dieser das Gewebe massierenden Strumpfhosen. Meine Frau zeigte mir, wie man dergleichen anzieht. Aber meine Unterhose bildete darunter Falten. Das war unbequem. Doch erwiesen sich die Elastic-Strumpfhosen wirklich als hilfreich. Also zog ich am nächsten Tag einen Damenslip darunter, wie ich ihn seither ständig trage.

Zwischen meiner Frau und mir herrscht große Liebe. Wir führen ein abwechslungsreiches Sexualleben. Wir mögen oralen Sex, Masturbation, regulären Verkehr und ein langes Vorspiel. Wir baden und duschen gemeinsam, wie wir es seit Beginn unserer Ehe immer gehalten haben. Wir sind jetzt beide zweiundvierzig Jahre alt und seit zwanzig Jahren verheiratet. Wir haben drei Kinder. Wir sind glücklich. Unsere Kinder wissen, daß ich wegen meiner Beine Strumpfhosen tragen muß. Auch meine Eltern und einige Bekannte wissen davon. Wohin mich mein Hang zum Transvestitentum noch führen wird, weiß ich nicht. Ich wünsche mir, daß mich meine Frau eines Tages mit Büstenhalter, Unterkleid, Schlüpfern, Strumpfhose, Korsett, Bluse und Rock ankleidet. Dazu wünsche ich mir Perücke, Lippenstift, Lidschatten und alles, was sonst noch dazugehört.

Donald

Ich habe mir soeben die Nase gepudert und das Make-up an meinen Augen in Ordnung gebracht. Auch mein Schlüpfer und das elektrostatisch nicht anhaftende Unterkleid sitzen richtig. Also bin ich zu einem Pläuschchen bereit.

Ich komme gerade aus einem vornehmen Kosmetikladen, wo ich Elizabeth-Arden-Nagellack und dazu passenden Lippenstift eingekauft habe. Die Verkäuferin, die mich dort bediente, hatte ebenfalls wunderbar lange, hinreißende Fingernägel. Wir plauderten über unterschiedliche Nagelpolituren und verglichen Länge und Farbe unserer

Fingernägel. Wir waren beide der Ansicht, daß die künstlichen Nägel aus den modernen Kosmetiksalons sehr schön sind und keinesfalls belächelt werden dürfen.

Heute vormittag war ich zuerst im Kosmetiksalon, wo mir eine wunderhübsch angezogene Dame die Fingernägel herrichtete. Sie sind hübsch geworden. Man sieht es beim Schreiben sehr deutlich. Danach war ich in einem erstklassigen Schuhladen, wo ich ein Paar Pumps mit Holzabsätzen erstand. In diesen Schuhen fühlte ich mich wie in einer anderen Welt, als ich um elf Uhr die Hauptstraße hinunterging. Der Rock wisperte an meinen frisch rasierten Beinen. Meine lange schwarze Perücke wehte mir um den Nacken. Mein aufreizender Gang zog wie immer viele Blicke auf mich. Was für Spaß das macht! Ich führe die Welt an der Nase herum. Jawohl, ich bin Transvestit. Nichts macht mir mehr Spaß, als mich haargenau nach Frauenart zu kleiden. Meine Frau näht mir gerade einen neuen Rock und eine Bluse. Das Material dafür ist fabelhaft.

Wenn ich nicht in Frauenkleidern stecke, bilde ich mir wenigstens ein, es sei so. Man kann wohl behaupten, daß ich meine Phantasievorstellungen auslebe.

Lloyd

Ich würde gern eine Phantasie beisteuern, die sich bei mir wiederholt. Dabei geht es um die Verkleidung als Mädchen. Die Vorstellung davon erregt mich. Meistens masturbiere ich dabei.

Ich bin zwölf Jahre alt und besuche eine kleine Privatschule. Die Direktorin ist eine dicke, großmütterliche Frau. Eines Tages diskutieren wir in der Klasse über sexuelle Stereotypen. Wir vergleichen Knaben- und Mädchenspiele und andere geschlechtstypische Dinge. Da platzt einer der Jungen damit heraus, daß er gern nähen lernen würde. Ich sympathisiere mit diesem Wunsch. Ich würde gern sogar Mädchenkleider nähen. Aber die anderen Jungen bespötteln diesen Mitschüler und machen ihn lächerlich. Die Direktorin, der es ja gerade darum ging, uns die stereotypen Rollen auszureden, ist darüber nicht gerade erfreut. Aus Angst vor den anderen beteilige ich mich an der Spötterei.

Am nächsten Tag verkündet die Direktorin, daß die Jungen ab sofort am Hauswirtschafts- und Nähunterricht der Mädchen teilzunehmen haben. Überdies habe jeder Junge als Leistungsbeweis einen rund und voll geschnittenen Rock anzufertigen. Die Mädchen sollen die fertigen Arbeiten begutachten. Den Abschluß soll eine Modenschau bilden, bei der die Jungen ihre Erzeugnisse vorzuführen haben. Unnötig zu sagen, daß die Jungen Protest erheben. Nach und nach räumt die Direktorin alle Bedenken aus und sagt sogar: «Ich wette, daß viele von euch schon mal mit dem Gedanken gespielt haben, einen Rock anzuprobieren, nur um herauszufinden, wie man sich darin fühlt. Ihr wollt es nur nicht zugeben. Wer schon einmal mit diesem Gedanken gespielt hat, möge die Hand heben.» Zögernd geben die meisten Jungen zu, daß sie hin und wieder gewünscht haben, einmal einen Rock anzuziehen.

Bald ist die Klasse mit Feuereifer bei der Arbeit. Die Jungen sind begeistert. Sie finden, daß Nähen Spaß macht, und wollen die Mädchen darin übertreffen. Ich stelle sie mir gern vor, wie sie an ihren Röcken nähen und die Arbeiten untereinander vergleichen. Schließlich folgt die Anprobe vor dem Spiegel, um die richtige Länge festzulegen. Sie kichern und erröten dabei, genau wie es die Mädchen machen.

Endlich kommt der große Tag. Die im Hauswirtschaftsunterricht angefertigten Sachen sollen vorgeführt werden. Als besondere Überraschung hat die Schulleiterin mit Rüschen besetzte Unterröcke mitgebracht. Einige Jungen entschließen sich dazu, auch diese anzuziehen. Zunächst kommen sich die Jungen sehr befangen vor, als sie so vor den anderen auftreten sollen. Bald gewöhnen sie sich daran und bewegen sich ganz natürlich. Einige Röcke werden lobend erwähnt und von den Mädchen mit hohen Zensuren bewertet. Anschließend findet bei Limonade und Kuchen eine Party statt, bei der es sehr lustig zugeht. Ich amüsiere mich ganz besonders gut. Ich wage es sogar, einen weit schwingenden Pettycoat zu tragen, den ich mir von einem der Mädchen ausgeliehen habe. Dazu trage ich hochhackige Schuhe, und niemand macht mich darob lächerlich.

Ganz bestimmt würden meine Eltern meinen, daß ich einmal schwul werde, wenn sie wüßten, wie gern ich Röcke und Pettycoats anziehe. Das spürte ich schon, als ich noch ganz klein war. Da schlich ich mich auf den Dachboden und probierte Mamas alte Röcke und Kleider an.

Ich begreife nicht, warum man nicht anziehen soll, was einen glücklich macht, ohne deshalb gleich als «homosexuell» oder sonstwas abgestempelt zu werden. Wenn ich wirklich eine bisexuelle Ader in mir habe, so wird sie doch nur durch den gesellschaftlichen Druck unterstrichen, der eine Vorliebe für Verkleidungen mit Sachen des anderen Geschlechtes als «schwul» hinstellt. Hätte man mein Verlangen hinsichtlich der Bekleidung einfach hingenommen als etwas, das ich tun kann, ohne mich lächerlich zu machen oder gar eingesperrt zu werden, wäre ich in sexueller Hinsicht bestimmt viel «normaler». Allerdings klingt diese Feststellung ziemlich unsinnig.

Wenn man den Homosexuellen ihre Rechte zuerkennt, dann sollte man es auch männlichen Wesen mit einer Vorliebe für Kleidungsstücke des anderen Geschlechts selbst überlassen, ob sie ihr Leben auf schwul oder normal ausrichten. Dieses Recht sollte ihnen zustehen.

Wenn ein Mann seine Neigungen zum Transvestitentum in der Privatsphäre des eigenen Heims auslebt, kann das über Jahre (oder ein ganzes Leben lang) gutgehen. Niemand entdeckt sein Geheimnis. Tatsächlich sind solche Männer oft treusorgende Musterväter. Meistens haben diese Transvestiten auch noch hohe Idealvorstellungen von dem, was ein Mann zu leisten habe. Sie sind deshalb vorzügliche Versorger ihrer Familien. Dabei übernimmt sich mancher bis zu einem Punkt, da er sich sagt, er habe nun wirklich ein paar Stunden «Urlaub» vom harten Daseinskampf unter Männern verdient. In Weiberkleidung erholt er sich davon.

19. Neid auf Brust und Vagina

Die Debatte über die Bedeutung des Penisneides – ein Begriff aus den frühen Anfängen der Psychoanalyse – ist immer noch im Gange. Die orthodoxen Freudianer glauben, daß die Frauen im Unterbewußtsein fürchten, zu kurz gekommen zu sein: Sie wollen ihren Penis wiederhaben, dessen sie in einer geheimnisvollen Vergangenheit beraubt worden sind. Zum Beispiel führt man an, daß Frauen gern ihr eigenes Geschlecht herabsetzen, daß sie dem Mann Konkurrenz machen und häufig ein negatives Selbst-Image haben.

Neuerdings nimmt man die Sache nicht mehr so ganz wörtlich. Das männliche Organ wird als Symbol der Macht angesehen, mit welcher der Mann ausgestattet wurde, um unsere Gesellschaft zu beherrschen. Frauen haben nichts gegen ihre Vagina. Sie haben nur etwas dagegen, daß dieses Organ als Abzeichen ihrer Unterlegenheit hingestellt wird.

Dem parallelen Phänomen, wonach Männer nämlich den Frauen Brüste und Vagina neiden, wird wenig Beachtung geschenkt. Es erscheint nachgerade als lächerlich, wenn in unserer männlich beherrschten Welt ein Mann sich Teile der weiblichen Anatomie zu haben wünscht. Psychoanalytiker berichten, daß Frauen oft davon phantasieren, einen Penis zu besitzen. Männer, die gern Brüste oder eine Vagina haben möchten, treten nur selten auf. Wenn eine Frau sich einen Penis erträumt, dann sehnt sie sich nach Macht und Stärke. Wenn ein Mann träumt, er habe eine Vagina, dann verliert er Macht und Kraft.

Alex

Ich schreibe dies zugleich im Namen meiner Frau. Meine Frau ist zwanzig, ich bin einundzwanzig Jahre alt. Seit zwei Jahren sind wir verheiratet. Wir haben ein oft geübtes gemeinsames Phantasiespiel, bei dem wir unsere Sexualorgane austauschen. Sie stellt sich gern vor, sie haben einen langen, dicken Schwanz, mit dem sie meine Möse bis in die Tiefe ausfüllt, um mir damit das gleiche Vergnügen zu bereiten, das ich ihr verschaffe. Inzwischen bilde ich mir ein, ich hätte eine heiße, nasse Pussy, die nur darauf wartet, einen Pimmel in sich aufzunehmen. Das erregt uns beide sehr stark. Oft nennt sie mich eine schwanzlutschende Möse, während ich ihr schildere, was für einen dicken, zuckenden Pint sie hat. Dann kommen wir gleichzeitig und sind im siebenten Himmel.

Bernhard

In einigen meiner Phantasievorstellungen sehe ich mich als weibliches Wesen. Ich glaube, gerade darin liegt einer der besonderen Reize, daß man in seiner Phantasie männliche und weibliche Rollen vertauschen kann. Irgendwie leide ich unter «Pussy»-Neid. Ich finde die weibliche Anatomie so wunderschön. Überdies bewundere ich den Mehrfachorgasmus, dessen sich so viele Frauen erfreuen können.

Ich war einmal für kurze Zeit mit einer Frau befreundet, die an Sex mehr und öfter Freude hatte, als ein Mann zu leisten vermag. Vier oder fünf Stunden lang ließ sie sich lecken, ficken und masturbieren, bis ich so erledigt war, daß ich einfach nicht mehr konnte. Da lag sie dann und masturbierte selbst weiter, wobei es ihr immer und immer wieder kam. Als ich das zum erstenmal bei ihr erlebte, hielt ich es für das erregendste Erlebnis meines Lebens. Obwohl ich bereits fünf- oder sechsmal gekommen und so schlapp war, daß ich kaum mehr gehen konnte, bekam ich, als ich ihr zusah, eine erneute Erektion, masturbierte und kam noch einmal. Sie lag da, ließ sich durch nichts stören, hielt die Lider geschlossen und war eifrig damit beschäftigt, mit dem Mittelfinger in ihrem Loch hin- und herzufahren. Dabei rieb sie mit der flachen Hand an ihrer Klitoris, während sie mit den Fingern der anderen Hand an ihren Brustwarzen spielte. Sobald ein neuer Höhepunkt nahte, stöhnte sie leise: «Oh, nein – oh, nein.» Daraus wurde schließlich ein gutturales Grunzen. Sie streckte die Beine aus und spannte den Körper in einem neuen Orgasmus. Ihre Beine spreizten sich wieder, der Körper entspannte sich, und alles begann von vorn. Ich weiß nicht, wie lange sie so weitermachen konnte. Ich zog mich leise an und ging, während sie immer noch mit sich selbst beschäftigt war und mein Weggehen offenbar nicht wahrnahm. In einer meiner schönsten Phantasievorstellungen wünsche ich mir, ich wäre sie.

Natürlich kann ich nicht laufend kommen wie sie. Aber ich habe eine Technik entwickelt, mich bis an den Rand des Orgasmus zu bringen. Ich lasse es nur einmal zucken und dann wieder vergehen, um immer wieder viele Male hintereinander den gleichen Punkt zu erreichen. Das kann ich eine beträchtliche Zeit durchhalten. Ich lasse nur einen oder zwei Tropfen kommen und fange wieder von vorn an. Wenn ich es nicht mehr aushalten kann, erlebe ich einen hinreißenden Orgasmus. Dann ist es wunderbar, wie in einem Nachglühen schwerelos dazuliegen, ohne einen Muskel zu rühren, und allmählich in Schlaf zu versinken, wobei ein neues Phantasiebild an die Stelle des ersten tritt. In diesem Phantasiespiel kann ich so aufgehen, daß sogar meine Brustwarzen sexuell sensitiv werden. Der Klang meines eigenen Stöhnens «Oh, nein!» erregt mich immer von neuem dabei. Wenn ich meinen Penis erst einmal in den richtigen Zustand versetzt habe, bedarf es nur eines ganz leichten Reibens an der Eichel, um ihn darin zu halten. Dann kann ich mir ganz leicht vorstellen, daß ich an meiner Klitoris reibe. Bei dieser Phantasie wird nicht mit dem Pint in der Faust masturbiert, sondern ich reibe meinen Kitzler.

Auf dem Gebiet des Rollentauschs macht meine Frau etwas, das uns beiden großartige Gefühle verschafft. Wenn wir vögeln, wobei sie oben liegt, übernimmt sie manchmal die männliche Rolle. Das heißt, ich mache die Schenkel breit, sie hält ihre Beine dazwischen geschlossen und fickt mich. Obwohl wir niemals darüber gesprochen haben (das ist nicht nötig, und ich möchte nicht den magischen Zauber für uns beide aufs Spiel setzen), bin ich sicher, daß ich dabei in ihrer Vorstellung eine Frau bin. Jedoch weiß ich nicht, ob sie sich dabei als Mann empfindet oder als Frau, die es mit einer anderen treibt. Das ist mir im Grunde auch gleichgültig. Denn ich kann sie mir je nach Lust und Laune für mich selbst als beides vorstellen. Ich weiß nur, daß sie die beherrschende Rolle übernimmt. Beim Küssen steckt sie mir die Zunge in den Mund. Ich darf mit meiner Zunge nicht zwischen ihre Lippen eindringen. Sie saugt an meinen Brustwarzen und will, daß ich still liege und ihr das Vögeln überlasse. Manchmal schlinge ich ihr die Beine um die Hüften und bilde mir ein, daß ich sie tatsächlich in mir drin fühle. Die einzige Schwierigkeit liegt darin, daß diese Stellung für uns beide so aufregend ist, daß das Spiel nicht lange dauert. Sie hört nicht auf zu ficken, wenn ich ihr sage, daß ich bald kommen muß. Im Gegenteil, sie stößt heftiger zu. Ich stelle mir gern vor, daß sie in ihrer Phantasie ihren Schwanz in meiner Pussy fühlt und von dem Gedanken erregt wird, daß ihr Ficken mich so heiß gemacht hat. Ich komme mit ihr zusammen, während sie sich vorstellt, ihren Saft in mich hineinzujagen.

Vielleicht hat sie in ihrer Phantasie dabei noch andere schöne Gefühle. Ich werde es nie erfahren. Danach zu fragen, würde vielleicht den Verlust jeder Spontaneität bedeuten. Und gerade das spontane Geschehen macht die Sache so großartig. Ich halte dies für einen der wichtigsten Gründe, weshalb sich Liebende ihrer Phantasie überlassen. In den Gedankenvorstellungen wird das egoistische «Ich» oder «Mich» zum Mittelpunkt der Attraktion. Wir alle hegen den Wunsch, um unserer selbst willen geliebt und begehrt zu werden, ganz einfach so, wie wir nun einmal sind. Folglich werden wir in unserer Phantasie automatisch von der Person gewünscht, die wir uns vorstellen. Dann geschieht völlig spontan mit oder für uns, was wir von dem anderen erwarten.

«Joan»

Ich bin männlichen Geschlechts, habe mir aber immer gewünscht, eine Frau zu sein. Nicht daß ich auf Männer scharf wäre, obwohl ich immer wieder höre, wie wunderbar das ist. Dann frage ich mich, ob dem wirklich so sein würde. Jedoch bevorzuge ich eindeutig Frauen.

Ich glaube, ich war acht Jahre alt, als ich entdeckte, daß Mädchen knielange Pumphosen als Unterwäsche trugen. Nicht das, was man heute als Gymnastikanzug trägt, sondern welche aus rosa Seide. Für mein Leben gern hätte ich solche Pumphosen und lange Strümpfe getragen. Wäre ich jung und unverheiratet, würde ich eine Operation zur Geschlechtsumwandlung erwägen. Doch kann man sich eine Frau mit Gardemaß, breiten Schultern, schmalen Hüften und einem Pferdegesicht vorstellen?

Seither habe ich mancherlei erlebt. Jedenfalls ziehe ich bei jeder sich bietenden Gelegenheit Frauensachen an. Ich liebe den engen Sitz eines Büstenhalters mit Korselett und eines Hüfthalters. Auch ein langes Korsett trage ich gern. Das fremdartige Gefühl eines engen Strumpfbandes am Oberschenkel oder das Reiben des einen seidenbestrumpften Beines gegen das andere bringt mich ganz schön hoch. In einer mondhellen Sommernacht bin ich in Frauenkleidung einschließlich hochhackigen Schuhen und vollem Make-up über die Hügel spaziert.

In meiner Phantasie stelle ich mir vor: Man hat mich zu einer Frauenversammlung (anonym) eingeladen. Aus Neugierde gehe ich hin.

Das Treffen findet in einem schönen Haus statt, das inmitten von etwa zehn Hektar Land an einer Steilküste liegt.

Bei meinem Eintreffen sind acht Frauen versammelt. Zwei sitzen nackt vor dem Kamin und reiben sich gegenseitig mit Öl ein. Helga, die Organisatorin, empfängt mich und sagt: «Du mußt Connie begrüßen. Das Haus gehört ihr. Sie hat sich uns erst im vergangenen Monat angeschlossen und kennt bisher niemanden. Deshalb habe ich sie gebeten, sich heute um dich zu kümmern.»

Connie ist nicht sehr groß, etwa von meiner Größe. Sie hat dichtes, schwarzes Lockenhaar, das einen Kontrast zu meiner roten Mähne bildet. Ihr Figürchen ist einfach toll.

«Gut», sagt Helga zu mir, «du kannst dich ausziehen. Schließlich sind wir Frauen hier unter uns.»

Ich bin ein wenig verwirrt.

«Komm mit in mein Schlafzimmer», wendet sich Connie an mich. «Du mußt dein langes Kleid aufhängen und dein Make-up in Ordnung bringen. Später findest du keine Möglichkeit mehr dazu.»

Sie trägt hübsche, mit Rüschen besetzte Unterwäsche. Am liebsten würde ich sie in die Arme nehmen. Was für prächtige Titten sie hat. Sie sind schön gewölbt, griffig und fest. Die Nippel stehen steif hervor. Wir sind von gleicher Figur. Unsere Körper sind vollkommen haarlos. Zöge man uns Säcke über die Köpfe, wir wären nicht voneinander zu unterscheiden. Obwohl ich nicht hingesehen habe, weiß ich, daß meine Brustwarzen ebenfalls hart und steif hervortreten.

Connie tritt vor mich hin und gibt mir einen zarten Kuß auf den Mund. Diesmal gebe ich der Versuchung nach und umarme sie fest. «Oh, Connie», sage ich, «wie soll es nur weitergehen?»

Sie lehnt sich weich und warm an mich. «Mach dir keine Sorgen. Du wirst auf deine Kosten kommen.» Sie faßt mich an der Hand. Wir kehren in das große Wohnzimmer zurück.

Ich sitze auf dem Sofa. Connies Kopf ruht in meinem Schoß. Sie schlingt einen Arm um mich. «Alles in Ordnung», sagt sie. «Ich mußte es im vergangenen Monat hinter mich bringen. Im Grunde ist es ganz nett.»

Ich weiß nicht, worum es geht. Jedenfalls mache ich mir keine Sorgen.

Dem sanften Zug ihres Armes folgend, lege ich mich lang hin, den Rücken ihr zugekehrt. Ich fühle ihre heißen Brüste hinter mir. Ihr anderer Arm betastet nun meine Brust. «Nach deiner Reaktion zu urteilen, wirst du bei deiner Einführungszeremonie mehr Lust empfinden als wir alle zusammen», beginnt Connie von neuem. «Ich war noch Jungfrau, wie du es vermutlich auch bist. Es war nötig, mich zu fesseln. Sonst hätte ich das ganze Haus zusammengeschrien. Man ließ mich für mehr als eine halbe Stunde mit laufenden Vibratoren liegen. Dann ließen sie die Männer herein. Die Kerle schnellten mich fünfzehn Minuten lang mit einer Wolldecke in die Höhe –»

«Männer!» entfährt es mir, und ich will aufstehen.

«Ja, eben deshalb mußt du geknebelt werden. Jedoch», sie flüstert jetzt an meinem Ohr, «habe ich alles so eingerichtet, daß du von den Männern nicht gefickt werden kannst. Die übrigen haben bisher davon keine Ahnung.»

Sie drückt meine Brüste. Ich fühle, wie hart meine Nippel sind.

Gleich darauf zerren mich die Frauen fort. Mit gefesselten Handgelenken hänge ich an einem Deckenbalken. Nun soll es also geschehen. Ich bekomme einen Schubs und pendle unter Drehungen und Windungen hin und her. Dann werde ich so weit heruntergelassen, daß meine Füße auf dem Boden stehen. Die Hände sind mir immer noch hoch über den Kopf gezerrt. Die Stricke sind gut gepolstert. Meine Gelenke tun nicht weh. Die Frauen reiben meinen Körper mit Creme ein. Darin haben sie große Erfahrung. Ich erlebe phantastische Gefühle. Eine Stunde lang halten sie mich dicht am Rande des Orgasmus. Ich bin vor Verlangen schon ganz verrückt.

Irgendwer fährt mir mit dem Finger an dem Nylonstoff auf und ab, der meine Geschlechtsteile verhüllt. Ich schreie und zapple, werde aber festgehalten. Connie gibt sich große Mühe mit ihrem Mund. Überall sehe ich Kometen und Sternschnuppen fliegen. Es dauert endlos lange. Mein Kopf scheint seit einer Ewigkeit zu summen und zu brummen. Plötzlich aber kommt es mir.

Man entfernt den Knebel. Eine der Frauen reicht mir einen steifen Drink. Ich bin so benommen, daß der Fußboden unter mir seitlich wegzurutschen scheint. Hand- und Fußgelenke werden losgebunden. Die Frauen führen mich zu einem mit Kissen bedeckten Tisch hinüber, auf dem ich mit gespreizten Armen und Beinen in x-förmiger Stellung angekettet werde. Ich bin so benommen, daß ich mich nicht wehren kann.

Ich sehe, daß Connie ein riesiges Kunstglied umgeschnallt hat, das vor ihr herragt. So etwas kann man doch bei keiner Frau hineinstecken, denke ich. Und muß mit Schrecken erkennen, daß das Ding für mich bestimmt ist.

Sie legt sich auf meinen sich bäumenden Körper und schiebt mir dabei ihre kleine Zunge in den Mund. Ich wünschte mir, sie ginge gleich bis hinunter in meine Kehle.

«Ich liebe dich, Connie, ich liebe dich!» murmle ich.

«Ich liebe dich auch», flüstert sie zurück. Ihre Finger bringen den Kunstpenis in Stellung. Vier Frauen reihen sich hinter Connie auf. Eine fünfte überprüft die Richtung und bringt noch etwas Fettcreme an. Die Frauen zählen im Singsang: «Zehn ... neun ... acht.» Ich soll genau wissen, in welchem Augenblick es geschieht. Was werde ich dabei spüren? Dann denke ich: Nun ist in wenigen Sekunden etwas weg, das ich nie wieder bekommen werde. Zwischen den einzelnen Zahlen scheinen Ewigkeiten zu vergehen. «Zwei ... eins!» Die vier Frauen schieben gemeinsam Connies Hintern. Mein Schrei erstickt in diesem besonderen Augenblick zu einem Gurgeln. Ich komme mir vor, als würde ich von einer Granate durchdrungen, die sich beim Einschlag in einen Baum verwandelt.

Ich muß gekommen sein. Ich schreie noch einmal und erkenne, daß Connie immer noch auf mir liegt und pumpt. Ihr Blick ist glasig. Der Mund steht ihr offen. Ihre Zunge steckt tief hinten in meiner Kehle. Was für Empfindungen. Ich küsse Connie. Ihre Hände liegen auf meinen Titten, die sie zusammen mit ihren eigenen hin und her schiebt. Die Frauen sehen fasziniert zu.

«Hört jetzt auf, ihr beiden», ruft Helga. «Nun kommen die Männer.» Die Männer treten ein. Connie und ich werden, immer noch aneinandergekettet, vom Tisch aufgerichtet. Grobe Hände greifen nach mir und Connie. Wir halten uns umschlungen, pressen unsere Brüste aneinander und lassen unsere Zungen kreisen. Die Männer dringen an den einzig verfügbaren Stellen in uns ein. Es schmerzt, aber wir beide bleiben weiterhin eng umschlungen stehen. Schließlich entfernen sich die Männer wieder. «So etwas wie euch Turteltäubchen habe ich überhaupt noch nicht gesehen», sagt Helga. «Ich glaube, ihr seid füreinander geschaffen. Ihr werdet euch nie wieder Männern ausgesetzt sehen.»

Helga geht zusammen mit den anderen weg.

Connie und ich beschließen, unser weiteres Leben gemeinsam zu verbringen.

Wie man sieht, bin ich durch und durch eine Lesbierin.

Dean

Ich bin vierzig Jahre alt und männlich.

Meine sexuelle Phantasievorstellung besteht darin, daß ich meine Hand in meinen Slip schiebe, die Fläche auf den Venushügel lege und mit dem Mittelfinger zwischen den Lippen meiner Pussy meine Klitoris berühre.

Ich halte mich selbst für transsexuell. Seit ich vor fünfundzwanzig Jahren über einen Fall von Geschlechtsumwandlung gelesen habe, wünsche ich mir, Penis und Hoden loszuwerden. Auch das Muskelgeflecht müßte an der Stelle entfernt werden, wo meine Pussy hingehört.

Sehr gern liege ich im Bett auf dem Bauch, um meinen Venushügel an der Matratze zu reiben. Ich möchte immer flott ausschreiten können mit dem Gefühl von Freiheit zwischen den Beinen, wo sich nichts Hinderliches befindet. Ich möchte meine Beine ganz fest übereinanderschlagen können und dabei zwischen meinen Schenkeln Leere spüren.

Ich will nackt schwimmen und laufen, frei von beengenden Kleidungsstücken und frei von Schwanz und Eiern, die ich seit langem so sehr hasse. Ich wünsche mir einen Venushügel, den ich rasieren... und ölen... und pudern...und lieben kann.

Üblicherweise bezeichnet man ein Wesen mit Penis und Verlangen nach Sex mit einer Frau als Mann. «Joan» (s. S. 292) mag ein starkes transvestitisches Sehnen verspüren. Doch kommt in «ihrer» Schilderung nirgendwo ein Wort über die überwältigende Leidenschaft des echten Transsexuellen vor: über Haß und Verachtung für den eigenen Penis.

Von diesem wilden Mißfallen an den eigenen männlichen Organen gequält, ließ 1952 ein Mann, den wir heute als Frau Christine Jorgensen kennen, die erste in der Weltöffentlichkeit bekanntgewordene operative Geschlechtsumwandlung vornehmen. Kürzlich wurde Christine in einem Interview gefragt, ob sie jetzt, nachdem sie so lange als Frau gelebt habe, die gleiche Operation noch einmal vornehmen lassen würde. Die Antwort war ein uneingeschränktes Ja. Das nennt man Geschlechtsbewußtsein einer besonders hohen Ordnung – die psychische Überzeugung ist so stark, daß sie die Physis mit ihrer Anatomie einfach nicht zur Kenntnis nimmt.

Als einziger Mann in diesem Kapitel, der Haß auf seinen Penis äußert, tritt Dean hervor. Die Psychotherapeutin Dr. Schäfer meint dazu:

«Sich am Bettlaken zu reiben ist die bei transsexuellen Männern übliche Form der Selbstbefriedigung. Sie wollen ihren Penis nicht sehen, wollen ihn nicht zur Kenntnis nehmen. Dean schreibt nicht so viel über das erträumte Sexualleben als Frau, sondern mehr über das Leben der Frau schlechthin. Transsexuelle sind geschlechtsorientiert, weniger aber sexorientiert. Das Vergnügen des Transsexuellen besteht zur Hauptsache darin, sich als Frau zu fühlen.»

20. Sadomasochismus:
Die Fesseln der Liebe

Todd

Ich bin dreiunddreißig Jahre alt, sehr glücklich verheiratet, gebildet, selbständiger Geschäftsmann. Ich lasse keine Phantasie vorübergehen, ohne sie mit meiner Frau zu teilen. Wir halten voreinander mit nichts hinterm Berge.

Als Kind wurde ich viel geprügelt. Deshalb zog ich mich sehr auf mein Innenleben zurück. Phantasien wurden zur Notwendigkeit. Aus der ständigen Übung erwuchs die Erkenntnis, daß mein Kopf jede von mir gewünschte Idealvorstellung produzieren kann. Mit dieser Erkenntnis stellte sich zugleich eine zweite ein: mein Sinn fürs Detail. Wenn ich Zeit und Muße hatte, konnte ich in meine Phantasiebilder jede Menge Einzelheiten einbauen. Anstatt mich fünf Minuten lang mit einer Phantasie zu beschäftigen, konnte ich das zehnfache an Zeit investieren und meine Phantasie wirklich lebhaft spielen lassen. Daher rührt eine Art Besessenheit, mit der ich auf Details achte.

Zum Beispiel: Sie zog ihr Höschen herunter. Nicht genug, damit ist allzuviel dem Zufall überlassen! Von welcher Farbe ist das Höschen? Was für ein Geräusch entstand dabei? In welchem Zimmer befand sie sich? Wie ging sie zu Werke – mit den Fingern, den Daumen, mit einer Hand, mit beiden Händen, brannte das Licht, wie sah ihr Gesicht aus, wie hing ihr Haar, hatte sie andere Kleidungsstücke an?

In allen meinen Phantasien kommt es mir darauf an, daß sich die Frau von der Zartheit und Sanftheit gerührt fühlt, die man sonst mit dem Mann-Tier nicht immer in Verbindung bringt. Mir ist es ein Bedürfnis, der Frau zu Gefallen zu sein, doch möchte ich, daß man auch mir gefällig ist. Ich will immer die intimen Geheimnisse erkunden, welche diese herrliche Kreatur, Frau genannt, für sich behalten möchte.

Diese Art von Phantasievorstellung ist für mich sehr nützlich. Erstens regt sie mich sexuell mächtig an, wenn meine Gefühle den Frauen gegenüber mal auf einem Nullpunkt angekommen sind. Außerdem werde ich dabei alle feindseligen Gefühle gegenüber meiner Ehefrau los. Meine Phantasie wirkt tatsächlich Wunder. Meine Frau wird nie erfahren, wieso ich so ruhig bleiben und alle ihre Launen hinnehmen kann. Sie ahnt gar nicht, wozu ich im Geiste alles fähig bin. In unserem Haus dauert der Ärger niemals lange.

Vincent

Der Schreiber faßt zusammen:

a) Von der Geburt an bis heute durch und durch heterosexuell; von Abscheu und Zuneigung zugleich erfüllt gegenüber allen, die anders sind. Ich halte mich für ein Individuum von hoher Moral. Ich gehorche den Goldenen Regeln, dem Gesetz der Pfadfinder und meinem Gewissen.

b) Zwischen dem achten und dem fünfunddreißigsten Lebensjahr – verstört, zerquält von Schuldgefühl und Angst wegen Masturbation und allzu lebhafter Phantasie. Mit acht Jahren hatte ich bereits zwei gegenläufige Phantasievorstellungen: Die eine habe ich verwirklichen können, denn ich habe die beste Frau der Welt gefunden, ihr den Hof gemacht, sie für immer geheiratet und eine Familie gegründet. Im Alter von acht Jahren war das nicht weniger ein Phantasieprodukt wie jenes andere, das reines Gedankenspiel geblieben ist: Ich werde angegriffen, überwältigt und dann von mehr als einer schönen Frau in Strafe genommen. Sie alle tragen dabei ständig lange, schwarze Ziegenlederhandschuhe. Etwa um die fünfzehn hatte ich mich mit Hilfe der in der Gesellschaft geltenden Regeln und eines bekannten Lexikons als sexuell pervers eingestuft, insbesondere weil ich ein Masochist (!) mit einem Fetisch (!!) war, der obendrein masturbierte!!!

Dieser Abschnitt meines Lebens umschloß zwei Jahre Dienst in der Marine während des Zweiten Weltkriegs (während dieser Zeit fürchtete ich, im Fall meiner Entdeckung ehrlos ausgestoßen zu werden), dann erwarb ich einen akademischen Grad und erlebte die ersten zehn Jahre eines gesegneten Ehelebens.

c) Fünfunddreißig bis Mitte Vierzig – Entdeckung der Pornographie und der Tatsache, daß andere genauso sind wie ich. Nun konnte ich mich als einen Abweichler klassifizieren, der lediglich einen Hang zu submissiven Phantasiespielen und schwarzen Ziegenlederhandschuhen hat. Die Qual entschwand, aber ein ziemlich starkes Schuldgefühl blieb.

d) Ich bin davon überzeugt, daß ich nur eines unter vielen, vielen männlichen Wesen bin, die sich von ihrer Phantasie anregen lassen. Hinzu kommt in meinem speziellen Fall zufällig eine Vorliebe für eine bestimmte Kostümierung. Ich bin kein echter Masochist, denn ich suche keine Pein. Mir geht es nur um spielerische Unterwerfung. Ich bin kein echter Fetischist, denn bei mir funktioniert alles ganz normal ohne die Gegenwart eines Objekts oder den Gedanken an einen bestimmten Gegenstand. Als Junge betete ich darum, daß meine Phantasie und das Verlangen nach Masturbation von mir genommen würden. Heute bete ich darum, daß dies nicht geschieht.

e) Meine Frau und ich erfreuen uns einer außerordentlich zufriedenstellenden sexuellen Beziehung unter Bevorzugung der sogenannten Missionarsstellung, das heißt, ich oben und von vorn. Leider hat meine Frau keine Phantasie. Daher zeigt sie kein Verständnis für Spiele, die mir Spaß machen. Deshalb spielt sie in meinen erdachten Szenen selten die Hauptrolle. Die nachfolgende Darlegung bildet eine Ausnahme und ist dennoch bezeichnend für die Art von Geschichten, die mich sexuell in Schwung bringen.

Was wirklich geschah:

Wir hatten beinahe zwei Dutzend Leute zum Dinner am Erntedanktag um achtzehn Uhr eingeladen. Die Vorbereitungen liefen seit Sonntag, als ich die haltbaren Lebensmittel einkaufte und meine Frau (sie arbeitet ganztags) mit dem Backen begann. Am Donnerstag weckte mich mein Sohn schon um sieben Uhr früh, um die beiden Tische zu decken. Das sollte eine Überraschung für meine liebe Frau werden. Wir halfen ihr beide während des ganzen Tages. Ich betätigte mindestens fünfmal die Geschirrspülmaschine, half beim Servieren und hinterher auch beim Aufräumen. Ich liebe meine Frau. Mir macht es Spaß, ihr zu helfen, wann immer ich kann. Ich fühle mich wohl, wenn ich ihr gefällig sein kann. Sie liebt mich auch. Indessen war gegen dreiundzwanzig Uhr noch eine sechste Ladung für den Geschirrspüler vorzubereiten. Mein Rücken schmerzte so schlimm, daß ich beschloß, mich ins Bett zu legen. Gerade da kam meine Frau mit dem Vorschlag an, sie würde mir jetzt gern dabei helfen, die Tische abzubauen und hinauszubringen. Auch könnten wir gemeinsam die Stühle stapeln. Ich fühlte mich kaum noch in der Lage. Ich brummelte Protest. Trotzdem machten wir die Arbeit.

Als ich ins Bett kletterte, sagte meine Frau zu mir: «Vielen Dank, Liebster, für deine große Hilfe heute. Lege dich flach auf den Rücken. Ich mache es auch immer so, wenn mir das Kreuz weh tut. Hoffentlich ist es morgen früh besser.» Wir umarmten und küßten uns eine Weile, ehe wir einschliefen. Am Morgen ging es mir mit meinem Rücken besser. Ich stand vor meiner Frau auf und schob die letzten Tellerstapel in die Spülmaschine.

Was ich mir in Gedanken vorstelle:

Alles spielt sich genau wie oben geschildert ab. Nur das Gespräch im Bett nimmt einen anderen Verlauf. Sie sagt nämlich: «Du bist mit dem Geschirrspülen noch nicht fertig, und dann hast du gemeckert, als die Tische weggeräumt werden mußten. Ich wette, das mit deinem Rükken war doch nur eine Ausrede! Wenn morgen früh damit wieder alles in Ordnung ist, weiß ich schon Bescheid. Ich fürchte, ich werde dir wieder mal etwas mehr Disziplin beibringen müssen, sobald ich ausgeschlafen habe. Du hast schon seit einiger Zeit keine Lektion mehr erhalten. Du läßt nach!»

Am nächsten Morgen komme ich, nachdem ich das Geschirr in den Spüler gestellt habe, ins Schlafzimmer zurück. Meine Frau ist gerade dabei, mit entschlossenem Gesichtsausdruck ihre schwarzen Ziegenlederhandschuhe glattzustreifen. Sie sagt: «Ich nehme an, dein Rücken ist jetzt wieder in Ordnung. Also kann es gestern abend nicht gar so schlimm gewesen sein. Tut mir leid – aber du hast ja gewußt, was auf dich zukommt. Also, du kommst jetzt hierher, um deine Strafe dankbar anzunehmen. Oder muß ich dich herüberschleppen?» Langsam gehe ich auf sie zu und lasse mich von ihr rücklings auf das Bett legen, so daß sie über mir in den Reitersitz gehen kann. Das Urteil lautet auf sechzig Schläge. Sie sind fest, doch mit einem gewissen Mitleid zu verabfolgen, und zwar in der folgenden Weise: Meine linke Wange ruht in der warmen Fläche ihrer rechten Hand, damit mein Kopf unter den Ohrfeigen nicht hin- und herrollt. So bekomme ich dreißig Klapse auf die rechte Wange. Dann werden die Seiten gewechselt. Nach jedem festen, spürbaren Schlag ruht ihre Hand für etwa zehn Sekunden auf meiner Wange, wie um den Schmerz ein wenig zu lindern. Am Ende der Lektion fragt sie mich, ob ich mich nunmehr, wie von ihr gewünscht, verhalten werde. Ich verspreche es. Wir umarmen uns.

Bitte beachten: Ob man es glaubt oder nicht, dies ist eine Liebesgeschichte. Für mich ist ganz wichtig, daß meine Frau weiß, wie genau ich weiß, daß sie in der Tat mehr als erfreut ist über die Hilfe, die ich den Tag über geleistet habe. Ich könnte an ihren Schlägen keinen Genuß haben, wenn ich sie unglücklich wüßte. Wäre das wirklich ihre Natur, hätte ich sie längst vergessen, denn außerhalb unserer Liebesspiele würde ich mich natürlich auf gar keinen Fall so von ihr behandeln lassen.

Bernd

Zunächst werde ich ein wenig über mich selbst berichten und dann eine meiner Phantasien schildern, wie ich sie habe, wenn ich mit mir und der Welt unzufrieden bin.

Ich bin dreiundzwanzig Jahre alt. Meine «Knabenschaft» verlor ich im Alter von sechzehn Jahren. Augenblicklich muß ich bei meinen Eltern wohnen, denn ich wurde vor mehr als einem Jahr entlassen und bekomme keine Arbeitslosenunterstützung mehr. Ich blättere gern in Herrenmagazinen, lese aber meistens nur die Geschichten. Die darin abgebildeten Frauen wirken zu unwirklich, als daß sie mich reizen könnten. Ich mag Frauen, vor allem junge und womöglich mit irgendeinem kleinen Mangel behaftete. David Bowie spielt meine Lieblingsmusik. Wahrscheinlich regt sie meine Phantasie an. Ich bin absolut heterosexuell veranlagt.

In meinen Gedanken sehe ich mich an einer dunklen Ecke unter einer Straßenlaterne stehen. Ich habe Make-up aufgelegt, das Gesicht weiß gepudert. Lidschatten, Schminke, roter Lippenstift – alles, was dazugehört. Mein Haar ist zu einem Hahnenkamm geschnitten und blau gefärbt. Meine Bekleidung besteht aus einem sehr engen, schwarzen Lederanzug. Dazu trage ich kniehohe rote Schaftstiefel.

Eine untersetzte blonde Dame tritt aus dem Schatten und kommt auf mich zu. Sie hat ein ziemlich verlebtes Gesicht und macht den Eindruck, als habe ihr das Leben übel mitgespielt. Sie betrachtet mich schweigend, zieht zwei Scheine aus ihrer arg mitgenommen aussehenden Handtasche und gibt sie mir. Ich nehme das Geld und folge ihr in eine ärmliche, feuchte Wohnung.

Je nach meiner Stimmung fällt der nächste Teil meiner Phantasievorstellung unterschiedlich aus. Manchmal verlangt die Dame von mir, daß ich sie auspeitsche und anpinkele. Manchmal muß ich ihren Schlitz lecken. Auf alle Fälle geht sie immer die Wände hoch vor geiler Lust, die ich ihr verschaffe. Zum Schluß wird sie von mir so lange und hart gevögelt, daß sie um Gnade fleht. Hinterher erklärt sie voller Dankbarkeit, wie großartig ich meine Sache gemacht habe und reicht mir noch einmal zwei Geldscheine. Ich lache sie an (oder aus?) und gehe, um mir das nächste Opfer zu suchen.

Ich weiß nicht, warum ich in meiner Phantasie stets eine männliche Hure spiele. Ich weiß nur, daß ich mich so verhalten würde, wenn ich jemals Gelegenheit dazu bekäme. Ich habe alle meine Partnerinnen stets vollkommen befriedigt. Vielleicht liegt es daran, daß ich ihre Gefühle genauso in Betracht ziehe wie meine eigenen. Ich finde, daß ich eine gute Hure abgäbe.

Benjamin

Ich bin dreiunddreißig Jahre alt, von Beruf Montagearbeiter. Obwohl ich schon mal daran gedacht habe, war ich nie verheiratet. Zwei Jahre lang habe ich mir in Abendkursen Collegebildung erworben. Dadurch werde ich etwas besser bezahlt. Dennoch leiste ich überwiegend körperliche Arbeit. Ich bin recht sportlich und nehme immer noch an Mannschaftssport teil, wie zum Beispiel Football. Ich bin einsfünfundachtzig groß und bringe fast hundert Kilo auf die Waage. Meine körperlichen Voraussetzungen werden deshalb so eingehend beschrieben, weil damit meine Phantasiebilder zusammenhängen. Davon verfüge ich über eine große Auswahl. Doch diese sind mir am liebsten:

Meine erste Phantasievorstellung beginnt in einem Bürogebäude, in dem ich Reparaturen auszuführen habe. Die Büroangestellten veranstalten eine Party. Einer der Vorgesetzten lädt mich zum Mitmachen ein. Ich nehme die Einladung an. Dabei lerne ich eine Frau kennen. Sie sagt, daß sie nicht weiß, was sie an dem vor uns liegenden langen Wochenende anfangen soll. Da ich mir noch nichts vorgenommen habe, lade ich sie auf ein paar Drinks mit anschließendem Abendessen in meine Wohnung ein. Sie geht darauf ein. Gleich nach der Ankunft in meiner Wohnung nehme ich ihr die Strickjacke ab und werfe sie über einen Stuhl. Ohne Umschweife beginne ich, die Frau auszuziehen. Sie ist aufgeschreckt. Ich sage ihr, sie solle es sich ruhig bequem machen. Sobald sie splitternackt ist, bitte ich sie, die Drinks zu mixen, während ich ihre Sachen weghänge. Wieder im Wohnzimmer, schalte ich etwas Musik ein und nehme die Frau auf meinen Schoß. Dabei bin ich noch voll angekleidet. Wir trinken unsere Gläser aus, und sie tanzt auf dem Couchtisch. Die Musik endet. Ich prüfe ihren Körper und betaste die Frau überall. Wie ein Feuerwehrmann lege ich sie mir über die Schulter und trage sie ins Schlafzimmer. Dort lasse ich sie niederknien. Sie gehorcht. Daraufhin befehle ich ihr, meinen Penis aus der Hose zu holen und ihn sich in den Mund zu stecken. Mein nächster Befehl läuft darauf hinaus, daß die Frau mich ausziehen soll, ohne meinen Ständer aus ihrem Mund zu lassen. Wenn das passiert, soll sie den Hintern versohlt bekommen. Dann lege ich sie aufs Bett und mache Liebe mit ihr.

Diese Phantasie überkommt mich manchmal, wenn ich mit einer Frau Liebe mache, die Orgasmusschwierigkeiten hat oder ein besonders ausgedehntes Vorspiel braucht. Die gleiche Phantasie kommt natürlich auch vor, wenn ich in der Nähe hübscher Büromädchen zu arbeiten habe.

Phantasie Nummer zwei beginnt daheim. Meine derzeitige Partnerin ist aus irgendeinem Grund sauer auf mich. Ich will ihr einen Kuß geben und mich entschuldigen. Aber sie beschimpft mich und gibt mir eine Ohrfeige. Nun bin ich wütend. Mit einem Griff wird sie gepackt, nackt ausgezogen und ans Bett gefesselt. Die Beine sind so weit gespreizt, daß es ihr unbequem ist, ohne weh zu tun. Dann kitzle ich sie mit einer Feder. Das macht sie ganz wild, was ich bezweckt habe. Danach masturbiere ich sie so lange, bis sie mich bittet, in sie einzudringen. Eine Weile wird sie noch hingehalten, dann nehme ich sie ziemlich grob. Ihr kommt es mehrere Male. Nachdem ich meinen eigenen Höhepunkt erreicht habe, ziehe ich sie wieder an und nehme sie auf meinen Schoß. Sie ist sehr still, aber nicht mehr böse.

Dieses Phantasiebild kommt mir ein, wenn meine Partnerin frech oder schnippisch zu mir ist, aber auch, wenn eine Kellnerin oder Verkäuferin unnötig patzig mit mir redet.

Phantasie Nummer drei: Ich bin zum Einkaufen auf einem Sklavenmarkt. Die Frauen sind nackt an mehrere hintereinander eingerammte Pfahlreihen gefesselt. Ich stehe in dem Ruf, ein freundlicher Master zu sein. Also legen es alle darauf an, von mir erworben zu werden. Schließlich kaufe ich fünf oder sechs Sklavinnen und bringe sie auf mein Landgut. Dort werden sie gebadet, gut gefüttert und medizinisch versorgt. Ich wähle eine als Gefährtin dieser Nacht aus. Die anderen werden in nett eingerichteten Zimmern eingeschlossen. Diese Mädchen sollen später von mir benutzt werden.

Solche Gedankenvorstellungen habe ich immer, wenn eine Kellnerin, ein Bürofräulein oder eine sonstwie berufstätige Frau nett zu mir ist und mich so gut wie möglich bedient oder mir nach Kräften hilft. Vielleicht steckt dahinter das verborgene Verlangen, sie aus ihrer gegenwärtigen Situation zu erlösen.

Zum Schluß berichte ich von einer Phantasie, die mich immer tröstet, wenn ich mich einsam und allein fühle. (Auch Männer sind manchmal einsam.) Ich hatte sie zum erstenmal, als ich beim Militär Felddienst machte. Es regnete in Strömen. Ich mußte viele Nächte, nur in meinen Poncho gehüllt, im Freien verbringen.

Die Wunschvorstellung läuft so: Ich gehe auf dem Weg zu meinem Wochenendhäuschen durch einen Wald. Trotz des gegenteiligen Wetterberichts gießt es in Strömen. Auf einer kleinen Lichtung entdecke ich eine nackte junge Frau. Sie ist geknebelt und gefesselt, wobei man ihr Arme und Beine weit gespreizt gebunden hat. Ich binde sie los und trage sie in meine Hütte, die mit allen Bequemlichkeiten ausgestattet ist. Die junge Frau steht unter der Dusche, während ich für uns beide trockenes Zeug heraussuche. Ich besitze keine Frauensachen, also muß sie etwas von meinen anziehen. Nach der Dusche bekommt sie heiße Suppe und Kaffee vorgesetzt. Während sie ißt, leiste ich erste Hilfe. Ihre Gelenke sind von den Stricken zerschunden. Außerdem hat sie Insektenstiche. Die Frau erklärt, sie wisse nicht, wer ihr das angetan hat und warum. Ich zeige ihr das Bett, in dem sie schlafen kann, und sage noch, daß sie mich rufen möge, falls sie etwas braucht. Nach etwa zwei Stunden höre ich sie rufen. Ich trete an ihr Bett. Sie zieht mich zu sich unter die Decke. Dabei sagt sie, daß sie mir für meine große Freundlichkeit und Güte danken möchte, indem sie mit mir Liebe macht. Es regnet noch schlimmer als vorher. Wir lauschen dem Rauschen des Regens und schätzen um so mehr das warme, trockene Bett und unser Zusammensein.

21. Die Unberührten

Vernon

Ich bin ein Junge von bald sechzehn Jahren. Zu meinem Unglück bin ich immer noch ein unberührter Knabe, dies aber nicht aus freien Stükken. Ich bin zu schüchtern, um mich an Mädchen heranzumachen. Doch bemühe ich mich, diese Schüchternheit zu überwinden.

Ich mag nette Mädchen, möchte aber dennoch mal eins aufs Kreuz legen. Ich bezweifle, daß ein Mädchen von besserer Herkunft mit mir Liebe machen würde. Für alle Fälle habe ich schon ein paar Überzieher gekauft. Ich habe einschlägige Aufklärungsbücher gelesen und glaube sehr wohl, daß ich die meisten weiblichen Wesen befriedigen könnte.

Nun zur Phantasie: Ich habe im Schwimmbecken eines Motels völlig nackt Tauchübungen gemacht. Ich wünsche mir wirklich, mich möglichst bald mit einem Mädchen nackt im Swimmingpool zu lieben. Am liebsten würde ich alle meine Wünsche wahrmachen. Obenan steht dabei Vögeln in einem Schwimmbecken oder am Strand, vielleicht auch im Wald oder irgendwo im Freien, wo Bäume stehen. Ich bevorzuge hellhäutige Blondinen. Doch bin ich gegenwärtig hinter einer Brünetten aus meiner Klasse in der Sommerschule her. (Das ist keine Angeberei, sondern ich besuche zusätzliche Kurse, um möglichst früh ins Examen steigen zu können.) Leider kenne ich sie nicht persönlich und weiß nicht, wie ich mich ihr vorstellen soll.

Beim Masturbieren denke ich oft an bestimmte Mädchen, die mir gefallen. Ich träume davon, mit ihnen Cunnilingus zu machen. Von hinten einzudringen und an ihren Brüsten zu saugen, würde mir ebenfalls eine große Lust sein. Ich habe eine besondere Leidenschaft für weibliche Hinterteile. Mir wird immer ganz anders, wenn ich so etwas im Bikini am Swimming-pool meines Apartmenthauses vorübergehen sehe. Große Brüste machen auf mich weiter keinen Eindruck. Natürlich mag ich sie, aber sie spielen keine besondere Rolle bei einem Mädchen, das ich mag. Vielleicht hätten Sie einmal Zeit, um mir schriftlich einige Hinweise zu geben, wie ich mich am besten einem Mädchen nähere, das mir gefällt. Ich weiß, was ich im Bett zu tun habe, aber ich weiß nicht, wie man hineingelangt. Bevor ich *Die sexuellen Phantasien der Frauen* gelesen habe, wäre mir nie der Gedanke gekommen, daß sich anständige Mädchen (oder Frauen) überhaupt in Gedanken mit Sex beschäftigen.

Eddie

Ich bin zweiundzwanzig Jahre alt, gehöre der gesellschaftlichen Mittelklasse an, bin auf dem College gewesen und habe noch nie eine Frau gehabt. Deshalb nagt an mir heftige Verzweiflung, die mich ganz krank macht. Mein Zustand ist unheimlich, amüsant und hysterisch. Oft kommt es mir vor, als sei ich in alle Ewigkeit dazu verdammt, als sei das alles ein kosmischer Zustand, und Sex, über den alle ununterbrochen quatschen, sei nichts als ein Ausfluß überhitzter Phantasie. Dann wiederum erscheint mir Sex als höchst real. Ich weiß, daß ich nicht nur ein großartiger Liebhaber sein könnte – ich bin einer. Nur bin ich in meiner trägen Art noch nicht zum Geschlechtsverkehr gekommen. Hoffentlich dauert es nun nicht mehr lange. Zur Zeit bereite ich mich darauf vor, die Familienbande zu zerreißen und nach Kalifornien abzuhauen. Dort werde ich dazu in der Lage sein, meinen eigenen Lebensstil zu finden.

Bisher habe ich ein sehr introvertiertes Leben mit Büchern, Sciencefiction und gedanklichen Vorstellungen geführt. Die Phantasie bildet einen der wichtigsten Aspekte meines Lebens. So ist es schon immer auf allen Ebenen gewesen, Sex natürlich nicht ausgenommen. Die meisten meiner «Tagträume» drehen sich um künstlerischen Erfolg und kosmische Abenteuer. Was ich in Gedanken erlebe, ist für mich mindestens so wirklich wie das Alltagsdasein.

Da ich so gut wie gar keine Erfahrungen mit Frauen habe, beschäftige ich mich in der Phantasie vorzugsweise mit meinem ersten Fick. Das müßte eine ganz typische Situation sein: Ich ziehe als ambulanter Händler von Tür zu Tür (wie ich es als Student gemacht habe, um mich durchzubringen). Eine junge, attraktive Hausfrau öffnet. Sie lächelt herzlich und bittet mich hinein. Sie hat einen Hausmantel an oder einen Bikini oder einen kurzen Rock und eine lose sitzende, offene Bluse.

Während sie so tut, als mustere sie mein Warenangebot, beugt sie sich so weit nach vorn, daß mir ein langer Blick auf ihren großen (aber nicht hängenden) Busen ermöglicht wird. Da sie keinen Büstenhalter trägt, kann ich ihre Nippel sehen – steif und stramm. Falls sie einen Rock oder einen Hausmantel trägt, bewegt sie ihre Beine recht achtlos. Dadurch kann ich heiße Blicke auf ihre Oberschenkel und ihren Venushügel werfen. Falls sie einen Bikini trägt, bewegt sie sich in ähnlich freier Weise, wohl wissend, daß sie mich ganz verrückt macht. Das amüsiert sie. Bald findet sie einen Grund, um sich neben mich zu setzen, wobei sie ihre Hüfte gegen meine preßt. Trotz meiner knabenhaften Ängste kann ich der Versuchung nicht länger widerstehen. Schließlich ist unverkennbar, daß die Frau mich haben will. Wie unabsichtlich fahre ich über ihre Bluse. Sie lächelt wissend. Meine Hände schlüpfen unter den Stoff, um ihre warmen, festen Brüste zu streicheln. Die Frau seufzt selig mit offenem Mund, woraufhin ich sie leidenschaftlich küsse. (Wie denn sonst?) Meine Hand zuckt hin zu ihrem Schoß. Dort reibe ich, bis die Frau sich windet. Meine Finger tauchen in die heiße, feuchte Spalte, womit ich sie zu einem wilden, schnellen Orgasmus bringe. Jetzt ist sie völlig außer Rand und Band geraten. Sie reißt mir Hemd und Hose vom Leib. Knöpfe fliegen durch die Gegend. Ich trage Hautabschürfungen davon. Merke ich es überhaupt? Ich sehe nur ihren verlangenden Mund und fühle ihre Hand, mit der sie meine Erektion in sich hineinschiebt. Wir ficken wie wild. Bald kommt es mir, aber ich bleibe steif. Ich reite sie weiter. Keuchend windet sie sich in höchster Wollust. «Ooh! Fick mich, fick mich! Schneller, oh, tiefer. Es tut so – guuut!» So machen wir mit kurzen Unterbrechungen stundenlang weiter mit Ficken und Lutschen und Kommen, bis der Zeitpunkt naht, da ihr Mann heimzukehren pflegt. Sie muß mich fortgehen lassen – nachdem wir unsere Telefonnummern ausgetauscht haben.

Manchmal stelle ich mir vor, daß die überraschend erwachsen und reif wirkende Tochter der Frau verfrüht aus der Schule oder von der Arbeit kommt, während wir noch in sexueller Hingabe schwelgen. Sie entdeckt uns und denkt bei sich: «Na, wartet! Da bin ich den ganzen Tag über unheimlich scharf, und Mama hat längst einen kräftigen jungen Hengst parat, der es mir besorgen kann!» Die Mutter hat ein Einsehen mit den sexuellen Nöten der Tochter. Bald vögle ich wie im Delirium eine noch heißere und wildere Version der Mutter. Unsere Erregung ist so groß, daß die Frauen alle Hemmungen verlieren und außer mit mir auch untereinander Liebe machen. Der Anblick, wie die schöne Mutter und die liebliche Tochter einander küssen und befingern, treibt mich in einen unerträglichen Erregungszustand. Ich ficke beide noch heftiger als vorher. Bald sind wir alle erschöpft, naß von den diversen Liebessäften. Müßig und genüßlich wird an meinem Schwanz genibbelt, fummle ich an einem Schlitz, lutsche an einer Titte. Wir tauschen tiefe Zungenküsse und streicheln einander die vibrierenden Körper. Hinterher sprechen die Frauen über ihr Glück, daß ein so fabelhafter Liebhaber an ihrer Haustür geläutet hat. Unversehens sind wir wieder dabei, dann noch einmal und noch einmal ...

Ich glaube voller Stolz von mir selbst, nicht besonders sexbesessen zu sein. Mich erregt weniger der Körper einer Frau als vielmehr seine Reaktionen darauf, wie hinreißend ich wirke. Ich bin ein netter, hinlänglich attraktiver Bursche. Daß ich so wenig Erfahrung habe, liegt ausschließlich an mir selbst. Die oben geschilderten Szenen könnten Erinnerungen sein, wenn ich nicht so voller Hemmungen steckte. Ich bin keineswegs streng erzogen worden, nur asexuell – das Thema Sex kam bei meinen Eltern nicht vor. Es machte sie nur unruhig und unsicher. Es ist schwer zu erklären – aber in unserer Familie ging es von jeher konventionell zu, trotz der Intelligenz und Wachheit der einzelnen Mitglieder. Niemand zeigte Lust, die vom Leben aufgebauten Barrieren zu verrücken, nur um mal zu sehen, ob sich nicht etwas in Bewegung setzen ließe. Gewiß, das ist ein sehr weit verbreitetes Gefühl – aber die Tatsache, daß es anderen Leuten noch viel schlechter geht als mir, hat nie dazu geführt, mich über meine eigenen Empfindungen hinwegzutrösten.

Alle meine Phantasien über meinen ersten Fick haben zur Hauptfigur eine sinnliche, verführerische Frau. Sie ist meistens nicht von überwältigender Schönheit. Ich finde die in den Magazinen abgebildeten makellos schönen Frauen als zu unwirklich. Mich interessieren mehr die attraktiven Frauen, die ich ringsumher zu sehen bekomme. Mein erträumtes Sexualerleben mit einer solchen Frau ist unwahrscheinlich erfolgreich. Meistens schaltet sich nach einer Weile eine zweite, genauso scharfe Frau ein. Wahrscheinlich bin ich zu selbstsüchtig, als daß ich mir in meiner Phantasie das Zusammensein mit nur einer Frau und einem weiteren Mann vorstellen könnte. Schließlich geht es um meine Phantasie. Zu Männern fühle ich mich sexuell nicht hingezogen. Doch muß ich in Gedanken manchen Pflock zurückstecken, da ich glaube, daß im Idealfall jeder bereit sein sollte, Liebe zu empfangen und von sich aus jeden zu lieben. Es besteht für mich in dieser Richtung anscheinend Hoffnung. Ich kann einen Steifen bekommen, wenn ich mir in der Phantasie eine homosexuelle Szene ausmale (fast nie mit einem mir bekannten Mann, sondern irgendeinem männlichen Wesen). Ich wäre zu allem bereit, wenn ich nur endlich mein erstes Erlebnis mit einer Frau unterhalb der Gürtellinie (he-he!) verzeichnen könnte.

Obwohl in meiner Phantasie fast immer eine verführerische Frau auftritt, kann ich auch bei der Vorstellung sehr erregt werden, ich selbst sei der Aggressor, vor allem wenn die Öffentlichkeit den Hintergrund dafür bildet. Zu meinen Lieblingsvorstellungen gehört das Bild, wie ich durch den Gang zwischen den Bücherreihen einer Bibiliothek auf einen reizenden weiblichen Bücherwurm zugehe und ihr mit beiden Händen unter den Rock lange (oder in die Hose, müßte man heute wohl richtiger sagen). Gar zu gern würde ich mal von mir aus beim Hausieren mit einer Hausfrau den Anfang machen. Aber das wird nie geschehen. Dazu bin ich viel zu feige. Inzwischen bin ich so weit, daß mir Ärger und Krach weniger ausmachen würden. Jedoch fürchte ich, daß mich eine solche Frau sehr von oben herab abfertigen und mir das Gefühl vermitteln würde, ich sei ein armer Irrer und obendrein pervers. Unhöflich würde sie ganz bestimmt sein. Noch schlimmer wäre es, wenn sie mich voller Wärme empfinge. Da ich nicht weiß, was ich in einem solchen Falle zu tun hätte, würde ich wahrscheinlich impotent sein. Es ist nur zu leicht, sich den Beginn einer Sache vorzustellen, die man nicht zu Ende führen kann.

Wo sind die sexuell freizügigen Frauen, von denen in den Medien so oft die Rede ist? Schon in der Schule zeigten sie sich von frustrierender Zurückhaltung. Ich muß wohl etwas an mir haben, das sie abschreckt. Es fällt schwer, quälend schwer, einer Frau zu zeigen, daß man sie mag, wenn man zugleich entsetzt ist von der Tatsache, daß man eigentlich und dringendst nur Sex sucht. Hier schließt sich wieder einmal der scheußliche Kreis, in dem ich mich zeit meines Lebens gefangen gesehen habe.

Ich weiß, daß ich mit und in einer Verbindung gut zurechtkäme, wenn ich nur eine hätte. Aber wie, zum Teufel, knüpft man in dieser lausigen Gesellschaft eine Bekanntschaft an? Ich habe noch so viele Schwierigkeiten des Erwachsenwerdens zu überwinden, obwohl ich vom Intellekt her sehr erwachsen bin. Voller Verzweiflung muß ich mir sagen, daß ich wohl niemals eine Frau finden werde, die auch nur das geringste Verständnis für mich aufbringt. Das ist eine verdammt frustrierende Situation, die bei mir zu chronischen Depressionen führt und mich auch jetzt den Tränen nahebringt.

Aber nein! Männer müssen den Kopf hoch tragen und dafür sorgen, daß ihre Schreibmaschinen nicht einrosten.

Erwin

Ich bin achtzehn Jahre alt und im zweiten Jahr auf der Universität. Erst vor kurzem habe ich damit begonnen, mich sexuell für Frauen zu interessieren (tanzen, ein paar Verabredungen). Ich war immer sehr introvertiert und kam mit anderen Jungen nie gut aus. Das ging so, bis ich vor einigen Jahren ins Internat kam. Aber das ist nicht überraschend. Man muß kriechen, bevor man laufen lernt. In mir ist innerlich einiges entzweigegangen, weil ich ziemlich früh in die Pubertät kam und mich intellektuell immer mit älteren Jungen auf einer Stufe fühlte. Hinzu kommt, daß ich mit der gegenwärtig gültigen Norm für die Sexualität der Jugendlichen nicht übereinstimme.

So weit ich zurückdenken kann, beherrschten mich romantische Gefühle gegenüber den Mädchen. Als ich mit elf Jahren pubertierte, setzten meine frühesten, spezifisch sexuell bestimmten Phantasien ein. Auch darin ging es im Grunde sehr romantisch zu, und die herkömmlichen Vorstellungen des Liebemachens waren irgendwie unklar. Sie reichten indessen zum Masturbieren aus. Als ich vierzehn wurde, trat hier ein Wandel ein, nachdem einige Mädchen meine zunächst durchaus unkörperlichen und ungeschickt romantischen Annäherungsversuche ziemlich brüsk zurückgewiesen hatten. Beim Masturbieren schlichen sich Gedanken an Dinge ein, die mir weniger bedrohlich erschienen wie Inzest, Vergewaltigung, Unzucht mit Kindern und sogar grausige sadistische Vorstellungen. Keinesfalls wollte ich diese Gedanken in die Tat umsetzen. Andererseits erinnerten mich die alten, konventionellen, romantischen Träumereien zu stark an meine Fehlschläge in der wirklichen Welt. Die neuen, weit hergeholten Phantasievorstellungen gaben mir Schuldgefühle ein. Doch weiß ich jetzt, nach der Lektüre Ihrer Bücher, wenigstens, daß ich damit nicht allein dastehe, daß ich letzten Endes kein unheimliches Monstrum bin.

Ich bin durchaus für sexuelle Gleichberechtigung und für die Abschaffung der herkömmlichen Sexrollen. Ich wünsche mir durchaus, daß es Frauen freigestellt sein sollte, sich an Männer heranzumachen. Jedoch gibt es eine andere Ebene, auf der ich die Frauen für meine Frustrationen verantwortlich mache. Dafür sollten sie mir büßen. Daher rühren meine homosexuellen Phantasien, auch solche, in denen Frauen homosexuell miteinander verkehren. Sie alle habe ich in der ersten und in der dritten Person durchprobiert. Die dritte Person bevorzuge ich dann, wenn ich mir etwas ausmale, bei dem ich in der ersten Person allzu starke Schuldgefühle befürchte.

Bis zum vergangenen Winter war ich davon überzeugt, daß meine homosexuellen Phantasien genauso unerfüllbar seien wie die anderen. Dann rauchte ich mit ein paar anderen Jungen Haschisch (was sonst kaum vorkommt; die Jungen, mit denen ich zusammen bin, rauchen nicht). Plötzlich war ich ganz scharf auf einen Kerl, dem ich das ganze Semester hindurch ausgewichen war, weil (so sagte ich mir – und das stimmt wahrscheinlich auch) ich das Gefühl hatte, er habe es auf mich abgesehen. Das regte mich eine Weile auf. Schließlich fand ich mich, mindestens intellektuell, damit ab, daß ich womöglich potentiell bisexuell veranlagt sei. Zugleich aber versprach ich mir selbst, diesem Drang nicht nachzugeben, bevor ich meine Heterosexualität nicht unter Beweis gestellt hätte. Für meine Zukunft habe ich mir viele Dinge vorgenommen, die meine Klassifikation als «Schwuli» einfach nicht zulassen.

Im vergangenen Sommer wohnte ich zum erstenmal seit vielen Jahren mit meiner Schwester (jetzt sechzehn) unter einem Dach. Damals gab es in meinem Umkreis keine anderen Teenager. Mir wurde klar, daß meine Schwester sehr sexy war. Meine Phantasien konzentrierten sich auf sie. Darin schlug sie vor, wir sollten zusammen Haschisch rauchen. Das taten wir. Dann fing ich an, sie zu streicheln. Sie reagierte darauf. Schließlich machten wir Sex miteinander, und ich verbrachte die Nacht in ihrem Bett (bei diesen Gedanken wird mir auch jetzt noch die Hose zu eng). Natürlich habe ich ihr nie etwas von meinen Wunschvorstellungen gesagt, obwohl ich jede Nacht jenseits der Wand wach lag und an sie dachte. Ich fürchtete, daß sie mir sehr böse sein würde, wenn sie jemals etwas von meinen Gedanken erfahren hätte.

Nachdem ich mich mit meiner möglichen Bisexualität abgefunden hatte, gab ich einer anderen Phantasie Raum, die ich hier beschreiben will. Ich treffe in einem Café einen Mann von über zwanzig Jahren. Wir reden miteinander, und er nimmt mich mit in seine Wohnung. Dort trinken wir einiges. Im Gespräch macht er den Reißverschluß meiner Hose auf und masturbiert mich. Er fragt mich, ob ich bei ihm übernachten will. Ich nehme die Einladung an, und er unterrichtet mich in allerlei Sexspielen.

PS: Meine Eltern trennten sich, als ich sieben Jahre alt war. Formell wurden sie vier Jahre später geschieden. Mein Vater heiratete wieder, setzte zwei Kinder in die Welt und steht vor der nächsten Scheidung. Meine Eltern haben in politischer und sexueller Hinsicht liberale Anschauungen. Doch war es meiner Mutter unangenehm, mit mir über Sex zu diskutieren. Nach der Trennung hatte ich eine gestörte Beziehung zu meinem Vater, der gern andere herumkommandiert. Meine Schwester und ich lebten bei der Mutter, brachten aber die Sommerferien und andere Freizeiten bei unserem Vater zu. Im vergangenen Sommer riet mir mein Vater, ich solle auf die Straße gehen und mir ein Mädchen aufgabeln.

Cecil

Ich bin sechzehn und immer noch «jungfräulich». Meine Familie ist sehr religiös. Sex ist tabu. Um mein Verlangen nach Sex zu überwinden, flüchte ich mich in meine Phantasiewelt. Das ist kein vollwertiger Ersatz, aber man muß damit auskommen. Meistens masturbiere ich, während ich meinen Gedankenvorstellungen nachhänge. Mit zwölf Jahren fing ich an zu masturbieren. Seither habe ich dabei eine große Auswahl an Phantasien dafür.

Wir wohnen in einem Appartementhaus. Die Leute im Stockwerk über mir sind seit etwa fünf Jahren verheiratet. Der Mann ist von mittlerer Größe. Er ist überhaupt nicht sexy. Seine Frau hingegen ist hübsch rundlich und hat einen großen Busen. Außerdem hat sie füllige Hüften und einen mächtigen, sexy wirkenden Hintern.

Wenn ich abends schlafen gehe, sehe ich Licht in ihrem Schlafzimmer. Es bleibt bis in die späten Nachtstunden an. Der Vorhang ist nur halb geschlossen. Aber ich kann vom unteren Stockwerk aus nicht viel sehen. In meiner Phantasie sind beide nackt, und ich stelle mir vor, was das Paar auf dem Bett treibt. Er liegt mit dem Kopf zwischen ihren Schenkeln und leckt an ihrer Pussy. Je länger er leckt, desto mehr wünscht sie sich, gefickt zu werden. Er hört nicht auf. Während er weiter an ihrem Kitzler saugt, schiebt er ihr einen Finger ins Arschloch. Nach einigen Minuten kommt es ihr, und er schleckt ihren Saft auf.

Als hätten sie gegenseitig ihre Gedanken gelesen, gehen sie zum Ficken über. Er liegt auf ihr. Sein Pint ist hoch aufgerichtet – nur vierzehn Zentimeter lang, aber sehr dick. Er macht sich gleich an die Arbeit. Nach zehn Minuten sind sie fertig und beide befriedigt.

In meiner Phantasievorstellung klettere ich auf das Dach, um ihnen zuzusehen. Von dort aus beobachte ich den ganzen Akt. Hinterher geht er auf die Toilette. Sie tritt ans Fenster. Dabei erblickt sie mich oben auf dem Dach. Für ein paar Sekunden sehen wir einander tief in die Augen. Dann zieht sie den Vorhang zu.

Am nächsten Morgen lauere ich in ihrem Stockwerk, bis der Ehemann fortgeht. Dann klopfe ich an ihre Tür. Sie öffnet und erkennt mich. Bevor sie die Tür wieder schließen kann, schiebe ich meinen Fuß in den Spalt.

«Du verfickter Bastard», schimpft sie mich aus, «was hast du gestern abend auf dem Dach getrieben?» Diesen Worten folgt eine Reihe von Schimpfnamen, wobei ich sie ins Zimmer stoße. Sie schimpft weiter. Endlich hört sie atemlos und einigermaßen nervös auf.

Ich lege ihr den Arm um die Hüfte. «Wie wäre es mit einem Drink?»

Sie nickt und meint, sie hätte auch einen nötig. Im Wohnzimmer sagt sie, ich solle die Drinks herrichten. Das mache ich, reiche ihr das Glas und setze mich neben sie. Den freien Arm lege ich um sie und umfange mit der Hand ihre weiche, kissenartige Brust. Dabei sage ich ihr, wie schön ich sie finde und daß ich sie liebe. Sie küßt mich auf die Wange. Ich erwidere den Kuß – auf ihren Mund. Wir küssen uns weiter, und ich bekomme einen riesigen Ständer. Als ich ihr die Bluse abstreifen will, kommt sie noch einmal zu Sinnen. Ich soll damit aufhören, sagt sie. Natürlich mache ich weiter. Ich schiebe sie auf die Couch und werfe mich auf sie. Nachdem ich die Bluse abgestreift habe, mache ich mich an ihrem Büstenhalter zu schaffen. Sie überlegt es sich abermals und hilft mir jetzt dabei. Ich stehe auf, und wir gehen ins Schlafzimmer. Es ist sehr groß und wird von einem Doppelbett als wichtigstem Möbelstück beherrscht. Halbnackt fällt sie auf das der Tür nächste Bett. Ihre Brüste mit den großen braunen, mehrere Zentimeter langen Nippeln blühen mir entgegen. Ich drücke meinen Kopf in ihre Weichheit und küsse abwechselnd ihre Warzen. Dann drücke ich ihre Brüste zusammen und lecke in der Kluft dazwischen. Sie tastet umher und versucht, meinen Pint aus der Hose zu befreien. Er ist größer als im normalen Leben (fünfzehn Zentimeter) – jetzt mißt er mindestens achtzehn Zentimeter.

Ich ziehe ihr die Hose herunter. Den Schlüpfer zieht sie selber aus. Die Frau hat eine fabelhafte Möse. Ihr dunkles Schamhaar ist von ihren Säften ganz feucht. Ich sage ihr, sie möge ein paar Sekunden warten, bis ich ausgezogen bin. Dann schiebe ich mich zwischen ihre Beine und fange an zu ficken. Immer rein und raus mit meinem dicken Pimmel. So ficke ich sie eine halbe Stunde hintereinanderweg. Noch bevor die halbe Stunde herum ist, kommt sie zehnmal.

Danach – so stelle ich mir vor – gehe ich jeden Tag zu ihr, um sie zu vögeln – jedesmal auf eine andere Weise. Ich lecke sie, ficke sie von hinten, wie es die Hunde machen, lasse sie auf mir liegen, ficke sie in den Hintern und auf alle sonst noch möglichen Arten.

Inzwischen habe ich masturbiert und alles vollgespritzt.

Ich habe auch andere Phantasien, aber sie sind sich alle mehr oder weniger ähnlich. Homosexuelle Dinge spielen in meinen Vorstellungen keine Rolle, obwohl ich schon einiges über Lesbierinnen gelesen habe.

Hier, am Ende dieses Buches, muß ich feststellen, daß meine jahrelangen Forschungen etwas bestätigt haben, das selbst die ungebildetste Frau als gegebene Tatsache hinnimmt: In jedem erwachsenen Mann steckt ein kleiner Junge, den er nicht wahrhaben will.

Er liebte seinen Vater. Aber ihm wurde beigebracht, daß sich in dieser sinnlosen Liebe nur die gleichfalls sinnlose Liebe des Vaters zum Großvater wiederholt, der in den Autoritätsbegriffen des viktorianischen Zeitalters großgeworden war.

Er liebte seine Mutter, fürchtete aber ihre Macht.

Das männliche Prinzip in unserer Gesellschaft schreibt ihm vor, daß er als Mann den Frauen gegenüber stark und beherrschend aufzutreten habe. Er muß sich selbst ständig unter Kontrolle halten und sexuell unersättlich sein. Das weibliche Prinzip bildet genau das Gegenteil davon. Wenn er sich Frauen nähert, schleppt der Mann im Unterbewußtsein alle die Erinnerungen an Mutters unheimliche Macht zur Vergeltung und Zurückweisung mit sich.

Wie kann er unter diesen Umständen mit der Furcht und dem Zorn auf die Frauen aus vergangenen Zeiten fertig werden? Er kann und darf nicht zurückweichen, weil er doch ein Mann ist. Alle Frustrationen schiebt er auf die Frauen ab. Zur Hölle mit ihnen! Am besten kehrt man ihnen den Rücken und vergißt sie. Schließlich obsiegt des Mannes gnadenlose Gier nach Frauen, ohne die er doch nicht auskommen kann. Er flüchtet sich ins Reich seiner Phantasie. Für ein paar sexgeladene Augenblicke entschwindet die Wirklichkeit wie durch Zauberei. Die mit den Sinnen wahrgenommene Natur der Frauen verändert sich. Der Konflikt ist überwunden.

Phantasien sind der Triumph der Liebe über den Zorn.

Joan Lindsay

Picknick am Valentinstag

Roman

Am Valentinstag 1900 verschwinden
zwei junge Mädchen und ihre
Lehrerin am Hanging Rock in Australien,
um nie wieder aufzutauchen.
Bekannt geworden durch den
Film von Reter Weir ist das
faszinierende Buch von
Joan Lindsay jetzt in deutscher
Erstausgabe erschienen.
Erstmalig wurde die Romanfassung
von 1967 und das aufklärende
Schlußkapitel zusammengeführt.

– Das Rätsel, endlich gelöst –

288 Seiten, gebunden
ISBN 3-552-04623-2

Zsolnay